日本近现代文学翻译与赏析

石云艳 主编

南开大学出版社
天 津

图书在版编目(CIP)数据

日本近现代文学翻译与赏析 / 石云艳主编. —天津：南开大学出版社，2016.8(2023.8 重印)
ISBN 978-7-310-05179-3

Ⅰ.①日… Ⅱ.①石… Ⅲ.①日语－翻译－高等学校－教学参考资料②文学欣赏－日本－近现代 Ⅳ.①H365.9②I313.06

中国版本图书馆 CIP 数据核字(2016)第 181040 号

版权所有　侵权必究

日本近现代文学翻译与赏析
RIBEN JINXIANDAI WENXUE YU SHANGXI

南开大学出版社出版发行
出版人：陈　敬
地址：天津市南开区卫津路 94 号　　邮政编码：300071
营销部电话：(022)23508339　　营销部传真：(022)23508542
https://nkup.nankai.edu.cn

天津创先河普业印刷有限公司印刷　全国各地新华书店经销
2016 年 8 月第 1 版　　2023 年 8 月第 3 次印刷
210×148 毫米　32 开本　17.25 印张　492 千字
定价：53.00 元

如遇图书印装质量问题，请与本社营销部联系调换，电话：(022)23508339

前　言

　　翻译是大学外语日语专业教学中要求学生掌握的"听说读写译"五大技能之一。季羡林先生也曾经说过"翻译人才的培养非常重要。"①
　　翻译课是各大院校外语专业为高年级学生和研究生开设的课程。据笔者初步调查，本科阶段的翻译课程多选用高宁等编著的由上海外语教育出版社出版的《新编日汉（汉日）翻译教程》，而研究生阶段很多院校虽然开设了文学翻译课，但尚未有一部适合研究生阶段文学翻译课程的实用性教材。许钧在《文学翻译的理论与实践——翻译对话录（增订本）》的再版序中指出："在我们这个浮躁的年代，文学翻译似乎成了一种很奢侈的追求，过去那些翻译大家所体现的精神和达到的水准，好像离我们渐渐地远去了。他们的丰富实践，他们的探索思考，他们的追求和影响，如今愈发显得珍贵。"②
　　笔者也认为我们学习文学翻译，理论学习和实践都非常重要。对于那些翻译大家的译作对照原文进行文本分析，学习借鉴他们的翻译经验对于学习者来说也是非常有意义的。况且许多经典著作一般至少有两个译本，甚至有三四个译本。如村上春树的《挪威的森林》就有大陆的林少华译本和台湾的赖明珠译本。还有村上春树的《1Q84》除了大陆的施小炜译本也有台湾的赖明珠译本，译者不同，所产生的译作不同。即使同是大陆译者，不同的译者，也会有很大的差异。发现这些差异，研究每一个译者的翻译风格，学习和借鉴翻译家的翻译经验对于学习者来说也是非常重要的。编写一部《日本近现代文学翻译与赏析》作为研究生教材的想法就这样萌生了。这个想法很快得到了南开大学出版社张彤老师的支持，经过三年的努力，这

---
　　①许钧：《文学翻译的理论与实践——翻译对话录（增订本）》译林出版社，2010年1月版，第1页。
　　②同上。

本书终于要出版了。

　　本书在编写过程中得到了高宁教授、刘雨珍教授、苗菊教授的鼎力相助，从书名的设计到章节的设置他们为本书提出了宝贵的建议。在每一课中，都设置了译文赏析部分，希望每一篇赏析的内容都有不同的视角，也希望学生能从不同的老师所撰写的风格不同的赏析文章中学到更多的东西。因此，本书找到了十几位老师，请他们帮忙撰写赏析部分。值得强调的是我所请到的老师们都是多年工作在教学和科研的第一线的骨干，虽然他们的教学和科研工作很繁重，但当找到他们时，都欣然答应，鼎力相助。这就保证了本书得以顺利出版，同时也保证了本书的质量。需要感谢的还有早稻田大学千野拓政教授，明道大学黄颂显教授，他们不仅为本书的出版提出了十分珍贵的建议，同时还为本书提供了珍贵的参考资料。我的硕士研究生何珊在完成繁重的学业的同时抽出时间为本书做了初稿的校对和用于光盘的 PPT（演示文稿）制作，在此一并表示感谢。

　　本书编写的几点说明：

　　1.《日本近现代文学翻译与赏析》是为日语专业研究生、MTI（翻译硕士）的课堂教学活动所编写的专用教材，同时也适用于热爱日本近现代文学、文学翻译的本科高年级学生及一般读者。本书既可以作为教科书使用，也可以成为一般读者的日本文学以及日本文学翻译的普及读物。

　　2. 全书分为 4 个单元，每单元 4 课。共 16 课。每周二学时，正好是一个学期的授课量。一到三单元精选日本近现代著名作家的 12 篇短篇小说（篇幅多在 2000 字左右）。第四单元则选择 4 篇著名作家创作的脍炙人口的经典散文，诺贝尔文学奖获得者川端康成和大江健三郎的作品也在其中。而译文则选取了大陆和台湾的著名翻译家之作。本书按原文、作者与作品简介、原文注释、译文、译者简介、译文赏析、翻译理论学习的顺序编排。

　　3. 全书 16 课中的译文赏析部分的内容我们分别请到了南开大学、华东师范大学、华南师范大学、外交学院、国际关系学院的教师和部分研究生参加了编写。具体分工如下：第一课高宁（华东师大教师）；

第二课孙耀珠（华南师大教师）、张东东（华南师大硕士研究生）；第三课韦艳（华东师大硕士研究生）；第四课陈朝辉（名古屋大学教师）；第五课吴艳（南开大学教师）；第六课田鸣（外交学院教师）；第七课石云艳（南开大学教师）；第八课韦艳（华东师大硕士研究生）；第九课宋遥（南开大学硕士研究生）；第十课王新新（南开大学教师）；第十一课宋丹（南开大学博士研究生）；第十二课何珊（南开大学硕士研究生）；第十三课苏民育（国际关系学院教师）、顾思阳（国际关系学院硕士研究生）；第十四课李振溪（日本迹见学园女子大学教师）；第十五课钟薇芳（南开大学博士研究生）；第十六课韩雯(南开大学教师)。

4. 本书选取的原文以及译文都是从正式出版物中精选出来的，书中已注明出处。翻译理论学习部分我们参考了谢天振、胡显耀、李力等学者的著作，在文中已经注明出处，谨此致谢。

石云艳
2015年12月于南开园

目 录

第一单元

第1课 夢十夜 第三夜 3
　一、原文 3
　二、作者与作品简介 5
　三、原文注释 6
　四、译文 7
　五、译者简介 11
　六、译文赏析 11
　七、翻译理论学习 22
第2课 舞姫 24
　一、原文 24
　二、作者与作品简介 37
　三、原文注释 38
　四、译文 38
　五、译者简介 61
　六、译文赏析 61
　七、翻译理论学习 70
第3课 少年の悲哀 72
　一、原文 72
　二、作者与作品简介 79
　三、原文注释 80
　四、译文 80
　五、译者简介 93
　六、译文赏析 93

七、翻译理论学习 …………………………………………………… 101
第 4 课　　小さき者へ ……………………………………………… 105
一、原文 ………………………………………………………… 105
二、作者与作品简介 ……………………………………………… 117
三、原文注释 …………………………………………………… 117
四、译文 ………………………………………………………… 118
五、译者简介 …………………………………………………… 137
六、译文赏析 …………………………………………………… 138
七、翻译理论学习 ……………………………………………… 145

第二单元

第 5 课　　清兵衛と瓢箪 ……………………………………………… 153
　　　一、原文 ………………………………………………………… 153
　　　二、作者与作品简介 ……………………………………………… 157
　　　三、原文注释 …………………………………………………… 158
　　　四、译文 ………………………………………………………… 159
　　　五、译者简介 …………………………………………………… 166
　　　六、译文赏析 …………………………………………………… 167
　　　七、翻译理论学习 ……………………………………………… 175
第 6 课　　蜘蛛の糸 …………………………………………………… 178
　　　一、原文 ………………………………………………………… 178
　　　二、作者与作品简介 ……………………………………………… 182
　　　三、原文注释 …………………………………………………… 182
　　　四、译文 ………………………………………………………… 183
　　　五、译者简介 …………………………………………………… 188
　　　六、译文赏析 …………………………………………………… 189
　　　七、翻译理论学习 ……………………………………………… 203
第 7 课　　雨のなかの噴水 …………………………………………… 206
　　　一、原文 ………………………………………………………… 206
　　　二、作者与作品简介 ……………………………………………… 214

三、原文注释 ·· 215
　　四、译文 ·· 216
　　五、译者简介 ·· 228
　　六、译文赏析 ·· 228
　　七、翻译理论学习 ······································ 237
第8课　走れメロス ··· 239
　　一、原文 ·· 239
　　二、作者与作品简介 ···································· 248
　　三、原文注释 ·· 249
　　四、译文 ·· 249
　　五、译者简介 ·· 263
　　六、译文赏析 ·· 264
　　七、翻译理论学习 ······································ 274

第三单元

第9课　雨傘 ··· 283
　　一、原文 ·· 283
　　二、作者与作品简介 ···································· 284
　　三、原文注释 ·· 285
　　四、译文 ·· 286
　　五、译者简介 ·· 288
　　六、译文赏析 ·· 289
　　七、翻译理论学习 ······································ 295
第10课　人間の羊 ·· 298
　　一、原文 ·· 298
　　二、作者与作品简介 ···································· 307
　　三、原文注释 ·· 307
　　四、译文 ·· 308
　　五、译者简介 ·· 322
　　六、译文赏析 ·· 322

七、翻译理论学习……334
第11课　螢……340
　　一、原文……340
　　二、作者与作品简介……354
　　三、原文注释……354
　　四、译文……355
　　五、译者简介……375
　　六、译文赏析……375
　　七、翻译理论学习……388
第12课　盗んだ書類……392
　　一、原文……392
　　二、作者与作品简介……394
　　三、原文注释……394
　　四、译文……394
　　五、译者简介……397
　　六、译文赏析……398
　　七、翻译理论学习……408

第四单元

第13课　短夜の頃……415
　　一、原文……415
　　二、作者与作品简介……418
　　三、原文注释……419
　　四、译文……419
　　五、译者简介……424
　　六、译文赏析……425
　　七、翻译理论学习……434
第14课　木の根……440
　　一、原文……440
　　二、作者和作品简介……444

三、原文注释 …………………………………………… 444
　　四、译文 ………………………………………………… 445
　　五、译者简介 …………………………………………… 451
　　六、译文赏析 …………………………………………… 452
　　七、翻译理论学习 ……………………………………… 459
第15课　美しい日本の私 …………………………………… 464
　　一、原文 ………………………………………………… 464
　　二、作者与作品简介 …………………………………… 474
　　三、原文注释 …………………………………………… 475
　　四、译文 ………………………………………………… 477
　　五、译者简介 …………………………………………… 498
　　六、译文赏析 …………………………………………… 499
　　七、翻译理论学习 ……………………………………… 511
第16课　一枚の葉 …………………………………………… 514
　　一、原文 ………………………………………………… 514
　　二、作者与作品简介 …………………………………… 517
　　三、原文注释 …………………………………………… 518
　　四、译文 ………………………………………………… 518
　　五、译者简介 …………………………………………… 527
　　六、译文赏析 …………………………………………… 527
　　七、翻译理论学习 ……………………………………… 534
参考文献 ……………………………………………………… 537

第一单元

第1课

一、原文

夢十夜　第三夜

夏目漱石

　こんな夢を見た。
　六つになる子供を負ってる。慥に自分の子である。只不思議な事には何時の間にか眼が潰れて、①青坊主になっている。自分が御前の眼は何時潰れたのかいと聞くと、なに昔からさと答えた。声は子供の声に相違ないが、言葉つきは丸で大人である。しかも対等だ。
　左右は青田である。路は細い。鷺の影が時々闇に差す。
　「田圃へかかったね」と背中で云った。
　「どうして解る」と顔を後ろへ振り向ける様にして聞いたら、
　「だって鷺が鳴くじゃないか」と答えた。
　すると鷺が②果たして二声ほど鳴いた。
　自分は③我子ながら少し怖くなった。こんなものを背負っていては、此の先どうなるか分らない。どこか打遣やる所はなかろうかと向うを見ると闇の中に大きな森が見えた。あすこならばと考え出す途端に、背中で、
　「ふふん」と云う声がした。
　「何を笑うんだ」
　子供は返事をしなかった。只
　「御父さん、重いかい」と聞いた。
　「重かあない」と答えると
　「今に重くなるよ」と云った。

自分は黙って森を目標にあるいて行った。田の中の路が不規則にうねって中々思う様に出られない。しばらくすると二股になった。自分は④股の根に立って、一寸休んだ。
「石が立ってる筈だがな」と小僧が云った。
　成程八寸角の石が腰程の高さに立っている。表には左り日ヶ窪、右堀田原とある。闇だのに赤い字が明かに見えた。赤い字は⑤井守の腹のような色であった。
「左が好いだろう」と⑥小僧が命令した。左を見ると最先の森が闇の影を、高い空から自分等の頭の上へ抛げかけていた。自分は一寸躊躇した。
「遠慮しないでもいい」と小僧が又云った。自分は仕方なしに森の方へ歩き出した。腹の中では、よく盲目の癖に何でも知ってるなと考えながら一筋道を森へ近づいてくると、背中で、「どうも盲目は不自由で不可いね」と云った。
「だから負ってやるから可いじゃないか」
「負ぶって貰ってすまないが、どうも人に馬鹿にされて不可い。親に迄馬鹿にされるから不可い」
　何だか厭になった。早く森へ行って捨てて仕舞おうと思って急いだ。
「もう少し行くと解る。――丁度こんな晩だったな」と背中で独言の様に云っている。
「何が」と際どい声を出して聞いた。
「何がって、知ってるじゃないか」と子供は嘲けるように答えた。すると何だか知ってる様な気がし出した。けれども判然とは分らない。只こんな晩であった様に思える。そうしてもう少し行けば分る様に思える。分っては大変だから、分らないうちに早く捨てて仕舞って、安心しなくってはならない様に思える。自分は益々足を早めた。
　雨は最先から降っている。路はだんだん暗くなる。殆どど夢中である。只背中に小さい小僧が食付いていて、其の小僧が自分の過去、現在、未来を⑦悉く照して、寸分の事実も洩らさない鏡の様に光っ

ている。しかもそれが自分の子である。そうして盲目である。自分は堪らなくなった。

「此処だ、此処だだ。丁度その杉の根の処だ」

雨の中で小僧の声は判然聞えた。自分は⑧覚えず留った。何時しか森の中へ這入っていた。一間ばかり先にある黒いものは⑨慥に小僧の云う通り杉の木と見えた。「御父さん、其の杉の根の処だったね」

「うん、そうだ」と思わず答えて仕舞った。

「文化五年辰年だろう」

成程文化五年辰年らしく思われた。

「御前がおれを殺したのは今から丁度百年前だね」

自分は此の言葉を聞くや否や、今から百年前文化五年の辰年のこんな闇の晩に、此の杉の根で、一人の盲目を殺したと言う自覚が、忽然として頭の中に起った。おれは人殺であったんだなと始めて気が付いた⑩途端に、背中の子が急に石地蔵の様に重くなった。

（选自夏目漱石：《夏目漱石全集 第9卷》，东京：筑摩书房，1981年）

二、作者与作品简介

夏目漱石（1867—1916）是日本近代文学史上著名的作家。原名金之助，出生于江户（现东京）的一个武士家庭，小时候先是寄养在别人家，后又被送人做养子。他的童年是不幸的，但他自幼好学，从小就深受汉学的熏陶。他的深厚的汉文学修养，为他后来的创作打下了良好的基础。1888年入东京第一高等学校学习。结识正冈子规（1867—1902），随其学习俳句和写生文，漱石雅号即始于此。1893年毕业于东京帝国大学英文科。大学毕业后先后在松山、熊本任教。此时受学友正冈子规的影响，积极参加了子规倡导的俳句改革运动。1900年作为官费留学生去英国伦敦学习。1903年回国。先后在东京第一高等学校和东京帝国大学任教。任教期间写有讲义《文学论》，系统介绍了西方近代文学理论。1905—1906年因在《杜鹃》杂志上连载长篇小说《我是猫》而一举成名。此后，先后发表批判现实主义作品中篇小说《哥

儿》(1906)和脱离现实社会,追求美好世界的作品如《伦敦塔》(1905)、《幻影的盾》(1905)以及《旅馆》等。被称为余裕派或高蹈派作家。此外还创作了小说《二百一十日》(1906)、《大风》(1907)、《虞美人草》(1907)。《三四郎》(1908)、《从此以后》(1909)、《门》(1910)被称为前期三部曲。这些作品均具有广泛的社会性和批判精神。晚期作品主要刻画知识分子的内心世界,暴露个人主义的丑恶。如长篇小说《过了春分时节》(1912)、《行人》(1912),中篇小说《心》(1914)这三部作品被称为后期三部曲。此外还有《路边草》(1915)以及未完成的小说《明暗》(1916)等。

《梦十夜》是一组借梦境描写来批判现代文明、探讨人性之谜的名作,这里选了其中的《第三夜》。

三、原文注释

①青坊主［あおぼうず］:"坊主"有四个意思。1、僧人和尚。2、秃头,光头。3、(山或树)光、秃。4、男孩子,儿子。本文是第二个意思。青坊主,即头皮发青的光头。青皮光头。

②果たして［はたして］:有三个意思。1、果然。2、果真。3、到底,究竟。本文是第一个意思。

③我子ながら［わがこながら］:"ながら"有四个意思。1、一边……边……,一面……一面……。2、虽然……但是(却),尽管……却(但是)。3、照旧,如故。4、都,全部。本文是第二个意思。"我子ながら"的意思是,"虽说是自己的孩子,但……"。

④股の根［またのね］:"二股"是岔道的意思。而"股の根"是一条道分开成岔道的地方。

⑤井守［いもり］:(动物)蝾螈。

⑥小僧［こぞう］:有三个意思。1、小和尚。2、小伙计,学徒。3、毛孩子,小家伙。本文是第三个意思。

⑦悉く［ことごとく］:所有,一切,全部,全都

⑧覚えず［おぼえず］:不知不觉,不由得,无意中,情不自禁。

⑨確か[たしか]：有四个意思。1、确实，确切。2、正确，准确。3、可靠，信得过，保险。4、大概，也许。本文是第一个意思。

⑩途端に[とたんに]：正当……时候，刚……时候，一……就。

四、译文

译文1　　　　　《梦十夜》之《第三夜》

吴鸿春　译

我做了一个这样的梦。

我背着一个六岁的孩子，觉着确确实实地是我自己的孩子；奇怪的是，我不知道他的眼睛什么时候瞎了，他头发全剃了，成了个青皮光头。我问他，你眼睛是什么时候坏的，他说，咳，以前不就这样了嘛。说话的声音是个童声，可是说话的口气完全是大人的，而且对我用的是平辈的简体。

路很窄，两边都是稻田，鹭鸶的影子不时地在夜空中掠过。

"走到水田了吧。"他在我背上说。

"你怎么知道的？"我的脸略向后面一转，问道。

"鹭鸶不是在叫嘛。"他回答。

我再一听，果然鹭鸶叫了两声。

虽说是自己的孩子，我还是感到有些恐怖。背着这家伙，不知道下面还会发生什么事，我得找个地方把他扔了；向前一看，在夜色中看到了一大片树林，就扔在那里吧，我刚这么一想，背上就发出了"哼，哼"的冷笑声。

"你笑什么呢？"

孩子并不回答，只是问：

"父亲，重不重？"

"不重啊。"

"会重起来的。"他说。

我默默地朝着树林走去。水田中的路弯弯曲曲地一点规则也没有，不像我想的那样简单地就能走出去。不一会走到了一个岔路口，我站在路口那里歇了会儿。

"应该有个石柱竖在那儿吧。"小孩说。

果然有个半人高的八寸见方的石柱立在那里，上面标示着左面是日窪，右面是堀田原。尽管是在黑暗中，那红色的字倒看得很分明，那种红色，颇有些像蝾螈腹部的颜色。

"走左面的好。"小孩指示说。往左一看，刚才看到的那片树林的黑影好像高高地笼罩在我们的头上，我不免一阵犹豫。

"没什么好担心的。"小孩又说。没办法，我只得朝着树林的方向走去了。我一边不停地朝树林走着，一边心里想着这孩子眼睛瞎了怎么会什么都知道？只听到他在我背上说："眼睛瞎了到底不方便啊。"

"我这不是在背着你嘛。"

"叫你背着是对不住你了，不过让人当作傻子可不好受啊，被自己的父亲当作傻子更不好受啊。"

真是个讨厌的家伙，赶紧走到树林里把他扔了得了，我这么想着，加快了步伐。

"再稍稍往前走一段就明白了，——正巧也像今天这样的夜晚呢。"他在我背上像是自言自语地说。

"你说什么？"我不由得心里一惊，急忙问道。

"有什么好问的，你不是明明知道的吗？"小孩以嘲弄的语气说。于是，我好像开始知道了点儿什么，但是又知道得不够清楚，只是想起了有过今天这样的夜晚，只是觉着再往前走一段就能明白了；只是在想着，明白了就大事不好了，趁现在还不明白，赶紧把他扔了，好让自己安心。我走得越来越快了。

雨开始下起来了，路变得越来越暗。我紧张万分，只感到背上的小孩紧贴着我。这小孩能彻照我的过去、现在和未来，如同一面明镜，纤毫毕现；那竟然还是我自己的孩子，而且还是个瞎子。我实在受不了了。

"就是这儿，就是这儿，就在那棵杉树底下。"

雨中小孩的声音听得很清楚，我不觉停住了脚步。不知何时已经走到了树林里面，在几步路的前面可以看到一个黑影，正是小孩说的那棵杉树。

"父亲，就是在这棵杉树的下面吧。"

"是的，没错。"我竟这么回答了。

"是文化五年龙年吧。"

我好像想起了文化五年的龙年。

"你这凶手杀了我，离现在正好有一百年了！"

我在听到这句话的一瞬间，头脑里突然复活了这样一份记忆：在距今一百年前文化五年龙年的一个黑夜，我在这棵杉树下面，杀死了一个瞎子；而正当我认识到自己是个杀人凶手的那一刻，背上的孩子一下就变得如同石雕的地藏菩萨那般沉重了。

（选自《世界文学》，2011年第6期）

译文2　　　　　　　　梦十夜·第三夜

张秋明　译

我做了这样的梦。

身上背着六岁的小孩，的确是自己的孩子没错。可奇怪的是他的眼睛失明了，还成了小光头。我问他什么时候失明的，他回答很早以前就已如此。声音固然是童音，用词却是大人样。而且还是对等的口吻。

左右两侧是绿色的稻田，中间是条小路。白鹭的阴影不时投射在路面。

"飞进田里了吧。"背后的小孩说。

"你怎么知道？"我回头问。

结果小孩回答："因为白鹭在叫呀。"

果然白鹭就叫了两声。

明明是自己的小孩，我却感到可怕。真不知道背着他，往后会发

生什么事。思忖着要把他丢弃在哪里时,对面黑暗处看见一大片森林。正当我觉得那里应该不错时,背后的小孩又出声了:

"哈哈……。"

"你笑什么?"

小孩没有回答,只是问说:"爹,重吗?"

我回答:"不重。"

他立刻又说:"马上就会重了。"

我默默地以森林为目标走去。田中小路蜿蜒曲折,很难走得顺心如意。这时来到一个岔路,我站在路口稍事休息。

"这里应该有个石块才对。"小孩说话了。

的确,旁边立着一个高度及腰的八寸石头方块。上面写着:"左日窪,右堀田原"。天色虽暗,红色的字体还能看得清楚。颜色就像蝾螈腹部一样的红。

"走左边比较好。"小孩命令。抬头一看,左前方的森林阴影正高高地压在我们头上。我有一点踌躇不敢向前。

"用不着担心的。"小孩又说。没办法我只好向森林走去。内心里却抱怨:明明是个瞎子却什么都知道。沿着小路接近森林时,背后又传来声音:"眼睛看不见,很不方便。真是糟糕呀。"

"所以我不是凡事让着你了吗!"

"让我,我很对不住;可是让人欺负就万万不可。就算是被父母欺负也是不应该的。"

他真是越来越讨人厌了,我不禁加快脚步想赶快把他丢在森林里。

"再往下走就会知道了。刚好也是这样的夜晚。"他在背后自言自语般说话。

"你说什么?"我故意大声问。

"还问什么,自己明明也知道。"小孩嘲笑般回答我。于是我也觉得好像知道些什么,可是又知道得不很清楚。只知道就是这样的晚上,而且再往下走就会更明白了。心想一旦知道就完了,还是趁搞不清楚的时候抛弃他,于是我又加快了脚步。

开始下起了雨，小路越来越暗。我一心赶路，偏偏背上紧贴着小孩，小孩就像一面闪亮的镜子，照射出我的过去、现在与未来，所有事实巨细靡遗。而且他是我的小孩，眼睛还失明。我觉得难以忍受。

"就是这里了，刚好是在那棵杉树的树根附近。"

雨中小孩的声音一样听得清楚，我不自觉地停下脚步。不知什么时候已经来到森林深处。前方两公尺远的阴影，的确是小孩所说的杉树。

"爹，就是在那棵杉树的树根附近吧？"

"嗯，没错。"我不自主地回答。

"应该是文化五年的龙年吧。"

说起来还真的是在文化五年的龙年。

"你杀了我，正好就是在一百年前的今天呀。"

我听了这番话，突然脑海有了自觉：一百年前的今天，文化五年的龙年，也是这样的暗夜里，我在这杉树根附近杀死了一个盲人。猛然惊觉自己是个杀人犯的同时，背上的小孩就像地藏石佛一样逐渐变重了。

（选自张秋明译：《梦十夜》，台北：一方出版有限公司，2002年）

五、译者简介

吴鸿春，男，毕业于复旦大学中文系。现为日本国学院大学教授。

张秋明，台湾淡江大学日文系毕业，从事中日文口译、笔译工作。译作有《那条奇怪的街》《老师的提包》等。

六、译文赏析

下面，先从"译得对"谈起。具体选了5个例文。为了阅读方便，分别摘录出来。

(1) 六つになる子供を負ってる。慥に自分の子である。只不思議な事には何時の間にか眼が潰れて、青坊主になっている。

译文 1：<u>我</u>①背着一个六岁的孩子，觉着确确实实地是<u>我</u>自己的孩子；奇怪的是，<u>我</u>不知道他的眼睛什么时候瞎了，他头发全剃了，成了个青皮光头。

译文 2：身上背著六岁的小孩，的确是自己的孩子没错。可奇怪的是他的眼睛失明了，还成了小光头。

两个译文对比，不同之处甚多。其中最重要、最有价值的不同为第一人称代词"我"的使用与否。表面上看，似乎只关涉到对汉日语主语省略的认识，但是，细究下去，则不得不说译文 1 里第 3 个"我"字的加译带来了严重的误读。看原文，不可思议之事是小孩眼睛失明，现在却于无形之中把"奇怪"的焦点对准了"我"，即奇怪的不再是他眼睛失明，而是我不知道此事。相比之下，译文 2 离原文近很多，遗憾的是"いつの間にか"漏译。此外，两个译文对比，前者还加译了一句"他头发全剃了"，从语境角度考虑，也有背离原文之嫌。这不仅因为原文并没有这么说，而且也因为"眼が潰れて、青坊主になっている"皆是奇怪的对象，是一个整体，且文中的小孩也非凡人，是鬼魂投胎，所以，其间的因果关系值得读者去玩味。如果是"头发全剃了"，才成为青皮小光头，就遮蔽掉许多文学想象的空间。当然，译者的加译应该是缘于辞书的释义，如《大辞林》上，"青坊主"释义为"髪の毛を剃ったばかりの青々とした頭。また，そうした人"（刚剃过的发青的光头，或那样的人），但是，考虑到全文的语境，没有必要去"挑明"这一点。相比之下，译文 2 的"小光头"则缺少原文"青"的意思。

(2) 左右は青田である。路は細い。鷺の影が時々闇に差す。
「田圃へかかったね」と背中で云った。

译文 1：路很窄，两边都是稻田，鹭鸶的影子不时地在夜空中掠

---

① 下划线为笔者所加，后同。

过。"走到水田了吧。"他在我背上说。

译文 2：左右两侧是绿色的稻田，中间是条小路。白鹭的阴影不时投射在路面。"飞进田里了吧。"背后的小孩说。

两相对比，最大的不同之处为"田圃へかかったね"的译法。那么，到底是"走到水田"还是"飞到田里"呢？反观原文，有两个关键词。一是"差す"，一是"掛かった"。先看"差す"，它有两个义项与原文语境有关：（一）光が入り込む。日光が当たる。（光射入，日光照射）。（二）姿がちらりと見える。（身影一晃而见）《大辞林》。在这里应该是哪一个呢，需要译者去判断。译文 1 是主人公看到鹭鸶在天上飞，或者说是看到"鹭鸶的影子"在天上飞。在译文 2 里，主人公看到的则是鹭鸶飞翔时留在地上的影子，他看到的是路。从作家设定的空间看，两种情况都有可能，不管是临近黄昏，还是夜晚，都不是一片漆黑，因为"闇の中に大きな森が見えた""闇だのに赤い字が明らかに見える"。但是，考虑到这一老一小的"体态"，则译文 2 的可能性要大得多。因为主人公正背着小孩，应该是头朝前或朝下走路才合常情，至少不能一直抬头看天。换言之，译文 1 的译法不是最稳妥。另一方面，"かかる"的用法也佐证了以上分析。"かかる"有一个意思，即"その領域に至る。（到达此领域或场所）"《大辞林》。在这里，当然是小孩根据声音的判断——鹭鸶从空中飞到稻田中。这也符合鹭鸶的习性——"水辺で魚・カエル・カニ・貝・昆虫などを餌として生活する"（生活在水边以鱼、蛙、蟹、贝、昆虫等为饵食。）《大辞林》。而背着小孩低头走路的主人公又怎么会误入水田呢？果真如此，后面就不会继续发生关于鹭鸶的另一番对话："どうして解る""だって鷺が鳴くじゃないか"。其实，前文也已经说得很明确，"左右は青田である。路は細い"。即他早已走在田间小道上，左右是农田。他将要"かかる"的其实是"森"。由此可见，译文 1 当属误译。此外，"鷺"在两个译文里分别被译作"鹭鸶"和"白鹭"，也可以从"译得好"角度，站在大陆和台湾的大语境之下进行探讨，看看是译者个人选词的结果，还是地域不同带来的差异。

（3）あすこならばと考え出す途端に、背中で、
「ふふん」と云う声がした。
译文1：我刚这么一想，背上就发出了"哼，哼"的冷笑声。
译文2：正当我觉得那里应该不错时，背后的小孩又出声了："哈哈……。"

此处的问题出在"ふふん"上。据《大辞林》，"ふふん"意为"（1）威張ったり，相手を馬鹿にしたりするときに発する語。鼻から息を出したり，鼻を鳴らしたりする音を表す語。（蔑视对方时发出的鼻音。哼。）（2）同意・承諾の意を表す語。ははん。（随便答应对方时的表示。嗯。）"。根据原文语境，尤其考虑到小孩的"特殊身份"，这里不可能取"ははん"之意，也不可能是译文2的"哈哈"之意。并且，这个译法还切断了与"あすこならば"的内在联系。实际上，在这里，"ふふん"既是一种嘲讽，又是一种暗示。这小孩鬼得很，马上又给出了另一个暗示："御父さん、重いかい"，并在最终加以兑现。显然，译文2没有读出这一层意思。"哼，哼"和"哈哈"，心态完全不一样。

（4）「だから負ってやるから可いじゃないか」
「負ぶって貰ってすまないが、どうも人に馬鹿にされて不可い。親に迄馬鹿にされるから不可い」
译文1："我这不是在背着你嘛。"
"叫你背着是对不住你了，不过让人当作傻子可不好受啊，被自己的父亲当作傻子更不好受啊。"
译文2："所以我不是凡事让着你了吗！"
"让我，我很对不住；可是让人欺负就万万不可。就算是被父母欺负也是不应该的。"

这一例从译学角度看，虽是误译，却不典型，缺乏给人启迪的力量。译文2可能是忘了原文的大语境，也可能是拘泥于前文主人公对

儿子言听计从的小语境,或者把"負う"①错看成了"負ける",无需多议。

> (5) 自分は仕方なしに森の方へ歩き出した。腹の中では、よく盲目の癖に何でも知ってるなと考えながら一筋道を森へ近づいてくると、背中で、「どうも盲目は不自由で不可いね」と云った。

译文 1: 没办法,我只得朝着树林的方向走去了。我一边不停地朝树林走着,一边心里想着这孩子眼睛瞎了怎么会什么都知道?只听到他在我背上说:"眼睛瞎了到底不方便啊。"

译文 2: 没办法我只好向森林走去。内心里却抱怨:明明是个瞎子却什么都知道。沿着小路接近森林时,背后又传来声音:"眼睛看不见,很不方便。真是糟糕呀。"

这一例严格一点,可以归入"译得对"加以讨论;宽松一点,也可以放在"译得好"的层面展开研究。表面上看,划线部分,两个译文的区别似乎是翻译技巧的选用问题,前者采用了倒译和分译技巧,后者则只采用了分译技巧,把原文一断为二。但是,切不可忘记的是,不管出自什么目的,翻译技巧的选用都不能损害对原意的转达。然而,事实上,译文 1 的倒译在很大程度上模糊了原文的时间设定。原文的关键词是"近づいてくる",是作者刻意强调的,是一个关键的时间点。正是在这个时间点上,小孩才又故意开口说话了。换言之,小孩正是有意选择临近"森"的时间点,才开口说话。这本身就意味深长。但是,译文 1 采取倒译手法,结果虚化了这个关键词,削弱了时空概念的重要性。读者已经看不出小孩对说话时机的精心选择及其别有用心。不过,译文 2 没有犯这个错误,虽把"原文"一分为二,却准确传达出原文的意思。一个"接近",也同时立刻拉近了与原文的距离。另外,

---

① 此处"負う"念"おぶう"。

从日语语法角度说,"……ながら、……する"的句型,是以后半部分为句子重点,前半部大致上是一种伴随状况。当然,这不是说这个句型就一定不能倒译。其实,即便是译文1,在"只听到他在我背上说"之前,加上一句"临近树林",也就没有问题了。

因篇幅的关系,"译得对"的话题先放下来,换一个角度来讨论一下"译得好"的问题。从译学角度看,"译得好"不仅与译者的主体性,也与研究者的美学观相关,主观性较强,是个见仁见智的问题。先回到原文的开头部分。

(6)　こんな夢を見た。
　　　六つになる子供を負ってる。慥に自分の子である。只不思議な事には何時の間にか眼が潰れて、青坊主になっている。自分が御前の眼は何時潰れたのかいと聞くと、なに昔からさと答えた。声は子供の声に相違ないが、言葉つきは丸で大人である。しかも対等だ。

译文1：　　我做了一个这样的梦。
　　　我背着一个六岁的孩子,觉着确确实实地是我自己的孩子;奇怪的是,我不知道他的眼睛什么时候瞎了,他头发全剃了,成了个青皮光头。我问他,你眼睛是什么时候坏的,他说,咳,以前不就这样了嘛。说话的声音是个童声,可是说话的口气完全是大人的,而且对我用的是平辈的简体。

译文2：　　我作了这样的梦。
　　　身上背着六岁的小孩,的确是自己的孩子没错。可奇怪的是他的眼睛失明了,还成了小光头。我问他什么时候失明的,他回答很早以前就已如此。声音固然是童音,用词却是大人样。而且还是对等的口吻。

这里不再讨论译文中的硬伤。笔者关注重点是两个译文里人称代词的使用问题。其背后潜藏的话题自然是汉日语的主语省略问题。学

日语的，都知道日语主语省略频繁，几乎到了能省皆省的地步。这本来是好事，有助于我们掌握地道的日语。但是，另一方面，又有不少人不知不觉，像受到什么暗示一样，转而认为汉语主语省略很少，至少远不如日语频繁。其实，这种看法并不符合汉语事实。汉语也是非常注重主语省略的语言，古汉语尤其如此，流水句也很典型。国内汉学界多有研究，笔者在《日汉翻译教程》第8章第2节也有论述，这里不再重复。回到（6），译文1里人称代词有11个之多，译文2只有5个，连一半都不到。相比之下，当然是后者离汉语传统更近一些，汉语也更纯正一些。譬如，原文头两句，加一个主语"我"字足矣。甚至不加也没有什么不可以。其余部分，凡是不会造成阅读障碍的，都可以不加。换言之，关于日译汉时是否需要加译主语，有一个简单的原则。即，能不加就不加。当然，前提是充分保证汉译文不被误解，且通顺流畅。其实，主语省略越多，汉语越地道，也越接近汉语的传统。

这段话里还有一个问题，即"しかも対等だ"的译法。笔者以为译文1处理过度。翻译面向的，首先并且大部分情况下是不懂外语的读者。因此，对普通读者而言，所谓"对我用的是平辈的简体"完全不知所云。其实，不需要把日语的特点放到译文里去，放进去了，大家也不明就里。赘言一句，我们经常能听到有人说，译文要体现原文的特点，即形式上的语法、词法等特点。但是，对广大不懂外文的读者而言，就算百分之百充分再现了原文的形式特点，读者也想象不出原文是什么样。这种"再现"对语言学家倒是有意义可言。因此，到底怎样运笔翻译，应该交由译者自己处理。体现原文形式特点只是众多考虑因素中的一个而已。换一个角度再看译文1"对我用的是平辈的简体"的译法，也值得商榷。实际上，日本家庭成员之间说话，简体与敬体的选用并没有定规。儿子对父亲，并非一定得用敬体，相反，简体有时更能体现出亲人间的亲密。相比之下，译文2译成"对等的口吻"，则可以接受。此外，这段话，译文2也比译文1简洁，少了39个字。综上所述，笔者把这段话改译如下：

译文3：　　我做了一个梦。

　　　　　背着六岁的孩子，当然是自己的孩子。奇怪的是不知何时他眼睛瞎了，成了青皮光头。问他什么时候瞎的，说是很早啦。声音倒是童声，口气却很像大人，与我平起平坐。

(7)　「文化五年辰年だろう」
　　　成程文化五年辰年らしく思われた。
　　　「御前がおれを殺したのは今から丁度ど百年前だね」
　　　自分は此の言葉を聞くや否や、今から百年前文化五年の辰年のこんな闇の晩に、この杉の根で、一人の盲目を殺したと云う自覚が、忽然として頭の中に起った。おれは人殺であったんだなと始めて気が付いた途端に、背中の子が急に石地蔵の様に重くなった。

译文1：　　"是文化五年龙年吧。"
　　　　　我好像想起了文化五年的龙年。
　　　　　"你这凶手杀了我，离现在正好有一百年了！"
　　　　　我在听到这句话的一瞬间，头脑里突然复活了这样一份记忆：在距今一百年前文化五年龙年的一个黑夜，我在这棵杉树下面，杀死了一个瞎子；而正当我认识到自己是个杀人凶手的那一刻，背上的孩子一下就变得如同石雕的地藏菩萨那般沉重了。

译文2：　　"应该是文化五年的龙年吧。"
　　　　　说起来还真的是在文化五年的龙年。
　　　　　"你杀了我，正好就是在一百年前的今天呀。"
　　　　　我听了这番话，突然脑海有了自觉：一百年前的今天，文化五年的龙年，也是这样的暗夜里，我在这杉树根附近杀死了一个盲人。猛然惊觉自己是个杀人犯的同时，背上的小孩就像地藏石佛一样逐渐变重了。

首先，译文1"是文化五年龙年吧"的译法没有说清楚"文化五年"与"龙年"的关系，虽然下一句译文加了一个"的"字——"我好像想起了文化五年的龙年"，但是，后面"在距今一百年前文化五年龙年的一个黑夜"里又没有"的"字。从"译得好"的角度看，翻译不到位，颇有点突兀。"文化五年"指1808年，这一年正好是龙年。汉语在表达这层关系时，加一个"的"是必不可少的。

其次，"御前がおれを殺したのは今から丁度ど百年前だね"这句话，译文1加了"这凶手"3个字，没有必要。翻译不需要多余的阐释。后面"离现在正好有一百年了"则没有译文2翻译得自然、准确。在汉语里，历史上的今天，如50年前的今天，1年前的今天，是一个很普通的说法。笔者以"年前的今天"为关键词在搜索引擎上搜索，0.23秒就显示有582,000,000个结果。这个说法的好处就在于它凸显了前面的数字，且带有"正好""整"等含义。在（7）里，译文2的"正好就是在一百年前的今天呀"与"今から丁度ど百年前だね"相吻合，比"离现在正好有一百年了"的译法在时间上更精确，算时间已经算到"天"。同时，这也更好说明孩子的择日是别有用心。

再次，最后一段话，也是原文的结尾部分，笔者以为译文2相对译得好一些。一是简洁，译文1用了108个字，它只用了91个。譬如，"石地蔵の様に"，译文1为"如同石雕的地藏菩萨那般"；译文2为"像地藏石佛一样"。后者"石佛"两个字代替了前者"石雕的"和"菩萨"5个字[①]。二是句子衔接以短句为主，节奏感强，容易上口，如"我听了这番话，突然脑海有了自觉：一百年前的今天，文化五年的龙年，也是这样的暗夜里，我在这杉树根附近杀死了一个盲人"。译文1"我在听到这句话的一瞬间，头脑里突然复活了这样一份记忆：在距今一百年前文化五年龙年的一个黑夜，我在这棵杉树下面，杀死了一个瞎子"就显得句间衔接有些生涩、拖沓，念起来略有点不顺。不过，译文2也并不完美，所以笔者称之为"相对译得好一些"。问题主要出在

---

① 如果在佛教上，"石雕的地藏菩萨"与"地藏石佛"所指不同，笔者的说法就有问题，应另做研究。

"自觉"上。这个译词颇给人一种用的不是地方的感觉。查阅台湾地区出版的辞书和语料库,也没有发现"自觉"有日语"自觉"的意思。汉语的"自觉"有两个意思,一是认为,二是自己有所认识而觉悟,而没有日语"自觉"里的参悟、领悟、恍然大悟的意思①。因此,"我听了这番话,突然脑海有了自觉:……"似可改为"我听了这番话,突然醒悟过来:……"。

(8)　「石が立ってる筈だがな」と小僧が云った。
　　　成程八寸角の石が腰程の高さに立っている。表には左り日ヶ窪、右堀田原とある。闇だのに赤い字が明かに見えた。赤い字は井守の腹のような色であった。
　　「左が好いだろう」と小僧が命令した。左を見ると最先の森が闇の影を、高い空から自分等の頭の上へ抛げかけていた。自分は一寸躊躇した。

译文1：　　"应该有个石柱竖在那儿吧。"小孩说。
　　　果然有个半人高的八寸见方的石柱立在那里,上面标示着左面是日窪,右面是堀田原。尽管是在黑暗中,那红色的字倒看得很分明;那种红色,颇有些像蝾螈腹部的颜色。
　　　"走左面的好。"小孩指示说。往左一看,刚才看到的那片树林的黑影好像高高地笼罩在我们的头上,我不免一阵犹豫。

译文2：　　"这里应该有个石块才对。"小孩说话了。
　　　的确,旁边立着一个高度及腰的八寸石头方块。上面写着:"左日窪,右堀田原"。天色虽暗,红色的字体还能看得清楚。颜色就像蝾螈腹部一样的红。
　　　"走左边比较好。"小孩命令。抬头一看,左前方的

---

①(1)自分の置かれている位置・状態、また、自分の価値・能力などをはっきり知ること。「自覚が足りない」「体力の衰えを自覚する」(2)仏語。自ら迷いを断って悟りを開くこと。(《大辞林》)

森林阴影正高高地压在我们头上。我有一点踌躇不敢向前。

（8）的第一个词"石"两个译文就差别不小，一个是"石柱"，另一个为"石块"。结合语境两相对比，当然是前者译法稳妥，后者欠佳。正因为是"石柱"，后面"有个半人高"的说法才能成立，"八寸见方"才能表示石柱是正方形。而译文2的"旁边立着一个高度及腰的八寸石头方块"则形象模糊，需要读者猜度。"高度及腰"与"八寸"是什么关系，没有交代清楚。

再就是，小孩在原文里有两种叫法，即"子供"和"小僧"，两者交替使用。两位译者却没有做区分。其实，在日语里，"小僧"是"年少の者を軽蔑し、ののしっていう語"（对年少者轻蔑的称呼）（《大辞林》），汉语里可选词也不少，如"这小子""黄口小儿""毛孩子""坏小子""小赤佬""竖子"等。

之后的"表には左り日ヶ窪、右堀田原とある"，一个译成"上面标示着左面是日窪，右面是堀田原"，另一个译为"上面写着：'左日窪，右堀田原'"。笔者以为前者更可取。理由有二。一是夏目漱石在此文中频繁使用引号，把所有对话全部明确处理为直接引用。实际上，日语的直接引语未必一定要打上引号，间接引语与直接引语的界限不像汉语那么明确。因此，作家这里不加引号，自有他的道理，译者不宜"擅自"添加。二是作为常识，路标的写法多种多样，有可能写汉字，也可能用箭头，或汉字、箭头并用。总之，这里还是不要加上引号"过分"明确为好。

下面讨论最后一小段。有两点可议。一是"命令"的译法。当父子两人来到岔路口时，实际上他们已面临命运的拐点。走错方向，将是另一个结局。作为暗中操盘手的小孩，当然绝不能允许误入歧路，坏了他精心设计的好戏。所以，他不得不"命令"。所以作家再一次称他为"小僧"。相比之下，译文2照搬"命令"，值得肯定，比用"指示说"要好一些。不过，由于直接宾语前置，"命令"后又没有其他宾语，略有突兀感。可改为："'走左边'。这小子命令我"。二是"左を

見ると最先の森が闇の影を、高い空から自分等の頭の上へ抛げかけていた"的翻译。主要是译文 2 的虚实问题。加译了一句"抬头一看",紧接着就是"左前方的森林阴影",似乎有过实之嫌,把天空划分得过于泾渭分明。还是译文 1 处得平实一些。

(高宁)

七、翻译理论学习

什么是翻译

我们学习和研究翻译,首先要对其概念做界定和辨析,这是学习和研究翻译的前提之一。关于什么是翻译,古今中外定义很多,说法不一。

前苏联语言学家巴尔胡达罗夫说:翻译是把一种语言的言语产物在保持内容方面,也就是意义不变的情况下改变为另一种语言的言语产物的过程。

美国语言学家和翻译理论家奈达在《翻译科学探索》(上海外语教育出版社,2004)一书中说:所谓翻译,是指在译语中用最切近而又自然的对等语再现原语的信息,首先是意义,其次是文体。

英国翻译理论家卡特福德在《翻译的语言学理论》(旅游教育出版社,1991)一书中说:用一种等值的语言(译语)的文本材料去替换另一种语言(源语)的文本材料。[①]

中国台湾学者张达聪在《翻译之原理与技巧》(东雅出版,1979)一书中说:"'翻'者,动貌,就是变动与改变的意思。'译'者,陈也。就是以甲国语言文字表达乙国语言文字的意思。换而言之,某一种语文的含义,用另一种语文传达过来,便是翻译。"

在各种翻译教材中,对翻译的界定如下:

张培基在《英汉翻译教程》(上海外语教育出版社,1980)一书

---

①谢天振:《当代国外翻译理论》,天津:南开大学出版社 2008 年版,第 3 页。

的绪论中说：翻译是运用一种语言把另一种语言所表达的思维内容准确而完整地重新表达出来的语言活动。

范仲英在《实用翻译教程》（外语教学与研究出版社，1994）一书中所作的定义是：翻译是人类交流思想过程中沟通不同语言的桥梁，使通晓不同语言的人能通过原文的重新表达而进行思想交流。翻译是把一种语言（即原语）的信息用另一种语言（即译语）表达出来，使译文读者能得到原作者所表达的思想，得到与原文读者大致相同的感受。

古今明在《英汉翻译基础》（上海外语教育出版社，1997）一书中的定义是：翻译是把一种语言所表达的思维内容用另一种语言表达出来的语言活动。

陈宏薇在《汉英翻译基础》（上海外语教育出版社，1998）一书中说：翻译是跨语言（cross-linguistic）、跨文化（cross-cultural）的交际活动。翻译是科学。翻译是艺术。翻译是技能。

梁传宝、高宁在《新编日汉翻译教程》（上海外语教育出版社，2000）一书中的定义是：翻译是把一种语言的内容用另一种语言表达出来的过程或结果，是在不同语言之间进行沟通的语言活动。

陈岩《新编日译汉教程》（大连理工大学出版社 2000）一书的定义是：翻译是一种语言文字的意义用另一种语言文字表达出来的过程。它是操不同语言的人之间进行交际和交流的媒介手段，因此是人类一项必不可少的活动。

第2课

一、原文

舞　姫

森鴎外

　石炭をば早や積み果てつ。中等室の卓のほとりはいと静にて、熾熱燈の光の晴れがましきも徒なり。今宵は夜毎にこゝに集ひ来る骨牌仲間も「ホテル」に宿りて、舟に残れるは余一人のみなれば。

　五年前の事なりしが、平生の望足りて、洋行の官命を蒙り、このセイゴンの港まで来し頃は、目に見るもの、耳に聞くもの、一つとして新ならぬはなく、筆に任せて書き記しつる紀行文日ごとに幾千言をかなしけむ、当時の新聞に載せられて、世の人にもてはやされしかど、今日になりておもへば、①穉き思想、身の程知らぬ放言、さらぬも尋常の動植金石、さては風俗などをさへ珍しげにしるしゝを、心ある人はいかにか見けむ。こたびは途に上りしとき、日記ものせむとて買ひし冊子もまだ白紙のまゝなるは、独逸にて物学びせし間に、一種の「ニル、アドミラリイ」の気象をや養ひ得たりけむ、あらず、これには別に故あり。

　げに東に還る今の我は、西に航せし昔の我ならず、学問こそ猶心に飽き足らぬところも多かれ、浮世の②うきふしをも知りたり、人の心の頼みがたきは言ふも更なり、われとわが心さへ変り易きをも悟り得たり。きのふの是はけふの非なるわが瞬間の感触を、筆に写して誰にか見せむ。これや日記の成らね縁故なる、あらず、これには別に故あり。

　鳴呼、ブリンヂイシイの港を出でゝより、早や二十日あまりを経

ぬ。世の常ならば生面の客にさへ交を結びて、旅の憂さを慰めあふが航海の習なるに、微恙にことよせて房の裡にのみ籠りて、同行の人々にも物言ふことの少きは、人知らぬ恨に頭のみ悩ましたればなり。此恨は初め一抹の雲の如く我心を掠めて、瑞西の山色をも見せず、伊太利の古蹟にも心を留めさせず、中頃は世を厭い、身をはかなみて、腸日ごとに九廻すともいふべき惨痛をわれに負はせ、今は心の奥に凝り固まりて、一点の翳とのみなりたれど、文読むごとに、物見るごとに、鏡に映る影、声に応ずる響の如く、限なき懐旧の情を喚び起して、幾度となく我心を苦む。嗚呼、いかにしてか此恨を銷せむ。若し外の恨なりせば、詩に詠じ歌によめる後は心地すがすがしくもなりなむ。これのみは余りに深く我心に彫りつけられたればさはあらじと思へど、今宵はあたりに人も無し、房奴の来て電気線の鍵を振るには猶程もあるべければ、いで、その概略を文に綴りて見む。

　余は幼き比より厳しき庭の訓を受けし甲斐に、父をば早く喪ひつれど、学問の荒み衰ふることなく、旧藩の学館にありし日も、東京に出でゝ予備黌に通ひしときも、大学法学部に入りし後も、太田豊太郎といふ名はいつも一級の首にしるされたりしに、一人子の我を力になして世を渡る母の心は慰みけらし。十九の歳には学士の称を受けて、大学の立ちてよりその頃までにまたなき名誉なりと人にも言はれ、某省に出仕して、故郷なる母を都に呼び迎へ、楽しき年を送ること三とせばかり、官長の覚え殊なりしかば、洋行して一課の事務を取り調べよとの命を受け、我名を成さむも、我家を興さむも、今ぞとおもふ心の勇み立ちて、五十を踰えし母に別るゝをもさまで悲しとは思はず、遙々と家を離れてベルリンの都に来ぬ。
　余は模糊たる功名の念と、検束に慣れたる勉強力とを持ちて、忽ちこの欧羅巴の新大都の中央に立てり。何等の光彩ぞ、我目を射むとするは。何等の色沢ぞ、我心を迷はさむとするは。菩提樹下と訳するときは、幽静なる境なるべく思はるれど、この大道髪の如きウ

ンテル、デン、リンデンに来て両辺なる石だゝみの人道を行く隊々の士女を見よ。胸張り肩聳えたる士官の、まだ維廉一世の街に臨める窓に倚り玉ふ頃なりければ、様々の色に飾り成したる礼装をなしたる、妍き少女の巴里まねびの粧したる、彼も此も目を驚かさぬはなきに、車道の土瀝青の上を音もせで走るいろいろの馬車、雲に聳ゆる楼閣の少しとぎれたる処には、晴れたる空に夕立の音を聞かせて漲り落つる噴井の水、遠く望めばブランデンブルク門を隔てゝ緑樹枝をさし交はしたる中より、半天に浮び出でたる凱旋塔の神女の像、この許多の景物目睫の間に聚まりたれば、始めてこゝに来しものゝ応接に遑なきも宜なり。されど我胸には縦ひいかなる境に遊びても、あだなる美観に心をば動さじの誓ありて、つねに我を襲ふ外物を遮り留めたりき。

余が鈴索を引き鳴らして謁を通じ、おほやけの紹介状を出だして東来の意を告げし普魯西の官員は、皆快く余を迎へ、公使館よりの手つゞきだに事なく済みたらましかば、何事にもあれ、教へもし伝へもせむと約しき。喜ばしきは、わが故里にて、独逸、仏蘭西の語を学びしことなり。彼等は始めて余を見しとき、いづくにていつの間にかくは学び得つると問はぬことなかりき。

さて官事の暇あるごとに、かねて③おほやけの許をば得たりければ、ところの大学に入りて政治学を修めむと、名を簿冊に記させつ。

ひと月ふた月と過す程に、おほやけの打合せも済みて、取調も次第に捗り行けば、急ぐことをば報告書に作りて送り、さらぬをば写し留めて、つひには幾巻をかなしけむ。大学のかたにては、穉き心に思ひ計りしが如く、政治家になるべき特科のあるべうもあらず、此か彼かと心迷ひながらも、二三の法家の講筵に列ることにおもひ定めて、謝金を収め、往きて聴きつ。

かくて三年ばかりは夢の如くにたちしが、時来れば包みても包みがたきは人の好尚なるらむ、余は父の遺言を守り、母の教に従ひ、人の神童なりなど褒むるが嬉しさに怠らず学びし時より、官長の善き働き手を得たりと奨ますが喜ばしさにたゆみなく勤めし時まで、

たゞ所動的、器械的の人物になりて自ら悟らざりしが、今二十五歳になりて、既に久しくこの自由なる大学の風に当りたればにや、心の中なにとなく妥ならず、奥深く潜みたりしまことの我は、やうやう表にあらはれて、きのふまでの我ならぬ我を攻むるに似たり。余は我身の今の世に雄飛すべき政治家になるにも宜しがらず、また善く法典を諳じて獄を断ずる法律家になるにもふさはしからざるを悟りたりと思ひぬ。

余は私に思ふやう、我母は余を活きたる辞書となさんとし、我官長は余を活きたる法律となさんとやしけん。辞書たらむは猶ほ堪ふべけれど、法律たらんは忍ぶべからず。今までは瑣々たる問題にも、極めて丁寧にいらへしつる余が、この頃より官長に寄する書には連りに法制の細目に拘ふべきにあらぬを論じて、一たび法の精神をだに得たらんには、紛々たる万事は破竹の如くなるべしなどゝ広言しつ。又大学にては法科の講筵を余所にして、歴史文学に心を寄せ、漸く蔗を嚼む境に入りぬ。

官長はもと心のまゝに用ゐるべき器械をこそ作らんとしたりけめ。独立の思想を懐きて、人なみならぬ面もちしたる男をいかでか喜ぶべき。危きは余が当時の地位なりけり。されどこれのみにては、なほ我地位を覆へすに足らざりけんを、日比伯林の留学生の中にて、或る勢力ある一群と余との間に、面白からぬ関係ありて、彼人々は余を猜疑し、又遂に余を讒誣するに至りぬ。されどこれとても其故なくてやは。

彼人々は余が倶に麦酒の杯をも挙げず、球突きの棒をも取らぬを、かたくなゝる心と慾を制する力とに帰して、且は嘲り且は嫉みたりけん。されどこは余を知らねばなり。嗚呼、此故よしは、我身だに知らざりしを、怎でか人に知るべき。わが心はかの合歓といふ木の葉に似て、物触れば縮みて避けんとす。我心は処女に似たり。余が幼き頃より長者の教を守りて、学の道をたどりしも、仕の道をあゆみしも、皆な勇気ありて能くしたるにあらず、耐忍勉強の力と見えしも、皆な自ら欺き、人をさへ欺きつるにて、人のたどらせたる

道を、唯だ一条にたどりしのみ。余所に心の乱れざりしは、外物を棄てゝ顧みぬ程の勇気ありしにあらず、唯外物に恐れて自らわが手足を縛せしのみ。故郷を立ちいづる前にも、我が有為の人物なることを疑はず、又我心の能く耐へんことをも深く信じたりき。嗚呼、彼も一時。舟の横浜を離るゝまでは、④天晴豪傑と思ひし身も、せきあへぬ涙に手巾を濡らしつるを我れ乍ら怪しと思ひしが、これぞなかなかに我本性なりける。此心は生れながらにやありけん、又早く父を失ひて母の手に育てられしによりてや生じけん。
　彼人々の嘲るはさることなり。されど嫉むはおろかならずや。この弱くふびんなる心を。
　赤く白く面を塗りて、赫然たる色の衣を纏ひ、珈琲店に坐して客を延く女を見ては、往きてこれに就かん勇気なく、高き帽を戴き、眼鏡に鼻を挟ませて、普魯西にては貴族めきたる鼻音にて物言ふ「レエベマン」を見ては、往きてこれと遊ばん勇気なし。此等の勇気なければ、彼活溌なる同郷の人々と交らんやうもなし。この交際の疎きがために、彼人々は唯余を嘲り、余を嫉むのみならで、又余を猜疑することゝなりぬ。これぞ余が冤罪を身に負ひて、暫時の間に無量の艱難を閲し尽す媒なりける。
　或る日の夕暮なりしが、余は獣苑を漫歩して、ウンテル、デン、リンデンを過ぎ、我がモンビシュウ街の僑居に帰らんと、クロステル巷の古寺の前に来ぬ。余は彼の燈火の海を渡り来て、この狭く薄暗き巷に入り、楼上の木欄に干したる敷布、襦袢などまだ取入れぬ人家、頬髯長き猶太教徒の翁が戸前に佇みたる居酒屋、一つの梯は直ちに楼に達し、他の梯は窖住まひの鍛冶が家に通じたる貸家などに向ひて、凹字の形に引籠みて立てられたる、此三百年前の遺跡を望む毎に、心の恍惚となりて暫し佇みしこと幾度なるを知らず。
　今この処を過ぎんとするとき、鎖したる寺門の扉に倚りて、声を呑みつゝ泣くひとりの少女あるを見たり。年は十六七なるべし。被りし巾を洩れたる髪の色は、薄きこがね色にて、着たる衣は垢つき汚れたりとも見えず。我足音に驚かされてかへりみたる面、余に詩

人の筆なければこれを写すべくもあらず。この青く清らにて物問ひたげに愁を含める目の、半ば露を宿せる長き睫毛に掩はれたるは、何故に一顧したるのみにて、用心深き我心の底までは徹したるか。

　彼は料らぬ深き歎きに遭ひて、前後を顧みる遑なく、こゝに立ちて泣くにや。わが臆病なる心は憐憫の情に打ち勝たれて、余は覚えず側に倚り、「何故に泣き玉ふか。ところに繋累なき外人は、却りて力を借し易きこもあらん。」といひ掛けたるが、我ながらわが大胆なるに呆れたり。

　彼は驚きてわが黄なる面を打守りしが、我が真率なる心や色に形はれたりけん。「君は善き人なりと見ゆ。彼の如く酷くはあらじ。又た我母の如く。」暫し涸れたる涙の泉は又溢れて愛らしき頬を流れ落つ。

　「我を救ひ玉へ、君。わが恥なき人とならんを。母はわが彼の言葉に従はねばとて、我を打ちき。父は死にたり。明日は葬らではははぬに、家に一銭の貯だになし。」

　跡は欷歔の声のみ。我眼はこのうつむきたる少女の顫ふ項にのみ注がれたり。

　「君が家に送り行かんに、先づ心を鎮め玉へ。声をな人に聞かせ玉ひそ。こゝは往来なるに。」彼は物語するうちに、覚えず我肩に倚りしが、この時ふと頭を擡げ、又始てわれを見たるが如く、恥ぢて我側を飛びのきつ。

　人の見るが厭はしさに、早足に行く少女の跡に附きて、寺の筋向ひなる大戸を入れば、欠け損じたる石の梯あり。これを上りて、四階目に腰を折りて潜るべき程の戸あり。少女はびたる針金の先を捩ぢ曲げたるに、手を掛けて強く引きしに、中には咳枯れたる老媼の声して、「誰ぞ」と問ふ。エリス帰りぬと答ふる間もなく、戸をあらゝかに引開けしは、半ば白みたる髪、悪しき相にはあらねど、貧苦の痕を額に印せし面の老媼にて、古き獣綿の衣を着、汚れたる上靴を穿きたり。エリスの余に会釈して入るを、かれは待ち兼ねし如く、戸を劇しくたて切りつ。

余は暫し茫然として立ちたりしが、ふと油燈の光に透して戸を見れば、エルンスト、ワィゲルトと漆もて書き、下に⑤仕立物師と注したり。これすぎぬといふ少女が父の名なるべし。内には言ひ争ふごとき声聞えしが、又静になりて戸は再び明きぬ。さきの老媼は慇懃におのが無礼の振舞せしを詫びて、余を迎へ入れつ。戸の内は厨にて、右手の低き窓に、真白に洗ひたる麻布を懸けたり。左手にほ粗末に積上げたる煉瓦の竈あり。正面の一室の戸は半ば開きたるが、内には白布を掩へる臥床あり。伏したるはなき人なるべし。竈の側なる戸を開きて余を導きつ。この処は所謂「マンサルド」の街に面したる一間なれぱ、天井もなし。隅の屋根裏より窓に向ひて斜に下れる梁を、紙にて張りたる下の、立たば頭の支ふべき処に臥床あり。中央なる机には美しき氈を掛けて、上には書物一二巻と写真帖とを列べ、陶瓶にはこゝに似合はしからぬ価高き花束を生けたり。そが傍に少女は羞を帯びて立てり。

　彼は優れて美なり。乳の如き色の顔は燈火に映じて微紅を潮したり。手足の繊くなるは、貧家の女に似ず。老媼の室を出でし跡にて、少女は少し訛りたる言葉にて云ふ。「許し玉へ。君をこゝまで導きし心なさを。君は善き人なるべし。我をばよも憎み玉はじ。明日に迫るは父の葬、たのみに思ひしシヤウムベルヒ、君は彼を知らでやおはさん。彼は「ヰクトリア」座の座頭なり。彼が抱へとなりしより、早や二年なれば、事なく我等を助けんと思ひしに、人の憂に附けこみて、身勝手なるいひ掛けせんとは。我を救ひ玉へ、君。金をば薄き給金を折きて還し参らせん。縦令我身ほ食はずとも。それもならずば母の言葉に。」彼は涙ぐみて身をふるはせたり。その見上げたる目には、人に否とはいはせぬ媚態あり。この目の働きは知りてするにや、又自らは知らぬにや。

　我が隠しには二三「マルク」の銀貨あれど、それにて足るべくもあらねば、余は時計をはづして机の上に置きぬ。「これにて一時の急を凌ぎ玉へ。質屋の使のモンビシュウ街三番地にて太田と尋ね来ん折には価を取らすべきに。」

少女は驚き感ぜしさま見えて、余が辞別のために出したる手を唇にあてたるが、はらはらと落つる熱き涙を我手の背に濺ぎつ。
　嗚呼、何等の悪因ぞ。この恩を謝せんとて、自ら我僑居に来し少女は、ショオペンハウエルを右にし、シルレルを左にして終日兀坐する我読書にに、一輪の名花を咲かせてけり。この時を始として、余と少女との交漸く繁くなりもて行きて、同郷人にさへ知られぬれば、彼等は速了にも、余を以て色を舞姫の群に漁するものとしたり。われ等二人の間にはまだ痴なる歓楽のみ存たりしを。
　（中略）
　大洋に舵を失ひしふな人が、遥なる山を望む如きは、相沢が余に示したる前途の方鍼なり。されどこの山は猶ほ重霧の間に在りて、いつ往きつかんも、否、果して往きつきぬとも、我中心に満足を与へんも定かならず。貧きが中にも楽しきは今の生活、棄て難きはエリスが愛。わが弱き心には思ひ定めんよしなかりしが、姑く友の言に従ひて、この情縁を断たんと約しき。余は守る所を失はじと思ひて、おのれに敵するものには抵抗すれども、友に対して否とはえ対へぬが常なり。
　別れて出づれば風面を撲てり。二重の玻璃窓を繁しく鎖して、大いなる陶炉に火を焚きたる「ホテル」の食堂を出でしなれば、薄き外套を透る午後四時の寒さは殊さらに堪へ難く、膚粟立つと共に、余は心の中に一種の寒さを覚えき。
　飜訳は一夜になし果てつ。「カイゼルホオフ」へ通ふことはこれより漸く繁くなりもて行く程に、初めは伯の言葉も用事のみなりしが、後には近比故郷にてありしことなどを挙げて余が意見を問ひ、折に触れては道中にて人々の失錯ありしことどもを告げて打笑ひ玉ひき。
　一月ばかり過ぎて、或る日伯は突然われに向ひて、「余は明旦、魯西亜に向ひて出発すべし。随ひて来べきか、」と問ふ。余は数日間、かの公務に違なき相沢を見ざりしかば、此問は不意に余を驚かしつ。「いかで命に従はざらむ。」余は我恥を表はさん。此答はいち早く決断して言ひしにあらず。余はおのれが信じて頼む心を生じたる人に、

31

卒然ものを問はれたるときは、咄嗟の間、その答の範囲を善くも量らず、直ちにうべなふことあり。さてうべなひし上にて、その為し難きに心づきても、強て当時の心虚なりしを掩ひ隠し、耐忍してこれを實行すること屢々なり。
　此日は翻訳の代に、旅費さへ添へて賜はりしを持て帰りて、翻訳の代をばエリスに預けつ。これにて魯西亜より帰り来んまでの費をば支へつべし。彼は医者に見せしに常ならぬ身なりといふ。貧血の性なりしゆゑ、幾月か心づかでありけん。座頭よりは休むことのあまりに久しければ籍を除きぬと言ひおこせつ。まだ一月ばかりなるに、かく厳しきは故あればなるべし。旅立の事にはいたく心を悩ますとも見えず。偽りなき我心を厚く信じたれば。
　鉄路にては遠くもあらぬ旅なれば、用意とてもなし。身に合せて借りたる黒き礼服、新に買求めたるゴタ板の魯廷の貴族譜、二三種の辞書などを、小「カバン」に入れたるのみ。流石に心細きことのみ多きこの程なれば、出で行く跡に残らんも物憂かるべく、又停車場にて涙こぼしなどしたらんには影護かるべければとて、翌朝早くエリスをば母につけて知る人がり出しやりつ。余は旅装整へて戸を鎖し、鍵をば入口に住む靴屋の主人に預けて出でぬ。

　魯国行については、何事をか叙すべき。わが舌人たる任務は忽地に余を拉し去りて、青雲の上に堕したり。余が大臣の一行に随ひて、ペエテルブルクに在りし間に余を囲繞せしは、巴里絶頂の驕奢を、氷雪の裡に移したる王城の粧飾、故らに黄蝋の燭を幾つ共なく点したるに、幾星の勲章、幾枝の「エポレット」が映射する光、彫鏤の工を尽したる「カミン」の火に寒さを忘れて使ふ宮女の扇の閃きなどにて、この間仏蘭西語を最も円滑に使ふものはわれなるがゆゑに、賓主の間に周旋して事を弁ずるものもまた多くは余なりき。
　この間余はエリスを忘れざりき、否、彼は日毎に書を寄せしかばえ忘れざりき。余が立ちし日には、いつになく独りにて燈火に向はん事の心憂さに、知る人の許にて夜に入るまでもの語りし、疲る

を待ちて家に還り、直ちにいねつ。次の朝目醒めし時は、猶独り跡に残りしことを夢にはあらずやと思ひぬ。起き出でし時の心細さ、かゝる思ひをば、生計に苦みて、けふの日の食なかりし折にもせざりき。これ彼が第一の書の略なり。

　又程経てのふみは頗る思ひせまりて書きたる如くなりき。文をば否といふ字にて起したり。否、君を思ふ心の深き底をば今ぞ知りぬる。君は故里に頼もしき族なしとのたまへば、此地に善き世渡のたつきあらば、留り玉はぬことやはある。又我愛もて繋ぎ留めでは止まじ。それもはで東に還り玉はんとならば、親と共に往かんは易けれど、か程に多き路用を何処よりか得ん。怎なる業をなしても此地に留りて、君が世に出で玉はん日をこそ待ためと常には思ひしが、暫しの旅とて立出で玉ひしより此二十日ばかり、別離の思は日にけに茂りゆくのみ。袂を分つはたゞ一瞬の苦艱なりと思ひしは迷なりけり。我身の常ならぬが漸くにしるくなれる、それさへあるに、縦令いかなることありとも、我をば努な棄て玉ひそ。母とはいたく争ひぬ。されど我身の過ぎし頃には似で思ひ定めたるを見て心折れぬ。わが東に往かん日には、ステツチンわたりの農家に、遠き縁者あるに、身を寄せんとぞいふなる。書きおくり玉ひし如く、大臣の君に重く用ゐられ玉はゞ、我路用の金は兎も角もなりなん。今は只管君がベルリンにかへり玉はん日を待つのみ。

　嗚呼、余は此書を見て始めて我地位を明視し得たり。恥かしきはわが鈍き心なり。余は我身一つの進退につきても、また我身に係らぬ他人の事につきても、決断ありと自ら心に誇りしが、此一決断は順境にのみありて、逆境にはあらず。我と人との関係を照さんとするときは、頼みし胸中一の鏡は曇りたり。

　大臣は既に我に厚し。されどわが近眼は唯だおのれが尽したる職分をのみ見き。余はこれに未来の望を繋ぐことには、神も知るらむ、絶えて想到らざりき。されど今こゝに心づきて、我心は猶ほ冷然たりし歟。先に友の勧めしときは、大臣の信用は屋上の禽の如くなりしが、今は稍これを得たるかと思はるゝに、相沢がこの頃の言葉の

端に、本国に帰りて後も俱にかくてあらば云云といひしは、大臣のかく宣ひしを、友ながらも公事なれば明には告げざりし歟。今更おもへば、余が軽卒にも彼に向ひてエリスとの関係を絶たんといひしを、早く大臣に告げやしけん。

　嗚呼、独逸に来し初に、自ら我本領を悟りきと思ひて、また器械的人物とはならじと誓ひしが、こは足を縛して放たれし鳥の暫し羽を動かして自由を得たりと誇りしにはあらずや。足の糸は解くに由なし。曩にこれを繰りしは、我某省の官長にて、今はこの糸、あなあはれ、天方伯の手中に在り。余が大臣の一行と俱にベルリンに帰りしは、恰も是れ新年の旦なりき。停車場に別を告げて、我家をさして車を駆りつ。こゝにては今も除夜に眠らず、元旦に眠るが習なれば、万戸寂然たり。寒さは強く、路上の雪は稜角ある氷片となりて、晴れたる日に映じ、きらきらと輝けり。車はクロステル街に曲りて、家の入口に駐まりぬ。この時窓を開く音せしが、車よりは見えず、駄丁に「カバン」持たせて梯を登らんとする程に、エリスの梯を駈け下るに逢ひぬ。彼が一声叫びて我頸を抱きしを見て駄丁は呆れたる面もちにて、何やらむ髭の内にて云ひしが聞えず。

　「善くぞ帰り来玉ひし。帰り来玉はずば我命は絶えなんを。」

　我心はこの時までも定まらず、故郷を憶ふ念と栄達を求むる心とは、時として愛情を圧せんとせしが、唯だ此一刹那、低徊踟蹰の思は去りて、余は彼を抱き、彼の頭は我肩に倚りて、彼が喜びの涙ははらはらと肩の上に落ちぬ。

　「幾階か持ちて行くべき。」と鑼の如く叫びし駄丁は、いち早く登りて梯の上に立てり。

　戸の外に出迎へしエリスが母に、駄丁を労ひ玉へと銀貨をわたして、余は手を取りて引くエリスに伴はれ、急ぎて室に入りぬ。一瞥して余は驚きぬ、机の上には白き木綿、白き「レエス」などを堆く積み上げたれば。

　エリスは打笑みつゝこれを指して、「何とか見玉ふ、この心がまへを。」といひつゝ一つの木綿ぎれを取上ぐるを見れば襁褓なりき。「わ

が心の楽しさを思ひ玉へ。産れん子は君に似て黒き瞳子をや持ちたらん。この瞳子。鳴呼、夢にのみ見しは君が黒き瞳子なり。産れたらん日には君が正しき心にて、よもあだし名をばなのらせ玉はじ。」彼は頭を垂れたり。「穉しと笑ひ玉はんが、寺に入らん日はいかに嬉しからまし。」見上げたる目には涙滿ちたり。

　二三日の間は大臣をも、たびの疲れやおはさんとて敢て訪らはず、家にのみ籠り居しが、或る日の夕暮使して招かれぬ。往きて見れば待遇殊にめでたく、魯西亜行の労を問ひ慰めて後、われと共に東にかへる心なきか、君が学問こそわが測り知る所ならね、語学のみにて世の用には足りなむ、滞留の余りに久しければ、様々の係累もやあらんと、相沢に問ひしに、さることなしと聞きて落居たりと宣ふ。其気色辞むべくもあらず。あなやと思ひしが、流石に相沢の言を偽なりともいひ難きに、若しこの手にしも縋らずば、本国をも失ひ、名誉を挽きかへさん道をも絶ち、身はこの広漠たる欧洲大都の人の海に葬られんかと思ふ念、心頭を衝いて起れり。鳴呼、何等の特操なき心ぞ、「承はり侍り」と応へたるは。

　黒がねの額はありとも、帰りてエリスに何とかいはん。「ホテル」を出でしときの我心の錯乱は、譬へんに物なかりき。余は道の東西をも分かず、思に沈みて行く程に、往きあふ馬車の馭丁に幾度か叱せられ、驚きて飛びのきつ。暫くしてふとあたりを見れば、獣苑の傍に出でたり。倒るゝ如くに路の辺の榻に倚りて、灼くが如く熱し、椎にて打たるゝ如く響く頭を榻背に持たせ、死したる如きさまにて幾時をか過しけん。劇しき寒さ骨に徹すと覚えて醒めし時は、夜に入りて雪は繁く降り、帽の庇、外套の肩には一寸許も積りたりき。

　最早十一時をや過ぎけん。モハビツト、カルル街通ひの鉄道馬車の軌道も雪に埋もれ、ブランデンブルゲル門の畔の瓦斯燈は寂しき光を放ちたり。立ち上らんとするに足の凍えたれば、両手にて擦りて、漸やく歩み得る程にはなりぬ。

　足の運びの捗らねば、クロステル街まで来しときは、半夜をや過ぎたりけん。ここ迄来し道をばいかに歩みしか知らず。一月上旬の

夜なれば、ウンテル、デン、リンデンの酒家、茶店は猶ほ人の出入盛りにて賑はしかりしならめど、ふつに覚えず。我脳中には唯々我は免すべからぬ罪人なりと思ふ心のみ満ち満ちたりき。
　四階の屋根裏には、エリスはまだ寝ねずと覚ぼしく、烱然たる一星の火、暗き空にすかせば、明かに見ゆるが、降りしきる鷲の如き雪片に、乍ち掩はれ、乍ちまた顕れて、風に弄ばるゝに似たり。戸口に入りしより疲を覚えて、身の節の痛み堪へ難ければ、這ふ如くに梯を登りつ。庖厨を過ぎ、室の戸を開きて入りしに、机に倚りて襁褓縫ひたりしエリスは振り返へりて、「あ」と叫びぬ。「いかにかし玉ひし。おん身の姿は。」
　驚きしも宜なりけり、蒼然として死人に等しき我面色、帽をばいつの間にか失ひ、髪は蓬ろと乱れて、幾度か道にて跌き倒れしことなれば、衣は泥まじりの雪にれ、処々は裂けたれば。
　余は答へんとすれど声出でず、膝の頻りに戦かれて立つに堪へねば、椅子を握まんとせしまでは覚えしが、その儘に地に倒れぬ。
　人事を知る程になりしは数週の後なりき。熱劇しくて譫語のみ言ひしを、エリスが慇にみとる程に、或日相沢は尋ね来て、余がかれに隠したる顛末を審らに知りて、大臣には病の事のみ告げ、よきやうに繕ひ置きしなり。余は始めて病牀に侍するエリスを見て、その変りたる姿に驚きぬ。彼はこの数週の内にいたく痩せて、血走りし目は窪み、灰色の頬は落ちたり。相沢の助にて日々の生計には窮せざりしが、此恩人は彼を精神的に殺しゝなり。
　後に聞けば彼は相沢に逢ひしとき、余が相沢に与へし約束を聞き、またかの夕べ大臣に聞え上げし一諾を知り、俄に座より躍り上がり、面色さながら土の如く、「我豊太郎ぬし、かくまでに我をば欺き玉ひしか」と叫び、その場に僵れぬ。相沢は母を呼びて共に扶けて床に臥させしに、暫くして醒めしときは、目は直視したるまゝにて傍の人をも見知らず、我名を呼びていたく罵り、髪をむしり、蒲団を嚙みなどし、また遽に心づきたる様にて物を探り討めたり。母の取りて与ふるものをば悉く抛ちしが、机の上なりし襁褓を与へたるとき、

探りみて顔に押しあて、涙を流して泣きぬ。

　これよりは騒ぐことはなけれど、精神の作用は殆全く廃して、その痴なること赤児の如くなり。医に見せしに過劇なる心労にて急に起りし「パラノイア」といふ病なれば、治癒の見込なしといふ。ダルドルフの癲狂院に入れむとせしに、泣き叫びて聴かず、後にはかの襁褓一つを身につけて、幾度か出しては見、見ては歔欷す。余が病牀をば離れねど、これさへ心ありてにはあらずと一見ゆ。たゞをりをり思ひ出したるやうに「薬を、薬を」といふのみ。

　余が病は全く癒えぬ。エリスが生ける屍を抱きて千行の涙を濺ぎしは幾度ぞ。大臣に随ひて帰東の途に上ぼりしときは、相沢と議りてエリスが母に微なる生計を営むに足るほどの資本を与へ、あはれなる狂女の胎内に遺しゝ子の生れむをりの事をも頼みおきぬ。

　嗚呼、相沢謙吉が如き良友は世にまた得がたかるべし。されど我脳裡に一点の彼を憎むこゝろ今日までも残れりけり。

（选自森欧外：《现代日本文学大系7》，东京：筑摩书房，1985年）

二、作者与作品简介

　　森鸥外（1862—1922），日本小说家、评论家、翻译家。森鸥外在日本现代文学史上声望与夏目漱石相埒，被视为明治文学的巨擘。曾赴德国留学，深受叔本华、哈特曼的唯心主义影响，哈特曼的美学思想成为他后来从事文学创作的理论依据。森鸥外的作品侧重于体现他的伦理道德观，反映了明治时期上层知识分子思想上的矛盾。早期作品文笔优美，抒情气氛浓郁。后期大多数作品，特别是历史小说，往往采取冷峻客观的笔调。

　　1890年发表的处女作《舞女》，连同他的《泡沫记》和《信使》被认为是日本浪漫主义文学的先驱之作。《舞女》的主人公是一个留学德国的日本青年官吏，为了追求个性解放和纯洁的爱情，他爱上一个德国穷舞女，但在日本专制官僚制度和封建道德的压力下，终于遗弃了她，酿成爱情悲剧。作品反映了个性解放的要求与社会现

实的矛盾，最终却与现实妥协。一般认为它是日本近代文学初期的代表作品。

三、原文注释

①穉き[ちき]：幼稚。
②うきふし：苦痛，悲伤。
③おほやけ：即「おおやけ」，政府，国家。
④天晴[あっぱれ]：优秀的，令人惊叹的。
⑤仕立物[したてもの]：裁缝。

四、译文

译文 1　　　　　舞　姬

高慧勤　译

煤早就装上了船。在这间中等船舱里，只有电灯空自亮得耀眼，桌子四周一片寂寥；夜夜在此摸骨牌的人，今晚都住到旅馆里去了，船上只留下我一个人。

那是五年前的事了。我夙愿以偿，奉命出国，曾经路过西贡码头。那时节，耳闻目睹，无不使我感到新奇，每日写下游记文字不下数千言，登在报上，颇得时人赞赏。如今回想起来，通篇都是幼稚的思想和狂妄的言语。不然便把些寻常的花草木石，飞禽走兽，以至风俗人情，当作什么稀罕事儿，一一记了下来，足以贻笑大方了。这次为了写日记，启程前也曾买了一个本子，可是，至今未着一字，仍是一个空本子。难道因为我在德国留学一次，竟变得对一切都无动于衷了么？不，这其中另有缘故。

今日东返归国的我，确非当年西渡留学的我了。学问上固然远未达到令人满意的程度，但我却饱尝了世道艰辛，懂得了人心叵测，甚

至连自己的这颗心也变得反复无常，难以捉摸。即使把自己这种"昨是而今非"的刹那间感触写了下来，又能拿给谁看呢！难道这就是我写不出日记的缘故么？不，这其中另有原因。

哦！轮船从意大利布林的西港启航以来，已经有二十多天了。按理说，途中萍水相逢的旅客，相互可以慰藉旅途的寂寞，可是，我却借口些微不适，蛰居舱里，甚至和同行的旅伴都很少开口讲话，整日里为一桩旁人所不知的恨事而苦恼。这件恨事最初像一抹乌云掠过我的心头，使我既无心赏玩瑞士的山色，也不去留意意大利的古迹。嗣后竟至悲观厌世起来，感到人生无常。内心的惨痛令我终日肠回九转。现在已变成一片阴翳，深深郁结在我的心里。然而，不论是看书还是做事，这惨痛宛如影之随形，响之应声，勾起我无限的旧情，无时不在啃啮我这颗心。啊！此恨绵绵，究竟怎样才能销溶？倘若是别种恨事，还可托之诗赋，遣散胸中的郁闷。但是，惟有这件恨事却是刻骨铭心，任什么也排遣不了。今晚四下无人，还要过很久才有侍者来熄灯，且趁此时将这段恨事记叙下来吧。

我自幼受到严格的家教，虽然早年丧父，学业上却未曾荒疏。无论是在旧藩的学馆，抑或是上东京的大学预科，即便进了法律系之后，我太田丰太郎的大名始终是名列前茅的。与我这个独子相依为命的寡母，大概很可感到安慰了。十九岁上，我获得学士学位，人人都说，这是大学开办以来，从未颁过的荣誉。后来在某部任职，把母亲从乡下接到东京，度过了三年快乐的时光。上司很器重我，派我出国考察业务。我心想，这正是自己扬名显姓，兴家立业的良机，于是劲头十足，即使抛别年过半百的母亲，也不觉有多大的离情别绪。就这样迢迢万里，背井离乡，来到了德国首都柏林。

我怀着模糊的功名心，和勤勉的求知欲，忽然置身于欧洲这座新兴的大都会，光怪陆离，令我眼花缭乱，五色缤纷，使我神摇意夺。这条"大道直如发"的 Unter den Linden，假如把街名译作"菩提树下"，会使人以为是幽静的去处，但是，你一旦走到这里，就可以看到两旁石铺人行道上仕女如云。那时候，威廉一世还时常凭窗眺望街景，挺胸耸肩的军官穿着礼服佩着彩饰，艳丽的少女照着巴黎的款式打扮得

花枝招展，一切的一切无不令人瞠目结舌。形形色色的马车在柏油路上往来如飞；楼宇高耸，空地上，喷水池溅起的水声宛如晴空里骤雨的淅沥；向远处望去，隔着勃兰登堡门，在绿树掩映下，可以望见凯旋塔上浮在半空的女神像。这许许多多景物，一时间纷至沓来，映入眼帘，使一个新来乍到的人感到应接不暇。不过，我在心里曾暗暗发誓："纵然身处怎样的花花世界，我的心决不为它所动。"我常拿这一誓言来抵御外界的诱惑。

我拉响门铃，通名求见，出示公函，说明来意之后，德国的官员很热情地接待我，并且谈妥，只要公使馆方面手续办好，不论何事，都可随时关照我。所幸我在国内学过德文和法文，他们初次见到我，没人不问我是在何时何地学的德语。

我得到上级准许，公事之余，可以入当地大学进修政治学，我便办了注册手续。

过了一两个月，公事接洽完毕，考察工作也进展顺利，把一应急件先写成报告寄回国内，非急件写好后也整理成几大卷。可是大学，不像我这幼稚的人所想的那样，根本没有专为培养政治家而开设的课程。我踌躇再三，终于选定二三位法学家的课，交过学费，便听课去了。

这样，三年的时光，梦也似地过去了。人的秉性终难压抑，一旦时机成熟，总要露出头来。我一向恪守父亲的遗训，听从母亲的教诲，小时人家夸我是神童，也从不沾沾自喜，依旧好学不倦。即便后来涉足官场，上司称赞我能干，我便更加谨慎将事，从未意识到自己竟成为一个拨一拨动一动的机械人了。如今，在二十五岁上，经过大学里这种自由风气的熏陶，心中总难平静，潜藏在内心深处的真我，终于露出头来，好似在反抗往日虚伪的那个旧我。我恍然开悟，自己既不适于当叱咤风云的政治家，也不宜于做通晓法典、善于断狱的大法官。

我寻思道：母亲希望我当个活字典，上司则想把我造就成一部活法典。当活字典，还可勉为其难，做活法典却是无法忍受的。从前，不论多么琐碎的问题，我都郑重其事地加以答复，近来，在寄给上司的函件里，竟高谈阔论什么不可拘泥于细节，一旦领会法律的精神实

质,虽万事纷然,仍可迎刃而解云云。在大学里,我早把法律课程置于脑后,兴趣转到文史方面,渐渐得其三昧。

但是,上司是要把我造就成供他颐指气使的工具,怎会喜欢一个具有独立思想、翘然不群的人呢!所以我当时的处境便有些不稳。不过,光凭这一点还不足以动摇我的地位。在柏林的留学生中,有一群颇有势力的人物,我同他们关系素来欠佳。他们对我横加猜疑,竟谗言诽谤。然而这也并非事出无因的。

我既不和他们一起喝啤酒,又不跟他们打台球。他们便说我顽固不化,道貌岸然,并且还嘲笑我,嫉妒我。其实,这一切都由于他们不了解我的缘故。唉,连我自己尚且不了解自己,别人又怎能了解呢!我的心宛如一颗处女的心,又似合欢树上的叶儿,一碰到什么便要退缩躲闪。我自幼便遵从长者的教诲,不论求学还是供职,都非出于自己的本意。即便表面看来,好像是靠毅力和苦学,其实那也是自欺欺人,我不过是跟在人后亦步亦趋而已。我之所以能够清心寡欲,不受外界诱惑,并非有什么律己的勇气,只因为我对外界感到恐惧,自己束缚自己罢了。在我去国离乡之前,我丝毫不怀疑自己是个有为之士,也深信自己志气刚毅。唉唉,那真是此一时彼一时啊!轮船离开横滨时,一向自命为顶天立地的男子汉,竟然泪水如涌,浸湿了我的手帕,就连自己都觉得不可思议。然而,这倒正是我的本性呢。这种本性是生来如此的呢,还是因为早年丧父,长于母亲之手所造成的呢?

他们固然可以嘲笑我,至于去嫉妒这样一颗脆弱而可怜的心,真是何其愚蠢!

看见咖啡馆门口坐着浓妆艳抹的女人招揽客人,我不敢过去和她们亲近,遇到头戴高礼帽,鼻架夹鼻眼镜,一口普鲁士贵族口音的"花花公子",就更加不敢同他们交往了。既然缺乏这种勇气,当然也就无法同我那些活跃的同胞往来。由于彼此疏阔,他们对我不仅嘲笑,嫉妒,而且还夹杂着猜忌的成份。这正是使我蒙冤受屈,在短暂的时日里,饱尝了人间无量辛酸的因由。

一天傍晚,我在动物园散步,正要回珍宝街的寓所,穿过菩提树下大街,走到修道院的旧教堂前。每当我从灯火辉煌的大街拐进这狭

窄昏暗的小巷,便望见这座凹形的旧教堂。教堂对面是栋出租的公寓房子。楼上一户人家在木栏杆上晾着床单和衬衣什么的,还没有收进去;楼下是家小酒店,门口站着一个留长胡子的犹太教徒。楼房共有两座楼梯,一座直通楼上,另一座则通向住在地下室的铁匠家里。每当我望着这座三百年前的旧教堂,不知有多少次,都要愣在那里,出神好一会儿。

那晚,我刚要走过那里,看见上了锁的教堂大门处,倚着一个少女,在呜呜咽咽的抽泣。她看上去约摸有十六七岁。头巾下面露出金黄色的秀发,衣着也还整洁。听到我的脚步声,她回过头来。我没有一支诗人的妙笔,无法形容她的容貌。她那泪光点点的长睫毛,覆盖着一双清澈如水、含愁似问的碧眼。不知怎的,她只这么一瞥,便穿透我的心底,使矜持如我也不能不为所动。

她必定遇到什么意外的不幸,才会无所顾忌,站在这里啼哭。一缕爱怜之情,压倒了我的羞怯心。我不觉走上前去问道:

"你为什么哭啊?我是个没有负担的外国人,或许能帮你点什么忙。"我不禁为自己的大胆吃惊了。

她惊讶地凝目望着我的黄种人面孔,大概是我的真诚已经形之于色。

"看来你是个好人,不像他那么坏,也不像我母亲……"

她刚止住的泪水,又顺着那惹人怜爱的面颊流了下来。

"请你救救我吧!免得我沦落到不堪的地步。母亲因为我不肯依她而打我。父亲刚刚过世,明天要下葬,可是家里连一分钱也没有。"

说完又哽咽啜泣起来。我的眼睛只是注视着这少女低头啜泣不住颤动的颈项。

"我送你回家吧。你先冷静下来,这儿人来人往,别人会听见你哭的。"

她刚才说话时,不知不觉头靠到我的肩上,这时,忽然抬起头来,仿佛才看见我,羞涩地从我身旁躲开了。

她大概怕人家看见,走得很快,我跟在她后面,走进教堂斜对面的大门,登上一座残破的石梯。到四楼有一扇小门,要弯了腰才能进

去。门上的拉手是用锈铁丝绞成的，少女用力拉了一下，里面有个老太婆沙声问道："谁呀？"还没等少女说完"是我，爱丽丝"，门就咕咚一下打开了。一个老太婆，头发已经半白，长相不算凶恶，额上刻下贫苦辛酸的印记。身上穿了一件旧绒衣，脚上是双脏拖鞋。爱丽丝向我点了点头，径自走进屋里。老太婆好像迫不及待似的，使劲一把关上了门。

我茫然站在门外，无意中借着煤油灯光，往门上看了一眼，上面用漆写着"艾伦斯特·魏盖尔特"，下面是"裁缝"二字。这大概就是少女亡父的名字了。我听见屋内似有争吵之声，过了一会儿又沉静下来，门又打开了。那个老太婆走出来，对方才的失礼，向我再三道歉，并把我让进屋里。一进门就是厨房，右面有一扇低矮的窗子，上面挂着洗得雪白的麻布窗帘。左边是一个简陋的砖砌炉灶。正面一间房间门半开着，屋里摆着一张蒙着白布的床。床上躺的想必是死者了。老太婆打开炉灶旁边的一扇门，把我让了进去。这是一间朝街的顶楼，没有天花板。梁木从屋顶斜着伸向窗子，棚顶糊着纸。在矮得抬不起头的地方放了一张床。屋子中央有张桌子，桌上铺着好看的台布，摆了一二本书和照相本，瓷瓶里插着一束名贵的鲜花，和这间屋子不大相称。少女娇羞地站在桌旁。

她长得十分美丽。乳白色的脸庞，在灯光映照下，微微泛红。手脚纤细，身材袅娜，绝不像一个穷苦人家的女儿。老太婆走出屋后，少女的口音带些土音，开口说道：

"我把您带到这里来，请您谅解我的苦衷。您一定是个好人，请别见怪。我父亲明天就要安葬，本想去求肖姆贝尔希。您也许不认识他，他是维克多利亚剧院的老板，我在他那里已经工作了二年。本以为能救我们的急，不料他竟乘人之危，对我不怀好意。请您救救我吧！哪怕我不吃饭，也要从微薄的薪金里，省出钱来还您。要不然，我只好照母亲的意思办了。"说话之间，她已是泪眼模糊，浑身发颤。她抬眼看我时，十分媚人，以至于我不忍心拒绝她的要求。她这眼波，不知是有意做作的呢？抑或是天然的风韵？

我袋里只有二三个马克，这点钱当然无济于事，便摘下怀表放到

桌上，说："先用这个救一下急吧。让当铺打发伙计到珍宝街三号，找太田要钱就行。"

少女显得又惊讶又感动的样子。我伸出手来告辞时，她竟吻着我的手，热泪点点溅在我的手背上。

噢，这真叫不是冤家不聚头啊！事后，少女亲自到我寓所来表示谢意。我终日枯坐在窗下读书，右有叔本华的著作，左是席勒的作品，现在又插上一枝名贵的鲜花。从这时起，我同少女的交往日渐频繁。连我的同胞也有所察觉，他臆断我准是找舞女来寻欢作乐的。其实我们两人之间完全是白璧无瑕的。

（中略）

仿佛是大海上迷航的人望见了远山，相泽给我指明了前进的方向。然而，这远山尚在浓雾之中，究竟何时方能到达？再者，即使到达了，我能否心满意足，尚难逆料。眼前生活虽然清苦，却也不无乐趣，爱丽丝的爱情也使我割舍不得。我这颗软弱的心，一时竟拿不定主意，姑且听从朋友的劝告，答应他斩断这段情缘。同我敌对的一切，我为了不失身分，还常常能抵御一番，然而，对于朋友，我却说不出一个"不"字来。

我告辞出来，寒风扑面。旅馆的餐厅里关着双层玻璃窗，又生着火炉，一走出来，下午四时的寒气透过单薄的大衣，袭在身上，实在难以禁受，不但身上起了鸡皮疙瘩，连心里也感到一层凉意。

一夜之间，我便把文件译完了。此后，到皇宫旅馆去的次数也多起来。起初，伯爵只同我谈些公事，后来便提到国内最近发生的事情，听听我的见解，偶尔还拿旅途上人家闹的笑话来谈笑取乐。

大约过了一个月，有一天，伯爵突然问我："明天我要去俄国，你能随我去一趟吗？"因为相泽公务忙，已经几天没有见到他。这一问，使我不免感到意外。随即答道："敢不从命。"说来惭愧，我这回答并非出于当机立断。凡是我所信赖的人猝然间问我什么事时，我往往不假思索就应承下来，而不推求该如何回答才算得体。一经允诺，即便发现有为难之处，也只好勉为其难，硬着头皮去履行自己的诺言。

当天我领到稿费和旅费回到家里，把稿费交给了爱丽丝。这笔钱

足够她们维持到我从俄国回来。爱丽丝告诉我，经过医生检查，她确是怀了孕，因为有贫血，应该休养几个月。可是剧院老板来了通知，说她请假太久，已被开除。其实，她才请了一个月假，对她这样苛刻，自有别的原因。我去旅行的事，爱丽丝并无着恼的表示，因为她对我的真心是深信不移的。

这次乘火车出门，路途不算远，所以无需什么准备。只借了一套合身的黑礼服，新买一本哥达版的俄国宫廷贵族名录和二三本字典，届时收进一只小皮箱里就行了。近来接二连三的事很多，我走之后，爱丽丝留在家里会更加烦闷，尤其怕她到车站时会哭哭啼啼，所以第二天清早便打发她母亲陪她上朋友家去。我收拾好行装，锁上门，把钥匙存在门口鞋铺老板那里便动身走了。

关于这次俄国之行，该说些什么呢？作为翻译，居然青云直上，随同大臣在彼得堡逗留期间，环绕我的，是将巴黎的绝顶豪华搬到冰雪中富丽堂皇的王宫里；在烛光灯影中，尽是闪闪发亮的勋章和肩章；精工雕刻的壁炉里燃着熊熊火焰，使得宫女们忘记屋外的寒冷而羽扇轻摇。一行人中，数我法语说得最流利，周旋在宾主之间的也大抵是我。

在这期间，我并没有忘记爱丽丝。不，她天天写信来，我怎能忘得了！我动身那天，她怕独对孤灯，寂寞难捱，所以在女友那里直谈到夜深人倦才回到家里，上床就睡。第二天清早醒来，见剩下孤零零一个人，还疑是身在梦中。起床后，那份孤凄的意绪，即便在生活艰难、吃不上饭的日子里也是不曾有过的。这是爱丽丝第一封信的大致内容。

过些日子寄来的另一封信，大概是在极为悲苦的心情中写的。信是从一个"不"字开头的：不，直到现在我才明白，我思念你的心竟是如此之深！你曾说过，家乡早已没有亲人，只要在这里能找到生活出路，就可以留下来。而我也要用我的爱情把你拴在这里。倘若这一切仍然留你不住，你一定要回去的话，我和母亲就跟你一起去，这也不难，只是偌大一笔路费到哪儿去筹划呢？所以，我常常想，无论如何，我也要设法在这里熬下去，直等到你有出头之日。可是，你这次

短期旅行，刚走开三十来天，离愁别恨就已经一天深似一天了。我原以为分离只是一时的痛苦，这想法真是好不糊涂！我的身子越来越不方便了，看在这个份上，不管发生什么事情，你也万万不能遗弃我啊！我和母亲曾经大吵一场。她看我这次打定主意，不同往常，便也软下心来。她说，如果我随你东去日本，她便住到什切青的乡下，去投靠一门远亲。你信上说大臣很器重你，既然如此，我的路费总有法可想吧？我现在只是心心念念盼着你回到柏林的那一天。

啊！看了这封信，我对自己的处境才若有所悟。我的心竟这样冥顽不灵！真是惭愧得很。无论对自己的进退，抑或是不相干的别人的事，我一向自负很有决断。可是这种决断，不是处于逆境，而要处于顺境时才有。我心中洞察事理的这块明镜，一旦照到自己同别人的关系上，便一片模糊了。

大臣已经很厚待我了。而我目光短浅，只看到自己应尽的职责，至于这一切同我的未来，有何关系，天晓得，我可是想都没想过。这一切，现在既已明了，心情哪里还能平静？当初朋友推荐我的时候，要博得大臣信任，如同房上的小鸟一样不可企及，现在似乎已有把握。日前相泽在言谈之中，也曾露出一点口风，回国之后彼此倘能继续如此相处，云云。难道大臣已经对他说过，只因碍于公事关系，我们虽是好友，也不便向我明言么？如今细想起来，我曾经轻率地说过，要同爱丽丝断绝关系，这话他大概早已报告给大臣了。

唉！到德国之时，自以为认清了自己，誓不再做拨一拨动一动的人物。然而，这岂不像一只缚住双脚的小鸟，放出笼子，暂时还能扑打双翅飞翔，便自诩为获得了自由一样，脚上的绳索已经无法解脱。从前握着这绳索的是部里我的上司，如今这条绳索，唉，说来可怜，竟握在天方伯爵的手中。我同大臣一行人回到柏林，正是新年元旦。在车站告别后，驱车直奔家里。此地至今还有除夕彻夜不眠、而元旦白天睡觉的习惯，所以街上万户寂然。天气严寒，路上的积雪化成棱角突兀的冰片，在灿烂的阳光下晶莹发亮。马车拐进修道院街，停在家门口。这时听见开窗的声音，坐在车里却望不见。我让车夫提着皮箱，刚要上楼，劈面遇见爱丽丝跑下楼来。她叫了一声，一把搂住我

的脖子。车夫看了一愣,大胡子动了动,不知咕哝了句什么。

"这下好了,你可回来了!你再不回来,我就要死了。"

直到此时,我的心一直游移不定,思乡之情和功名之心时而压过儿女之情占了上风。惟独在这一瞬间,一切踌躇犹豫全都抛诸脑后,我拥抱着爱丽丝,她的头靠在我的肩上,喜悦的泪水扑簌簌地滴落在我的肩头。

"送到几楼?"车夫像打锣似地喊了一声,早已登上楼梯。

爱丽丝的母亲迎了出来,我把车钱交给她,爱丽丝便拉着我的手,急忙走进屋里。一眼看去,不觉吃了一惊。桌上摆了一堆白布和白花边之类的东西。

爱丽丝指着这堆东西笑着说:"你瞧,我准备得怎么样?"说着又拿起一块白布来,原来是一幅襁褓。"你想想看,我心里该多高兴。生下来的孩子准会像你,有一对黑眼睛。哦,我连梦里都看见你这对黑眼睛!孩子生下来以后,你这好心人,不会不叫他姓你的姓吧?"爱丽丝低下了头。"你不要笑我幼稚,等到上教堂去领洗礼那天该多高兴。"她抬起头望着我,眼睛里噙满了泪水。

这二三天里,我猜想大臣一路上车马劳顿,恐怕还未恢复,也就没有前去拜访,只耽在家里。一天傍晚,大臣派人来召请我。到了那里,大臣待我颇为殷勤,道过旅途辛苦之后,便说道:"你是否愿意随我一起回国?我虽然不知你学问如何,但凭外语一项便足可称职。你在此耽搁日久,怕有什么牵累,我问过相泽,听说倒没有什么,我也就放了心。"大臣的语气神色,简直不容我有辞谢的余地。我进退维谷,也不便说相泽的话不确,而且,我心中掠过一个念头,倘使错过这个机会,就会失掉回国的机会,断绝挽回名誉的途径,势必葬身于这座欧洲大城市的茫茫人海之中。啊,我的心是这样的没有德行!我居然回答说:"听从阁下吩咐。"

纵然我有铁皮厚脸,回去见到爱丽丝又将如何开口?从旅馆出来,我的心绪纷乱已极。我不辨东西南北,只顾回思凝想。一路走去,不知被过往的马车夫呵斥过多少次,猛吃一惊才慌忙躲开。过了好一会儿,瞿然一看,已经到了动物园。我倒在路边的长椅上,头靠在椅

背上,热得发烫,如同用锤子敲打似地嗡嗡直响。简直像死去一般,也不知呆了多久。当我感到严寒彻骨醒过来时,已经入夜了。雪花纷飞,帽檐和大衣肩上,积起了一寸多厚的雪。

大约已经过了十一点了。通往莫哈比特和卡尔街的铁道马车的铁轨已被大雪埋没。勃兰登堡门旁的煤气灯光雾凄迷。我想站起身来,两腿却已冻僵,用手揉搓了一阵,这才勉强能走。

我步履蹒跚,走到修道院街时,似乎已过午夜。这一段路究竟是怎样走过来的,我自己也茫无所知。一月上旬的夜晚,菩提树下大街上的酒家饭店,正是顾客盈门好不热闹的时刻,而我却全然不觉。脑海里就塞着这么一个念头:我是一个不可饶恕的罪人!

在四层的顶楼里,爱丽丝大概还没有睡下,一星灯火灿然穿过夜空,清晰可见。在漫天飞舞的鹅毛大雪中乍隐乍现,宛如被朔风吹得忽明忽灭。进了大门,我觉得疲惫不堪,浑身的关节疼痛难忍,爬也似地上了楼。走过厨房,开门进到屋里,在桌旁缝制襁褓的爱丽丝回过头来,"啊哟!"惊叫一声,"你怎么啦?瞧你这一身!"

难怪她要吃惊,我的脸色像死人一样惨白,帽子也不知何失落了,头发散乱,路上也不知跌了几跤,衣服上沾满泥雪,还撕裂了好几处。

记得当时我想答话,却又语不成声,两腿索索发抖,站立不稳,刚想抓住椅子,便一头栽倒在地上。

等我神志清醒过来,已经是几个星期之后的事了。病中我发高烧,说谵语,爱丽丝一直小心服侍在侧。一天,相泽来找我,发现了我向他隐瞒的这些真情。他告诉大臣说我病了,其他情况全替我掩饰过去了。我第一次认出守在病床旁的爱丽丝时,她已经变得不成样子,我看了不禁大吃一惊。这几个星期里,她瘦得形销骨立,眼睛里布满血丝,凹了进去,灰白的脸颊也陷得很深。每日的生计虽有相泽接济得以维持,然而,这个恩人却在精神上把她毁了。

后来听说,爱丽丝见到相泽,得知我对相泽的前约,以及那晚对大臣的许诺,便霍地从椅子上站起,面色如土,叫道:"好个丰太郎,你竟把我欺骗到这种地步!"当场昏了过去。相泽把她母亲喊来,将她抬到床上。过了片刻,才苏醒过来,两眼直瞪瞪的,连人也认不出了。

她喊着我的名字大骂,又揪头发,又咬被子,忽而又像想起什么似地找东西。她把母亲递给她的东西一样一样全扔掉,可是当递给她桌上的襁褓时,她竟摩挲着,捂在脸上流泪痛哭了。

此后,爱丽丝虽然没有再闹过,精神上却完全垮了,痴呆呆的,如同婴儿。经过医生检查,说是由于过度的精神刺激而突然引起的妄想狂,已经没有治愈的希望。本想送她进达尔道夫精神病院,她哭叫着不肯去。后来,还一直把那块襁褓带在身边,不时拿出来看看,看着看着就抽泣起来。爱丽丝不肯离开我的病床,看来不是有意识的做法。只是有时忽然像想起什么似的,喊着:"吃药,吃药。"

我的病已经痊愈了。不知有多少次,我抱着虽生犹死的爱丽丝,流下无数热泪。我随大臣启程东归之前,经与相泽商量,给爱丽丝的母亲留下一笔赡养费,足以维持起码的生活,并托她照应这可怜的疯女子临产时的一应事宜。

唉!世上难得有像相泽谦吉这样的良朋益友。可是,我心中对他至今仍留着一点恨恨之意。

(选自白嗣宏主编:《舞姬》,合肥:安徽文艺出版社,1992年)

译文2 舞 姬

隋玉林 译

煤炭早已装完。中等舱里桌子周围极为安静,空有弧光灯迸射着耀眼的光芒。因为每夜聚集在这里玩牌的伙伴们,今晚都住宿在旅馆里,船上只剩下我一个人了。

那是五年前的事了。当我宿愿得偿,接受官府之命出洋路过这西贡港的时候,所见所闻无一不新,信笔写来的纪行文字每日不下数千言,登在当时的报纸上,颇受世人的赞赏。至今回想起来,不过是当时的幼稚思想、不自量的胡言乱语而已即或不然,把一些极平常的动物、植物、矿物以至风俗人情也都珍奇般地记述下来,未知有心人曾作何感想?这一次,登程时为了记日记买来的小册子至今还是一堆白

纸，这是由于在德国留学期间养成了一种"尼卢阿都米拉里"①的脾气的缘故吗？不是的，这是另有原因的。

的确，今日东归的我已不是昔日西渡的我了。虽然在学问上尚有许多自感不足之处，但是我已经懂得了人生之可悲，也悟到了不仅是他人之心不可测，即便是自己和自己的心，也是变幻不定的。把自己昨是而今非的刹那间的感触一一记述下来，又将给谁看呢？这就是未记日记的原因吧，不是的，是另有原因的。

啊，离开布林迪西港②，已经二十多天了。按照常情，即使是素昧平生的人，也应互相结认交往，以略慰旅途的忧闷。这原是航海的习惯。但是，我却借口身体不适，闭居房内，和同伴们也很少交谈，原来我正在为了人所不知的怨恨而独自苦恼着。这个恨，开始，像一抹浮云掠过心头，使我无心观看瑞士的山色，无意欣赏意大利的古迹；继而，使我厌世悲观，痛感凄惨，可谓"肠一日而九回"；现在，竟凝结在我心灵深处，虽然仅只成了一点阴影，但每当读书，睹物，竟像是镜中显影，应声回响，唤起我无限的怀旧痴情，无数次地折磨着我的心灵。唉！此恨此情怎样才能消去？假如是别样的恨，也许咏诗作歌可以排遣，唯独于此，因其深深铭刻在心，只怕是无法解脱的了。今晚，旁边无人，茶役前来熄灯也该还有一段时间，不妨出去就着灯将其梗概记述成文。

我从小时候起，就受到严格的家庭教育，因此，虽然早年丧父，却从未荒废过学业，不论是在旧乡学就读时，还是到东京后在预备学校走读，或者是进了大学法学部之后，太田丰太郎的名字在班里总是名列前茅。那时，想依靠独子过活的母亲的心，想必也得到了慰藉。我十九岁时获得了学士称号，别人都说这是建立大学以来还不曾有过的荣誉，接着任职政府某部，把母亲从家乡接到京城里来，度过了三年多的欢乐时光。后来由于上司的特殊宠信，受命出洋调查全科公务，自忖成名兴家在此一举，兴奋中，连辞别五十多岁的母亲也未感到过

---

① 尼卢阿都米拉里：出自罗马诗人荷拉狄士的《书简诗》第一卷第六书简，意为"不为任何事物所动的冷淡态度。"

② 布林迪西港：临亚得里亚海的意大利港口城市。

于悲伤，于是远离家园来到了柏林城。

我抱着模糊的功名念头和惯于管束自己的毅力，即刻挺立在这欧洲新的大都城的中央了。什么光彩敢照射我的眼睛？什么色情敢迷惑我的心灵？这个"大道直如发"的温铁卢典灵颠①，当其被翻译成"菩提树下"时，总以为应该是个幽静的所在了，但当你身临其境，请看那走在两边石砌的人行道上的簇簇男女！当时还是威廉一世凭窗临街的时期，那些挺胸耸肩穿着五颜六色盛装礼服的军官们，那些漂亮的模仿巴黎妆饰的少女们，凡此等等无不触目惊心。更兼那在沥青马路上无声无响地跑动着的各样马车；在高耸入云的楼阁的间隙，那向着晴空里发出阵雨般的声响而倾洒下来的喷水；远远望去，那隔着勃兰登堡门，从交错的绿树枝叶中浮出的耸入半天里的凯旋塔神女像，这许多景物尽收眼底，无怪乎初游此地的人要应接不暇了。但是，在我胸中，自有一个不论身历何境都不为其妖艳华美所动的坚定誓言，常能挡住外界对我的袭击。

我扯过铃索，通名求见，拿出官方的介绍信件说明来意后，普鲁士的官员都亲切相迎，并约定只要公使馆方面的手续顺利办好，不拘何事他们都可给以指点。可喜的是我在国内学过德语和法语，他们初次见到我时，无不问及我在何时何地学到这种程度。

我要求在公事之余进当地大学进修政治学，这在事先已经得到了官方的同意，于是就去登了记。

一两个月过去了，公事商洽已经办妥，调查工作也逐渐有了进展，一些急件已经写成书面报告送出。非急件，便抄记下来，竟订成了好几卷。关于进大学的事，似乎不会有我天真地所想望的、特为造就政治家的学科，因而在几经琢磨之后决定旁听两三位法学教授的讲座，于是缴了费，听起课来。

就这样，三年左右的时间如梦一般地过去了，而每一个人的志趣，时机一到却是包也包不住的。我恪守父亲遗嘱，遵从母亲教导。小时候，不因人们夸我为神童就喜而废学，到后来，也不因上司许我为得

---

① 温铁卢典灵颠：柏林市中心大街。

力助手就乐而怠勤,这期间一直是一个机械的被动的人,从未曾自我觉醒过。而今已经二十五岁了,也许是由于久处在这大学里的自由风气之中,心里便不由地激荡起来,潜藏在心底深处的真正的我,逐渐显露出来,似乎在反对以前的非我的我了。我已经觉悟到自己既不宜做一个飞黄腾达的政治家,也不适于当一名精通法典善能断狱的法学家。

我寻思着:母亲似乎希望我当一本活辞典,上司又似乎想让我当一部活法律。当辞典尚堪为,当法律岂能忍!过去我对于琐碎细节都极为仔细地郑重汇报,但从这时候起,在给上司的报告里竟再三陈述不可拘泥法制细节,并大言不惭地说什么一旦领会了法律的精神,便可以做到纷纭万事势同破竹,迎刃而解。在大学里也把法科讲座置之不顾,而倾心于历史、文学,并且渐入佳境。

上司原想造就一个能指挥如意的机械的人,怎么会喜欢一个具有独立思想、非凡气概的人呢?我当时的地位确是有点不妙。但是,仅只为此原也不足以动摇我的地位。在柏林的留学生当中,有一伙颇为有势的学生和我关系不太融洽,他们开始怀疑我,终于诬告了我。然而即此也何尝是无故的呢?

那伙人或许认为我和他们既不推杯换盏,又不共玩台球,是由于我的顽固和有力地控制情欲之故,因而他们对我既讥笑又嫉妒。然而这却是不知我了。唉!个中缘由我自己尚且不详,别人又怎得理解?我的心,好像合欢木的树叶,触物即想收缩躲避,我心如处女。我自幼谨守长者教诲,探索了学问,经历了仕途,但这都不是凭自己的勇气做到的。看似坚韧努力,其实是自欺欺人,我只是在一心一意摸索别人走过的道路而已。我能不被外界事物所干扰,也并非我有置之不理的勇气,只不过是由于我恐惧外界事物因而自行束缚了手脚。在离开故国之前,我不曾怀疑过自己是个有为的人材,也深信自己能够忍受一切。啊!原来那只是暂时的。当船离横滨港时,连我自己也感到奇怪:曾自认为是盖世豪杰的我,竟止不住泪水湿透了手帕。然而,这倒正是我的本性。此心竟是生而如此呢,还是由于早年丧父,在母亲手下长大而形成的呢?

那伙人嘲笑我不足为奇，但是嫉妒我岂非糊涂？嫉妒这样一颗懦弱而可怜的心！

看到那些涂抹得又红又白的脸，穿着鲜艳的衣服坐在咖啡馆里招揽顾客的女人，我没有勇气去和她们接近；看到那些戴着高帽子，鼻梁上架着眼镜，用普鲁士贵族的鼻音谈话的"列伯曼"①们，我也没有勇气去和他们交游。没有这种勇气，便也无从和那些活泼的同乡人来往。为了这种交际上的疏远，他们不仅嘲笑我，嫉妒我，并且猜疑我。这就是造成我枉负冤屈，在短暂时间内历尽艰辛的缘由。

有一天傍晚，我漫步兽苑②，走过温铁卢典灵颠，想返回我在门必修路的客居，途中要经过库劳斯铁卢巷的古寺。每当我走过灯火辉煌的大街进入这狭窄阴暗的小巷，对着那楼上木栏杆晒着的床单、汗衫尚未收取的人家，对着一个连鬓胡须的犹太教徒老人站在门前的小酒馆，对着一个梯子直通楼上，另外的梯子通向住在地窖里铁匠家的出租房子，眺望着这个缩成凹字形建筑的三百年前的遗迹时，便茫然若失地伫立良久。

今天正要走过这里的时候，看到一个姑娘倚靠着锁了的寺门正在饮声啜泣。这位姑娘年约十六七岁，露在头巾外的头发呈淡金黄色，衣着也还整洁。听到我的脚步声她惊惶回顾，那脸庞，可惜我不是诗人不知该怎样来形容才好。那蔚蓝的、清澈的、掩盖在长睫毛下含着泪水的眼睛，疑惑而带愁的眼神，何以只在一顾之间竟能透彻到我谨慎的心灵深处。

她是遭到了意外深重的伤心事，无暇顾及前后而站在这里哭泣的吗？我这怯懦的心敌不住怜悯之情，不由得凑近前去问道："你为什么要站在这里哭？我这个非亲非故的外人或许倒能帮你一下。"我不觉为自己的大胆而愕然！

她惊异地盯着我黄色的面孔，也许是我真挚的心已形之于色了吧。"您看来像是个好人。不会像他那样冷酷，也不会像我妈妈。"她

---

① 列伯曼：酒色之徒。
② 兽苑，指柏林市内有动物园的森林公园。

说着，一度干涸了的泪泉复又漾出，顺着可爱的脸颊流了下来。

"请您救救我吧。帮助我莫做一个无耻的人吧。妈妈因为我不听从她的话而打我。爸爸死了，明天不得不下葬，但家中却无分文。"

剩下的只有欷歔之声。我的眼睛只是盯着低头的姑娘的颤动着的脖子。

"我送你回家，请你先镇静下来，不要被人听到哭声，这里人来人往的。"在谈话时她不觉靠近了我的肩头，这时猛抬头，像初次看到我似的含羞地从我身边闪开了。

由于怕人看见，我跟在快步走着的姑娘后边，进了寺庙斜对面的大门，登上了残缺的石头楼梯。到四楼一个可以弯腰钻进去的门前，姑娘用手使劲拉动一个扭弯了的锈铁丝的一端，里边一个声音嘶哑的婆婆问是谁。回答说是爱丽丝回来了。跟着门被粗暴地打开了，迎来的是一个头发半白、相貌不是很恶而前额印着贫苦痕迹的老婆婆，穿着旧呢子衣裳，拖着一双脏拖鞋。爱丽丝跟我打个招呼走进去，婆婆像等不及似的狠狠地关紧了门。

我茫然站了一会儿，忽然借着油灯的光亮看到门上用漆写着爱伦丝特·崴盖鲁特，下面注着"裁缝"。这该是姑娘死去的父亲的名字了。屋里似有争论之声，继而平静下来，门又打开了。先前的婆婆对于刚才的无礼举动殷勤道歉，迎我进去。门内是厨房，右手矮窗户上挂着洗得雪白的麻布，左边有个砌得很粗糙的砖灶。正门一间房门半开着，有一张床上盖着白布，床上想必是死人。婆婆打开灶旁的一扇门把我让了进去。此处是所谓"曼沙鲁杜"[①]的临街的一间房，因而也没有顶棚。从屋角的顶楼向窗户斜下来的屋梁上糊着纸，在那下面站起来会顶着头的地方摆着一张床。当中桌子上蒙着羊毛毯子，上面摆着一两本书和照相簿。陶瓷花瓶里插着和这一切极不相称的高贵的花束。姑娘含羞地站在桌旁。

她异乎寻常地漂亮。乳白色的脸庞映着灯光泛出微红，手脚纤细，婀娜多姿，不像是穷苦人家的女子。婆婆出去之后，姑娘略带乡音说：

[①] 曼沙鲁社：屋顶上有两面斜坡的顶楼

"请原谅。原谅我把您带到这里来的轻率举动。您一定是一位好人，不至于憎恶我吧。我父亲明天等着下葬，一心指望着夏乌木伯尔西，您也许不认识他呢，他是维克多利亚剧团的团长，我给他当艺妓已经两年了，满以为他能帮助我们度过难关，谁想到他会乘人之危自私地进行讹诈！请您救救我吧。借您的钱我会从微薄的工资里抽出来还您的，哪怕我自己不吃饭都可以。如果这也不行的话，就只有照妈妈说的……"她含着泪颤动着身子。在她抬头看人的眼神里，有使人说不出"不"字的媚态。这种眼神的作用她是有意为之的呢，还是无意的呢？

我衣袋里虽然有两三马克银币，但那绝不够用，我摘下怀表放在桌子上，"拿这先应付一时之急吧。等当铺里派人到门必修路三号来找太田时，我会付款给他们的。"

姑娘显得极为惊异和感动，当她把我为辞行而伸出的手放在唇边时，热泪扑簌簌往下掉，溅满了我的手背。

啊！这是什么恶因！为了谢恩，姑娘自动到我的客居来，在我那左右两边各放着席勒和叔本华的读书窗下，摆上了一朵名花。从那时起，我和姑娘的交往越来越频繁，连同乡们也都知道了。他们竟贸然断定我是在舞女群中渔猎女色，尽管我们两人之间还只存在着孩子似的稚气的乐趣。

（中略）

相泽给我指出的前途方针，犹如在大海中迷失了方向的舟子之遥望远山。这个山还在重雾之中，何时可以到达？不！是否能够到达，是否能够给我内心以满足也都不能肯定。现在的生活虽然处在贫苦之中犹能得到乐趣，爱丽丝的爱情也正令我与她难舍难分。我这软弱的心竟无从作出决断。只好姑且听从朋友之言，与之约定断此情缘。我虽然能够坚定地抗拒敌人，但却不能对朋友说出"不"字来，这也是我的习性。

辞别出来，朔风扑面。从紧闭着双层玻璃窗户、生着大陶制洋炉的旅馆饭厅里走出来，下午四点钟的寒气透过薄外套袭来，殊难忍受，不但身上起了鸡皮疙瘩，心里也着实感到了寒意。

翻译文件，一夜工夫就搞完了。从此我便逐渐频繁地进出凯撒尔好夫。开始，伯爵只谈一些公事，后来便提出一些最近国内发生的事件征询我的意见。兴之所至，也向我谈起旅途中人们闹出的一些笑话诙谐取笑。

过了大约一个月左右，有一天伯爵突然问我："我明天要到俄国去，你跟我去不？"我有几天没有会到一向公忙的相泽，被这突然一问不由地吃了一惊。"怎么不跟您去呢？"在这里我应该坦白自己的耻辱，这句话并不是我立即作出了决定之后说出来的。我有时会对于我已经信赖的人突然问我的问题，仓促间不及仔细衡量应该回答的范围而径直作出承诺，而且一旦答应之后即使发现有为难之处，也常常是强掩当时的心虚勉为其难地实现诺言。

当天，我将收到的译稿费连同旅费一并拿回家去，把译稿费交给了爱丽丝。她要靠这笔钱来支付我从俄国回来之前的家计。她已找医生检查过说是怀了孕。因为她素患贫血症，几个月来竟没有注意到。剧团里通知她因为休息太久将被开除。仅只休息了一个月左右的时间，竟然这样严厉地对待她，自非无故。她对于我旅行的事也并不显得怎么烦恼，因为她深信我这颗毫无虚假的心。

坐火车去，是一次并不太远的旅行，因此也不用多做准备。按照我的身材借了一件黑礼服，新买了一部哥他版的俄皇室贵族谱，连同两三种词典等都装在一个小皮箱里。近来发生的多是些使人心中不安的事，我走之后留下来的人也只会更加愁闷。如果在车站上流起泪来，其后果也更令人担心，所以第二天一早我就打发爱丽丝到熟人那里去了。我自己整好行装锁上门，把钥匙交给住在门口的鞋铺的老板，便出发了。

关于俄国之行，该说些什么呢？做为一名翻译，我的工作立刻使我青云直上。伴随着大臣一行人在彼得堡期间，围绕我的是：把巴黎的绝顶豪华移到这雪地里来了的王宫的装饰；在特地点着无数支黄蜡烛的辉煌里闪烁着的几星勋章和几支肩章；在壁炉的火光里忘记了寒冷的宫女们的精雕细镂的扇子的光闪等等。在这群人中间最能流利地讲法语的就是我，因而能够周旋在宾主之间解决问题的，自然也是我了。

这期间我并没有忘记爱丽丝。不，她每天都有信来，焉能忘记？我动身的那一天，她想到将要不同于往常地经受那独自一人向着灯火的寂寞，便跑到熟人那里谈到夜深，等到疲倦了才回家，回来就立刻睡下了。第二天早晨醒来，犹以为剩下自己一个人是否是在做梦？起床时的凄凉感受，是她过去苦于无米下锅时也不曾有过的。这是她第一封信的概略。

又过了一程之后的一封来信，似乎是在急迫的心情下写出的。信是由一个"不"字开的头。不，我现在才真正体会到思念您的心是这样的深！您曾说过在家乡没有什么可靠的亲人，那么，如果在这里能找到一条生活出路，您是一定可以留在这里的。我也一定会用我的爱情把您系留在这里。但是，如果这办不到，而您一定要回国去的话，我和妈妈就一起跟您去。这也不难，只是这许多路费向哪里去筹措呢？所以我常在想：无论如何我也要挣扎着在这里生活下去，耐心地等待着您出头的日子。可是，在您这次短暂的旅行走后的二十多天里，我这离别的相思竟是日益加深。我过去认为"分离只是一时的痛苦"，这个想法是何等的糊涂啊！我和妈妈争论得很厉害，但是她看到我这次的坚决态度和过去截然不同就只好屈服了。她说一旦我随您东去时，她将寄居到斯铁钦附近农村一个远房亲戚那里去。假如像您来信所说的那样，大臣是那样的重用您，那么我的路费也总会有办法可想的吧！现在我只是一心在等待着您回柏林来的那一天。

啊！我看了这封信才开始正视自己的处境。我这迟钝的心是多么可耻啊！我一向自夸不论是个人的进退问题，还是不关已的别人的事，我都能给予决断，然而这种决断竟仅限于处在顺境的时候，而在逆境中处理我和别人的关系时，我心中却是一片糊涂！

大臣已经待我很厚了。但是由于我的短见，只看到了自己尽到的职责，至于要把未来的希望和它联系起来，天晓得，这是我从来也没有想过的。可是，现在既然想到了这些，我的心还能保持平静吗？先前，当朋友推荐我的时候，大臣对我的信任还只是可望而不可及的，现在似乎有些明显的收获了。相泽近来在言谈中曾言及将来回国后如果彼此仍能如此相处云云。这些会不会是大臣这样说过，而他和我虽

系至交但碍于公事关系尚不肯明白告诉我的话呢？如今回想起来，我曾经轻率地向他许诺过我将和爱丽丝断绝关系的话，他是否已向大臣汇报过了呢？

啊！来德国之初，我曾自认为是有自知之明的，也曾发誓不做一个俯首听命的人。然而，这只是一个被缚住了双足的鸟儿暂时能扇动双翼，便以为是得到了自由的一种自我陶醉罢了。我终于不能自己解去脚上的绳索。先前，操此绳索的是我某部上司。现在，可怜这根绳索又操在天方伯爵的手里了！我同大臣一行人回到柏林时恰是新年元旦。在车站与他们告别后，驱车直奔家中。这里至今还是保持着除夕彻夜不眠而元旦则睡觉的习惯，因而万户寂然。寒气甚重，踏着的积雪结成棱角突起的冰块，在阳光照耀下闪闪发光。车子拐进库劳斯铁卢街，在家门口停下。这时有开窗户的声音，在车内却什么也看不见。让车夫提着皮箱，我正要登上楼梯时，迎面碰到爱丽丝跑下楼来。她喊叫了一声就紧紧抱住了我的颈子。车夫看得呆了，似乎在大胡子底下咕哝了句什么，却听不请楚。"您回来得太好了，不回来我会死的！"

在这以前我心里一直还是摇摆不定的，怀念故乡的心情和谋求前途的念头有时竟会压倒爱情。唯有这一刹那，我丢掉了一切踌躇犹豫，抱紧了她，她把头倚在我的肩上，高兴得眼泪扑簌簌地落在我的肩头。

"拿到几楼去？"像打锣般喊叫着的车夫早已站在楼梯上了。

爱丽丝的妈妈迎到门外，我把付给车夫的银币交给了她，我被爱丽丝牵着手急忙走进房里。一眼看去，使我吃了一惊，桌子上堆满了白棉布，白花边织的衣物。

爱丽丝一边微笑着，一边指着这堆衣物说："请您看看，看看我准备的。"说着拿起了一件棉衣片子，看时竟是褟褴。"请想想看我的快乐劲儿吧。生下的孩子一定会有一对和您一样的黑瞳孔。这对瞳孔，啊！我在梦里光是看到您的黑瞳孔。生下的孩子，您那好心肠决不会让他姓一个跟您不一样的姓吧？"她低下了头。"您也许会笑我的幼稚，到教会去给孩子洗礼的那一天，该是多高兴啊！"在她那抬头看我的眼睛里充满了泪水。

两三天内，考虑到大臣的旅途疲劳未必恢复，我也没有去造访，

只是蛰居家中。一天傍晚，大臣派人招我去。相见之下待我颇优，问过赴俄的疲劳后便说："你有没有随我一起回国的意思？我虽然不知道你的学问如何，但仅凭你的外语也就可以应付工作了。我也曾问过相泽，怕你在这里呆的时间较久，也许会有各种牵挂，他倒说你没有这些事。这样，我也就放了心。"他那种神气竟不容人推辞。我有点犹豫，但终究也难于说相泽的话是假的。况且如果连这个机会也错过去，那就会失去祖国，断绝了挽回名誉的途径，自己势将被埋葬在这辽阔的欧洲大城市的人海之中。这样一个想法竟涌上了心头。啊！这是一颗多么没有德操的心！我终于答应说："听从您的意见。"

我纵然有一个铁额头，不怕叩头请罪，但回去向爱丽丝又怎么说呢？出旅馆时我心绪之烦乱简直无法叙述。我分不清东西南北，昏沉沉地走去，有多少次碰上马车，被车夫呵斥着才吃惊地慌忙躲开。这样走了一阵，猛一看，竟到了兽苑旁边。我倒在路边的长椅上，把灼热的、像被锤子敲响的头靠在椅背上，死一般地不知经过了多少小时。感到彻骨的寒冷而醒来时，已经入夜。雪，下得很厚，帽檐、外套肩头，已积起了一寸多。

也许已经过了十一点了，通向莫哈彼得和卡卢卢街的铁道马车的铁轨也被雪埋没，不兰颠堡门旁的瓦斯灯闪着孤寂的微弱光芒。我想站起来，但两腿已冻僵，用双手摩擦之后，才勉强可以挪步。

两腿迟缓地移动着，走到克劳斯铁卢街时，当已过了半夜。这一段路是怎样走过来的，我竟茫然不知。因为是一月上旬的夜晚，温铁卢典灵颠的酒家、茶馆应该还是人出人进的热闹时刻，自己竟也全然未觉。我脑子里只充满了一个思想——我是一个不可饶恕的罪人。

在四层楼的顶楼里，爱丽丝大概还不曾睡下，一点光亮透向夜空，清晰可见，只是，在纷纷飘舞的鹅毛雪片中时隐时现，一似被风摇动着。进了大门，我才感到疲惫不堪，浑身骨节疼痛难忍，挣扎着爬上了楼梯。走过厨房，推开门进入房内。正靠在桌子上缝制裸袜的爱丽丝，回过头来"啊"地叫了一声，"您这是怎么啦？"

无怪乎她会大吃一惊，我脸色苍白得像个死人，帽子也不知何时失落了，披头散发，在路上不知跌倒了多少次，衣服沾满了泥雪，

而且有几处破裂。

我想答话,却欲说无声,两腿发抖站立不稳,记得似乎想抓住椅子,而竟扑倒在地。

我恢复知觉是几个星期以后的事了。其间,我发高烧,说胡话,爱丽丝小心守护着。有一天,相泽寻来了,知道了我向他隐瞒了的全部情节。他对大臣只说我有病,其他一切都做了妥善处置。我初次认出守护在旁的爱丽丝时,被她那变了样的容貌吓呆了。她在这几个星期之中,竟是骨瘦如柴,布满血丝的双眼深深陷了进去,灰白的两颊也干瘪了。由于相泽的资助,每日的生计虽然可以应付,但是,这个恩人却在精神上把她送上了绝境。

后来听说,她见到相泽时,听到我对相泽的约言,又得知那天晚上我向大臣作出的允诺,便从椅子上一跃而起,面色如土,喊着"我的丰太郎!竟是这样欺骗了我!"当场就昏过去了。相泽把她妈妈唤来,一起把她扶上床躺下。缓了一刻她醒过来,两眼发直完全认不得人了,喊着我的名字大骂,又揪头发,又咬被子。后来像骤然想起了什么似的摸索着寻找东西。她妈妈递给她的东西都被她一一甩掉,当把桌子上的襁褓递给她时,她摸抚了一下,揞在脸上,竟是热泪簌簌泣不成声了。

从那以后,爱丽丝虽然再没有大吵大闹,但却几乎完全失去了知觉,痴痴呆呆状若婴儿。请医生看过,说是由于过度剧烈的劳心而急遽引起的"帕拉诺伊亚"①病症,因而没有希望治好。我想把她送到达卢道卢夫的精神病院去,她却哭叫着不肯去。后来,只是把那个襁褓揣在怀里,不时地拿出来看看,看了就啜泣不止。一直不肯离开我的病床,但这也不像是出于有意识的,只是像偶尔想起来了似的说着:"拿药来,拿药来。"

我完全恢复了健康。曾不知多少次地抱住爱丽丝的活尸首泪落千行。我随同大臣启程回国时,曾征得相泽的同意,给爱丽丝的妈妈留下了足以营生的少许资金,也托付了这个疯女子腹中婴儿出生时的一

---

① 帕拉诺伊亚:妄想症。有夸大妄想症、被害妄想症、恋爱妄想症等。

些事情。

唉！像相泽谦吉这样的良朋挚友也可以算是难得的了。但是，在我脑海里，却至今还残留着对他的一点憎恨之情。

（选自隋玉林译：《日本文学流派代表作丛书·舞姬》，杭州：浙江文艺出版社，1988年）

五、译者简介

高慧勤（1934—2008），笔名艾莲、戴霞，生于辽宁，1957年毕业于北京大学东方语文学系日语专业。曾任中国日本文学研究会秘书长、副会长、会长，1984年加入中国作家协会。数十年来，在日本文学研究、翻译等领域取得卓越成就。曾主持翻译了《川端康成十卷集》《芥川龙之介全集》和《日本短篇小说选》等。重要译著有《舞姬》《蜘蛛之丝》《雪国·千鹤·古都》《川端康成作品精粹》《地狱变》等。文洁若赞誉她的译文"文体贴近原文，遣词造句精益求精，堪称范文，饮誉国内外"。

隋玉林（不详）

六、译文赏析

《舞姬》是森鸥外在结束了四年的留德生活回国后，以他留学时的生活体验创作并于1890年发表在《国民之友》上的短篇小说。这部作品以其高雅的文体和浪漫的内容成为他初期创作的代表作。

此篇的译文比较采用的是，1992年3月安徽文艺出版社出版的《舞姬》一书中高慧勤译《舞姬》，及1988年3月浙江文艺出版社出版的《舞姬》一书中隋玉林译《舞姬》。在以下的译文赏析中，高慧勤版为译文1，隋玉林版为译文2。

译文赏析：

文学作品的翻译主要讲究"信、达、雅"，下面将从这三个方面举例对比一下两篇译文。

一、"信"

(1) 原文：或る日の夕暮なりしが、余は獣苑を漫歩して、ウンテル、デン、リンデンを過ぎ、我がモンビシュウ街の僑居帰にらんと、クロステル巷の古寺の前に来ぬ。

译文 1：一天傍晚，我在动物园散步，正要回珍宝街的寓所，穿过菩提树下大街，走到修道院的旧教堂前。

译文 2：有一天傍晚，我漫步兽苑，走过温铁卢典灵颠，想返回我在门必修路的客居，途中要经过库劳斯铁卢巷的古寺。

赏析：

译文 1 对原文语序进行了些许的调整，译文 2 完全遵照原文语序，虽然此处语序调整与否与原意差别不大，然而"古寺"一词的翻译却大相径庭。结合佛教在德国的发展史可知，德国的佛教是在二战之后开始有较大发展的，在此之前虽有佛教但规模很小很不成熟，更不会出现像寺庙这样的建筑。所以原文中此处虽然写的是"古寺"，但是译为"旧教堂"更加合乎情理，故译文 1 的翻译较为恰当，然而"修道院"的翻译则有待商议，原文中并无此类似字句，虽然为意译但也不能无中生有，因此，此处翻译有待斟酌。

(2) 原文：余は守る所を失はじと思ひて、おのれに敵するものには抗抵すれども、友に対して否とはえ対へぬが常なり。

译文 1：同我敌对的一切，我为了不失身分，还常常能抵御一番，然而，对于朋友，我却说不出一个"不"字来。

译文 2：我虽然能够坚定地抗拒敌人，但却不能对朋友说出"不"字来，这也是我的习性。

赏析：

译文1更多的采用意译，句意明确，表达通顺自然流畅，不仅在"信"，在"达意"方面也做得较好。译文2首先没有忠实于原文，明显遗漏了对"守る所を失はじと思ひて"一句的翻译；其次对于"友に對して否とはえ對へぬ"一处的翻译，相比于"不能对朋友说出'不'字"来说，"对朋友说不出一个'不'字"的表达更为自然通顺，符合汉语语言表达习惯，故译文2在"达意"方面有失妥当。

（3）原文：袂を分つはたゞ一瞬の苦艱なりと思ひしは迷なりけり。我身の常ならぬが漸くにしるくなれる、それさへあるに、縱令いかなることありとも、我をば努な棄て玉ひそ。母とはいたく争ひぬ。

译文1：我原以为分离只是一时的痛苦，这想法真是好不糊涂！我的身子越来越不方便了，看在这个份上，不管发生什么事情，你也万万不能遗弃我啊！我和母亲曾经大吵一场。

译文2：我过去认为"分离只是一时的痛苦"，这个想法是何等的糊涂啊！我和妈妈争论得很厉害，但是她看到我这次的坚决态度和过去截然不同就只好屈服了。

赏析：

译文1合理通顺，且符合汉语语言习惯忠实于原文；译文2前半句的翻译也无大碍，然而明显遗漏了对"我身の常ならぬが漸くにしるくなれる、それさへあるに、縱令いかなることありとも、我をば努な棄て玉ひそ"一句的翻译，没有做到忠实于原文，"信"的成分有待提高。

（4）原文：穉しと笑ひ玉はんが、寺に入らん日はいかに嬉しからまし。

译文1："你不要笑我幼稚，等到上教堂去领洗礼那天该多高兴。"

译文2:"您也许会笑我的幼稚,到教会去给孩子洗礼的那一天,该是多高兴啊!"

赏析:

此句的大意不难理解,只是对"寺"一词的把握两种翻译有较大出入。上文已提到,根据当时主人公所处的环境,"寺"译为"教堂"较为合理,所以此处译文1的翻译是正确的;而译文2译为"教会"则为不妥。《现代汉语大辞典》中对"教会"一词的解释为:基督教各派组织形式的统称;可指各派的整个组织(如天主教会、东正教会、新教各宗派的教会),也可用来单指一个地区或一个教堂的组织。原文中指的是表示地点的场所,而并非指表示人的团体组织的意思,故翻译有误。且译文2通篇对"寺"一词的翻译一直为"寺庙",唯独此处译为"教会",显然前后不一致,自相矛盾。

(5)原文:これよりは騒ぐことはなけれど、精神の作用は殆全く廃して、その痴なること赤児の如くなり。
译文 1:此后,爱丽丝虽然没有再闹过,精神上却完全垮了,痴呆呆的,如同婴儿。
译文 2:从那以后,爱丽丝虽然再没有大吵大闹,但却几乎完全失去了知觉,痴痴呆呆状若婴儿。

赏析:

译文1直译且忠实于原文,较为通顺合理;而译文2明显对"精神の作用は殆全く廃して"的理解有误,将其译为"几乎完全失去了知觉",而《现代汉语大辞典》中对"知觉"的解释为:①知道,觉察;②感觉(他晕倒在地,完全失去了知觉);③反映客观事物的整体形象和表面联系的心理过程,较之感觉更复杂、完整。原文的意思为爱丽丝因精神上受到巨大的打击而承受不住,精神上处于一种"崩溃"的状态,是"精神上垮了"而并非是"失去了知觉",显然此处翻译不当。

二、"达"

（1）原文：独逸にて物学びせし間に、一種の「ニル、アドミラリイ」の気象をや養ひ得たりけむ。

译文1：难道因为我在德国留学一次，竟变得对一切都无动于衷了么？

译文2：这是由于在德国留学期间养成了一种"尼卢阿都米拉里"的脾气的缘故吗？

赏析：

"ニル、アドミラリイ"在《新编现代日本语外来语辞典》中的解释为：漠然的，漠然的态度。译文1采用意译，译文2采用直译，虽然二者都比较忠于原文并且正确，然而译文2的翻译很难让读者理解"尼卢阿都米拉里"的意思，不如译文1简单明白，更容易让读者领会作者的意思。且译文2将"尼卢阿都米拉里"译为是一种"脾气"也有失妥当。"脾气"在《现代汉语大辞典》中的解释为：①人的习性，也借指事物的特性；②怒气，容易发怒的性情。而原文的意思是表示对人、事物或者某些行为表现等持有一种冷漠的态度，而非"脾气"，故此处翻译不恰当。

（2）原文：されど我胸には縦ひいかなる境に遊びても、あだなる美観に心をば動さじの誓ありて、つねに我を襲ふ外物を遮り留めたりき。

译文1：不过，我在心里曾暗暗发誓："纵然身处怎样的花花世界，我的心决不为它所动。"我常拿这一誓言来抵御外界的诱惑。

译文2：但是，在我胸中，自有一个不论身历何境都不为其妖艳华美所动的坚定誓言，常能挡住外界对我的袭击。

赏析：

整句话的意思不难把握，译文1采用意译，并且对原文语序进行了调整，使句子较为通顺自然，符合汉语习惯，语言通俗易懂，让读者更容易把握主人公的心理。译文2更多采用直译且词句精炼，然而某些词的直译使表达僵硬化不够自然，如"襲ふ外物"直译为"外界的袭击"，太过生硬不够恰当，若意译为"外界的诱惑"则语意更加明确。并且译文2的语序仍为日语语序，需要变换调整，若改为"使我能够抵挡住外界的诱惑"，则通顺自然很多。

（3）原文：余は父の遺言を守り、母の教に従ひ、人の神童なりなど褒むるが嬉しさに怠らず学びし時より、官長の善き働き手を得たりと奬ますが喜ばしさにたゆみなく勤めし時まで、たゞ所動的、器械的の人物になりて自ら悟らざりしが。

译文1：我一向恪守父亲的遗训，听从母亲的教诲，小时人家夸我是神童，也从不沾沾自喜，依旧好学不倦。即便后来涉足官场，上司称赞我能干，我便更加谨慎将事，从未意识到自己竟成为一个拨一拨动一动的机械人了。

译文2：我恪守父亲遗嘱，遵从母亲教导。小时候，不因人们夸我为神童就喜而废学，到后来，也不因上司许我为得力助手就乐而怠勤，这期间一直是一个机械的被动的人，从未曾自我觉醒过。

赏析：

该句话的意思不难理解，且两个译本均做到了忠实于原文，然而译文1主要通过意译来把握全局，用词通俗易懂，对语序也进行了适当的调整，并且根据意思自行加入"即便后来涉足官场"等字句，虽然原文并无此表述，但意译加入之后使表达更加自然通顺流畅，更加符合汉语语言的习惯。译文2主要通过直译对全句进行掌控，言简意赅，且有文采，只是语序没有调整仍然是按照原文的表达，难免有些僵硬

不自然，如若把"这期间一直是一个机械的被动的人，从未曾自我觉醒过"调整为"这期间从未意识到自己成为了一个机械被动的人"，则更加自然流畅。

(4) 原文：ところに繫累なき外人は、却りて力を借し易きこもあらん。
译文1：我是个没有负担的外国人，或许能帮你点什么忙。
译文2：我这个非亲非故的外人或许倒能帮你一下。

赏析：
译文1为直译，较忠实于原文，将"繫累なき外人"直译为"没有负担的外国人"虽然大意无误但表达较为生硬不自然，不符合汉语语言的表达习惯；而译文2则将"繫累なき"意译为"非亲非故"，实属不当。句中"繫累"一词在《日汉大辞典》中的解释为"（连结捆绑）家庭累赘"的意思，"繫累なき"是指没有家庭负担的意思；"非亲非故"在《现代汉语大辞典》中的解释为"不是亲属也不是故旧，表示彼此过去毫无关系"的意思，显然跟原文要表达的意思有出入。此处作者想要表达的是主人公出于同情怜悯想要帮助可怜的爱丽丝，向她坦诚自己没有家庭方面的顾虑担忧，希望爱丽丝不要拒绝他的帮助，故两种翻译均有待斟酌。

三、"雅"

(1) 原文：余は模糊たる功名の念と、檢束に慣れたる勉強力とを持ちて、忽ちこの欧羅巴の新大都の中央に立てり。何等の光彩ぞ、我目を射むとするは。何等の色沢ぞ、我心を迷はさむとするは。
译文1：我怀着模糊的功名心，和勤勉的求知欲，忽然置身于欧洲这座新兴的大都会，光怪陆离，令我眼花缭乱，五色缤纷，使我神摇意夺。
译文2：我抱着模糊的功名念头和惯于管束自己的毅力，即刻挺

立在这欧洲新的大都城的中央了。什么光彩敢照射我的眼睛？什么色情敢迷惑我的心灵？

赏析：

此句的翻译不难做到忠实于原文，比较两个译本会发现，译文1多用"光怪陆离""眼花缭乱""五色缤纷""神摇意夺"等四字成语，言简意赅，文采斐然，使读者有身临其境的感觉；译文2则较多的采用直译，虽然比较直接明白但是少了几分意境美。此处优美的翻译更能增加西洋文明对主人公的诱惑，对主题的进一步表达有推动作用，而译文2在这方面有所欠缺。

（2）原文：かくて三年ばかりは夢の如くにたちしが、時来れば包みても包みがたきは人の好尚なるらむ。

译文1：这样，三年的时光，梦也似地过去了。人的秉性终难压抑，一旦时机成熟，总要露出头来。

译文2：就这样，三年左右的时间如梦一般地过去了，而每一个人的志趣，时机一到却是包也包不住的。

赏析：

此句的翻译较为简单，意思也较为明了，前半句的翻译两个译本大致相同，唯有对"時来れば包みても包みがたきは人の好尚なるらむ"一句的把握差异较大。译文1通过意译使得句意更加明确，且用词精准，颇有文采，很好的达到了"雅"的要求；译文2在"信"和"达"的方面无可挑剔，但是过于直白的表述显得语言不够生动，缺乏文雅。

（3）原文：彼人々は余が俱に麦酒の杯をも挙げず、球突きの棒をも取らぬを、かたくななる心と慾を制する力とに帰して、且は嘲り且は嫉みたりけん。

译文1：我既不和他们一起喝啤酒，又不跟他们打台球。他们便

说我顽固不化，道貌岸然，并且还嘲笑我，嫉妒我。
译文 2：那伙人或许认为我和他们既不推杯换盏，又不共玩台球，是由于我的顽固和有力地控制情欲之故，因而他们对我既讥笑又嫉妒。

赏析：
首先译文 1 中"道貌岸然"一词的翻译纯属无中生有。"道貌岸然"在《现代汉语大辞典》中的解释为：容色神态庄严的样子，今多讽刺故作正经、表里不一的情状。而原文中作者要表达的是主人公跟"那伙人"很少来往，并无"故作正经、表里不一"的意思。所以译文 1 在"信"的方面有所不足。其次，整句来看，译文 2 的表达更加通顺流畅，表意更加清晰，较多使用书面语，在"达意"和"文雅"方面均比译文 1 要好。

（4）原文：余は我恥を表はさん。此答はいち早く決断して言ひしにあらず。余はおのれが信じて頼む心を生じたる人に、卒然ものを問はれたるときは、咄嗟の間、その答の範囲を善くも量らず、直ちにうべなふことあり。さてうべなひし上にて、その為し難きに心づきても、強て当時の心虚なりしを掩ひ隠し、耐忍してこれを実行すること屡々なり。

译文 1：说来惭愧，我这回答并非出于当机立断。凡是我所信赖的人猝然间问我什么事时，我往往不假思索就应承下来，而不推求该如何回答才算得体。一经允诺，即便发现有为难之处，也只好勉为其难，硬着头皮去履行自己的诺言。

译文 2：在这里我应该坦白自己的耻辱，这句话并不是我立即作出了决定之后说出来的。我有时会对于我已经信赖的人突然问我的问题，仓促间不及仔细衡量应该回答的范围而径直作出承诺而且一旦答应之后即使发现有为难之

处，也常常是强掩当时的心虚勉为其难地实现诺言。

赏析：此段的大意不难理解，但通读两个译本会发现，译文 1 的语言精炼，表意明确，通顺流畅自然且不失文采，给读者以美的享受；译文 2 虽忠于原文在"信"上无可挑剔，但用词繁琐赘余，不够简洁明了，"雅"的方面有待提高。

（孙耀珠、张东东）

七、翻译理论学习

什么是文学翻译

文学翻译就是把一种语言的文学文本，经过翻译人员的努力，即经过艺术化的再创造活动，转换成另外一种语言文学文本的过程。按鲁迅先生的说法就是"翻译是再创作"。顾名思义，文学翻译本身需要艺术的创造，而所译出的文学作品，也应当具有和原作一样的文学价值，即傅雷所说的，译文本身是一件艺术品，翻译"应还它一件艺术品"。

1 文学的翻译本身，如同文学创作一样，也是一种艺术，也属于人文学科。

2 文学翻译的方法，如同文学创作一样，也受特定语言及语言关系的影响。

3 文学翻译活动可以借鉴文学创作的手法，文学翻译的批评与接受也是一样。

4 文学的发展，在国别之间相互影响的意义上，借鉴了文学的翻译而得以进行。

5 文学翻译构成比较文学的一种研究工具、手段和途径，而且是最近便的途径。

6 比较文学又构成文学翻译的学科基础，而且是最为基本的学科基础。

7 在最广泛的意义上,文学翻译活动,是一切文学交流乃至文化交流的必由之路。

8 在一定意义上,文学翻译活动本身,必然带有跨文化交流和比较文化的认知性质。

(参照王宏印:《文学翻译批评概论》,北京:中国人民大学出版社,2009年)

第 3 课

一、原文

少年の悲哀

国木田独歩

　少年の歓喜が詩であるならば、少年の悲哀も亦た詩である。自然の心に宿る歓喜にして若し歌ふべくんば、自然の心にささやく悲哀も亦た歌ふべきであらう。
　兎も角、僕は僕の少年の時の悲哀の一ツを語って見やうと思ふのである。（と一人の男が話しだした。）
　***
　僕は八歳の時から十五の時まで叔父の家で生育たので、其頃、僕の父母は東京に居られたのである。
　叔父の家は其土地の豪家で、山林田畑を澤山持って、家に使ふ男女も常に七八人居たのである。
　僕は僕の少年の時代を田舎で過ごさして呉れた父母の好意を感謝せざるを得ない。若し僕が八歳の時父母と共に東京に出て居たならば、僕の今日は餘程違って居ただらうと思ふ。少くとも僕の智慧は今よりも進んで居た代りに僕の心はヲーズヲース一巻より高遠にして清新なる詩想を受用し得ることが出来なかっただらうと信ずる。
　僕は野山を駈け暮らして、我幸福なる七年を送った。叔父の家は丘の麓に在り、近郊には樹林多く、川あり泉あり池あり、そして程遠からぬ處に瀬戸内々海の①入江がある。山にも野にも林にも渓にも海にも川にも僕は不自由を為なかったのである。

處が十二の時と記憶する、徳二郎といふ下男が或日僕に今夜面白い處に伴れてゆくが行かぬかと誘さうた。
「何處だ。」と僕は訊ねた。
「何處だと聞つしやるな、何處でも可えじゃ御座んせんか、徳の伴れてゆく處に面白うない處はない」と徳二郎は微笑を帶びて言った。
　此徳二郎といふ男は其頃二十五歳位、屈強な若者で、叔父の家には十一二の年から使はれて居る孤児である。色の浅黒い、輪郭の②正しい立派な男、酒を飲めば必ず歌ふ、飲ざるも亦た唄ひながら働くといふ至極元気の可い男であった。常も楽しさうに見えるばかりか、心事も至て正しいので孤児には珍しいと叔父をはじめ土地の者皆に、③感心せられて居たのである。
「然し叔父さんにも叔母さんにも内證ですよ」と言って、徳二郎は唄ひながら裏山に登ってしまった。
　頃は夏の最中、月影鮮やかなる夜であった。僕は徳二郎の後について田甫に出で、稲の香高き畔路を走って川の堤に出た。堤は一段高く、此處に上れば廣々とした野面一面を見渡されるのである。未だ宵ながら月は高く澄んで冴えた光を野にも山にも漲ぎらし、野末には④靄かかりて夢の如く、林は煙をこめて浮ぶが如く、背の低い川楊の葉末に置く露は珠のやうに輝いて居る。小川の末は間もなく入江、汐に満ちふくらんで居る。船板をつぎ合はして懸けた橋の急に低くなったやうに見ゆるのは水面の高くなったので、川楊は半ば水に沈んで居る。
　堤の上はそよ吹く風あれど、川面は漣だに立たず、澄み渡る大空の影を映して水の面は鏡のやう。徳二郎は堤を下り、橋の下に繋いである小舟の纜を解いて、⑤ひらりと乗ると今まで静まりかへって居た水面が俄に波紋を起す。徳二郎は、
「坊様早く早く！」と僕を促しながら櫓を立てた。
　僕の飛び乗るが早いか、小舟は入江の方へと下りはじめた。
　入江に近くにつれて川幅次第に廣く、月は川面に其清光を涵し、

左右の堤は次第に遠ざかり、顧れば川上は既に靄にかくれて、舟は何時しか入江に入って居るのである。
　廣々した湖のやうな此入江を横ぎる舟は僕等の小舟ばかり。徳二郎は平時の朗かな聲に引きかへ此夜は小聲で唄ひながら靜かに櫓を漕いで居る。潮の退た時は沼とも思はるる入江が高潮と月の光とでまるで樣子が變り、僕には平時見慣れた泥臭い入江のやうな氣がしなかった。南は山影暗く倒に映り北と東の平野は月光蒼茫として何れか陸、何れか水のけぢめさへつかず、小舟は西の方を指して進むのである。
　西は入江の口、水狹くして深く、陸迫りて高く、此處を港に錨を下ろす船は數こそ少いが形は大きく大概は西洋形の⑥帆前船で、出積荷は此濱で出來る食鹽、其外土地の者で朝鮮貿易に從事する者の持船も少からず、内海を往來する⑦和船もあり。兩岸の人家低く高く、山に據り水に臨む其數數百戸。
　入江の奧より望めば舷燈高くかかりて星かとばかり、燈影低く映りて金蛇の如く。⑧寂漠たる山色月影の裡に浮んで恰も畫のやうに見えるのである。
　舟の進むにつれて此小な港の聲が次第に聞こえだした。僕は今此港の光景を詳細しく説くことは出來ないが、其夜僕の眼に映って今日尚ほありありと思ひ浮べることの出來る丈を言ふと、夏の夜の月明らかな晩であるから船の者は甲板に出で家の者は戸外に出で、海にのぞむ窓は悉く開かれ、燈火は風にそよげども水面は油の如く、笛を吹く者あり、歌ふものあり、三絃の音につれて笑ひどよめく聲は水に臨める青樓より起るなど、如何にも樂しさうな花やかな有樣であったことで、然し同時に此花やかな一幅の畫圖を包む處の、寂寥たる月色山影水光を忘るることが出來ないのである。
　帆前船の暗い影の下を潜り、徳二郎は舟を薄暗い石段の下に着けた。
　「お上りなさい」と徳は僕を促した。堤の下で「お乗なさい」と言ったぎり彼は舟中僕に一語を交へなかったから、僕は何の爲めに

徳二郎が此處に自分を伴ふたのか少しも解らない、然し言ふままに舟を出た。
　纜を繋ぐや徳二郎も続いて石段に上り、先に立ってずんずん登って行く、其後から僕も無言で従て登った。石段は其幅半間より狭く、両方は高い壁である。石段を登りつめると或家の中庭らしい處へ出た。四方板塀で囲まれ隅に用水桶が置いてある、板塀の一方は見越に夏蜜柑の木らしく暗く繁ったのが其頂を出して居る、月の光はくっきりと地に印して寂とし人の気勢もない。徳二郎は一寸立ち止まって聴耳を立てたやうであったが、つかつかと右なる方の板塀に近いて向へ押すと此處は潜内になって居て黒い戸が音もなく開いた。見ると戸に直ぐ接して梯子段がある。戸が開くと同時に足音静に梯子段を下りて来て、
　「徳さんかえ？」と顔をのぞいたのは若い女であった。
　「待ったかね？」と徳二郎は女に言って、更に僕のほうを顧み、
　「坊様を連れて来たよ」と言い足した。
　「坊様お上んなさいナ。早くお前さんも上って下さい、此處でぐずぐずして居ると可けないから」と女は徳二郎を促したので、徳二郎は早くも梯子段を登りはじめ、
　「坊様暗う御座いますよ」と言ったぎり、女と共に登って了ったから僕も為方なしに其後に従いて暗い、狭い、急な梯子段を登った。
　何ぞ知らん此家は青楼の一で、今女に導かれて入った座敷は海に臨んだ一室、欄に凭れば港内は勿論入江の奥、野の末、さては西なる海の涯までも見渡されるのである。然し座敷は六畳敷の、畳も古び、見るからして餘り立派な室ではなかった。
　「坊様、さア此處へ入っしゃい」と女は言って坐布団を欄の下に運び、夏橙其他の果物菓子などを僕にすすめた。そして次の間を開けると酒肴の用意がしてある。それを運び込んで女と徳二郎は差向に坐った。
　徳二郎は平常にない懺しい顔をして居たが、女のさす盃を受けて一呼吸に呑み干し、

「愈々何日と決定った？」と女の顔を熟と見ながら訊ねた。女は十九か二十の年頃、色青ざめて左も力なげなる様は病人ではないかと僕の疑った位。

「明日、明後日、明々後日」と女は指を折って、「明々後日に決定ったの。然しね、私は今になって又気が迷って来たのよ」と言ひつつ、首を垂れて居たが、そっと袖で眼を拭った様子。其間に徳二郎は手酌で酒をグイグイ煽って居た。

「今更如何と言って為方がないじゃアないか。」

「それはさうだけれど――考へて見ると死んだはうが何程増しだか知れないと思って。」

「ハッハッヽヽヽヽ坊様、此姉様が死ぬと言ひますが如何しませうか。――オイオイ約束の坊様を連れて来たのだ、能く見て呉れないか。」

「先刻から見て居るのよ、成程能く似て居ると思って感心して居るのよ。」と女は言って笑を含んで熟と僕の顔を見て居る。

「誰に似て居るのだ。」と僕は驚いて訊ねた。

「私の弟にですよ、坊様を弟に似て居るなどと⑨もったいない事だけれど、そら、これを御覧なさい。」と女は帯の間から一枚の写真を出して僕に見せた。

「坊様、此姉様が其写真を徳に見せましたから、これは宅の坊様と少しも變らんと言ひましたら、是非連れて来て呉れと頼みますから今夜坊様を連れて来たのだから、澤山御馳走を為て貰はんと可けませんぞ。」と徳二郎は言ひつつも止め度なく飲んで居る。女は僕に摺寄って、

「サア何でも御馳走しますとも、坊様何が可う御座いますか」と女は優しく言って莞爾笑った。

「何にもいらない」と僕は言って横を向いた。

「それじゃ舟へ乗りましょう、私と舟へ乗りましょう、え、さう為ましょう。」と言って先に立って出て行くから僕も言ふままに女の後に従いて梯子段を下りた、徳二郎は唯だ笑って見て居るばかり。

先の石段を下りるや若き女は先僕を乗らして後、纜を解いてひらりと飛び乗り、さも軽々と櫓を操りだした。少年ながらも僕は此女の挙動に驚いた。
　岸を離れて見上げると徳二郎は欄に倚って見下ろして居た。そして内よりは燈が射し、外よりは月の光を受けて彼の姿が明白と見える。
　「気をつけないと危難いぞ！」と、徳二郎は上から言った。
　「大丈夫！」と女は下から答へて「直ぐ帰るから待て居てお呉れ。」
　舟は暫時く大船小船六七艘の間を縫ふて進んで居たが間もなく廣々とした沖合に出た。月は益々冴えて秋の夜かと思はれるばかり、女は漕手を止めて僕の傍に坐った。そして月を仰ぎ又四辺を見廻はしながら、
　「坊様、あなたはお何歳？」と訊ねた。
　「十二。」
　「私の弟の写真も十二の時のですよ、今は十六……、さうだ十六だけれど十二の時に別れたぎり会はないのだから今でも坊様と同じやうな気がするのですよ。」と言って僕の顔を熟と見て居たが忽ち涙ぐんだ。月の光を受けて其顔は猶更蒼ざめて見えた。
　「死んだの？」
　「否、死んだのなら却て断念がつきますが別れた限、如何なったのか行方が知れないのですよ。両親に早く死別れて唯った二人の姉弟ですから互に力にして居たのが今では別れ別れになって生死さへ分らんやうになりました。それに私も近い中朝鮮に伴れて行かれるのだから最早此世で会ふことが出来るか出来ないか分りません。」と言って涙が頬をつたうて流れるのを拭きもしないで僕の顔を見たままますすり泣きに泣いた。
　僕は陸の方を見ながら黙って此話を聞いて居た。家々の燈火は水に映ってきらきらと搖曳いで居る。櫓の音をゆるやかに軋らせながら大船の伝馬を漕で行く男は澄んだ聲で船歌を流す。僕は此時、少年心にも言ひ知れぬ悲哀を感じた。

忽ち小舟を飛ばして近いて來た者がある、德二郎であった。
「酒を持って來た！」と德は大聲で二三間先から言った。
「嬉しいのねえ、今坊様に弟のことを話して泣いて居たの」と女の言ふ中德二郎の小舟は傍に來た。
「ハッハッヽヽヽ大概そんなことだらうと酒を持て來たのだ、飲みな飲みな私が歌ってやる！」と德二郎は既に醉って居るらしい。女は德二郎の渡した大コップに、⑩満々と酒をついで呼吸もつかずに飲んだ。
「もーツ」と今度は德二郎が注でやったのを女は又もや一呼吸に飲み干して月に向て酒気を吻と吐いた。
「サアそれで可い、これから私が歌って聞かせる。」
「イイエ德さん、私は思切って泣きたい、此處なら誰も見て居ないし聞えもしないから泣かして下さいな、思ひ切って泣かして下さいな。」
「ハッハッヽヽヽそんなら泣きナ、坊様と二人で聞くから」と德二郎は僕を見て笑った。
　女は突伏して大泣に泣いた。さすがに聲は立て得ないから背を波打たして苦しさうであった。德二郎は急に真面目な顔をしてこの有様を見て居たが、忽ち顔を背向け山の方を見て黙って居る、僕は暫くして
「德、最早帰らう」と言ふや女は急に頭を上げて
「御免なさいよ、真實に坊様は私の泣くのを見て居てもつまりません。……私坊様が來て下さったので弟に會ったやうな気が致しました。坊様も御達者で早く大きくなって豪い方になるのですよ」とおろおろ聲で言って「德さん真實に餘り遅くなるとお宅に悪いから、早く坊様を連れてお帰りよ、私は今泣いたので昨日からくさくさして居た胸がすいたやうだ。」
　***

　女は僕等の舟を送って三四町も來たが、德二郎に叱られて漕手を

止めた、其中に二艘の小舟はだんだん遠ざかった。舟の別れんとする時、女は僕に向て何時までも、

「私の事を忘れんで居て下さいましナ」と繰返して言った。

其後十七年の今日まで僕は此夜の光景を明白と憶えて居て忘れやうとしても忘るることが出来ないのである。今も尚ほ憐れな女の顔が眼のさきにちらつく。そして其夜、淡い霞のやうに僕の心を包んだ一片の哀情は年と共に濃くなって、今はただ其時の僕の心持を思ひ起こしてさへ堪え難い、深い、静かな、やる瀬のない悲哀を覚えるのである。

其後徳二郎は僕の叔父の世話で立派な百姓になり今では二人の児の父親になって居る。

流の女は朝鮮に流れ渡って後、更に何處の涯に漂泊して其果敢ない生涯を送って居るやら、それとも既に此世を辞して寧ろ静粛なる死の国に赴いたことやら、僕は無論知らないし徳二郎も知らんらしい。

（选自国木田独步:《国木田独步集 现代日本文学全集57》,东京：筑摩书房，1956年）

二、作者与作品简介

国木田独步（1871—1908），日本自然派小说家的先驱，19世纪末日本诗人、小说家。国木田独步以独具风格的作品，丰富了日本明治年间的文学园地。诗集、散文集受英国诗人华兹华斯的影响较大。主要成就是短篇小说。不过，夏丏尊则认为"独步虽作小说，但根底上却是诗人"，并称"他的作品虽富有清快的诗趣，而内面却潜蓄着严肃真挚地精神，无论哪一篇都如此"。在日本，文学史家都认为，国木田独步是一个由浪漫主义向自然主义过渡时期的文学家，因此创作上带有浪漫主义与自然主义相融合的特点。主要作品有《武藏野》《牛肉和马铃薯》《源老头儿》《少年的悲哀》等。

《少年的悲哀》是国木田独步的代表作之一。清新欢快的环境氛

围下,"我"跟随德二郎,与一个可怜的青楼少女相遇。听说少女的悲惨遭遇后,少不更事的"我"感到了淡淡的哀愁。清新明快的字句间,少女的悲惨、"我"的哀愁触人心扉。

三、原文注释

①入江[いりえ]:湖、海伸入陆地的部分,海湾、湖岔。
②正しい[ただしい]:端正、整齐。"輪郭の正しい"指五官端正。
③感心[かんしん]:钦佩、佩服。
④靄かかる[もやかかる]:此处"かかる"是"笼罩"的意思。原形是"靄がかかる",省略了"が",起雾。
⑤ひらりと:副词,敏捷地、轻巧地。
⑥帆前船[ほまえせん]:西洋式帆船。
⑦和船[わせん]:日本船。日式木船。
⑧寂漠[せきばく]:形容动词,凄凉。
⑨もったいない:不胜惶恐的、不敢当的。
⑩満々「なみなみ」:副词,满满地,满得要溢出状。

四、译文

译文 1 　　　　　少年的悲哀

周作人　译

"少年的欢喜倘是诗,少年的悲哀也是诗。宿在自然的心里的欢喜若是可歌的,那在自然的心里低语的悲哀也是可歌的了。

"总之我现在想将我少年时候的悲哀之一,讲给诸君听听。"……一个男子这样的说。

"我从八岁起到十五岁止，养在叔父的家里，其时我的父母都在东京居住。

"叔父的家是那地方的一个大家，有许多山林田地，家里的男女佣人，平常也总有七八人。

"我的父母使我在乡村里过了我的少年时代，我不得不感谢他们的好意。倘若我八岁的时候同父母一起住在东京，我今天的情形恐怕很要不同了罢。无论如何，我的知识即使比现在或者更要进步，但我的心却未必能从一卷威志威斯（Wordsworth），享受高远清新的诗思罢。

"我在山野间随意奔走，过了七年的幸福的日子。叔父的家在小山的脚下，近郊多是树林，有河有泉有池，而且相距不很远便是濑户内海（Setonaikai，即日本内海）的湾港。山野，树林，溪泉，河海，都于我没有一点不自由的地方。

"我记得这是十二岁的时候。有一天，一个名叫德二郎（Tokujiro）的佣人来约我，说今夜带你往有趣的地方去玩，去不去呢？

"'什么地方？'我问。

"'你不必问什么地方。无论哪里，都有什么要紧呢？阿德带你去的地方，没有不有趣的，'德二郎微笑着说。

"这德二郎在那时大约二十五岁，是一个倔强的少年；原是孤儿，从十一二岁的时候起，便在我叔父的家里做事。颜色浅黑，容貌整齐，喝了酒必定唱歌，便是不喝也唱着歌劳动，兴致总是很好。不但他的样子常是高兴，便是他的心事也很正直，叔父常说在孤儿里是很难得的，本地的人也没有一个不佩服他的。

"'但是对叔父和叔母，须得秘密才好呢，'德二郎说了，便唱着歌爬上后山去了。

"这正是盛夏中间，月色鲜明的一夜。我跟在德二郎的后面，来到田间，沿着稻香馥郁的田塍走去，走上河边的堤上。堤比别处原要更高一级，所以上了这堤，便可以望见广漠的田野的一面。这虽然还是黄昏时候，高寒明净的月光，漫盖山野；田野尽头冒着薄霭，如在梦里；树林含烟，仿佛浮着一般；低的河柳叶尖的积露，珠子一样的发光。小河的末尾便是湾港了，正满涨着晚潮。用船板拼合了架着的

桥，这时候看去忽然觉得很低，便因为水面高了的缘故；河柳也一半浸在水里了。

"堤上虽有微风，河里却毫没有波纹，水面像镜子一般，映出澄清的天空的影。德二郎下了堤，解开系在桥下的小船的绳索，一脚跳下去；本来静着的水面，这时候忽然起了波纹了。

"'哥儿，快点快点！'德二郎催着我，便驾起橹来。我急忙也跳下船去，不一刻这小船已向着湾港的方面溜下去了。

"渐渐的同湾港相近，河身也渐渐的广阔起来，月将它的清光浸在河面，两边的堤愈走愈远，回顾上流，已经被薄霭遮掩，我们的船早已进了湾港了。

"在这时候横渡这湖一般广阔的湾港的，只有我们这一只小船。德二郎在今夜，不像平常的高声，只用了小声唱着歌，静静的摇橹。退潮的时候差不多像沼泽一样的湾港，现在因为高潮与月光，完全变了模样，在我看去也觉得不是平常见惯的那泥臭的湾港了。南方山影，阴暗的倒映在水里；东北两面的平野上，月光苍茫，更辨不出哪里是水陆的界线。我们的小船，正向着西方前进。

"西方是湾港的入口，水狭而深，岸促而高，在这里下锚的船数目虽然不多，形状大抵是西洋式帆船，所装的货物是此地出产的食盐；此外本地的做朝鲜贸易的人所有的船舶，也颇不少，也还有往来内海的客船。两岸的人家，高高低低，据山临水，约有好几百户。

"从湾港的内部望出去，舷灯高高的点着，几乎疑是星光；灯影低低的映着，又像是金蛇。寂寞的山色，浮在月影里，看去真同绘画一般。

"小船渐渐前进，这小港里的各种声音也愈加听得清楚了。我现在虽然不能将这港的光景详细说明，但是那夜的情形还是历历的在我眼前，可以说个大略：这是夏夜的月明的一晚，船里的人都走到甲板上，家里的人走出门外来，临海的窗户也都开了。灯火在风中微漾，水面平滑如油，有吹笛的，有唱歌的，又有夹着三弦的音的喧笑的声音从临水的妓楼起来，很是快乐热闹的样子；但包住这一幅繁华的画图的寂寥的月色，山影与水光，我却也不能忘记。

"在帆船的影底下钻过去,德二郎便将小船在一处阴暗的石级面前停住了。

"'请上来罢!'德二郎对我说。他只在堤下说了一句"请下船罢",以后在船里不曾开过口,所以我毫不知道他为什么带我到这里来;但我也就依着他的话出了小船。

"德二郎系了船索,也跨上石级,尽向前走去,我也不作一声,只跟在后面走。石级宽不到三尺,两旁都是高的墙壁。我们走完了石级,似乎到了人家的一个院子里了。院子的角里放着太平水桶,四面用板壁围着;一面的板壁上边,露出繁茂的树顶,似乎是一株香团树。月光印在地上,寂然无人。德二郎暂时立定,仿佛静听模样,随即走近右边的板壁,向里推去;原来这里是一个小门,那扇黑门便一声不响的张开了。门里面就是一座楼梯。门开的时候,便听得有脚步声悄悄的下那楼梯来。

"'德爷么?'一个年青的女人窥探着说。

"'等了好久了罢?'德二郎对女人说,又回顾着我道,'哥儿也带了来了。'

"'哥儿请上来罢!你也快点上来,在这里耽搁是不行的,'女人催着德二郎,他便走上楼梯去,只对我说了一句,

"'哥儿,这里暗呢。'他同女人已经上了楼,我没法也只得跟着爬上暗而且狭,又颇峻急的楼梯去。

"原来这家也是妓楼之一,现在女人引导我们进去的屋子是临海的一室,凭栏望去,不但港内的情形,就是湾港的内部,田野的尽头,以及西边的海岸,都能看见。但是这间屋里铺着的六张席子已经古旧,看去不像是一间华丽的屋子。

"'哥儿,请这里坐。'女人将垫子掷在栏杆底下,又拿了香橙与各种果子点心劝我吃。打开间壁的门,那边预备着酒菜,女人便搬了过来,同德二郎对面坐下。

"德二郎现出平常没有的懊恼的样子,将女人所斟的一杯酒一口喝干了,注视着伊问道,

"'终于决定在几时了?'

"这女人大约十九或二十岁模样，脸色苍白，仿佛一点没有力气，我看了几乎疑心伊是病人，伊屈指数着说，

"'明天，后天，大后天，决定在大后天了。但是，我到了此刻，又有点迷惑起来了。'说着垂下头，偷偷地用袖角揩眼。德二郎在这时候独自斟酒，尽量的喝下去。

"'到了此刻，岂不是没有法子了么？'

"'这虽是如此，——但想起来觉得倒不如死了，却要好的多呢。'

"'哈哈哈……哥儿，这个姐儿说死了好，你看怎样办呢？——喂，喂，前回所约的哥儿现在带来了，你不好好的看么？'

"'我从先便看着呢。心想这长的真像，正佩服着哩。'女人说了，含笑向我注视。

"'像谁呢？'我急忙询问说。

"'像我的兄弟，说哥儿和我的兄弟相像，虽然是唐突的事，你请看这个。'伊从衣带中取出一张照片给我看。

"'哥儿，这个姐儿将照片给我看，我说这和家里的哥儿一般无二，伊托我一定带来要看一看，所以我今晚带了哥儿到这里来的。你非要教伊好好的款待不可呢。'德二郎说着话，还只是尽量喝酒。女人挨到我的近旁来，很和气的微笑着说，

"'那自然要好好的款待，哥儿你要吃什么呢？'

"'什么都不要。'我说着，转过脸去。

"'那么，坐船去罢，和我坐船去罢。呃，这样好罢？'伊起身出去，我便也跟着下了楼梯，德二郎却只是带笑望着我们。

"走下前回的石级，伊先将我放在船里，解了船索，随后飒的跳下船来，很轻便的摇起橹来了。我那时虽然还是儿童，看了伊的举动，也不禁觉得惊异。

"离了河岸，回头仰视楼上，只见德二郎靠着栏杆，向下眺望。里面点着灯，外面又受了月光，所以他的姿势很分明的可以看出。

"'小心！怕危险呢。'德二郎从楼上说。

"'不要紧！'伊从下边答应。'立刻就回来的，请你等一会罢。'

"我们的船暂时在六七只大船小船中间，曲曲折折的行了一刻，

便出到广阔的河面上。月光愈加清寒,几乎是秋夜模样。女人停了橹,坐在我的旁边,又仰视月光和四周的景色,对我说道,

"'哥儿,你几岁?'

"'十二。'

"'我的兄弟的照片,也是十二岁的时候照的,现在是十六,……是的,虽然十六岁了,但是十二岁的时候分别之后,便不曾会见过;所以到了此刻还觉得他是哥儿一般模样呢。'伊注视着我的脸,忽而流下泪来,在月光底下显得伊的颜色更加苍白了。

"'死了么。'

"'不,倘若死了,倒也就断念了,分别以后,还不知道他的下落与情况呢。两亲早已死别,只剩了姊弟两人,正是互相靠傍着过活,现在却又分散了,连生死还不明白。而且我不久也要被人带到朝鲜去了,恐怕在这一生中已经不能再会了。'伊的眼泪沿着面庞流了下来,伊也并不揩抹,只望着我的脸低声啜泣。

"我向着河岸眺望,不作一声,听伊这番说话。人家的灯火映在水里,闪闪的摇曳着。缓缓的响着橹声,太传马船开驶过去,船上的男子用了清亮的声音唱着船歌。我在这时候,觉得在我幼稚的心里感着说不出的悲哀。

"忽然有人操着小船,飞奔而来的,却正是德二郎。

"'我拿了酒来了!'德二郎在一二丈以外大声的说。

"'好呵!我正和哥儿讲我兄弟的事,哭着呢。'伊正说着,德二郎的小船已经到了。

"'哈哈哈,我也正想大概是这样罢,所以拿了酒来了。喝酒罢,喝酒罢!我给你唱歌!'德二郎似乎已经醉了。女人拿了德二郎给伊的一只大酒杯,注了满杯的酒,一口气喝下去。

"'再一杯!'这回是德二郎替伊斟满了;伊拿来又一口喝干,呼的将酒气对着月光喷去。

"'这就好了。现在我唱歌给你们听罢。'

"'不,德爷。我想尽量的哭一场。在这里没有人看着,也没有人听见,请让我哭罢。请让我尽量的哭罢!'

"'哈哈哈，……那么，你便哭罢。我和哥儿两人听着就是了。'德二郎对着我笑。

"女人俯伏着，哭泣起来。但是也不便发出大声，所以只见伊背上抽搐，很是痛苦的模样。这时候德二郎忽然变成一副庄重的相貌，看着伊的这情形，随后突然回过脸去，对着山看，也不作一声。过了一刻，我说道，

"'阿德，回去罢！'

这时候女人连忙抬起头来，说道，

"'对不起，哥儿看着我哭，真无聊了。……我因为哥儿来了，仿佛已经得同兄弟会见过了的样子。哥儿，也请你健康，快点长大起来，成为伟大的人。'伊用了悲切的声音说。'德爷，时候太迟了，恐怕家里对不起，你早点带了哥儿回去罢。我现今哭过了，昨天以来的那种心里的闷气都已消散了。'

"伊跟了我们的船，送了三四町，后来被德二郎阻止，方才将橹停住；两只小船便渐渐的离远了。小船将要分开的时候，女人对我反复着说，

"'请你不要忘记了我！'

"以后过了十七年，直到现在，我还清清楚楚的记着当夜的情景。想忘记也忘记不得。那可怜的女人的容貌，至今还映出在我的眼前。这一夜里，淡霞似的包着我的心的一片悲哀，跟着年岁逐渐的浓厚起来。即在此刻回想起那时的心情也感着一种不可堪的，深而且静的，无可如何的悲哀的情绪。

"以后德二郎因了我的叔父的帮助，成为像样的农夫，如今已经是两个小孩的父亲了。

"那个飘流的女人。转到朝鲜去之后，又漂泊在什么地方，过那不幸的生活；还是已经辞了这人世，到静肃的'死'的国土去了呢。在我固然不能知道，便是德二郎也似乎不曾知道了。"

（选自周作人，鲁迅：《现代日本小说集》，北京：新星出版社，2006年）

译文 2　　　　　　　少年的悲哀

　　　　　　　　李德纯　译

　　如果说少年的欢乐是诗，那么，少年的悲哀也是诗；如果说蕴藏在大自然心中的欢乐是应该歌唱的，那么，向大自然之心窃窃私语的悲哀，也是应该歌唱的了。

　　总之，我想把我少年时代一件悲哀的事讲给你听。——一个男人这样说。

　　因为父母住到东京去了，我从八岁到十五岁，寄养在叔父家中。

　　叔父是当地的名门望族，拥有大片山林土地，就在平时，家里也雇着七八个男女佣人。

　　对于父母让我在农村度过少年时代这番好意，我是不能不表示感谢的。如果我在八岁那年也同他们一起去东京，那么，今天的情况就会迥然不同，至少，我可能比现在更聪明一些，但那颗心却难以享受华兹华斯诗篇那种高远清新的诗意。

　　我驰骋在山林田野之间，度过了七个幸福的岁月。

　　叔父家座落在小山山麓下，近郊树林茂密，还有河川泉池，濑户内海近在咫尺。无论在山林田野，还是在河海溪流，我没有一点不自由的地方。

　　记得是十二岁的那一年，一天，一个名叫德二郎的仆人，说是要在夜里带我去一个有趣的地方，问我是否去。

　　我问他："那是什么地方？"

　　德二郎笑眯眯地回答说："这，您就甭问了；管它什么地方，德带您去的地方还会没有意思吗？"

　　这德二郎当时大约二十五岁，是个身强力壮的棒小伙子。他本来是个孤儿，从十一二岁就到叔父家里做佣人。他皮肤微黑，五官端正，眉清目秀。一喝起酒来就要唱歌，不喝酒时也是边唱歌边干活，精力非常充沛。平时令人觉得他总是高高兴兴的，而且性情也非常温和。从叔父开始，当地人对他有口皆碑，说在孤儿当中是绝无仅有的。

"对叔叔、婶子可得保密啊。"德二郎边唱边向后山走去。

时值盛夏，是一个月光皎洁的夜晚。我跟在德二郎身后，穿过庄稼地，跑过稻穗飘香的田间小道，来到了河堤。河堤高出庄稼地半截，从那儿爬上去，一望无际的原野尽收眼底。天不过刚黑，已经皓月当空，满山遍野洒满了凛冽的月光。田野尽头，烟雾缭绕，如在梦中；树林披上一层薄雾，好似漂浮起来一般；撒在低矮的河柳叶尖上的露水，晶莹仿佛真珠。小河下游不远的地方便是江湾，那儿已经涨满潮水。把船板连在一起搭起的桥，由于水位上升，顷刻之间好像变矮了。河柳半浸在水中。

堤上微风徐徐，但河面却一丝涟漪也没有腾起。万里晴空交映水中，波平如镜。德二郎走下河堤，解开了系在桥下的小船的缆绳，敏捷地跳了上去，静谧的水面顿时漾起漪澜。

"少爷，快点，快点！"德二郎一面催我，一面摇起橹来。

我刚刚跳上去，小船就向海湾驶去。

越靠近海湾，河面就越宽阔，月儿的清光泻入海面，两岸的堤坝渐渐消失在远方。回头一看，上游已经隐没在一片迷雾中，小船也不知几时竟驶进了江湾。

穿过这浩渺如同湖泊似的江湾，只有我们这一叶孤舟。德二郎不似往常那样放声高歌，而是轻吟低唱。他一边唱歌一边摇橹。江湾退潮后宛如一片沼泽，由于满月和月光，变成了另一副样子，好像已经不是我平时熟悉的那个洋溢着土腥味的江湾了。南边峰峦幽暗，倒映水中；北边和东边的陆地，月色苍茫；水陆难辨，小船朝西驶去。

西边的江湾入口，又窄又深，两岸山地逼近，地势又高，把这儿作为锚地的船只寥寥无几，大都是些形状庞大的洋式帆船，装运当地出产的食盐，此外，还有不少从事对朝鲜贸易的本地人拥有的船只，以及往来于内海的日本式木船。两岸人家或在高处，或在低处，依山傍水，有数百户之多。

从江湾深处望去，高悬的舷灯恍如星斗，灯火低照，宛如金蛇。这片景象衬托在寂寥的山川景色中，好似一幅绘画。

随着船向前方划行，港内的景物也逐渐清晰了。我虽然不能详细

描绘这海港风光,但我将努力把那晚亲眼所见而至今仍记忆犹新的情景讲一讲。那是一个月光如洗的夏夜,船上的人都踱向甲板,岸上居民也来到屋外,临海的窗户都敞开了。灯光虽然迎风摇曳,但水面却如油般光静。人们当中,有吹笛子的,有唱歌的,临海的妓院发出了夹杂着三弦的喧笑……真是一片欢腾、繁华景象。但我却不能忘记在这歌舞升平背后的那凄迷的月色、山影和水光。

我们的小船穿过洋式大型帆船的黑影,德二郎把它划向微暗的石阶。

"上岸吧。"德二郎催促我。他自从在堤下说了那么一句"请上船吧"以后,就一直闷声不响。因此,我对德二郎为什么陪我来这儿,是迷惑不解的,但我还是乖乖地下了船。

德二郎系好缆绳,立即迈上了石阶,然后三脚两步走在前头,拾级而上,我默默无言地尾随在他后面。石阶宽不到半间[①],两边是高高的墙壁。石阶尽头,像是一户人家的院子。四面全是木板墙,墙角放着盛满水的水桶。一棵出墙的树木,把它茂密的枝梢露在一面木墙的顶端;好像是棵柚子树。地上洒满了清柔的月光,四周寥无人迹。德二郎站在那里竖耳静听了一忽儿,然后,大摇大摆地走向右边的木墙推了一下,原来是扇黑色便门,一声不响地掀开了。朝里一看,紧挨着就是楼梯。随着门声,传过来下楼梯的飘忽脚步声。

"是德先生吗?"一个年轻女人向我们瞟了一眼。

"等着我们哪!"德二郎同那女人打招呼。然后特意朝我瞥了一眼,补充说:"我把少爷带来啦。"

"少爷,请进!你也快点进来。不要在这儿耽搁时间了。"那女人催促德二郎,德二郎立即上了楼梯。

"少爷,这儿可黑着呐。"德二郎只说了这么一句,就同那女人上了楼。我无可奈何,只好也跟着他们上了又黑又窄又陡的楼梯。

没想到这儿原来是一家妓院。那女人把我们引进一间临海的屋子。在那儿凭栏远眺,海港下游,田野边缘,甚至西面的海边都可饱

[①] 日本长度单位,一间合 1.1818 米。译者注

览无遗，更不用说港口内部了。但是，这屋子只有六铺席大小，而且席子已经陈旧，一眼就可以看出，并不是富丽堂皇的房间。

"少爷，请这边坐。"说着，女人把座垫放在栏杆旁，让我吃夏橘和其他水果以及点心等等。里间那儿摆着准备好的酒和酒菜，女人把这些东西搬了过来，然后和德二郎面对面地坐了下来。

德二郎摆副平时不曾见过的严肃面孔，把女人替他斟的酒一饮而尽，然后双目逼视那女人问道："究竟定在哪一天啦？"

那女人大约十九或二十，苍白无力的神态，甚至使我怀疑她有病。

"明天，后天，大后天……"那女人扳着手指回答说，"定在大后天了；可是，我现在又有点犹豫了。"说着就耷拉着脑袋，好像偷偷用袖子抹泪。

这时，德二郎正在自斟自酌，咕哪咕哪地喝酒。他说："现在说什么都没有用了。"

"话虽这么说——想起来，也许还不如死了清静。"

"哈，哈，哈……少爷，这位大姐说她要死哪，您说该怎么办？——喂，喂，我把同你说好了的那位少爷领来啦，你好好看看吧！"

"我已经端详半天了。真是一模一样，我算是服啦。"女人说完，面带笑容，目不转睛地看我。

"说我像谁？"我惊愕地问道。

"像我弟弟呗！说少爷像我弟弟，实在不敢当，可是，您瞧这个！"那女人从衣带掏出一张照片递给我看。

"少爷，这位大姐曾经给德看过这张照片，我一看就说和我家少爷像极了。听我这么一说，她非求我把您带来不可，于是，今晚就把少爷带来了。因此，得让她好好请请咱们才行。"德二郎边说边呷酒不止。

"您想吃什么好吃的我都可以请客，少爷，您想吃什么？"那女人向我凑了凑，亲昵地说，然后莞尔一笑。

"什么都不想吃！"说着，我就把脸转了过去。

"那么，坐船好吧，咱们一块儿坐船去，好，就这么着。"说着，她站起来先走了。我顺从地跟在她后面下了楼梯。德二郎在一旁笑眯

眯地看着我们。

来到先前那个石阶，年轻女人让我先上船，然后解开缆绳，跃身一跳，轻巧灵敏地摇起橹来。我虽是个孩子，对她的动作也不胜惊讶。

驶离河岸，抬头一看，德二郎在那里倚栏俯瞰。室内的灯光和室外的月光，把他的轮廓映照得分外清晰。

德二郎在上面提高嗓音喊道："粗心大意可危险啊！"

"不要紧！"女人在下面答道，"马上就回来，你可得等着啊！"

我们那艘小船穿过六七艘大小不等的船只的间隙，霎时驶进宽敞的海面。月儿愈加清朗，令人觉得似秋夜一般。女人不再划船了，坐到我身旁。她仰望着明月，又向四下打量了一下，问我："少爷，您今年多大了？"

"十二。"

"我弟弟那张照片也是在十二那年照的，现在应当十六了……是的，是十六。从他十二那年分开后，就始终没有再见过面。我总觉得他就像您现在这个样子。"说着，她就直盯盯地看着我，眼里噙满了泪水。月光下，她的面孔格外苍白。

"死啦？"

"死了，倒也让我死了这条心。离开后，没有一点音信，也不知他怎么样，下落不明啊。爹妈很早就死去，只剩下我们姐弟二人，相依为命，如今七零八散，也不知是死是活。而且，很快我就要让人家带到朝鲜去，这辈子兴许再也见不到啦。"眼泪顺着她的腮边流下来，她也不去擦一下，只顾专注地看着我啜泣。

我望着远方的陆地，默不作声地听着。万家灯火辉映水面，摇曳不定。大舢板上的男子，缓慢地摇着双橹，发出咯吱咯吱的响声，用清脆的歌喉唱着船夫曲。这时，在我幼小的心灵上也涌起了一股不可名状的悲哀。

蓦地，一艘小船飞驰而来，是德二郎。

"我把酒带来啦！"德在远离二三间的地方锐声喊道。

"太好啦。我正向少爷说弟弟的事，哭起来了。"女人正在说话的当儿，德二郎那只小船已经划过来了。

"哈，哈，哈，我估计就是这么回事，所以，把酒带来了。喝吧，喝吧，我来唱歌！"看样子，德二郎已经醉了。女人接过德二郎递给她的大酒杯。把酒斟得满登登的，一口气就干了。

　　"再来一杯！"这回，女人又把德二郎替她斟满的酒一饮而尽，然后，对着月亮喟然长叹，酒气熏人。

　　"这才够意思哩！我这就唱歌给你们听啦"。

　　"不，德先生，我想尽情地哭一场。这里既没有人看见，也没有人听见，就让我哭吧，让我痛痛快快地哭个够！"

　　"哈，哈，哈，那么，你就哭吧，我和少爷听着。"德二郎笑着看着我。

　　女人就大哭特哭起来。她双肩颤抖，呜咽抽泣，痛苦万状。德二郎顿时一本正经起来，两眼看着这副情景，霍地别转身子，不声不响地向山那边望去。

　　"德，咱们回去吧。"过了一会儿，我对德二郎说道。那女人迅急抬起头来，说：

　　"对不起，少爷竟看我哭，太没意思了……我因为看到少爷，竟以为看到了弟弟。祝少爷身体健康，快些长大成人，做一位了不起的人物。"女人颤巍巍地说，"德先生，回去太晚，是对不起府上的，陪着少爷早些回去吧。我刚才已经哭过了，打昨天起就憋在心里的那股烦闷，已经烟消云散了，心情好像舒畅啦。"

　　那女人划船送我们三四町①远，就被德二郎呵斥住，把船停了下来，两只小船逐渐分开。在行将分手时，她久久地一再叮咛我："不要忘记我！"

　　十七年后的今天，那天夜晚的情景历历如昨，永远不能忘怀。时至今日，她那张可怜的面庞还在眼前。而那天夜晚犹如淡淡薄雾笼罩在我心头的一抹哀愁，与日俱增，如今，即使回想起当年的心情，依然泛起难以忍受的、深沉的、寂静的、郁闷不乐的悲哀。

　　其后，德二郎经我叔父帮助，成了一名很好的农民，现在已经是

---

　　① 日本长度单位，1町为109米。译者注

两个孩子的父亲了。

那风尘中的女人，以后是流落到朝鲜，甚至漂泊在天涯海角，过着渺无着落的生活，还是已经离开人间，去到静谧的死的世界，我当然无从知晓，德二郎似乎也不清楚。

（选自邓九平编：《外国短篇小说》，北京：同心出版社，2001年）

五、译者简介

周作人（1885—1967），生于浙江绍兴。字星杓，鲁迅（周树人）之弟，周建人之兄。1906年至日本，居住6年。归国后积极参加"五四"新文化运动，不仅发表了许多评论性文章，还翻译了大量的外国文学作品。《新青年》时期，周作人所翻译的日本诗（包括旧体诗和与谢野晶子、千家元吕、石川啄木等人的新体诗）给文学革命带来了深刻影响。1949年后，潜心于古希腊文学和日本古典文学的翻译，并撰写了一系列回忆鲁迅的文章。

李德纯（1926— ），辽宁大石桥人。1944年东渡，考入东京第一高等学校。回国后从事外交工作。因酷爱文学，最终告别外交岗位，从事梦寐以求的日本文学研究工作。专著有《战后日本文学管窥》《战后日本文学》《战后日本文学史论》等，并翻译了川端康成、井上靖、三岛由纪夫等作家的作品，如《伊豆舞女》《斗牛》《潮骚》等。

六、译文赏析

本文运用第一人称写法，以"我"的眼光来叙述少年时与青楼少女相遇的一段经历。通篇景色描写清新明快，而少女的命运孤独凄惨。仲夏月夜下田园般的景色烘托出青楼少女的断肠心曲，情景交融，悲喜相映。这篇文章的译本中，属周译和李译的影响最大。本文从词汇和句子两个视角，探讨各自的翻译特色与短长。

1. 重点词的翻译

"屈強"

原文说德二郎"屈強な若者で、叔父の家には十一二の年から使われている孤児である"。关于"屈強",译文1、译文2分别译为"倔强"和"身强力壮"。辞典中"屈強"有两个释义:"強情で人に屈しないこと"(固执,不屈服于人)、"きわめて力の強いこと"(身强力壮)(《广辞苑》)。表面上看,两个译文都符合辞典的释义。然而,"倔强"和"叔父の家には十一二の年から使われている孤児である"之间不能构成因果逻辑关系。德二郎是叔父家的佣人,且从下文可知叔父和当地人对德二郎的印象都很不错,所以这里应理解为"身强力壮",这也更适合此处的语境。总之,词语的翻译,不能简单地依赖辞典,上下文语境对词义的选取也有重要作用。

"が早いか"

原文"僕の飛び乗るが早いか、小舟は入り江のほうへと下りはじめた"这句话,两个译文分别为"我急忙也跳下船去,不一刻这小船已向着湾港的方面溜下去了"和"我刚刚跳上去,小船就向海湾驶去"。"……が早いか"是个句型,前接动词连体形,表示"刚一……就……",不是译文1"急忙"之意。

"用水おけ"

原文"用水おけ"是指"火災などにそなえるため、用水を貯えておく桶"(贮存消防用水的大桶)。两个译文分别为"太平水桶"和"盛满水的水桶"。由此看来,对于不了解日本文化的读者而言,译文2的"盛满水的水桶"恐怕没有传达出原文里隐含的文化意义,会让人以为是放在墙角的一个普通的水桶。回头来看译文1,虽然日常生活中没有"太平水桶"这个词,但是,"太平门"的说法很常见,"太平水缸"或"太平缸"的讲法也能查到。由此看来,"太平水桶"虽有生造之嫌,但是读者比较容易猜到它的意思。相比之下,离"用水おけ"的原意要近一些。

"涙ぐむ"

"涙ぐむ"指"目に涙をためる"(眼中噙有泪水《大辞泉》)。原文"たちまち涙ぐんだ",译文1为"忽而流下泪来",相比之下,译文2"眼里噙满泪水"比较贴近原意。

2. 长句的翻译

> A. 少年の歓喜が詩であるならば、少年の悲哀も亦た詩である。自然の心に宿る歓喜にして若し歌うべくんば、自然の心にささやく悲哀も亦た歌うべであらう。

这是文章的第一段,共两句,排比式的句式结构犹如一气呵成,给整篇小说抹上了一缕淡淡的愁绪。这两句的结构不是很复杂,都是假设句式"……ば、……である/であろう。"。而且叙述中心也都是"歓喜"与"悲哀"。第一句"歓喜"与"悲哀"的定语都是"少年";第二句"歓喜"的定语是"自然の心に宿る","悲哀"的定语是"自然の心にささやく",这几个定语结构都不复杂,下面我们来讨论这两个译文。

> 译文 1:少年的欢喜倘是诗,少年的悲哀也是诗。宿在自然的心里的欢喜若是可歌的,那在自然的心里低语的悲哀也是可歌的了。
>
> 译文 2:如果说少年的欢乐是诗,那么,少年的悲哀也是诗;如果说蕴藏在大自然心中的欢乐是应该歌唱的,那么,向大自然之心窃窃私语的悲哀,也是应该歌唱的了。

首先,译文1按照原文将这段话译成两句,与此相对,译文2则将两句合译为一句。可以说译文1中规中矩,译文2的合译似乎感情色彩更浓,一气呵成的感觉也更强。其次,"自然の心にささやく悲哀も"的翻译则差别较大。问题出在对"に"的理解与把握上。在这里,它不表示动作的地点,而是表示"ささやく"的对象,即"自然の心"

是"ささやく"这个动作的对象。不过，换个角度思考问题，这里的"ささやく"不是他人向少年私语，而是少年自己说给自己听。因此，在这个语境下，即便把"に"翻译成地点状语，也很难说是误译。甚至可以看做是一种翻译上的变通。再次，原文句末的"歌うべき"是"歌う"加"べき"。べき"表示"应当，应该，必须"。由此看来，译文 1"可歌的"与"べき"的本意略有出入，容易被理解成价值判断——"可以歌唱的"。相对于译文 1，译文 2 更加切近原文一些。不过，两个译文又都犯了一个错误，即误译了"自然"一词。在这里，它指涉少年，分别对前面的两句话进行说明。《日汉翻译教程》（上海外语教育出版社，2008 年）提供的参考译文为"如果说少年的欢乐是诗，那么，少年的悲哀也是诗；如果说隐藏在幼小心灵中的欢乐是应该歌唱的，那么，在幼小心灵里低语的悲哀也是应该歌唱的了"。《广辞苑》中"自然"的第一个义项就是"おのずからそうなっているさま。天然のままで人為の加わらないさま。あるがままのさま"（本性。没有掺杂人为的成分。天然的状态）。

  B. 處が十二の時と記憶する、德二郎といふ下男が或日、僕に今夜面白い處に伴れてゆくが行かぬかと誘さうた。

  此句大结构为"……下男が……、僕に……と誘さうた。"，其中"今夜おもしろい所につれてゆくが行かぬか"是"と誘さうた"的内容，即德二郎的话，是间接引语。原文"僕"在译文 1 中变成"你"，使这句话成为直接引语，译文 2 则仍是间接引语。

  另外要注意的是，译文 1 中"今夜带你往有趣的地方去玩"肯定是德二郎的话语，但是"去不去呢？"就未必是德二郎的话了。因为也可以把这句话看作是"我"受到德二郎邀请后的犹豫。译文 2 则很明确，"说是要在夜里带我去一个有趣的地方，问我是否去"这部分都是德二郎说的话。

  C. 潮の退た時は沼とも思はるる入江が高潮と月の光とでまる

で様子が變わり、僕には平時見慣れた泥臭い入江のやうな氣がしなかった。

译文 1：退潮的时候差不多像沼泽一样的湾港，现在因为高潮与月光，完全变了模样，在我看去也觉得不是平常见惯的那泥臭的湾港了。

译文 2：江湾退潮后宛如一片沼泽，由于满月和月光，变成了另一副样子，好像已经不是我平时熟悉的那个洋溢着土腥味的江湾了。

这句"入江"为主语，"潮の退た時は沼とも思はるる"做定语修饰"入江"，关于这部分，译文 1 按原文语序直译，译文 2 则改变语序，将定中结构译成主谓结构。但是，这个变通改变了原文的语意。原文是描写那夜江湾涨潮后的景象，而译文 2 则是在叙述那夜江湾退潮后的样子，二者相差十万八千里。

D. 入江の奧より望めば舷燈高くかかりて星かとばかり、燈影低く映りて金蛇の如く。寂漠たる山色月影の裡に浮かんで、恰も畫のやうに見えるのである。

译文 1：从湾港的内部望出去，舷灯高高的点着，几乎疑是星光；灯影低低的映着，又像是金蛇。寂寞的山色，浮在月影里，看去真同绘画一般。

译文 2：从江湾深处望去，高悬的舷灯恍如星斗，灯火低照，宛如金蛇。这片景象衬托在寂寥的山川景色中，好似一幅绘画。

第一句"燈影低く映りて"中的"映る"指"物の影や光などがそのままそっくり他の物の上に現れる"（物体的光和影等呈现在其他物体上，《广辞苑》），并非译文 2 的"低照"。

关于第二句的翻译，两个译文差别很大，导致这种差别的原因之一便是两个译文主语不一。译文 1 的主语是"山色"，译文 2 的主语是

"这片景象"。然而,"山色月影"是一个词组,不宜断开,把前者看作主语。"寂漠たる"所修饰的也是"山色月影"正题,而不仅并非是"山色"二字。因此译文1"寂寞的山色、浮在月影里"属误译。实际上,这两句话合在一起,才构成一幅画。只是第二话的主语承前省略了而已。

  E. そして月を仰ぎ、又四辺を見廻はしながら、
    「坊様、あなたはお何幾?」と訊ねた。
  译文1:女人停了橹,坐在我的旁边,又仰视月光和四周的景色,
     对我说道,"哥儿,你几岁?"
  译文2:她仰望着明月,又向四下打量了一下,问我:"少爷,您
     今年多大了?"

  "月を仰ぎ"和"四辺を見廻はし"是一前一后两个动作。译文1"又仰视月光和四周的景色"将两个小句合译成一句,但是,这个变通使两个动作合二为一,同时将原文环顾四周变成了仰视四周景色,与原文拉开了距离。译文2"她仰望着明月,又向四下打量了一下"则符合原意。另一方面,虽然译文2没有合译"そして月を仰ぎ、またあたりを見回しながら"这句,却将原文的两段合并成一段。但是,这个"合并"没有问题,而且引号中的问话也翻译得比译文1周全、得体、符合人物身份。

  F. 櫓の音をゆるやかに軋らせながら大船の伝馬を漕で行く男
   は、澄んだ聲で船歌を流す。
  译文 1:缓缓的响着橹声,太传马船开驶过去,船上的男子用了
     清亮的声音唱着船歌。
  译文 2:大舢板上的男子,缓慢地摇着双橹,发出咯吱咯吱的响
     声,用清脆的歌喉唱着船夫曲。

  原文大结构为"……男は、澄んだ聲で船歌を流す",其中"櫓の音をゆるやかに軋らせながら大船の伝馬をこいで行く"做定语修

饰"男"。表面上译文1是按照原文语序翻译的，但是，文中的两个逗号却容易导致译文产生歧义，让人误以为摇橹和唱歌的是两个不同的人。译文2的处理则准确许多，摇橹的男子和唱船夫曲的是同一个"男"。

另外，此处"伝馬"是"伝馬船"的略称，指"荷物などを運送するはしけぶね。無甲板木製の小船で、幅広く、船尾は扁平。普通、艪または櫂で漕ぐ"（运送货物等的小型日本式舢板，《广辞苑》）。译文1"太传马船"有生搬硬造之嫌。汉语里有"马船"一词，是指"明初的大型快速水战与运输兼用船"。译文2的"大舢板"要好一些，不过，外形上和"伝馬"有所不同。

3. 两个译本的特色

通过上述分析，我们可以归纳出两个译文各自的特色。

译文1几乎通篇都用双引号，从第二段"一个男子这样的说"开始，全文都在双引号内，人物对话部分为单引号。由此不难看出译者这样处理的意图。译者欲将双引号部分全部处理为这个"男子"所说的话。结果，译文1整篇都是第一人称"我"在回忆叙述少年时经历过的一件事，整篇文章里作者没有"出镜"。叙事者是"我"，叙事者的声音也是"我"。译者这种处理，很容易使读者彻底进入第一人称"我"的话语中，进入叙事者的世界里，并跟随叙事者"我"的眼光共同沉浸在故事情节的展开中。与此相对，译文2整篇文章虽然是由第一人称"我"来叙述，但是在人物对话外的描写部分，读者可以隐约感觉到作者的存在，哪怕作者已尽力用人物的眼光——"我"来取代自己的眼光来叙述。如"僕は今此港の光景を詳しく説くことは出来ないが、……寂寥たる月色山影水光を忘るることが出来ないのである"这一长句，原文"其夜僕の目に映って今日尚ほありありと思ひ浮かべることの出来る丈を言ふと"后面的部分全是"言う"的内容，译文1"可以说个大略"后加冒号，表示后文皆是要说的内容，译文2在"……讲一讲"后立即断句，导致原文"言うと"与后面部分之间的关系没有译文1那样紧密。

从中读者不仅可以听到叙述者"我"的声音,同时在港湾夜景的描写部分还可以感受到作家的存在。

两个译文还有一个显著的差异,即与译文2相比,译文1语句不够流畅,甚至个别语句不像合格的中文表达方式。导致这种差异的原因之一就在于两个译文的直译的程度。两个译文大部分地方都是直译,但是译文1在词与句上都采用了能直译即直译的翻译策略,译文2则主要体现在句式的翻译上,有时还表现出必要的灵活性。如"三絃の音につれて笑ひどよめく聲は水に臨める青楼より起るなど"这句,译文1"又有夹着三弦的音的喧笑的声音从临水的妓楼起来"完全是直译,虽然意思尚通达,但是读起来拗口,译文2"临海的妓院发出了夹杂着三弦的喧笑"则顺畅、自然一些。又如,"德二郎は平時の朗らかな聲に引きかへ、此夜は小聲で唄ひながら静かに櫓を漕いで居る"中"小聲で唄ひながら"这部分,译文1为"只用了小声唱着歌",虽然意思明了,但是汉语里这种表达不常见;相比之下,译文2的"轻吟低唱"更甚一筹。

最后,由于两个译文在遣词造句等细节上的差异,使得小说中的三个人物形象各具特色。譬如,"女は德二郎の渡した大コップに、満満と酒をついで呼吸もつかずに飲んだ"这句,相较于译文1的"一口气喝下去",译文2"一口气就干了"更体现出"少女"喝酒时的豪爽,而这豪爽又反衬出"少女"内心的苦闷。

又如,"德二郎は平常にない懊しい顔をして居たが、女のさす盃を受けて一呼吸に呑み干し、「愈々何日と決定った?」と女の顔を熟と見ながら訊ねた"中划线部分,两个译文分别为"现出平常没有的懊恼的样子""注视着伊问道"和"摆副平时不曾见过的严肃面孔""双目逼视那女人问道"。相比之下,译文1里的德二郎因"少女"即将赴朝鲜一事而苦恼不已,译文2中则无此语感。再看"女は僕等の舟を送って三四町も来たが、德二郎に叱られて漕手を止めた、……"这句,译文1"伊跟了我们的船,送了三四町,后来被德二郎阻止,方才将橹停住";译文2"那女人划船送我们三四町远,就被德二郎呵斥住,……",比起"阻止",译文2将划线部分译成

"呵斥",虽不能视为误译,却表现了德二郎对"少女"的冷漠与严厉。而在译文 1 里,德二郎关心着"少女"的命运,形象有微妙的不同。

(韦艳)

七、翻译理论学习

中国翻译史简介

从现有史料的记载看,翻译活动始于夏商两代。到了周代,因为异族杂居,翻译活动逐渐频繁起来。由于语言文字的发展,使得一些翻译活动得以记载、《礼记·王制》上说:"五方之民,言语不通,嗜欲不同。达其志,通其欲,东方曰'寄',南方曰'象',西方曰'狄鞮',北方曰'译'。"译即易,谓换易言语,使之相解。故而世人也称译员为"象寄之才"。从汉代起,因为政治,军事上与北方的交涉频繁,所以"译"便成了总称。"翻"字也起用于东汉。"翻译"二字,在南北朝时期的佛经译著中已开始使用。

一般认为,中国历史上出现过三次翻译高潮:东汉至唐宋的佛经翻译、明末清初的科技翻译和鸦片战争至"五四运动"期间的西方思想和文学翻译。一般考察翻译的历史均从汉代开始,因为从那时起就有了对我国翻译事业具有深远影响的佛经翻译。

后汉又称东汉,明帝永平年间,亦即公元 1 世纪,天竺僧迦叶摩腾和竺法兰,同译《四十二章经》,我国翻译佛经(Buddhist Scriptures),自此经始。这部译本,文笔浅显运用玄奥佛法中卑近譬喻,以介绍前所未有的一种新宗教的人生观和宇宙观,发挥功效甚大。

接下来是后汉桓帝时代。据《隋书·经籍志》所说:"汉桓帝时,有安息国沙门安静,赍经至洛,翻译最为通解。""翻译"一词,在此出现。可能是我国历史上最早的记载。

东汉末年,天竺高僧鸠摩罗什(Kumarajiva),由后秦姚兴迎至国内,优厚招待,尊为国师,召集有学问的和尚五百多人,在长安逍遥

园翻译佛经，先后译成《金刚经》《法华经》《维摩经》《中观论》等三百余种。罗什的译经倾向于意译，既忠实地表达了原文的神情，读来又妙趣盎然。有人称他的译著有"天然西域之语趣"。梁启超认为罗什所译佛经"不特为我思想界辟一新天地，即文学界之影响亦至巨焉"。

到了唐代，佛经翻译事业达到顶峰，出现了以玄奘为代表的大批著名译者。他于唐太宗贞观二年（公元 628 年）远度印度学佛求经，成为印度众所仰慕的高僧，"名震五天"，历十七年载誉回国，并带回梵文经典六百多部，耗费十九年的光阴。译出佛经七十三部共一千三百三十多卷。就内容而言约为基督教圣经的二十五倍；就译笔而言，谨严畅雅，后人如斯赞道："意思独断，出语成章，词人随写，即可搜酟。"

到了宋代，虽也有人西去求经，印度也有名僧东来传法，宋太宗也曾兴建译经院，从事佛经翻译，但其规模与水平已远不如唐朝的玄奘时期。元、明、清三代从事佛经翻译的人数渐少，几百年间只译了几十部经卷。

佛经翻译高潮过去以后，除少数民族地区以外，没有较大规模的文字翻译活动。直至明末清初，即 17 世纪初至 18 世纪中叶的万历到乾隆年间，出现了第二次翻译高潮，这就是明末清初的科技翻译高潮。这次翻译高潮是随着欧洲的一批耶酥会士相继来华兴起的。这些传教士的使命是向东方进行宗教扩张。他们采用"学术传教"的方针，通过大量翻译活动，来宣传天主教，扩大其影响。他们的翻译活动，主要以传教为宗旨，同时也介绍了西方学术，客观上促进了科学文化的交流。这次翻译高潮从延续时间及译著数量上都比不上佛经翻译。但其最重要的成就是翻译了一些天文、数学、机械等自然科学著作，使中国人首次学到了西方的科学技术知识，开阔了眼界。这一阶段科技翻译的代表人物前期有中国科学家徐光启和意大利人利玛窦。他们二人合作翻译了著名的《几何原本》前六卷。徐光启是最早将翻译的范围从宗教以及文学扩大到自然科学的翻译家。他还是一位杰出的爱国科学家和科学文化运动领导者。1857 年李善兰与英国人伟烈亚力对《几何原本》后九卷的翻译使几乎中断近二百年的科技翻译又延续下

来。这一阶段最有名的翻译家当属李善兰、徐寿、华蘅芳及外国人傅兰雅、伟烈亚力等。这些人所译的西方科学方面的书籍，大多数不是第一流著作，不足以代表西方科学的发展水平，翻译时又多为外国人口译、中国人笔述，国人选择译品的余地也不大。而口译和笔述者对翻译理论与技巧又知之不多。所以译作大都有"文义难精"之弊。但是他们翻译的大量西方科技书籍在普及西方科技知识方面的作用是不能抹煞的。

第三次翻译高潮当属鸦片战争至五四运动期间的西方思想和文学翻译。在中国近代翻译史上，最引人瞩目的翻译家是严复和林纾。康有为曾有诗曰"译才并世数严、林"。严复以其提出的"信达雅"而受到后人推崇；林纾虽不懂外文，但却以其生动的文笔向国人介绍了大量西方文学作品，一时成为译坛盛事。

严复（1854—1921）原名宗光，字又陵，后改名复，字几道，汉族，福建侯官人，曾担任过京师大学堂译局总办、上海复旦公学校长、安庆高等师范学堂校长、清朝学部名辞馆总编辑。他是清末很有影响的资产阶级启蒙思想家、翻译家和教育家，是中国近代史上向西方国家寻找真理的"先进的中国人"之一。他在《天演论》中的"译例言"讲到："译事三难：信、达、雅。求其信已大难矣，顾信矣不达，虽译犹不译也，则达尚焉。""信"指意义不背原文，即是译文要准确，不歪曲，不遗漏，也不要随意增减意思；"达"指不拘泥于原文形式，译文通顺明白；"雅"则指译文时选用的词语要得体，追求文章本身的古雅，简明优雅。

林纾（1852—1924），原名群玉，字琴南，号畏庐，又号冷红生。福建闽县人。他幼年刻苦读书，以"读书则生，不则入棺"八字自勉。他工诗善画，古文诗词造诣尤深。林纾走上文学翻译道路属于偶然。据说他中年丧偶，终日抑郁寡欢，法国归来的友人王寿昌劝之与其合译《茶花女》，以消愁解闷。结果此书一出，"而众哗悦，林亦欣欣"。从此，一发不可收拾，成为我国近代翻译西方小说第一人。因不懂外文曾借助他人口译，用古文翻译欧美等国小说 180 余种，其中以小仲马《巴黎茶花女遗事》、司各特《撒克逊劫后英雄略》等最为有名，译

笔流畅，对文学界有较大影响。专译欧美小说，收入《说部丛书》出版，先后译介了司各特、狄更斯、欧文等作家的名作。清末民初，"林译小说"风靡于世。他能诗、工画，并曾从事小说、戏曲创作。著有《畏庐文集》《畏庐诗存》及传奇、小说、笔记等多种。虽然林纾的西学知识难望严复项背，但在对中国近代社会的影响上二人却各有千秋，严复的影响主要在中国当时的思想界，林译小说则对文学界和社会风尚产生了很大影响。许多文学家，如鲁迅、郭沫若等也都受到林译小说的影响。

（参照张达聪：《翻译之原理与技巧》，台北：东亚书业公司，2003年）

第4课

一、原文

小さき者へ

有島武郎

　お前たちが大きくなって、一人前の人間に育ち上った時、――その時までお前たちのパパは生きているかいないか、それは分らない事だが――父の書き残したものを繰り広げて見る機会があるだろうと思う。その時この小さな書き物もお前たちの眼の前に現われ出るだろう。時はどんどん移って行く。お前たちの父なる私がその時お前たちにどう映るか、それは想像も出来ない事だ。恐らく私が今ここで、過ぎ去ろうとする時代を嗤い憐れんでいるように、お前たちも私の①古臭い心持を嗤い憐れむのかも知れない。私はお前たちの為めにそうあらんことを祈っている。お前たちは遠慮なく私を踏台にして、高い遠い所に私を乗り越えて進まなければ間違っているのだ。然しながらお前たちをどんなに深く愛したものがこの世にいるか、或はいたかという事実は、永久にお前たちに必要なものだと私は思うのだ。お前たちがこの書き物を読んで、私の思想の未熟で頑固なのを嗤う間にも、私たちの愛はお前たちを暖め、慰め、励まし、人生の可能性をお前たちの心に味覚させずにおかないと私は思っている。だからこの書き物を私はお前たちにあてて書く。
　お前たちは去年一人の、たった一人のママを永久に失ってしまった。お前たちは生れると間もなく、生命に一番大事な養分を奪われてしまったのだ。お前達の人生はそこで既に暗い。この間ある雑誌

社が「私の母」という小さな感想をかけといって来た時、私は何んの気もなく、「自分の幸福は母が始めから一人で今も生きている事だ」と書いてのけた。そして私の万年筆がそれを書き終えるか終えないに、私はすぐお前たちの事を思った。私の心は悪事でも働いたように痛かった。しかも事実は事実だ。私はその点で幸福だった。お前たちは不幸だ。恢復の途なく不幸だ。不幸なものたちよ。

②暁方の三時からゆるい陣痛が起り出して不安が家中に拡がったのは今から思うと七年前の事だ。それは吹雪も吹雪、北海道ですら、滅多にはないひどい吹雪の日だった。市街を離れた川沿いの一つ家はけし飛ぶ程揺れ動いて、窓硝子に吹きつけられた粉雪は、さらぬだに③綿雲に閉じられた陽の光を二重に遮って、夜の暗さがいつまでも部屋から退かなかった。電燈の消えた薄暗い中で、白いものに包まれたお前たちの母上は、夢心地に呻き苦しんだ。私は一人の学生と一人の女中とに手伝われながら、火を起したり、湯を沸かしたり、使を走らせたりした。産婆が雪で真白になってころげこんで来た時は、家中のものが思わずほっと気息をついて安堵したが、昼になっても昼過ぎになっても出産の模様が見えないで、産婆や看護婦の顔に、私だけに見える気遣いの色が見え出すと、私は全く慌ててしまっていた。書斎に閉じ籠って結果を待っていられなくなった。私は産室に降りていって、産婦の両手をしっかり握る役目をした。陣痛が起る度毎に産婆は叱るように産婦を励まして、一分も早く産を終らせようとした。然し暫くの苦痛の後に、産婦はすぐ又深い眠りに落ちてしまった。鼾さえかいて安々と何事も忘れたように見えた。産婆も、後から駈けつけてくれた医者も、顔を見合わして吐息をつくばかりだった。医師は昏睡が来る度毎に何か非常の手段を用いようかと案じているらしかった。

昼過ぎになると戸外の吹雪は段々鎮まっていって、濃い雪雲から漏れる薄日の光が、窓にたまった雪に来てそっと戯れるまでになった。然し産室の中の人々にはますます重い不安の雲が蔽い被さった。医師は医師で、産婆は産婆で、私は私で、銘々の不安に捕われてし

まった。その中で何等の危害をも感ぜぬらしく見えるのは、一番恐ろしい運命の淵に臨んでいる産婦と胎児だけだった。二つの生命は昏昏として死の方へ眠って行った。

　丁度三時と思わしい時に——産気がついてから十二時間目に——夕を催す光の中で、最後と思わしい激しい陣痛が起った。肉の眼で恐ろしい夢でも見るように、産婦はかっと瞼を開いて、あてどもなく一所を睨みながら、苦しげというより、恐ろしげに顔をゆがめた。そして私の上体を自分の胸の上にたくし込んで、背中を羽がいに抱きすくめた。若し私が産婦と同じ程度にいきんでいなかったら、産婦の腕は私の胸を押しつぶすだろうと思う程だった。そこにいる人々の心は思わず総立ちになった。医師と産婆は場所を忘れたように大きな声で産婦を励ました。

　ふと産婦の握力がゆるんだのを感じて私は顔を挙げて見た。産婆の膝許には血の気のない嬰児が仰向けに横たえられていた。産婆は毬でもつくようにその胸をはげしく敲きながら、葡萄酒葡萄酒といっていた。看護婦がそれを持って来た。産婆は顔と言葉とでその酒をたた盥の中にあけると命じた。激しい芳芬と同時に盥の湯は血のような色に変った。嬰児はその中に浸された。暫くしてかすかな産声が気息もつけない緊張の沈黙を破って細く響いた。

　大きな天と地との間に一人の母と一人の子とがその刹那に④忽如として現われ出たのだ。

　その時新たな母は私を見て弱々しくほほえんだ。私はそれを見ると何んという事なしに涙が眼がしらに滲み出て来た。それを私はお前たちに何んといっていい現わすべきかを知らない。私の生命全体が涙を私の眼から搾り出したとでもいえばいいのか知らん。その時から生活の諸相が総て眼の前で変ってしまった。

　お前たちの中最初にこの世の光を見たものは、このようにして世の光を見た。二番目も三番目も、生れように難易の差こそあれ、父と母とに与えた不思議な印象に変りはない。

　こうして若い夫婦はつぎつぎにお前たち三人の親となった。

私はその頃心の中に色々な問題をあり余る程持っていた。そして始終齷齪しながら何一つ自分を「満足」に近づけるような仕事をしていなかった。何事も独りで噛みしめてみる私の性質として、表面には十人並みな生活を生活していながら、私の心はややともすると突き上げて来る不安にいらいらさせられた。ある時は結婚を悔いた。ある時はお前たちの誕生を悪んだ。何故自分の生活の旗色をもっと鮮明にしない中に結婚なぞをしたか。妻のある為めに後ろに引きずって行かれねばならぬ重みの幾つかを、何故好んで腰につけたのか。何故二人の肉慾の結果を天からの賜物のように思わねばならぬのか。家庭の建立に費す労力と精力とを自分は他に用うべきではなかったのか。
　私は自分の心の乱れからお前たちの母上を屡々泣かせたり淋しがらせたりした。またお前たちを没義道に取りあつかった。お前達が少し執念く泣いたりいがんだりする声を聞くと、私は何か残虐な事をしないではいられなかった。原稿紙にでも向っていた時に、お前たちの母上が、小さな家事上の相談を持って来たり、お前たちが泣き騒いだりしたりすると、私は思わず机をたたいて立上ったりした。そして後ではたまらない淋しさに襲われるのを知りぬいていながら、激しい言葉を遣ったり、厳しい折檻をお前たちに加えたりした。
　然し運命が私の我儘と無理解とを罰する時が来た。どうしてもお前達を子守に任せておけないで、毎晩お前たち三人を自分の枕許や、左右に臥らして、夜通し一人を寝かしつけたり、一人に牛乳を温めてあてがったり、一人に小用をさせたりして、碌々熟睡する暇もなく愛の限りを尽したお前たちの母上が、四十一度という恐ろしい熱を出してどっと床についた時の驚きもさる事ではあるが、診察に来てくれた二人の医師が口を揃えて、結核の徴候があるといった時には、私は唯訳もなく青くなってしまった。検痰の結果は医師たちの鑑定を裏書きしてしまった。そして四つと三つと二つになるお前たちを残して、十月末の淋しい秋の日に、母上は入院せねばならぬ

体となってしまった。
　私は日中の仕事を終ると飛んで家に帰った。そしてお前達の一人か二人を連れて病院に急いだ。私がその町に住まい始めた頃働いていた克明な門徒の婆さんが病室の世話をしていた。その婆さんはお前たちの姿を見ると隠し隠し涙を拭いた。お前たちは母上を寝台の上に見つけると飛んでいってかじり付こうとした。結核症であるのをまだあかされていないお前たちの母上は、宝を抱きかかえるようにお前たちをその胸に集めようとした。私はいい加減にあしらってお前たちを寝台に近づけないようにしなければならなかった。忠義をしようとしながら、周囲の人から極端な誤解を受けて、それを弁解してならない事情に置かれた人の味いそうな心持を幾度も味った。それでも私はもう怒る勇気はなかった。引きはなすようにしてお前たちを母上から遠ざけて帰路につく時には、大抵街燈の光が淡く道路を照していた。玄関を這入ると雇人だけが留守していた。彼等は二三人もいる癖に、残しておいた赤坊のおしめを代えようともしなかった。気持ち悪げに泣き叫ぶ赤坊の股の下はよくぐしょ濡れになっていた。
　お前たちは不思議に他人になつかない子供たちだった。ようようお前たちを寝かしつけてから私はそっと書斎に這入って調べ物をした。体は疲れて頭は興奮していた。仕事をすまして寝付こうとする十一時前後になると、神経の過敏になったお前たちは、夢などを見ておびえながら眼をさますのだった。暁方になるとお前たちの一人は乳を求めて泣き出した。それにおこされると私の眼はもう朝まで閉じなかった。朝飯を食うと私は赤い眼をしながら、堅い心のようなものの出来た頭を抱えて仕事をする所に出懸けた。
　北国には冬が見る見る逼って来た。ある時病院を訪れると、お前たちの母上は寝台の上に起きかえって窓の外を眺めていたが、私の顔を見ると、早く退院がしたいといい出した。窓の外の楓があんなになったのを見ると心細いというのだ。なるほど入院したてには燃えるように枝を飾っていたその葉が一枚も残らず散りつくして、花

壇の菊も霜に傷められて、萎れる時でもないのに萎れていた。私はこの寂しさを毎日見せておくだけでもいけないと思った。然し母上の本当の心持はそんな所にはなくって、お前たちから一刻も離れてはいられなくなっていたのだ。

　今日はいよいよ退院するという日は、霙の降る、寒い風のびゅうびゅうと吹く悪い日だったから、私は思い止らせようとして、仕事をすますとすぐ病院に行ってみた。然し病室はからっぽで、例の婆さんが、貰ったものやら、座蒲団やら、茶器やらを部屋の隅でごそごそと始末していた。急いで家に帰ってみると、お前たちはもう母上のまわりに集まって嬉しそうに騒いでいた。私はそれを見ると涙がこぼれた。

　知らない間に私たちは離れられないものになってしまっていたのだ。五人の親子はどんどん押寄せて来る寒さの前に、小さく固まって身を護ろうとする雑草の株のように、互により添って暖みを分ち合おうとしていたのだ。然し北国の寒さは私たち五人の暖みでは間に合わない程寒かった。私は一人の病人と頑是ないお前たちとを労わりながら旅雁のように南を指して遁れなければならなくなった。

　それは初雪のどんどん降りしきる夜の事だった。お前たち三人を生んで育ててくれた土地を後にして旅に上ったのは。忘れる事の出来ないいくつかの顔は、暗い停車場のプラットフォームから私たちに名残りを惜しんだ。陰鬱な津軽海峡の海の色も後ろになった。東京まで付いて来てくれた一人の学生は、お前たちの中の一番小さい者を、母のように終夜抱き通していてくれた。そんな事を書けば限りがない。ともかく私たちは幸に怪我もなく、二日の物憂い旅の後に晩秋の東京に着いた。

　今までいた処とちがって、東京には沢山の親類や兄弟がいて、私たちの為めに深い同情を寄せてくれた。それは私にどれ程の力だったろう。お前たちの母上は程なくK海岸にささやかな貸別荘を借りて住む事になり、私たちは近所の旅館に宿を取って、そこから見舞いに通った。一時は⑤病勢が非常に衰えたように見えた。お前たち

と母上と私とは海岸の砂丘に行って⑥日向ぼっこをして楽しく二三時間を過ごすまでになった。

　どういう積りで運命がそんな小康を私たちに与えたのかそれは分らない。然し彼はどんな事があっても仕遂ぐべき事を仕遂げずにはおかなかった。その年が暮れに迫った頃お前達の母上は⑦仮初の風邪からぐんぐん悪い方へ向いて行った。そしてお前たちの中の一人も突然原因の解らない高熱に侵された。その病気の事を私は母上に知らせるのに忍びなかった。病児は病児で私を暫くも手放そうとはしなかった。お前達の母上からは私の無沙汰を責めて来た。私は遂に倒れた。病児と枕を並べて、今まで経験した事のない高熱の為めに呻き苦しまねばならなかった。私の仕事？私の仕事は私から千里も遠くに離れてしまった。それでも私はもう私を悔もうとはしなかった。お前たちの為めに最後まで戦おうとする熱意が病熱よりも高く私の胸の中で燃えているのみだった。

　正月早々悲劇の絶頂が到来した。お前たちの母上は自分の病気の真相を明かされねばならぬ⑧羽目になった。そのむずかしい役目を勤めてくれた医師が帰って後の、お前たちの母上の顔を見た私の記憶は一生涯私を⑨駆り立てるだろう。真蒼な清清しい顔をして枕についたまま母上には冷たい覚悟を微笑に云わして静かに私を見た。そこには死に対する Resignation と共にお前たちに対する根強い執着がまざまざと刻まれていた。それは物凄くさえあった。私は凄惨な感じに打たれて思わず眼を伏せてしまった。

　愈々Ｈ海岸の病院に入院する日が来た。お前たちの母上は全快しない限りは死ぬともお前たちに逢わない覚悟の臍を堅めていた。二度とは着ないと思われる――そして実際着なかった――晴着を着て座を立った母上は内外の母親の眼の前でさめざめと泣き崩れた。女ながらに気性の勝れて強いお前たちの母上は、私と二人だけいる場合でも泣顔などは見せた事がないといってもいい位だったのに、その時の涙は拭くあとからあとから流れ落ちた。その熱い涙はお前たちだけの尊い所有物だ。それは今は乾いてしまった。大空をわたる

雲の一片となっているか、谷河の水の一滴となっているか、大洋の泡の一つとなっているか、又は思いがけない人の涙堂に貯えられているか、それは知らない。然しその熱い涙はともかくもお前たちだけの尊い所有物なのだ。

　自動車のいる所に来ると、お前たちの中熱病の予後にある一人は、足の立たない為めに下女に背負われて、――一人はよちよちと歩いて、――一番末の子は母上を苦しめ過ぎるだろうという祖父母たちの心遣いから連れて来られなかった――母上を見送りに出て来ていた。お前たちの頑是ない驚きの眼は、大きな自動車にばかり向けられていた。お前たちの母上は淋しくそれを見やっていた。自動車が動き出すとお前達は女中に勧められて兵隊のように挙手の礼をした。母上は笑って軽く頭を下げていた。お前たちは母上がその瞬間から永久にお前たちを離れてしまうとは思わなかったろう。不幸なものたちよ。

　それからお前たちの母上が最後の気息を引きとるまでの一年と七箇月の間、私たちの間には烈しい戦が闘われた。母上は死に対して最上の態度を取る為めに、お前たちに最大の愛を遺すために、私を加減なしに理解する為めに、私は母上を病魔から救う為めに、自分に迫る運命を男らしく肩に担い上げるために、お前たちは不思議な運命から自分を解放するために、身にふさわない境遇の中に自分をはめ込むために、闘った。血まぶれになって闘ったといっていい。私も母上もお前たちも幾度弾丸を受け、刀創を受け、倒れ、起き上り、又倒れたろう。

　お前たちが六つと五つと四つになった年の八月の二日に死が殺到した。死が総てを圧倒した。そして死が総てを救った。

　お前たちの母上の遺言書の中で一番崇高な部分はお前たちに与えられた一節だった。若しこの書き物を読む時があったら、同時に母上の遺書も読んでみるがいい。母上は血の涙を泣きながら、死んでもお前たちに会わない決心を飜さなかった。それは病菌をお前たちに伝えるのを恐れたばかりではない。又お前たちを見る事によっ

て自分の心の破れるのを恐れたばかりではない。お前たちの清い心に残酷な死の姿を見せて、お前たちの一生をいやが上に暗くする事を恐れ、お前たちの伸び伸びて行かなければならぬ霊魂に少しでも大きな傷を残す事を恐れたのだ。幼児に死を知らせる事は無益であるばかりでなく有害だ。葬式の時は女中をお前たちにつけて楽しく一日を過ごさして貰いたい。そうお前たちの母上は書いている。
「子を思う親の心は日の光世より世を照る大きさに似て」
とも詠じている。
　母上が亡くなった時、お前たちは丁度信州の山の上にいた。若しお前たちの母上の臨終にあわせなかったら一生恨みに思うだろうとさえ書いてよこしてくれたお前たちの叔父上に強いて頼んで、お前たちを山から帰らせなかった私をお前たちが残酷だと思う時があるかも知れない。今十一時半だ。この書き物を草している部屋の隣りにお前たちは枕を列べて寝ているのだ。お前たちはまだ小さい。お前たちが私の齢になったら私のした事を、即ち母上のさせようとした事を価高く見る時が来るだろう。
　私はこの間にどんな道を通って来たろう。お前たちの母上の死によって、私は自分の生きて行くべき大道にさまよい出た。私は自分を愛護してその道を踏み迷わずに通って行けばいいのを知るようになった。私は嘗て一つの創作の中に妻を犠牲にする決心をした一人の男の事を書いた。事実に於てお前たちの母上は私の為めに犠牲になってくれた。私のように持ち合わした力の使いようを知らなかった人間はない。私の周囲のものは私を一個の小心な、魯鈍な、仕事の出来ない、憐れむべき男と見る外を知らなかった。私の小心と魯鈍と無能力とを徹底さして見ようとしてくれるものはなかった。それをお前たちの母上は成就してくれた。私は自分の弱さに力を感じ始めた。私は仕事の出来ない所に仕事を見出した。大胆になれない所に大胆を見出した。鋭敏でない所に鋭敏を見出した。言葉を換えていえば、私は鋭敏に自分の魯鈍を見貫き、大胆に自分の小心を認め、労役して自分の無能力を体験した。私はこの力を以て己れを鞭

ち他を生きる事が出来るように思う。お前たちが私の過去を眺めてみるような事があったら、私も無駄には生きなかったのを知って喜んでくれるだろう。

　雨などが降りくらして憂鬱な気分が家の中に漲る日などに、どうかするとお前たちの一人が黙って私の書斎に這入って来る。そして一言パパといったぎりで、私の膝によりかかったまましくしくと泣き出してしまう。ああ何がお前たちの頑是ない眼に涙を要求するのだ。不幸なものたちよ。お前たちが謂われもない悲しみにくずれるのを見るに増して、この世を淋しく思わせるものはない。またお前たちが元気よく私に朝の挨拶をしてから、母上の写真の前に駈けて行って、「ママちゃん御機嫌よう」と快活に叫ぶ瞬間ほど、私の心の底までぐざと刮り通す瞬間はない。私はその時、ぎょっとして無劫の世界を眼前に見る。

　世の中の人は私の述懐を馬鹿々々しいと思うに違いない。何故なら妻の死とはそこにもここにも倦きはてる程夥しくある事柄の一つに過ぎないからだ。そんな事を重大視する程世の中の人は閑散でない。それは確かにそうだ。然しそれにもかかわらず、私といわず、お前たちも行く行くは母上の死を何物にも代えがたく悲しく口惜しいものに思う時が来るのだ。世の中の人が無頓着だといってそれを恥じてはならない。それは恥ずべきことじゃない。私たちはそのありがちの事柄の中からも人生の淋しさに深くぶつかってみることが出来る。小さなことが小さなことでない。大きなことが大きなことでない。それは心一つだ。

　何しろお前たちは見るに痛ましい人生の⑩芽生えだ。泣くにつけ、笑うにつけ、面白がるにつけ淋しがるにつけ、お前たちを見守る父の心は痛ましく傷つく。

　然しこの悲しみがお前たちと私とにどれ程の強みであるかをお前たちはまだ知るまい。私たちはこの損失のお蔭で生活に一段と深入りしたのだ。私共の根はいくらかでも大地に延びたのだ。人生を生きる以上人生に深入りしないものは災いである。

同時に私たちは自分の悲しみにばかり浸っていてはならない。お前たちの母上は亡くなるまで、金銭の累いからは自由だった。飲みたい薬は何んでも飲む事が出来た。食いたい食物は何んでも食う事が出来た。私たちは偶然な社会組織の結果からこんな特権ならざる特権を享楽した。お前たちの或るものはかすかながらU氏一家の模様を覚えているだろう。死んだ細君から結核を伝えられたU氏があの理智的な性情を有ちながら、天理教を信じて、その御祈祷で病気を癒そうとしたその心持を考えると、私はたまらなくなる。薬がきくものか祈祷がきくものかそれは知らない。然しU氏は医者の薬が飲みたかったのだ。然しそれが出来なかったのだ。U氏は毎日下血しながら役所に通った。ハンケチを巻き通した喉からは皺嗄れた声しか出なかった。働けば病気が重る事は知れきっていた。それを知りながらU氏は御祈祷を頼みにして、老母と二人の子供との生活を続けるために、勇ましく飽くまで働いた。そして病気が重ってから、なけなしの金を出してして貰った古賀液の注射は、田舎の医師の不注意から静脈を外れて、激烈な熱を引起した。そしてU氏は無資産の老母と幼児とを後に残してその為めに斃れてしまった。その人たちは私たちの隣りに住んでいたのだ。何んという運命の皮肉だ。お前たちは母上の死を思い出すと共に、U氏を思い出すことを忘れてはならない。そしてこの恐ろしい溝を埋める工夫をしなければならない。お前たちの母上の死はお前たちの愛をそこまで拡げさすに十分だと思うから私はいうのだ。

　十分人世は淋しい。私たちは唯そういって澄ましている事が出来るだろうか。お前達と私とは、血を味った獣のように、愛を味った。行こう、そして出来るだけ私たちの周囲を淋しさから救うために働こう。私はお前たちを愛した。そして永遠に愛する。それはお前たちから親としての報酬を受けるためにいうのではない。お前たちを愛する事を教えてくれたお前たちに私の要求するものは、ただ私の感謝を受取って貰いたいという事だけだ。お前たちが一人前に育ち上った時、私は死んでいるかも知れない。一生懸命に働いているか

も知れない。老衰して物の役に立たないようになっているかも知れない。然し何れの場合にしろ、お前たちの助けなければならないものは私ではない。お前たちの若々しい力は既に下り坂に向おうとする私などに煩わされていてはならない。魘れた親を喰い尽して力を貯える獅子の子のように、力強く勇ましく私を振り捨てて人生に乗り出して行くがいい。

　今時計は夜中を過ぎて一時十五分を指している。しんと静まった夜の沈黙の中にお前たちの平和な寝息だけが幽かにこの部屋に聞こえて来る。私の眼の前にはお前たちの叔母が母上にとて贈られた薔薇の花が写真の前に置かれている。それにつけて思い出すのは私があの写真をと撮ってやった時だ。その時お前たちの中に一番年たけたものが母上の胎に宿っていた。母上は自分でも分らない不思議な望みと恐れとで始終心をなやましていた。その頃の母上は殊に美しかった。希臘の母の真似だといって、部屋の中にいい肖像を飾っていた。その中にはミネルバの像や、ゲーテや、クロムウェルや、ナイティンゲール女史やの肖像があった。その少女じみた野心をその時の私は軽い皮肉の心で観ていたが、今から思うとただ笑い捨ててしまうことはどうしても出来ない。私がお前たちの母上の写真を撮ってやろうといったら、思う存分化粧をして一番の晴着を着て、私の二階の書斎に這入って来た。私は寧ろ驚いてその姿を眺めた。母上は淋しく笑って私にいった。産は女の出陣だ。いい子を生むか死ぬか、そのどっちかだ。だから死際の装いをしたのだ。──その時も私は心なく笑ってしまった。然し、今はそれも笑ってはいられない。

　深夜の沈黙は私を厳粛にする。私の前には机を隔ててお前たちの母上が坐っているようにさえ思う。その母上の愛は遺書にあるようにお前たちを護らずにはいないだろう。よく眠れ。不可思議な時というものの作用にお前たちを打任してよく眠れ。そうして明日は昨日よりも大きく賢くなって、寝床の中から跳び出して来い。私は私の役目をなし遂げる事に全力を尽すだろう。私の一生が如何に失敗

であろうとも、又私が如何なる誘惑に打負けようとも、お前たちは私の足跡に不純な何物をも見出し得ないだけの事はする。きっとする。お前たちは私の斃れた所から新しく歩み出さねばならないのだ。然しどちらの方向にどう歩まねばならぬかは、かすかながらにもお前達は私の足跡から探し出す事が出来るだろう。

　小さき者よ。不幸なそして同時に幸福なお前たちの父と母との祝福を胸にしめて人の世の旅に登れ。前途は遠い。そして暗い。然し恐れてはならぬ。恐れない者の前に道は開ける。

　行け。勇んで。小さき者よ。

（选自有岛武郎:《小さき者へ——他三篇》,东京: 角川书店,1956年）

二、作者与作品简介

　　有岛武郎（1878—1923）, 小说家、白桦派代表作家。出身于名门，留学于美国，推崇惠特曼与托尔斯泰，并受社会主义与无政府主义思潮影响。晚年解散农场，分土地给农民。苏联十月革命成功，对其震动颇大，思想深感矛盾与苦闷，于 1923 年自杀。主要作品有《阿末之死》《该隐的后裔》《出生的烦恼》《致幼小者》，以及誉为日本"真正具有小说结构的"现代长篇小说《一个女人》等。

　　有人认为《致幼小者》是篇"私小说"，但其也可以看作是篇叙事散文。文章写于作者妻子去世两年后的 1918 年，旨在激励失去母亲的孩子，要战胜不幸，勇敢地"踏上人生旅途"。通篇饱含深挚的父爱，情辞恳切，语重心长。同时，也可看作是篇悼亡文。

三、原文注释

　　①古臭い［ふるくさい］：陈旧，陈腐；过时，不新鲜。
　　②暁方［あかつきがた］：黎明，拂晓。
　　③綿雲［わたぐも］：积云，卷毛云。

④忽如[こつじょ]：突然。

⑤病勢[びょうぜい]：病情，病势。

⑥日向ぼっこ[ひなたぼっこ]：（寒冷时）晒太阳，晒暖儿。

⑦仮初[かりそめ]：暂时，临时；暂短，一时；轻微，微末，微不足道；

⑧羽目[はめ]：困境，窘况。

⑨駆り立てる[かりたてる]：迫使，逼迫，驱使。

⑩芽生[めばえ]：发芽，出芽，萌芽。

四、译文

译文 1　　　　　　　与幼小者

鲁迅　译

　　你们长大起来，养育到成了一个成人的时候——那时候，你们的爸爸可还活着，那固然是说不定的事——想来总会有展开了父亲的遗书来看的机会的罢。到那时候，这小小的一篇记载，也就出现在你们的眼前了。时光是骎骎的驰过去。为你们之父的我，那时怎样的映在你们的眼里，这是无从推测的。恐怕也如我在现在，嗤笑怜悯那过去一般，你们或者也要嗤笑怜悯我的陈腐的心情。我为你们计；惟愿其如此。你们倘不是毫不顾忌的将我做了踏台，超过了我，进到高级的远的地方去，那是错的。然而我想。有怎样的深爱你们的人，现在这世上，或曾在这世上的一个事实，于你们却永远是必要的。当你们看着这篇文章，悯笑着我的思想的未熟而且顽固之间，我以为，我们的爱，倘不温暖你们，慰藉，勉励你们，使你们的心中，尝着人生的可能性，是决不至于的。

　　所以我对着你们，写下这文章来。

　　你们在去年，永久的失掉了一个的，只有一个的亲娘。你们是生来不久，便被夺去了生命上最紧要的养分了。你们的人生，即此就暗

淡。在近来，有一个杂志社来说，叫写一点"我的母亲"这一种小小的感想的时候，我毫不经心的写道，"自己的幸福，是在母亲从头便是一人，现在也活着，"便算事了。而我的万年笔将停未停之际，我便想起了你们。我的心仿佛做了什么恶事似的痛楚了。然而事实是事实。这一点，我是幸福的。你们是不幸的。是再没有恢复的路的不幸。啊啊，不幸的人们呵。

　　从夜里三时起，开始了缓慢的阵痛，不安弥满了家中，从现在想起来，已经是七年前的事了。那是非常的大风雪，便在北海道，也是不常遇到的极厉害的大风雪的一天。和市街离开的河边人的孤屋，要飞去似的动摇，吹来黏在窗玻璃上的粉雪，又重叠的遮住了本已包在绵云中间的阳光，那夜的黑暗，便什么时候，也不退出屋里去。在电灯已熄的薄暗里，裹着白的东西的你们的母亲，是昏昏似的呻吟着苦痛。我教一个学生和一个使女帮着忙，生起火来，沸起水来，又派出人去。待产婆被雪下得白白的扑了进来的时候，合家的人便不由的都宽一口气，觉得安堵了，但到了午间，到了午后，还不见生产的模样，在产婆和看护妇的脸上，一看见只有我看见的担心的颜色，我便完全慌张了。不能躲在书斋里，专等候结果了。我走进产房去，当了紧紧的捏住产妇的两手的脚色。每起一回阵痛产婆便叱责似的督励着产妇，想给从速的完功。然而暂时的苦痛之后产妇又便入了熟睡，竟至于打着鼾、平平稳稳的似乎什么都忘却了。产婆和随后赶到的医生，只是面面相觑的吐着气。医生每遇见昏睡，仿佛便在那里想用什么非常的手段一般。

　　到下午，门外的大风雪逐渐平静起来，泄出了浓厚的雪云间的薄日的光辉，且来和积在窗间的雪偷偷的嬉戏了。然而在房里面的人们，却愈包在沉重的不安的云片里。医生是医生，产婆是产婆，我是我，各被各人的不安抓住了。这之中，似乎全不觉到什么危害的，是只有身临着最可怕的深渊的产妇和胎儿。两个生命，都昏昏的睡到死里去。

　　大概恰在三时的时候，——起了产气以后的第十二时——在催夕的日光中，起了该是最后的激烈的阵痛了。宛然用肉眼看着噩梦一般，产妇圆睁了眼，并无目的的看定了一处地方，与其说苦楚，还不如说

119

吓人的皱了脸。而且将我的上身拉向自己的胸前，两手在背上挠乱的抱紧了。那力量，觉得倘使我没有和产妇一样的着力，那产妇的臂膊便会挤破了我的胸脯。在这里的人们的心，不由的全都吃紧起来，医生和产婆都忘了地方似的，用大声勉励着产妇。

骤然间感着了产妇的握力的宽松，我抬起脸来看。产婆的膝边仰天的躺着一个没有血色的婴儿。产婆像打球一般的拍着那胸膛，一面连说道葡萄酒葡萄酒。看护妇将这拿来了。产婆用了脸和言语，教将酒倒在脸盆里。盆里的汤便和剧烈的芳香同时变了血一样的颜色。婴儿被浸在这里面了。暂时之后，便破了不容呼吸的紧张的沉默，很细的响出了低微的啼声。

广大的天地之间，一个母亲和一个儿子，在这一刹那中忽而出现了。

那时候，新的母亲看着我。软弱的微笑。我一见这，便无端的满眼渗出泪来。我不知道怎样才可以表现这事给你们看。说是我的生命的全体，从我的眼里挤出了泪，也许还可以适当罢。从这时候起，生活的诸相便都在眼前改变了。

你们之中，最先的见了人世之光者，是这样的见了人世之光的。第二个和第三个也如此。即使生产有难易之差，然而在给与父母的不可思议的印象上却没有变。

这样子，年青的夫妇便陆续的成了你们三个的父母了。

我在那时节，心里面有着太多的问题。而始终碌碌：从没有做着一件自己近于"满足"的事。无论什么事，全要独自咬实了看，是我生来的性质，所以表面上虽然过着极普通的生活，而我的心却又苦闷于动不动便骤然涌出的不安。有时悔结婚。有时嫌恶你们的诞育。为什么不待自己的生活的旗色分外鲜明之后，再来结婚的呢？为什么情愿将因为有妻，所以不能不拖在后面的几个重量，系在腰间的呢？为什么不可不将两人肉欲的结果，当作天赐的东西一般看待呢？耗费在建立家庭上的努力和精力，自己不是可以用在别的地方的么？

我因为自己的心的扰乱，常使你们的母亲因而啼哭，因而凄凉。而且对付你们也没有理。一听到你们稍为执拗的哭泣或是歪缠的声音，

我便总要做些什么残虐的事才罢手。倘在对着原稿纸的时候,你们的母亲若有一件些小的家务的商量,或者你们有什么啼哭的喧闹,我便不由的拍案站立起来。而且虽然明知道事后会感到难堪的寂寞,但对于你们也仍然加以严厉的责罚,或激烈的言词。

然而运命来惩罚我这任意和暗昧的时候竟到了。无论如何,总不能将你们任凭保姆,每夜里使你们三个睡在自己的枕边和左右。通夜的使一个安眠,给一个热牛乳,给一个解小溲,自己没有熟睡的工夫,用尽了爱的限量的你们的母亲,是发了四十一度的可怕的热而躺倒了,这时的吃惊固然也不小,但当来诊的两个医生异口同声的说有结核的征候的时节,我只是无端的变了青苍。检痰的结果,是给医生们的鉴定加了凭证。而留下了四岁和三岁和两岁的你们,在十月杪的凄清的秋日里,母亲是成了一个不能不进病院的人了。

我做完日里的事,便飞速的回家。于是领了你们的一个或两个,匆匆地往病院去。我一住在那街上,便来做事的一个勤恳的门徒的老妪,在那里照应病室里的事情。那老妪一见你们的模样,便暗暗的拭着眼泪了。你们一在床上看见了母亲,立刻要奔去、要缠住。而还没有给伊知道是结核症的你们的母亲,也仿佛拥抱宝贝似的,要将你们聚到自己的胸前去。我便不能不随宜地支吾着,使你们不太近伊的床前。正尽着忠义,却从周围的人受了极端的误解,而又在万不可辩解的情况中,在这般情况中的人所尝的心绪,我也尝过了许多回。虽然如此,我却早没有愤怒的勇气了。待到像拉开一般地将你们远离了母亲,同就归途的时候,大抵街灯的光已经淡淡的照着道路。进了门口,只有雇工看着家。他们虽有两三人,却并不给留在家里的婴儿换一换衬布。不舒服似的啼哭着的婴儿的胯下,往往是湿漉漉的。

你们是出奇地不亲近别人的孩子。好容易使你们睡去了,我才走进书斋去做些调查的工夫。身体疲乏了,精神却昂奋着。待到调查完毕,正要就床的十一时前后的时候,已经成了神经过敏的你们,便做了夜梦之类,惊慌着醒来了。一到黎明。你们中的一个便哭着要吃奶。我被这一惊起,便到早晨不能再闭上眼睛。吃过早饭,我红了眼,抱着中间有了硬核一般的头,走向办事的地方去。

在北国里，眼见得冬天要逼近了。有一天，我到病院去，你们的母亲坐在床上正眺着窗外，但是一见我，便说道想要及早的退了院。说是看见窗外的枫树已经那样觉得凄凉了。诚然，当入院之初，燃烧似的饰在枝头的叶，已是凋零到不留一片，花坛上的菊也为寒霜所损，未到萎落的时候便已萎落了。我暗想，即此每天给伊看这凄凉的情状，也就是不相宜的。然而母亲的真的心思其实不在此，是在一刻也忍不住再离开了你们。

终于到了退院的那一天，却是一个下着雪子，呼呼的吼着寒风的坏日子，我因此想劝伊暂时消停，事务一完，便跑到病院去。然而病房已经空虚了，先前说过的老妪在屋角上，草草的㧟当着讨得的东西，以及垫子和茶具。慌忙回家看，你们早聚在母亲的身边，高兴的嚷着了。我一见这，也不由的坠了泪。

不知不识之间，我们已成了不可分离的东西了。亲子五人在逐步逼紧的寒冷之前，宛然是缩小起来以护自身的杂草的根株一般，大家互相紧挨，互分着温暖。但是北国的寒冷，却冷到我们四个的温度，也无济于事了。我于是和一个病人以及天真烂熳的你们，虽然劳顿，却不得不旅雁似的逃向南边去。

离背了诞生而且长育了你们三个人的土地，上了旅行的长途，那是初雪纷纷的下得不住的一夜里的事。忘不掉的几个容颜，从昏暗的车站的月台上很对我们惜别。阴郁的轻津海峡的海色已在后面了。直跟到东京为止的一个学生，抱着你们中间的最小的一个，母亲似的通夜没有歇。要记载起这样的事来，是无限量的。总而言之，我们是幸而一无灾祸，经过了两天的忧郁的旅行之后，竟到了晚秋的东京了。

和先前居住的地方不一样，东京有许多亲戚和兄弟，都为我们表了很深的同情。这于我不知道添多少的力量呵。不多时，你们的母亲便住在 K 海岸的租来的一所狭小的别墅里，我便住在邻近的旅馆里，由此日日去招呼。一时之间是病势见得非常之轻减了。你们和母亲和我，至于可以走到海岸的沙丘上，当着太阳，很愉快经过二三时间了。

运命是什么意思，给我这样的小康，那可不知道。然而他是不问有怎样的事，要做的事总非做完不可的。这年已近年底的时候，你们

的母亲因为大意受了寒，从此日见其沉重了。而且你们中的一个，又突然发了原因不明的高热。我不忍将这生病的事通知母亲去。病儿是病儿，又不肯暂时放开我。你们的母亲却来责备我的疏远了。我于是躺倒了。只得和病儿并了枕，为了迄今未曾亲历过的高热而呻吟了。我的职业么？我的职业是离开我已经有千里之远了。但是我早经不悔恨。为了你们，要战斗到最后才歇的一种热意，比病热还要旺盛的烧着我的胸中。

正月间便到了悲剧的绝顶。你们的母亲已经到非知道自己的病的真相不可的窘地了。给做了这烦难的脚色的医生回去之后，见过你们的母亲的脸的我的记忆，一生中总要鞭策我罢。显着苍白的清朗的脸色，仍然靠在枕上，母亲是使那微笑，说出冷静的觉悟来，静静的看着我。在这上面，混合着对于死的 Resignation（觉悟）和对于你们的强韧的执着。这竟有些阴惨了。我被袭于悽怆之情，不由的低了眼。

终于到了移进 H 海岸的病院这一天。你们的母亲决心很坚，倘不全愈，那便死也不和你们再相见。穿好了未必再穿——而实际竟没有穿——的好衣服，走出屋来的母亲，在内外的母亲们的眼前，潸然的痛哭了。虽是女人，但气象超拔而强健的你们的母亲，即使只有和我两人的时候，也可以说是从来没有给看过一回哭相，然而这时的泪，却拭了还只是奔流下来。那热泪，是惟你们的崇高的所有物。这在现今是干涸了。成了横亘太空的一缕云气么，变了溪壑川流的水的一滴么，成了大海的泡沫之一么，或者又装在想不到的人的泪堂里面么，那是不知道。然而那热泪，总之是惟你们的崇高的所有物了。

一到停着自动车的处所，你们之中正在热病的善后的一个，因为不能站，被使女背负着——一个是得得的走着——最小的孩子，是祖父母怕母亲过于伤心，没有领到这里来——出来送母亲了。你们的天真烂熳的诧异的眼睛，只向了大的自动车看。你们的母亲是悽然的看着这情形。待到自动车一动弹，你们听了使女的话，军人似的一举手。母亲笑着略略的点头。你们未必料到，母亲是从这一瞬息间以后，便要永久的离开你们的罢。不幸的人们呵。

从此以后，直到你们的母亲停止了最后的呼吸为止的一年零七个

月中，在我们之间，都奋斗着剧烈的争战。母亲是为了对于死要取高的态度，对于你们要留下最大的爱，对于我要得适中的理解；我是为了要从病魔救出你们的母亲，要勇敢的在双肩上担起了逼着自己的运命；你们是为了要从不可思议的运命里解放出自己来，要将自己嵌进与本身不相称的境遇里去，而争战了。说是战到鲜血淋漓了也可以。我和母亲和你们，受着弹丸，受着刀伤。倒了又起，起了又倒的多少回呵。

你们到了六岁和五岁和四岁这一年的八月二日，死终于杀到了。死压倒了一切。而死救助了一切了。

你们的母亲的遗书中，最崇高的部分，是给与你们的一节，倘有看这文章的时候，最好是同时一看母亲的遗书。母亲是流着血泪，而死也不和你们相见的决心终于没有变。这也并不是单因为怕有病菌传染给你们。却因为怕将惨酷的死的模样，示给你们的清白的心，使你们一生增加了暗淡，怕在你们应当逐日生长起来的灵魂上，留下一些较大的伤痕。使幼儿知道死，是不但无益，反而有害的。但愿葬式的时候，教使女带领着，过一天愉快的日子。你们的母亲这样写。又有诗句道：

"思子的亲的心是太阳的光普照诸世间似的广大。"

母亲亡故的时候，你们正在信州的山上，我的叔父，那来信甚而至于说，倘不给送母亲的临终，怕要成一生的恨事罢，但我却硬托了他，不使你们从山中回到家里，对于这我，你们有时以为残酷，也未可知的。现在是十一时半了。写这文章的屋子的邻室里，并了枕熟睡着你们，你们还幼小，倘你们到了我一般的年纪，对于我们做的事，就是母亲所要使我做的事，总会到觉得高贵的时候罢。

我自此以来，是走着怎样的路呢？因了你们母亲的死，我撞见了自己可以活下去的大路了。我知道了只要爱护着自己，不要错误的走着这一条路便可以了。我曾在一篇创作里描写过一个决计将妻子作为牺牲的男人的事。在事实上，你们的母亲是给我做了牺牲了。像我这样不知道使用现成的力量的人，是没有的。我的周围的人们是只知道将我当作一个小心的，鲁钝的，不能做事的，可怜的男人；却没有一

个肯试使我贯彻了我的小心和鲁钝和无能力来看。这一端，你们的母亲可是成就了我，我在自己的孱弱里，感到力量了。我在不能做事处寻到了事情，在不能大胆处寻到了大胆，在不锐敏处寻得到了锐敏，换句话说，就是我锐敏看透了自己的鲁钝，大胆的认得了自己的小心，无劳役来体验自己的无能力，我以为用了这力，便可以鞭策自己，生发别样的，你们倘或有眺望我的过去的时候，也该会知道我也并非徒然的生活，而替我欢喜的吧。

　　雨之类只是下，悒郁的情况涨满了家中的日子，动不动，你们中的一个便走进我的书斋来。而且只叫一声爹爹，就靠在我的膝上，啜啜地哭起来了。唉唉,有什么要从你们天真烂漫的眼睛里要求眼泪呢？不幸的人们呵。再没有比看见你们倒在无端的悲哀里的时候，更觉得人世的凄凉。也没有比看见你们活泼的向我说过早上的套语，于是跑到母亲的照相面前，快活地叫道"亲娘，早上好！"的时候，更是猛烈地直穿透我的心底里的时候了。我在这时，便悚然地在目前看见了无劫的世界。

　　世上的人们以为我的这述怀是呆气，是可以无疑的。因为所谓悼亡，不过是多到无处不有的事件中的一件。要将这样的事当作一宗要件，世人也还没有如此之闲空。这是确凿如此的。但虽然如此，我不必说，便是你们，也会逐渐的到了觉得母亲的死，是一件什么也替代不来的悲哀和缺憾的事的时候。世人说是不关心，这不必引以为耻的。这并不是可耻的事。我们在人间常有的事件中间，也可以深深地触着人生的寂寞。细小的事，并非细小的事。大的事，也不是大的事。这只在一个心。

　　要之，你们是见之惨然的人生的萌芽呵。无论哭着，无论笑着，无论高兴，无论凄凉，看守着你们的父亲的心，总是异常的伤痛。

　　然而这悲哀于你们和我有怎样的强力，怕你们还未必知道罢。我们是蒙了这损失的庇荫，向生活又深入了一段落了。我们的根，向大地伸进了多少了。有不深入人生，至于生活人生以上者，是灾祸呵。

　　同时，我们又不可只浸在自己的悲哀里，自从你们的母亲亡故之后，金钱的负累却得了自由了。要服的药品什么都能服，要吃的食物

什么都能吃。我们是从偶然的社会组织的结果，享乐了这并非特权的特权了。你们中的有一个，虽然模糊，还该记得 U 氏一家的样子罢。

那从亡故的夫人染了结核的 U 氏，一面有着理智的性情，一面却相信天理教，想靠了祈祷来治病苦，我一想他那心情，便情不自禁起来了。药物有效呢，还是祈祷有效呢，这可不知道。然而 U 氏是很愿意服医生的药的，但是不能够。U 氏每天便血，还到官衙里来，从始终裹着手帕的喉咙中，只能发出嘶嗄的声气。以劳作，病便要加重，这是分明知道的。分明知道着，而 U 氏却靠了祈祷，为维持老母和两个孩子的生活起见，奋然的竭力的劳作。待到病势沉重之后，出了仅少的钱，即定了的古贺液的注射，又因为乡下医生的大意，出了静脉，引起了剧烈的发热。于是 U 氏剩下了无资产的老母和孩子，因此死去了。那些人们便住在我们的邻家。这是怎样的一个命运的拨弄呢。你们一想到母亲的死，也应该同时记起 U 氏。而且设法来填平这可怕的壕沟。我以为你们母亲的死，便够使你们的爱扩张到这地步了，所以我敢说。

人世很凄凉。我们可以单是这样说了就算么？你们和我，都如尝血的兽一般，尝了爱了。去罢，而且要从凄凉中救出我们的周围，而做事去罢。我爱过你们了，并且永远爱你们。这并非因为想从你们得到为父的报酬，所以这样说。我对于教给我爱你们的你们，唯一的要求，只在收受了我的感谢罢了。养育到你们成了一个成人的时候，我也许已经死亡；也许还在拼命的做事；也许衰老到全无用处了。然而无论在哪一种情形，你们所不可不助的，却并不是我。你们的清新的力，是万不可为垂暮的我辈之流所拖累的。最好是像那吃尽了毙掉的亲，贮起力量来的狮儿一般，使劲的奋然的掉开了我，进向人生去。

现在是时表过了夜半，正指着一点十五分。在阒然寂静了的夜之沉默中，这屋子里，只是微微的听得你们的平和的呼吸。我的眼前，是照相前面放着叔母折来赠给母亲的蔷薇花。因此想起来的，是我给照这照相的时候。那时候，你们之中年龄最大的一个，还宿在母亲的胎中。母亲的心中是始终恼着连自己也莫名其妙的不可思议的希望和恐怖。那时的母亲是尤其的美。说是仿效那希腊的母亲，在屋子里装

饰着很好的肖像。其中米纳尔伐的,有瞿提的和克灵威尔的,有那丁格尔女士的。对于那娃儿脾气的野心,那时的我是只用了轻度嘲笑的心来看,但现在一想,是无论如何,总不能单以一笑置之的。我说起要给你们的母亲去照相,便极意的加了修饰,穿了最好的好衣服,走进我楼上的书斋来。我诧异地看着那模样。母亲冷清清的笑着对我说:生产是女人的临阵,或生佳儿或是死,必居其一的。所以用临终的装束。——那时我也不由得失笑了。然而在今,是远也不能笑。

深夜的沉默使我严肃起来。至于觉得我的前面,隔着书桌,便坐着你们的母亲似的了。母亲的爱,如遗书所说的一定拥护着你们。好好的睡着罢。将你们听凭了所谓的不可思议的是这种东西的作用,而好好的睡着罢。而且到明日,便比昨日更长大更贤良地跳出眠床来。我对于做完我的职务的事,总尽全力的罢。即使我的一生怎样的失败,又纵使我不能克服怎样的诱惑,然而你们在我的足迹上寻不出什么不纯的东西来这一点事,是要做的;一定做的。你们不能不从我的毙掉的地方,重新跨出步去。然而什么方向,怎样走法,那是虽然隐约,你们可以从我的足迹上探究出来罢。

幼小者呵,将不幸而又幸福的你们的父母的祝福带在胸中,上人世的行旅去。前途是辽远的,而且也昏暗。但是不要怕。在无畏者的面前就有路。

去罢,奋然的,幼小者呵。

(选自周作人,鲁迅译:《现代日本小说集》,北京:新星出版社,2006年)

译文 2　　　　　　　致幼小者

文静　译

你们长大成人的时候——你们的爸爸是否能活到那时,固然不得而知——想必有翻开父亲的遗作来阅读的机会吧。那时候,这篇短短的文章也会展现在你们眼前。光阴荏苒,我作为你们的父亲,那时在

你们的心目中是什么样子，简直无从想象。恐怕就像我如今正嘲笑怜悯着即将过去的时代一样，你们也会嘲笑怜悯我那迂腐的心情吧。为了你们的缘故，我祈望如此。你们如果不是毫不客气地把我当作垫脚石，超越我，迈向高处远处，那就错了。然而，我认为，这个世上现在有着、或者曾经有过，多么深爱你们的人，这一事实对你们来说永远是必要的。我认为，当你们阅读这篇文章，嘲笑我的思想既不成熟又顽固的时候，我们的爱会给你们温暖、宽慰、鼓励你们，必然会使你们由衷地体会到人生有什么样的可能性。所以我才为你们写下这篇文章。

去年，你们永远失去了唯一的妈妈。你们出生后不久就被剥夺了对生命来说最重要的养分。你们的人生因此而黯然失色。日前一家杂志社约我写一篇题为《我的母亲》的小小的感想，我随便写了句"自己的幸福在于一向只有一位母亲，而她至今仍健在"。但是我的钢笔几乎还没写完这句话的时候，你们的事就浮现在我的脑际。我的心好像做了什么坏事似的绞痛起来。然而事实是事实。我在这一点上是幸福的。你们是不幸的。是一种无可挽回的不幸。不幸的孩子们啊。

从凌晨三点钟起，开始了缓慢的阵痛，不安的气氛在家里弥漫开来。现在回想起来，这是七年前的事了。那是大风雪不止的日子。即使在北海道，这样的大风雪也非常罕见。孤零零地立在远离市街的河边的那栋房屋晃动得厉害，像是要被风刮飞了似的。被吹过来落在窗玻璃上的粉雪，把那已被积雪遮起来的阳光，多挡住一层。夜晚的暗黑迟迟不从房间里退去。电灯熄灭后的微暗中，你们的母亲裹着白单子，精神恍惚地在痛苦中呻吟。我在一名学生和一个女佣人的帮助下，生火，煨开水，打发人出去跑腿儿。及至产婆浑身白雪滚也似地赶进屋的时候，阖家人都不禁松了口气，这才放了心。可是到了晌午，到了午后，她还没有分娩的苗头，产婆和护士的脸上，泛出只有我才看得出的担心神色时，我就完全慌了。再也不能闷坐在书房里等待结果了。我下楼走进产房，担当紧紧握住产妇双手的任务。每一次发生阵痛，产婆就斥责产妇似地鼓励她，想让她哪怕一分钟也好，早点儿分

娩了事。然而，在痛苦了一阵之后，产妇又立即睡熟了，竟打起呼噜来，安安详详地似乎把什么事都忘记了。不论是产婆还是随后赶来的医生，都惟有面面相觑，一个劲儿地叹息而已。每当产妇昏睡起来，医生大概就开始考虑采取什么特殊手段了。

　　午后，户外那暴风雪的势头逐渐减弱了，微弱的阳光透过厚密的雪云照射到窗子的积雪上，甚至悄悄地嬉戏起来。然而房间里的人们却笼罩在越来越浓重不安的阴云中。医生也罢，产婆也罢，我也罢，一个个地都陷入不安中，不能自拔。其中，看来没有感到任何危害的，只有濒临最可怕的命运深渊的产妇和胎儿。这两个生命昏昏沉沉地睡死过去。

　　约莫三点钟的时候——临产以来第十二个小时——在预示傍晚临近的光照中，发生了估计是最后的激烈阵痛。产妇骤然圆睁双目，就像用肉眼看着噩梦似的，茫然瞪着一个地方，与其说是感到痛苦，不如说充满恐怖地歪扭着脸。而且，她把我的上半身往自己的胸脯上拢过去，紧紧搂住我的背。甚至使我觉得，倘非我不曾像产妇那样使着劲儿，产妇的胳膊大概就会把我的胸部勒破的。在场的人们的心情不由得激动起来。医生和产婆好像都忘记了是在什么场合似的，大声鼓励着产妇。

　　我忽然感到产妇的握力松弛了，仰起脸来看了看。一个没有血色的婴儿仰卧在产婆的膝头。产婆像拍球似的，用力拍打婴儿的胸部，念叨着葡萄酒葡萄酒。护士把它拿来了。产婆连表情带语言，让护士把这酒倒在盆里。随着一股浓重的馥香，盆里的热水变成血红色的了。婴儿被浸了进去。过了一会儿，微细的呱呱声打破了周围那紧张得喘不过气来的沉默。

　　一位母亲和一个孩子，在那一刹那忽然出现在广阔的天地之间。

　　这当儿，新的母亲瞧着我，虚弱地微露笑容。我一看到就不知怎地热泪盈眶。我不知道怎样才能够向你们表达出来。或许可以说，我是以整个生命从自己的眼睛里挤出了泪水的。那时以来，生活的各方面都在眼前起了变化。

　　你们当中最早看见人世之光的，就是这样看到世界之光的。第二

个和第三个出生虽有难易的差别，但是给予父母的不可思议的印象却毫无二致。

一对年轻夫妇就这样陆续成为你们三个人的父母。

当时，我心里千头万绪。我始终忙忙碌碌，却又没有做过一件自己感到接近"满意"的事。我生来凡事都要独自深思熟虑。表面上过着普普通通的生活，动辄就冒上来的不安却使我心里焦躁不已。有时，我后悔自己结了婚。有时，又嫌你们出生了。为什么不等自己生活的旗帜变得更加鲜明再结婚呢。为什么当初竟心甘情愿地把一旦有了妻子就非拖在后面不可的种种负担系在腰间了呢？为什么非得把两人情欲的结果当作天赐之物呢？难道自己不是本该把耗费在建立家庭上的劳力与精力用于其他方面吗？

我由于心烦意乱，曾屡次发脾气，致使你们的母亲落泪，感到寂寞。而且，我对你们也蛮不讲理。只要一听到你们稍微执拗的哭泣和吵闹声，就非采取粗暴的行动不可。当我面对着稿纸什么的，而你们的母亲前来商量家务琐事，或者听到你们又哭又闹的时候，我就不由得拍桌子站起来。我完全知道随后难以忍受的寂寞会袭上心头，却仍对你们说些措词激烈的话，或者施加严厉的责罚。

然而，命运惩罚我这种任性和不明事理的时刻来到了。你们的母亲怎样也不肯把你们交给保姆去照看，却每晚都让你们三人睡在自己的枕边和两侧，通宵哄一个入睡，热好牛奶喂另一个，又给第三个把尿，献出了她全部的爱，自己却几乎没工夫熟睡。她发起可怕的四十一度高烧，突然间卧床不起。我当时大吃一惊，自是不用说的了。而前来诊断的两位医生异口同声地说有结核病症状的时候，我只是一下子吓白了脸。验痰的结果，证实了医生们的诊断。在十月底一个凄凉的秋日，母亲不得不撇下你们这些当时四岁、三岁和两岁的孩子，住进了医院。

我做完一天的工作后，立即奔回家去。我领着你们当中的一两个，赶往医院。我刚住到这条街上时就帮我做过事的耿直的弟子的一位老大娘，在病房照料着病人。这位老大娘一看见你们的身影，就悄悄地揩着眼泪。你们看见母亲躺在床上，就飞跑过去要搂住她。你们的母

亲还不知道自己患的是结核病,就像抱宝贝似的,要把你们统统拢到怀里。我不得不好歹敷衍着,阻挡你们靠近病床。我几次体验了想要尽忠却遭到周围的人们极端的误解,又不能辩解者的那种苦衷。尽管如此,我已经没有发怒的勇气了。像是拽走似的让你们离开母亲的身边,走上归途的时候,路灯的光大抵已经淡淡地投射到路面上了。走进正门,只有佣人在看家。他们虽然有两三个,却连块尿布也不肯给留在家里的婴儿换一换。挺不舒服似地啼哭着的婴儿,屁股底下经常是湿漉漉的。

你们是出奇地认生的孩子。好不容易哄你们睡着了,我才悄悄地走进书房查资料。浑身疲乏,精神却是兴奋的。做完工作,十一点左右正要睡觉的时候,已变得神经过敏的你们,却因做梦什么的而吓醒了。黎明时,你们当中的一个哭起来,要吃奶。我被吵醒,到早晨也合不上眼了。吃过早饭,我的两眼带着血丝,捂着沉重发胀的脑袋上班去了。

在北国,眼看着冬天逼近了。有一次,我到医院去,你们的母亲正坐在床上眺望窗外,一看见我,就说想早点儿出院。她说,看见窗外的枫树成了那副模样,感到凄凉。敢情,刚入院时树枝上那火红的枫叶,如今一片也不剩,全都凋零了。花坛里的菊花也被霜打得还不到枯萎的时候就枯萎了。我思忖,单是每天让她看这孤寂的景象就是不相宜的。然而,母亲的真实心情还不在此,而是她片刻也离不开你们。

终于到了出院的日子,天气很坏,下着雪珠,寒风怒吼。我想劝她打消这个念头,下班后,立即前往医院。然而,病房已经空了,那个老大娘正在房间的角落里窸窸窣窣地收拾人家送的东西,棉坐垫和茶具什么的。我赶回家去一看,你们已经聚在母亲身边,高兴地嚷嚷着了。我一见这情景,不禁落了泪。

曾几何时,我们相依为命了。父母孩子五个人,在愈益逼近的寒冷前就像是紧紧缩小以护身的杂草残株似的,互相依偎,分享温暖。但是北国的寒冷已到了我们五个人的温度所抗不住的程度。我照拂着一个病人和天真的你们,不得不像旅雁那样向着南方逃遁。

那是在初雪纷纷下个不停的夜晚，我们离开你们三人生于斯、长于斯的那片土地，踏上旅途。忘却不了的几张面容，从黑糊糊的车站月台上对我们表示惜别。阴郁的轻津海峡的海色也被撇在后面了。一个学生陪同我们去东京，像母亲般地整夜抱着你们当中最小的。这类事情要是写下来，简直就写不胜写。总之，经过两天忧郁的旅行后，我们幸而安然无恙地抵达了时值晚秋的东京。

东京不同于先前居住的地方，有许多亲戚和兄弟，都对我们表示了深切的同情。这给我添了多么大的力量啊。你们的母亲不久就在K海岸租下一座小小的别墅住下来，我们则住在附近的旅馆里，从那儿天天去看望你们的母亲。她一时看上去病情减轻了不少，以致你们同母亲和我竟能够走到海滩的沙丘上去晒太阳，惬意地呆上两三个钟头呢。

命运何以会给予我们这样的小康，那就不得而知了。但是不管有什么情况，命运是必然要完成该做之事的。那一年接近岁暮的时候，你们的母亲由于偶受风寒，病势急剧恶化。而且，你们当中的一个，也突然发起病因不明的高烧。我不忍心将这孩子生病的事告诉你们的母亲。至于病儿呢，又片刻也不肯放开我。你们的母亲则责备我疏远了她。我终于病倒了。我和病儿并着枕头躺着，因受从未体验过的高烧之折磨而呻吟着。我的工作呢？我的工作已被抛在千里之外了。尽管这样，我已经不再后悔了。在我心中熊熊燃烧的唯有要为你们奋战到底的满腔热情而已，它比因病而发的烧更高。

新年伊始，悲剧发展到了绝顶。你们的母亲到了非被告知自己的病情不可的地步了。承担这一艰巨任务的医生回去后，映入我的眼帘的母亲那面容所留下之记忆将会鞭策我一辈子。母亲的脸苍白而清爽。她仍躺着，安详地望着我，用微笑透露了她已经冷静做好的思想准备；并表达出对死亡认命①的同时，又对你们怀着无比深切的留恋，此情此景皆历历在目。那甚至令人感到恐惧。凄楚之情袭上心头，我不禁垂下眼睛。

---

① 认命，原文为英语。

终于到了住入 H 海岸的医院的日子。你们的母亲坚定地下了不痊愈就至死也不见你们的决心。母亲穿上了未必再穿——实际上也没有再穿——的一身盛装站起来，在亲娘和婆母面前泣不成声。你们的母亲虽是女流之辈，然而性格刚强，同我两个人在一起的时候，可以说从来没有露出过哭容。而那时，眼泪却随揩随流个不停。那热泪是唯独你们才配享有的珍物。而今它已经干了。究竟是成为飘浮在太空中的一片云了呢，还是山涧中的一滴水，大洋中的一个泡沫，抑或储入意想不到的一个人的泪囊里了，那就不得而知了。然而那热泪反正是独属于你们的珍物。

　　来到汽车停着的地方一看，你们已经出来送母亲了。你们当中热病初愈的那个由于站不起来，由女佣人背着，另一个趔趔趄趄走着——因为祖父母体贴母亲，生怕她过于受折磨，所以最小的孩子没有被领来。你们那稚气而惊讶的眼睛都只顾看着那辆大汽车。你们的母亲寂寞地望着这情景。汽车开动的时候，女佣人劝你们像军人那样行举手礼。母亲笑着略微点点头。你们当时没有想到从那一瞬间母亲就永远离开你们了吧。不幸的孩子们啊。

　　从那时起，直到你们的母亲最后咽气为止的一年零七个月当中，我们这些人展开了剧烈的奋斗。母亲是为了对死采取最高的姿态，为了给你们留下最博大的爱，为了不打折扣地理解我；我是为了从病魔手中救出你们的母亲，为了像个男子汉那样肩负起逼向自己的命运；你们则是为了从不可思议的命运中解放自己，为了把自己安插到跟本身不相称的境遇中而奋斗。说得上是浴血战斗。我和你们的母亲都几次中弹，受到刀伤，跌倒了，爬起来，又跌倒了。

　　你们到了六岁、五岁和四岁这一年的八月二日，死神杀将过来。死神压倒了一切，而死神又拯救了一切。

　　你们的母亲的遗书中，最崇高的一部分是写给你们的那一节。倘若你们有朝一日读我这篇文章，最好同时读读母亲的遗书。母亲流着血泪，至死也没有改变不见你们的决心。那不仅是由于生怕把病菌传染给你们。是唯恐见到你们而使自己心碎。母亲担心的是，由于让你们纯洁的心灵看见残酷的死亡情景而使你们一生越发暗淡，并在你们

日益成长的灵魂上留下大的创伤。使幼儿知道死亡非但无益，反而有害。希望在举行葬礼的时候由女佣人带领你们度过愉快的一天。你们的母亲是这样写的。还咏诗道：

> 双亲思子心，
> 恢弘似阳光，
> 一代代普照人世。

母亲去世的时候，你们正在信州的山上。你们的叔叔甚至来信写道，要是母亲弥留之际不让你们见上一面，恐怕你们将会怨恨一生吧。然而我却硬是托付他，没有让你们从山上回来。你们将来也许有时会觉得我这样做是残酷的。现在十一点半了。我写这篇文章的房间隔壁，你们正并枕而眠。你们都还幼小。你们到了我这个年纪，就会高度肯定我所做的事，也就是你们的母亲要我做的事吧。

这期间我走过了什么样的道路呢？你们的母亲这一死，我就开始在自己应当走的人生大道上徘徊了。我懂得了只要爱护自己、不要迷失方向，沿着那条路，一直走下去就行。我曾经在一篇文章中写过一个男子决心牺牲自己的妻子的事。事实上，你们的母亲是为我而牺牲的。再也没有像我这样不懂得使用现成力气的人了。我周围的人只知道把我看作小心谨慎、愚笨、无能、可怜的人。没有一个人试图让我把这种小心谨慎、愚笨和无能贯彻到底。而你们的母亲却成就了我。我开始从自己的软弱中觉察出来力量。我在做不出事的地方找到了工作。不能大起胆子来的地方觅到了大胆。在不敏锐处发现了敏锐，换句话说，我敏锐地看透了自己的愚笨，大胆地认识到自己的小心谨慎。通过劳役体验了自己的无能。我认为，用这股力量就足以鞭策自己，能够找到其他的生存之路。你们倘若有机会审视我的过去，知道了我并没有白活一世。一定会为我高兴的。

雨什么的下个不停，家里充满忧郁气氛的日子，你们当中的一个不知怎么一来会默默地走进我的书房，而且只叫了声爸爸，就偎倚着我的膝头抽抽搭搭地哭起来。唉，什么事情会向你们那天真的眼睛索

取泪水呢？不幸的孩子们呀。再也没有比看见无端的悲哀使你们一反常态的时候更使我感到人世之凄凉的了。另外，再也没有比看见你们精神抖擞地向我道早安后跑到母亲的相片跟前快活地喊"妈妈好"那一瞬间更一下子剜到我心灵深处的了。那时，我吓得心里扑通一跳，眼前就浮现了无劫的世界。

世人一定会认为我的述怀是无聊的。因为丧妻不过是到处都在发生的多得令人不胜其烦的事情当中的一件而已。世人还没有清闲到会重视这样的事，确实是这样的。尽管如此，我就不用说了，就连你们将来也会感到母亲的死是无法弥补的悲痛和遗憾。即使世人对此漠不关心，也不必感到羞耻。那不是可耻的事。我们通过人世间司空见惯的事也能够深深感触人生的寂寞。小事并不见得是小事。大事也不一定是大事。这要看你的心。

因为你们是看着都令人心疼的人生的萌芽啊。无论是哭还是笑，高兴还是寂寞，注视着你们的父亲，心里就会受创伤，感到痛楚。

然而，你们还不知道，对你们和我来说，这种悲痛是多么大的力量。由于这个损失，我们对生活体会得更深了，我们的根在大地里多少有所蔓延。但凡活在世上而不深入人生者就会遭殃。

同时，我们又不可一味沉浸在自己的悲痛中。直到去世为止，你们的母亲从未感到过金钱的匮乏。想服什么药，样样都能服到。想吃什么东西，样样都吃上。由于偶然的社会阶层的关系，我们享受到了这样一种并非特权的特权。你们当中的一个大概还依稀记得 U 先生一家人的情况吧。U 先生被已故的夫人传染上了结核病。他为人富于理智，却皈依天理教①，并想靠祈祷来治病。我一想到他这种心情，就难受得不行。是药有效呢，还是祈祷有效那就不得而知了。但是，U 先生曾很想服医生的药。却喝不起。U 先生每天便血，可是照常上班去。他的喉咙始终缠着手帕，只能发出沙哑的嗓音。U 先生完全知道越干活病情就越加重，但是他为了维持老母和两个孩子的生活，靠着祈祷，勇敢地坚持工作。病情加重后，拿出仅有的一点钱做古贺液注

---

① 天理教是日本神道宗派之一，由中山美伎（1798—1887）所创始，本部在奈良县天理市。

射。可是由于乡下医生的疏忽大意，针头没扎中静脉，引起了高烧。U先生因而死去，身后留下没有资产的老母和幼儿。那些人就住在我们隔壁。命运是多么富于讽刺意味啊。你们想到母亲之死的同时，也应该想起U先生。而且应该设法填平这个可怕的沟壑。我认为，你们母亲之死足以使你们把爱普及到那里，所以才这样说。

人世十分凄凉。难道我们能仅仅这样说说就算了吗？你们和我好像尝过血的野兽一样，体会过爱。行动吧，而且为了尽可能把我们的周围从凄凉中拯救出来而有所作为吧。我爱过你们。而且将永远爱你们。并不是为了从你们那儿得到作为父亲的报酬才这么说的。你们曾教给我怎样爱你们。我对你们的要求只是请你们接受我的感谢。你们长大成人的时候，我也许已经死了。也许还在奋力工作。要么就衰老到没有用处了。然而，不论哪种情况，你们非帮助不可的并不是我。你们那朝气蓬勃的力量切不可为每况愈下的我这样的人所拖累。你们应该像把倒毙的老狮子吃尽，积蓄起力量的小狮子那样，奋勇地甩掉我，迈向人生。

现在时钟已过了午夜，指到一点十五分。在万籁俱寂的夜晚的沉默中，这间屋里只是微微地听得见你们安睡中的呼吸声。我眼前的那张相片跟前放着你们的婶母献给母亲的玫瑰花。这使我想起了我拍那张照片的时候。那时，你们当中最年长的正怀在母亲的胎里。由于自己也不明白的奇异的愿望和恐惧，母亲的心神始终受到困扰。那时，母亲格外漂亮。她说要效仿希腊那些做母亲的，在房间里摆着美好的肖像。其中有密涅瓦①像、哥德、克伦威尔②和南丁格尔③女士的肖像。当时，我稍微怀着嘲笑心情看待那少女气的雄心。如今回想起来，无论如何是不能一笑了之的。我曾说要给你们的母亲照相，于是她就尽情化妆，穿上最好的盛装，来到二楼我的书房。我毋宁是惊讶了，端详她那身姿。你们的母亲凄然一笑，对我说：生孩子是女人上阵打仗。要么生个好娃娃，要么死，二者必居其一。所以她做了临终

---

① 密涅瓦是罗马神话中的智慧女神，相当于希腊神话中的雅典娜。
② 克伦威尔（1599—1658），英国政治家，清教革命的领导人。
③ 南丁格尔（1820—1910），英国女护士，近代护理学和护士教育创始人。

的装束——那时，我也不由得笑了。然而，如今我对那件事却笑不起来了。

深夜的沉默使我严肃起来。我甚至觉得，你们的母亲隔着书桌，就坐在我面前。那母亲的爱，正如遗书中所说的，一定守护着你们。好好睡吧。对不可思议的时辰这种东西的作用听之任之，好好睡吧。明天长得比昨天更大，更聪明，从被窝里蹦出来吧。我会全力以赴，恪尽职责。我这一生不论怎样失败，不论我屈服于怎样的诱惑，我也要做到决不让你们在我的足迹上找到任何不纯净的东西。我一定这么做。你们必须从我倒下的地方重新迈出步去。然而，尽管隐隐约约，你们毕竟能够从我的足迹上探究出该朝着哪个方向和怎样走法。

幼小者啊，将不幸而又幸福的你们的父母的祝福牢记心头，踏上人生的旅途吧。前途是遥远的，而且暗黑。然而不要怕。道路总会在无所畏惧的人前面展开的。

走吧。勇敢地，幼小者啊。

（选自高慧勤主编：《日本经典散文》，上海：上海文艺出版社，2004年）

五、译者简介

鲁迅（1881—1936），20世纪中国最重要的作家，是中国现代小说、白话小说和近代文学主要的奠基人，是新文化运动的领导人、左翼文化运动的支持者之一。鲁迅一生的著作包括杂文、短篇小说、论文、散文、翻译近1000万字。他在前期主要翻译欧美文学及日本文学作品，如尼采、厨川白村等，后期则主要翻译东欧文学及前苏联文学的革命文学作品。他的翻译强调忠实原文，有时甚至连原句的结构也不加改动，以"硬译"风格闻名。

文静（不详）

六、译文赏析

我们不妨假想一下,如果鲁迅现在还活着,且需我们给他印制一张名片,那在他的名字旁边,我们都须标注些什么称谓呢?

我想,诸如"文学家""思想家""革命家"等是很多人都能够想到的。而"翻译家"鲁迅的职业身份却未必能够。其实,我们只要翻看一下鲁迅逝后于1938年出版的《鲁迅全集》就会发现,鲁迅其实是一位名副其实的翻译家。如这部全集,仅翻译类作品就占了其近乎半壁的江山。而且无论是从质还是从量亦或是从翻译作品的广度和深度去看,鲁迅都是一位了不起的翻译家。有岛武郎的这篇散文《与幼小者》,就是鲁迅早期热衷于日本文学翻译时所留下一篇颇具时代意义的作品。在中国近代翻译文学史上占有着举足轻重的地位。

不过直言不讳地讲,如果不事先告知我们《与幼小者》是大作家有岛武郎的作品,且是由鲁迅译介到中国来的,恐怕身处今天普通话语境下的我们,很少有人能一口气将它从头到尾的读完。甚至有读者会质疑,以文词之美著称的日本白桦派文学作品的"美"到底在哪里?

的确,鲁迅的这篇译文今天读来,不仅拗口,还有很多难解文意之处。确实称不上是一篇好翻译。难怪当年梁实秋讽刺鲁迅说:"看地图一般,用手指头点着去读,居然也没有读懂"。且由此可见,鲁迅译文的涩仄难读,不单是因为现在的我们与五四时期半文半白的文体有了隔阂,还有鲁迅的译文本身确有欠缺"流畅"性的问题。如在这篇译文的开篇处,就有这样一段文字:

> 当你们看着这篇文章,怜笑着我的思想的未熟而且顽固之间,我以为,我们的爱,倘不温暖你们,慰藉,勉励你们,使你们的心中,尝着人生的可能性,是决不至于的。

若不参考原文,比如这个"可能性"指的是什么呢?想必一定会

有很多读者理不顺这段文字的意思。所以在今天，如果我们仅是从现代读者的文章阅读习惯或标准去批评或鉴赏鲁迅译作，没有什么意义。

那么我们该如何去与鲁迅的译文对话呢？

我想，我们不妨先从了解鲁迅对翻译所秉持的态度、立场及原则着手，然后再去讨论这些原则、立场及态度给鲁迅的翻译工作带来怎样的影响及效果为好。

众所周知，鲁迅生前一贯主张所谓"直译"和"硬译"的方法。即翻译外国文学时首先重视对原文的忠实性。他反对为求"顺畅"而恣意调整原文的表述模式。甚至鲁迅还认为，翻译是一项引进外国新名词和新事物的工作。所以他主张在翻译的过程中当遇到译者的民族语言生活所没有的新鲜事物和现象时，不应把他对译成本民族的读者所熟悉的"近似物"，而是即便可能会导致难懂，但也要保留域外文化现象的原有味道。对那些仅凭翻译很难读懂的地方，鲁迅认为那就需要读者方面自己去做一些学习或调查的工作了。毕竟即便是用本民族的语言去写成的文章，如果不学习也有读不懂的文章。这是鲁迅之所以坚持"直译"或"硬译"方法的主要原因。或许有人会对鲁迅的这一翻译理念和观点抱有不同的看法。这无可厚非。无论什么原则立场，总会有见仁见智的问题。或许翻译理论性比较强的文章时，鲁迅的这一态度和立场会更有优势。但面对《小さき者へ》这样的一篇散文体文章，其弊端也是显而易见的。

众所周知，《小さき者へ》是有岛武郎早年丧妻之后，深夜望着熟睡在自己身边的三个孩子心生怜悯而写成的短篇散文。字里行间饱含了有岛武郎做为父亲和丈夫，对妻儿所抱有的火热亲情。对于这样一篇偏重美学的抒情散文，很显然采用僵硬的"直译"或"硬译"的方法不合适。容易掩埋掉原文的艺术美感。如原文中有这样一段。

然しこの悲しみがお前たちと私とにどれ程の強みであるかをお前たちはまだ知るまい。私たちはこの損失のお蔭で生活に一段と深入りしたのだ。私共の根はいくらかでも大地に延びたのだ。人生を生きる以上人生に深入りしないものは災いである。

鲁迅把这段文字译为：

　　然而这悲哀于你们和我有怎样的强力，怕你们还未必知道罢。我们是蒙了这损失的庇荫，向生活又深入了一段落了。我们的根，向大地伸进了多少了。有不深入人生，至于生活人生以上者，是灾祸呵。

我想，如果没有原文的对照，很多读者是读不懂"有不深入人生，至于生活人生以上者，是灾祸"的意味。

与此相比，文静的翻译就清楚多了，我们不妨拿来比对一下：

　　然而，你们还不知道，对你们和我来说，这种悲痛是多么大的力量。由于这个损失，我们对生活体会得更深了。我们的根在大地里多少有所蔓延。但凡活在世上而不深入人生者就会遭殃。

不过文静把"災いである"译为"就会遭殃"似乎译的语气也有些过重。如果依着有岛武郎的情绪去意译，那这句话的意思是"你活在这世上而不去深切的感悟人生，那你早晚是要遭到惩罚"。所以这个"災い"只要翻译成"惩罚"或是"作孽"的意义就可以了，不宜用词过重。否则会伤了原文的悲凉之美。而且，借鉴这两者的翻译，我们不难看出，翻译一篇富有美感的散文应与翻译理论性非常强的文章的方式有所不同。鲁迅的翻译确实有一些过"硬"。在确保对原文的理解无误的前提下，有时适度适当地做一些语序或是表达习惯上的调整，作为翻译也是必要的。比如原文中还有从一句"眞蒼な清々しい顔をして枕についたまま母上には冷たい覚悟を微笑に云わして静かに私を見た"，鲁迅把它译为"显着苍白的清朗的脸色，仍然靠在枕上，母亲是使那微笑，说出冷静的觉悟来，静静的看着我。"虽然译文用近乎对等的文字量翻译出了原文中所有的单位意义，但读起来着实拗口难解。虽说在鲁迅那个年代，白话文本身还不成熟，翻译外国文学的客

观条件也不像今天这样发达，但就事论事地讲，如上述两段译文所示，鲁迅的这种翻译态度并不是很成功。

不过我们通读鲁迅的译文，也会发现鲁迅其实也并非通篇都采用了"硬译"和"直译"的方法。亦有几处意译或是添字加字的地方。如：

日文：
それは病菌をお前たちに伝えるのを恐れたばかりではない。又お前たちを見る事によって自分の心の破れるのを恐れたばかりではない。お前たちの清い心に残酷な死の姿を見せて、お前たちの一生をいやが上に暗くする事を恐れ、お前たちの伸び伸びて行かなければならぬ霊魂に少しでも大きな傷を残す事を恐れたのだ。

鲁迅把这段文字译为：

这也并不是单因为怕有病菌传染给你们。却因为怕将惨酷的死的模样，示给你们的清白的心，使你们一生增加了暗淡，怕在你们应当逐日生长起来的灵魂上，留下一些较大的伤痕。

很明显，原文中的"又お前たちを見る事によつて自分の心の破れるのを恐れたばかりではない"这一句鲁迅没有翻译。最初笔者以为这只是鲁迅的遗漏。但经过反复比对和品味，发现这也可能是鲁迅的有意为之。因为省掉这一句，前后文的情绪和色彩的链接会变得更加紧密和一体化。接下来，我们不妨与文静的翻译对比一下：

那不仅是由于生怕把病菌传染给你们。是唯恐见到你们而使自己心碎。母亲担心的是，由于让你们纯洁的心灵看见残酷的死亡情景而使你们一生越发暗淡，并在你们日益成长的灵魂上留下大的创伤。

对比这两者的翻译，也许有人会觉得鲁迅省略掉那一句的翻译其实没有必要。因为如文静的译法，她把整个句子都译出来了，文章也并没有变得很啰嗦或是不通顺。但是大家注意到没有，文静的翻译其实有一个致命的缺点。就是，她译错了。

请再看一遍有岛武郎的原文。"又お前たちを見る事によって時分の心の破れるのを恐れたばかりではない。" 从语法结构上来说，"又……ばかりではない"并不是一句很难的日语表达形式。对译过来相当于汉语的"而且（还）不仅是……"。所以这一句话应该译为"这不仅是因为你们的母亲担心会把病菌传染给你们。更不仅是因为你们的母亲担心自己一旦见到了你们，自己的心会无法承受。"

无疑，若是如此翻译，原文的意义会被表达的更加严密也更加完整。但是也显而易见，文章就会变得很啰嗦。或许正是因为这个原因，追求流畅性的文静在调整译文的句子表达时，居然译错了非常简单的一句日语表达。而鲁迅则选择了干脆省略掉的方法。至于这两者的处理方式哪一个更好，就又回到了仁者见仁智者见智的问题上来了。

除此之外，鲁迅的译文中还有几处细微的意译与调整的地方。如把"陣痛が起る度毎に産婆は叱るように産婦を励まして、一分も早く産を終らせようとした"中的"一分も早く"意译为"从速"等，这里就不一一列举。

另外还有几处翻译的不是很精确甚至是译错的地方。如他把"窓の外の楓があんなになったのを見ると心細いというのだ"译为"说是看见窗外的枫树已经那样觉得凄凉了"。这里的"心細い"应该是指母亲"担心"孩子们冷暖的问题。而鲁迅把它译成了"凄凉"，这明显有失偏颇。还有他把"どういう積りで運命がそんな小康を私たちに与えたのかそれは分らない"译为"命运是什么意思，给我这样的小康，那可不知道"。这里鲁迅把复数人称代名词的称谓"私たち"译成单人称代名词"我"。这是不应该的。因为原作者有岛武郎在阐述这一细节时，他的心情与孩子们是一体的，不宜分割。否则有岛武郎对命运给予他和他妻儿的那一短暂的恩惠所抱有的感激之情就会淡化。在这一点上，文静的翻译较为确切。她严格地翻译为"我们"。

鲁迅译错的地方还有两处。在这里也一并列出：

（1）
日文：若しお前たちの母上の臨終にあわせなかったら一生恨みに思うだろうとさえ書いてよこしてくれたお前たちの叔父上に強いて頼んで、お前たちを山から帰らせなかった……
鲁迅译：我的叔父那来信甚而至于说，倘不给送母亲的临终，怕要成一生的恨事罢。但我却硬托了他……

这里，鲁迅把"お前たちの叔父上"翻译成了"我的叔父"，这明显是他理解错了。而文静的翻译是正确的，大家可以自行去参阅。

（2）
日文：お前たちの母上は亡くなるまで、金銭の累いからは自由だった。
鲁迅译：自从你们的母亲亡故之后，金钱的负累却得了自由了。

在这一句中，鲁迅把"亡くなるまで"理解成了"亡故之后"。这也是误译。原文的意思应如文静的翻译，是指"直到去世为止，你们的母亲从未感到过金钱的匮乏"。

当然，鲁迅"直译"和"硬译"的方法也不尽是缺点。如他把"而して私の上体を自分の胸の上にたくし込んで、背中を羽がいに抱きすくめた"译为"而且将我的上身拉向自己的胸前，两手在背上挠乱的抱紧了"。这里，鲁迅用了"挠乱的"三个字。用的非常形象而且生动。作为"羽がいに抱きすくめた"的对译文，非常精确。而文静的翻译却把这两个词省略掉了。只是简单地译为"紧紧搂住我的背"。从文学表达的生动性上来说，此处两个词还是译出来为好。因为有岛武郎在描述这一情景时，是对妻子生前在生儿育女和照顾家人方面所付出的艰辛深怀感恩之情的，省略掉会影响读者对原文细腻的感情色彩

143

的感悟。

类似这样的差异还有几处。因篇幅所限，这里就不一一列举。最后，想跟大家讨论一下这篇散文的题目《小さき者へ》该如何翻译的问题。

鲁迅把它译成了"与幼小者"。而文静译为"致幼小者"。虽仅一字之差，感觉却有所不同。

日语格助词"……へ"一般表示某物体移动的方向。一般对译为"向……"。出现在书信体的文章中，相当于汉语的"写给……"。若按这一基本意义去译，《小さき者へ》最为安全也最为简单的译法应该是"写给幼小者"或"送给幼小者"。如果把有岛武郎的亲情父爱也表达出来，再口语话一点意译地话，就是"写给我的小宝贝们。"文静的翻译等于是把口语化的"写给""送给"译成了书面语感浓厚的半文言词"致"。从翻译形式上来看，这一译法无可厚非，也很切近。但笔者并不是很赞成。因为毕竟在现代白话文的语境中，作为"送给"意义的"致"，多用在晚辈对前辈，少数对多数的场景。有自谦或敬他的意味。而有岛武郎在说"小さき者へ"的时候，是充满了长者的口吻的。翻译成"致"在语气上不合适。何况若不是父亲对自己的孩子，日语"小さき者"的语感并不是很好。甚至有轻视或小看别人的意味。所以笔者认为"致"字对应"へ"不够审慎。而鲁迅的"与"用的就比较精妙。因为《正字通》记"与，赐也"。即便是采"和"的语义也可。因为这篇文章情感色彩就是作为父亲的有岛武郎在和孩子们平等的交流感情。而且"与"的日语发音是"あたえる"。语感恰到好处。符合有岛武郎语重心长且有情深义厚的说教给孩子们听的语气。

通篇对比这两者的译文，笔者认为，文静的翻译更为准确，但在对有岛武郎内心情景的理解上，还是鲁迅更加贴近一些。如在翻译"私はその頃心の中に色々な問題をあり餘る程持つてゐた"的一句时，鲁迅严格的对译成"我在那时节，心里面有着太多的问题"。而文静则译为"当时，我心里千头万绪"。咋一看上去，仅就这一句日语的翻译，文静的这一译法似乎也非常简洁通顺，且无误读，可

谓完美。但是，了解当时有岛武郎处境的读者都知道，写这篇散文时的有岛武郎正与复杂的社会新思潮作斗争。他在说"色々な問題"的时候，其实暗含了很多复杂的情绪。不宜用"千头万绪"这一句成语替代了事。因为"千头万绪"多用在表达一个人的情绪或是思路出现混乱或是不知所从的时候，而很少用在思想方面的困惑。而此处有岛武郎所说的"色々な問題"指的就是思想方面的挣扎。所以还是像鲁迅那样，直译为"心里面有着太多的问题"比较安全。这样更有利于引发读者的延伸阅读欲望。当然，这些就不仅仅是翻译的问题了。有兴趣的人可以去研究一下当时的有岛武郎，或许会有新的理解和不同的翻译模式。

（陈朝辉）

七、翻译理论学习

鲁迅首先是翻译家

鲁迅先生说过：凡是翻译，必须兼顾两面，一则当然力求其易解，一则是保存着原作的丰姿。从实质上来讲，就是要使原文的内容、风格、笔锋、韵味在译文中得以再现。翻译涉及原语(source language)与译语(target language) 两种语言及其文化背景等各方面的知识，有时非常复杂。所以，译者要想收到理想的翻译效果，常常需要字斟句酌，反复推敲，仅仅懂得一些基本技巧知识是不够的，必须广泛涉猎不同文化间的差异，必须在两种语言上下工夫，乃至独具匠心。

不看鲁迅译文集，就只能看到他的半张脸

鲁迅的译文著作有三十一本，三百多万字。数量比他的杂文集和小说集加起来还多。在短短五十六年的生涯里，他为世人留下的译文实在是多的。我曾经说鲁迅首先是翻译家，其次是作家，这是从他的译文和创作的比例而言的。实际上他一生的主要精力在翻译、编辑出版上，写作不过业余的偶得，并没有把创作放在首位的。可是现在人们对他的认识一直是颠倒的。原因是难以看到或知道他的译作，说起

来真是一件错位的事。

认识一个完全的鲁迅,不能不去读他的译文著作(当然古籍整理与绘画研究也包括在内)。只有和他译介的那些域外的文学和理论文字接触,才能明白他写作的一种底色,对他的知识结构与思想来源就可以领略一二。可惜长期以来无论学术界还是出版界,都漠视了此点。鲁迅形象在大众那里一直是半个脸面。而我们的媒介却说:看哪,鲁迅就是那个样子。

鲁迅译文不被看好的原因

不妨说,鲁迅的译文集是个五光十色的所在。异域的风采和思想的深切,形成一种力量。这里的文字不像译者杂文那么随心所欲,可是也有多种文化对撞时的快感。鲁迅苦苦在中文与日文、德文、英文里寻找对应物,于是形成一股新风,阅之有爽目之感。你于此可以感受到他运用语言的天赋,以及斟词酌句的良苦用心。有的似乎他个人意识的表达,也仿佛是借着别人的嘴在说些什么。总之,它们已成了其思想的一部分。

五十年间人们对他的翻译的漠视,想来有很复杂的原因。一是所译的作品多是隐曲的灰色之作,与社会主流文化隔膜。1958年的《鲁迅译文集》的编辑说明指出,"这些译文,现在看来,其中有一些已经失去了译者介绍它们时所具有的作用和意义;或者变为有害的东西了"。于是像托洛茨基那样的人物的文章就被抽掉了。尼采的文字竟遭批判。也有学者说鲁迅思想里有虚无的东西,译作不乏小资产阶级的遗绪。言外不过转瞬即逝的旧物。

鲁迅译文不被看好的另一个原因是,译笔苦涩,难以卒读。从梁实秋到李敖都是这个看法。澳门有个学者还专门著文论述鲁迅句法的不通,直到现在微词不绝。这是个学术理念的问题,涉及到严复以来翻译理念的诸多难点,直到钱锺书这一代依然看法不一,大家有各自的眼光也无可非议。但鲁迅的只"信"不"顺"的译笔伸展着另一个主题,只是不被世人明了罢了,他也因此成了少数派,影响了大众的阅读。那本《死魂灵》,后来就没有多少人看,引用这个版本的人甚为寥落。

鲁迅重翻译的原因：汉语在主奴关系里浸泡太久

不过鲁迅自己却有相反的看法，他倒觉得，自己写的小说与杂文，其实不及所译著作有意义。小说、杂文所写的不过现实的黑色与内心的灰色，是速朽的东西，而他引介的小说、随笔乃至学术著作，却闪着别一世界的灵光，可以祛除内心的寒气，对国人的阅读殊为重要。1927年，有人推荐他作为诺贝尔文学奖的候选人，他却拒绝了。其中一个理由是，自己的创作不行，和所译的作品《小约翰》那样的书比，有一定的距离。

这能够看出他重视翻译而不看好自己作品的真实内心。在他看来，要有新的文艺，没有别的路，只能拿来域外的艺术。汉语在主奴的关系里浸泡太久，现代理念下的个体化的文字或许可以置换这种病态之语。鲁迅甚至认为，废除汉字，走拉丁化的路，也并非不是一个选择。

因此他把大量精力用到翻译之中，而且十分庞杂。理解鲁迅的所有译文不是容易的事。由于语境和时代背景的差异，我们要揣摩他的心需有诸多的耐力。他选择的对象有时也匪夷所思，三十几册的书，思想斑驳，艺术多样，文体各异。和他的杂文丰富性来比，毫不逊色。

没有与外国艺术的碰撞，就没有鲁迅的诞生

译者鲁迅涉猎的域外话题极其广阔，最初是科幻小说，科学史，后来是尼采与裴多菲的作品。不久被安德烈夫、迦尔洵所吸引，个性化的言说方式在他眼里占了很大的分量。在他的同代人的翻译经历里能看到，许多人是以大人物的作品为对象，莎士比亚、托尔斯泰、歌德颇受青睐。鲁迅不是这样，他所译介的都是小人物的作品，爱罗先珂、阿尔志巴绥夫、有岛武郎、片上伸、理定等，在文学史上的意义都有限。鲁迅译介他们的文字，更多的是为了自己的内心，他感到这些对自己有趣，可以唤起一种内力的喷吐。而且这些作品多不是对一种目标的渴望，而是对自我更新的可能的思索。那些外来的作品多少是反省本民族痼疾的，无论日本还是俄国，许多他喜欢的作家，都是思想界的斗士。在精神的高度和艺术的水准上，确有不凡之笔。

大致看来，他译介的作品有以下几类：一是短篇小说（包括童话、

科幻作品），二为随笔，三是美术史著作，四是美学专著，五为长篇小说，六为剧本。不过他藏的外国著作很多，像考古报告、哲学专著、电影评论、史学理论，都没来得及动手去译。但这些思想对他的暗示毋庸置疑。他一面翻译，一面结合中国的实际发表言论。比如他介绍日本青野季吉《关于知识阶级》《现代文学的十大缺陷》后，就发表过关于中国缺少真正的知识阶级的讲演。自然，比青野季吉更具体和深入，但看法大概是从这位日本人那里来的吧。他批评左翼作家的轻浮浅薄，也受益于日本学者的体味。在译了《出了象牙之塔》后，他也说，作者对日本社会的攻击，简直也像在说我们，而可惜，那时的中国还没有厨川白村那样的作者。在推出《小约翰》后，直接催生出《从百草园到三味书屋》，而后者是借鉴了前者的意象的。我们不看这些译作，就不能了解一个全面的鲁迅。实在说来，没有与外国艺术的碰撞，就没有鲁迅的诞生。

鲁迅的审美意识不是嫁接在西方艺术大师的躯体上的，而是来自普通的、无名的、很有个性的作家的暗示。他以为那些显赫的大师多是"完成时"的人物，中国需要的恰是"未完成时"的艺术，因为我们就正在"未完成时"的阶段。而"未完成时"就意味着有多样的可能。鲁迅思想与艺术有时就蕴含着诸多可能性。你看他关注的迦尔洵、格罗斯、比亚兹莱、蒙克，都是颠覆"完成时"的固定模式的艺术家。他们的思想流淌着，不断穿梭在意识的波光中，不像湖泊那样凝固着。只有奔走的艺术才是活的艺术，躺在象牙塔里的鸿篇巨著，在他看来是半死的存在。中国需要腾跃的文字，而非僵硬的死文章。他所引来的作品，不是这样的。

鲁迅一生与三种势力对话

纵观一生，他一直和三种势力对话：一是旧有的文明，整理汉画像和乡邦文献是个证明；二是和当下的中国对话，这有那些杂文为例；三是和同代的洋人对话，三百多万字的译文能诠释些什么。在这些对话里，外来思想和诗情，给他的刺激尤大，因为那是中土里没有的东西，它们能催生出新生的思想是无疑的。他有时战胜环境的压迫，靠的就是洋人的外力。比如在教育部工作时，有感于中国教育理念的陈

旧，遂翻译了上野阳一《艺术玩赏之教育》《社会教育与趣味》《儿童之好奇心》。对知识界是个不小的触动。革命文学论争的时代，他为了弄清俄国文学理论的根本点，便亲手去翻译普列汉诺夫的美学著作。当新文学进入困难的时期，他从捷克、爱尔兰等国的文学史里寻找参照，就译过凯拉绥克《近代捷克文学概观》和野口米次郎的《爱尔兰文学之回顾》。为了弄清法国左翼作家的环境，他介绍纪德的《描写自己》。他浏览的作家很多。除了俄苏、日本外，德国、法国、西班牙、奥地利、匈牙利、罗马尼亚、保加利亚、荷兰、美国的作品他都曾涉猎并译介过来。

思想审美的反常态带来译文的反常态

在与这些作品相逢的时候，其实是拷问着自己。用他的话说是盗来火种煮自己的肉。中国旧的文学奴性过多，士大夫之流只会说着空洞的自慰的话，全与真的人生无关。鲁迅所介绍的作品，几乎都是心灵深处的喷吐，或直面现实，或拷问内心，显出精神的深。而且他绝不以士大夫的口吻叙述和转述对象世界的思想，一直试图转化出新的语序和新的逻辑表达方式。越到晚年，他越自觉地和自己旧的表达习惯相背离，译文也越苦涩难懂。他试图创造出严明的语句，希望以此增添汉语表达的丰富性。这是他一生最悲壮的语言试验，梁实秋、李敖攻击他的语言不通，完全用的是常态人的逻辑。而鲁迅在思想和审美上，向来是反常态的，因为恰恰是非常态的存在，可以超越人的感觉阈限。鲁迅是个向极限挑战的人，创作如此，翻译也如此。他的这个特点世人多不理解，其译文寂寞于世，不知是先生的不幸呢，还是我们的不幸。

（选自孙郁：《鲁迅首先是翻译家》，《北京日报》，2008年9月30日）

第二单元

第 5 课

一、原文

清兵衛と瓢箪

志賀直哉

　これは清兵衛と云ふ子供と瓢箪との話である。此出来事以来清兵衛と瓢箪とは縁が断れて了ったが、間もなく清兵衛には瓢箪に代はる物が出来た。それは絵を描く事で、彼は嘗て瓢箪に熱中したやうに今はそれに熱中して居る……

　清兵衛が時々瓢箪を買って来る事は両親も知って居た。三四銭から十五銭位までの皮つきの瓢箪を十程も持って居たらう。彼はその口を切る事も種を出す事も独りで上手にやった。栓も自分で作った。最初①茶渋で②臭味をぬくと、それから父の飲みあました酒を貯へて置いて、それで頻りに磨いていた。

　全く清兵衛の③凝りやうは烈しかった。或日彼は矢張り瓢箪の事を考へ考へ濱通りを歩いて居ると、不図、眼に入った物がある。彼ははッとした。それは路端に濱を背にしてズラリと並んだ屋台店の一つから飛び出して来た爺さんの禿頭であった。清兵衛はそれを瓢箪だと思ったのである。「立派な瓢ぢゃ」かう思ひながら彼は暫く気がつかずに居た。——気がついて、流石に自分で驚いた。その爺さんはいい色をした禿頭を振り立てて彼方の横町へ入って行った。清兵衛は急に可笑しくなって一人大きな聲を出して笑った。堪らなくなって笑ひながら彼は半町程駆けた。それでもまだ笑ひは止まらなかった。

　これ程の凝りやうだったから、彼は町を歩いて居れば骨董屋でも

八百屋でも④荒物屋でも⑤駄菓子屋でも又専門にそれを売る家でも、凡そ瓢箪を下げた店と云へば必ず其前に立って凝っと見た。
　清兵衛は十二歳で未だ小学校に通っている。彼は学校から帰って来ると他の子供とも遊ばずに、一人よく町へ瓢箪を見に出かけた。そして、夜は茶の間の隅に⑥胡座をかいて瓢箪の手入れをして居た。手入れが済むと酒を入れて、手拭で巻いて、罐に仕舞って、それごと炬燵へ入れて、そして寝た。翌朝は起きると直ぐ彼は罐を開けて見る。瓢箪の肌はすっかり汗をかいている。彼は厭かずそれを眺めた。それから丁寧に糸をかけて陽のあたる軒へ下げ、そして学校へ出かけて行った。
　清兵衛のいる町は商業地で⑦船つき場で、市にはなって居たが、割に小さな土地で二十分歩けば細長い市のその長い方が通りぬけられる位であった。だから仮令瓢箪を売る家はかなり多くあったにしろ、殆ど毎日それらを見歩いている清兵衛には、恐らく総ての瓢箪は眼を通されていたらう。
　彼は古瓢には餘り興味を持たなかった。未だ口も切ってないやうな皮つきに興味を持って居た。しかも彼の持って居るのは大方所謂瓢箪形の、割に平凡な恰好をした物ばかりであった。
　「子供ぢゃけえ、瓢いうたら、かう云ふんでなかにやあ気に入らんもんと見えるけなう」大工をしている彼の父を訪ねて来た客が、傍で清兵衛が熱心にそれを磨いて居るのを見ながら、かう云った。彼の父は、
　「子供の癖に瓢いぢりなぞをしをって……」とにがにがしさうに、その方を顧みた。
　「清公。そんな面白うないのばかり、えつと持つとってもあかんぜ。もちっと奇抜なんを買はんかいな」と客がいった。清兵衛は、
　「かういふがええんぢや」と答へて済まして居た。
　清兵衛の父と客との話は瓢箪の事になって行った。
　「此春の品評会に参考品で出ちよった馬琴の瓢箪と云ふ奴は素晴しいもんぢゃつたなう」と清兵衛の父が云った。

「えらい大けえ瓢ぢゃつたけなう」
「大けえし、大分長かった」
　こんな話を聞きながら清兵衛は心で笑って居た。馬琴の瓢と云ふのは其時の評判な物ではあったが、彼は一寸見ると、──馬琴といふ人間に何者だか知らなかったし──直ぐ下らない物だと思って其場を去って了った。
　「あの瓢はわしには面白うなかった。かさ張つとるだけぢゃ」彼はかう⑧口を入れた。それを聴くと彼の父は眼を丸くして怒った。
　「何ぢゃ。わかりもせん癖して、黙っとれ！」
　清兵衛は黙ってしまった。
　或日清兵衛が裏通りを歩いていて、いつも見なれない場所に、⑨仕舞屋の格子先に婆さんが干柿や蜜柑の店を出して、その背後の格子に二十ばかりの瓢箪を下げて置くのを発見した。彼は直ぐ、
　「ちょっと、見せてつかあせえな」と寄って一つ一つ見た。中に一つ五寸ばかりで一見極く普通な形をしたので、彼には震ひつきたい程にいいのがあった。
　彼は胸をどきどきさせて、
　「これ⑩何ぼかいな」と訊いて見た。婆さんは、
　「ばうさんぢゃけえ、十銭にまけときやんせう」と答へた。彼は息をはずませながら
　「そしたら、屹度誰にも売らんといて、つかあせえなう。直ぐ銭持って来やんすけえ」くどく、これを云って走って帰って行った。
　間もなく、赤い顔をしてハアハアいひながら還って来ると、それを受け取って又走って帰って行った。
　彼はそれから、その瓢が離せなくなった。学校へも持って行くやうになった。仕舞には時間中でも机の下でそれを磨いている事があった。それを受持の教員が見つけた。修身の時間だっただけに教員は一層怒った。
　他所から来ている教員には此土地の人間が瓢箪などに興味を持つ事が全体気に食はなかったのである。此教員は武士道を云ふ事の

好きな男で、雲右衛門が来れば、いつもは通りぬけるさへ恐れている新地の芝居小屋に四日の興行を三日聴きに行く位だから、生徒が運動場でそれを唄ふ事にはそれ程怒らなかったが、清兵衛の瓢箪では聲を震はして怒ったのである。「到底将来見込のある人間ではない」こんな事まで云った。そして其たんせいを凝らした瓢箪は其場で取り上げられて了った。清兵衛は泣けもしなかった。

　彼は青い顔をして家へ歸ると炬燵に入って只ぼんやりとして居た。

　そこに本包みを抱へた教員が彼の父を訪ねてやって来た。清兵衛の父は仕事へ出て留守だった。

　「かう云ふ事は全体家庭で取り締って頂くべきで……」教員はこんな事をいって清兵衛の母に食ってかかった。母は只々恐縮して居た。

　清兵衛はその教員の執念深さが急に恐ろしくなって、唇を震はしながら部屋の隅で小さくなっていた。教員の直ぐ後の柱には手入れの出来た瓢箪が沢山下げてあった。今気がつくか今気がつくかと清兵衛はヒヤヒヤしていた。

　散々叱言を並べた後、教員はたうとう其瓢箪には気がつかずに歸って行った。清兵衛はほっと息をついた。清兵衛の母は泣き出した。そしてダラダラと愚痴っぽい叱言を云ひだした。

　間もなく清兵衛の父は仕事場から歸って来た。で、その話を聞くと、急に側にいた清兵衛を捕へて散々に撲りつけた。清兵衛はここでも「将来迚も見込のない奴だ」と云はれた。「もう貴様のやうな奴は出て行け」と云はれた。

　清兵衛の父は不図柱の瓢箪に気がつくと、玄能を持って来てそれを一つ一つ割って了った。清兵衛は只青くなって黙って居た。

　扨、教員は清兵衛から取り上げた瓢箪を穢れた物ででもあるかのやうに、捨てるやうに、年寄った学校の小使にやって了った。小使はそれを持って歸って、くすぶった小さな自分の部屋の柱へ下げて置いた。

二ヶ月程して小使は僅かの金に困った時に不図その瓢箪をいくらでもいいから売ってやらうと思ひ立って、近所の骨董屋へ持って行って見せた。

　骨董屋はためつ、すがめつ、それを見ていたが、急に冷淡な顔をして小使の前へ押しやると、

　「五圓やったら貰うとかう」と云った。

　小使は驚いた。が、賢い男だった。何食はぬ顔をして、

　「五圓ぢゃ迚も離し得やしえんなう」と答へた。骨董屋は急に十圓に上げた。小使はそれでも承知しなかった。

　結局五十圓で漸く骨董屋はそれを手に入れた。——小使は教員から其人の四ヶ月分の月給を只貰ったやうな幸福を心ひそかに喜んだ。が、彼はその事は教員には勿論、清兵衛にも仕舞まで全く知らん顔をして居た。だから其の瓢箪の行方に就ては誰も知る者がなかったのである。

　然し其賢い小使も骨董屋がその瓢箪を地方の豪家に六百円で売りつけた事までは想像も出来なかった。

　……清兵衛は今、絵を描く事に熱中している。これが出来た時に彼にはもう教員を怨む心も、十あまりの愛瓢を玄能で破って了った父を怨む心もなくなって居た。

　然し彼の父はもうそろそろ彼の絵を描く事にも叱言を言ひ出して来た。

　（选自志贺直哉：《志贺直哉集 日本现代文学全集 49》，东京：讲谈社，1978 年）

二、作者与作品简介

　　志贺直哉（1883—1971）出生于宫城县一个武士世家。七岁入学习院学习。1906 年入东京帝国大学英文科，后转入国文科。1910 年退学，专门从事文学创作。同武者小路实笃等学习院同学创刊《白桦》杂志，是白桦派的主要代表作家。他是一个创作态度严肃和富于人道

主义精神的作家，日本文坛称他为短篇小说之神。他在《白桦》创刊号上发表的短篇小说《到网走去》(1910)，显示了他的创作才能，是他五十年创作生涯的奠基之作。此外他的代表作还有《老人》(1911)、《大津顺吉》(1912)、《正义派》(1912)、《清兵卫与葫芦》(1913)、《和解》(1917)、《在城崎》(1917)、《十一月三日午后事》(1918)、《暗夜行路》(1921—1937)、《灰色的月亮》(1945)等。他的作品主要取材于个人和家庭的日常生活琐事，通过一点一滴现实生活的描写，揭露日本社会的黑暗，具有鲜明的人道主义倾向和现实主义文学色彩。"他文笔清新隽永，生动洗练，用疏寥的笔墨勾画出生动的形象，具有较高的艺术造诣。他是一位颇有影响而且颇有特色的作家。"[①]1968年获文化勋章。

《清兵卫和葫芦》是志贺直哉短篇中颇受欢迎的一篇。文章以简洁明了、清新幽默的笔触，描述了12岁的主人公清兵卫的喜怒哀乐以及对葫芦的热爱。同时委婉地批判了大人们总是喜欢用权威压制小孩的错误做法。

三、原文注释

①茶渋[ちゃしぶ]：茶垢，茶锈。

②臭味[くさみ、しゅうみ]：有两个意思。1、臭味，气味。2、习气，派头。本文是第一个意思。

③凝る[こる]：有四个意思。1、凝固，凝集。2、酸痛。3、热衷，狂信，专心致志，入迷。4、讲究，下功夫，精致。本文是第三个意思。

④荒物屋[あらものや]：杂货店。

⑤駄菓子屋[だがしや]：粗点心店。

⑥胡座をかく[こざをかく]：盘腿坐。

⑦船つき場[ふなつきば]：(船)的停泊处，码头，港口。

---

① 朱维之主编：《外国文学史》(亚非卷)，天津：南开大学出版社1998年版，第241页。

⑧口を入れる[くちをいれる]：插话
⑨仕舞屋[しもたや]：有两个意思。1、不再做买卖的人家。2、不开店的一般住家。本文是第一个意思。
⑩何ぼ[なんぼ]：いくら、どんなに。本文是多少钱的意思。

四、译文

译文1　　　　　　　清兵卫和葫芦

楼适夷　译

这是一个叫清兵卫的孩子跟葫芦的故事。自从发生了这件事以后，清兵卫和葫芦就断了关系。过了不久，他又有了代替葫芦的东西。那便是绘画，正如他过去热衷于葫芦一样，现在他正热衷着绘画。

清兵卫常常买了葫芦来玩，他爸妈是知道的。从三四分钱到一毛五分钱一个的带皮葫芦，他大概已有十来个了。他能够自己把葫芦口切开，把里边的籽掏出来，技巧很好，塞子也是自己装上的。先用茶卤一泡，把气味泡干净了，然后就把父亲喝剩的淡酒装在里面，不停地把表皮擦亮。

他对于这爱好异常专心。有一天，他在海边的街上走，心里依然在想着葫芦，忽然眼前看见一件东西，使他吓了一跳。原来背海一带都是摊户，这时候忽然从一个摊户伸出一个老头子的秃脑袋，清兵卫把它错看作葫芦了。"这葫芦真好！"心里这么想着，有好一会儿没有看清楚——再仔细一看，连自己也吃惊了。那老头子昂着光彩熠熠的秃脑袋，走进巷子里去了。清兵卫觉得好笑，就大声地笑了起来，一边不住地笑着，一边跑过了半条街，还是忍不住地笑。

因为他热衷得这么厉害，所以他每次上街的时候，走过古董店、水果铺、旧货店、糖食店以及专门卖葫芦的铺子或仅仅门口挂着葫芦的店铺，总是呆呆地站在门前观望。

清兵卫是一个才十二岁的小学生，每天学校里放学回来，他也

不跟别的孩子一起玩，常常一个人上街去看葫芦。一到晚上，就坐在起坐室里收拾葫芦；收拾好了，就装上酒，用手巾包好，放在罐子里，又把罐子藏在火炉箱中，然后去睡觉。第二天早晨起来，立刻又打开罐子看，葫芦皮上冒出了许多水珠。他永远不倦地看着，看过之后，很郑重地系好络绳，挂在朝阳的廊檐下，然后上学校去。

　　清兵卫居住的小镇，是个商业码头，虽然算个市镇，其实是很狭小的，一条细长的市街，只要二十分钟就可以走完了。所以卖葫芦的店铺即使怎样多，像清兵卫这样几乎每天都跑去看，大概所有的葫芦，也都被他一一地看过了。

　　他对于旧的葫芦，没有多大的兴趣，他所喜欢的是还没有开过口的带皮葫芦。而且他所有的大抵都是葫芦形很周正的平凡的东西。

　　"真是小孩子呢，不是这种葫芦他就不喜欢。"来看望做木匠的他爸爸的客人，看见清兵卫在一旁很专心地擦葫芦，就这样说。

　　"是呀，一个小孩子，却喜欢这种玩意儿……"他爸爸很不高兴地向那边望了一望。

　　"阿清，这些并不见什么好，再去买几个奇特点的来呀。"客人说。

　　"这样的好呀。"清兵卫只是这样回答了一句。

　　清兵卫的父亲与朋友就谈到了葫芦。

　　"今年春天开评品会时，有人拿出了马琴的葫芦来做参考品，那才是出色的呢。"清兵卫的父亲说了。

　　"是一个很大的葫芦吧？"

　　"又大又长。"

　　听见这样的话，清兵卫偷偷地发笑。他们所说的马琴的葫芦，是那时候一件很有名的东西，他也去看了一看——他不知道马琴是什么人——立刻觉得并不见得怎样好，就掉头走了。

　　"那种葫芦我可不喜欢，不过大一点就是了。"他插嘴说。

　　听了这话，父亲就圆睁着眼睛呵斥说：

　　"什么话，你懂得什么，也来多嘴！"

　　清兵卫沉默了。

有一天，清兵卫走过后街，在平时不大注意的地方，一家闭了门的住房前，有一个老婆婆摆着一个卖柿子桔子的摊子。他发现摊子后边的店板门上，挂着二十来个葫芦。他立刻说：

"让我看一看。"说着走近，一个一个地仔细把玩。其中有一个，约五寸高，看那模样是很普通的，他却喜欢得什么似的。

他心头发着跳，问了：

"这个葫芦卖多少钱？"

"看你是小哥儿，就便宜点算一毛钱吧。"老婆婆回答了。他喘着气：

"好，你别卖给别人，我回家去马上拿钱来。"他急匆匆地说定，就跑回家去。

不多一会，他红着脸，呼呼地喘着气跑回来，买了葫芦就跑着回去了。

从此，他片刻也不离这个葫芦，还带到学校里去。终于因为在上课的时候也偷偷地藏在桌子底下摩擦，给级任教员看见了。恰巧上的是修身课，所以教员更加生气。

这位外来的教员对于本地人爱好葫芦的风气心里本来就不舒服，他是喜欢武士道的，每次名伶云右卫门来的时候，平时连走过都不大高兴的新地的戏院子，演四天戏，倒要去听三天。学生在操场里唱戏，他也不会怎么生气，可是对于清兵卫的葫芦，却气得连声音都抖起来，甚至说："这种小孩子将来不会有出息的。"于是这个一心热衷的葫芦，终于被当场没收。清兵卫连哭也没有哭一声。

他脸无人色地回到家里，靠火炉边发呆。

这时候，教员挟着一只书包来访问他的父亲，父亲恰巧不在家。

"这种事情，家里应该管管他……"教员对清兵卫的母亲这样说，母亲吓得只是战战兢兢地不敢出声。

清兵卫对于这位教员的顽固，吓得什么似的，哆嗦着嘴唇，在屋角里缩作一团。在教员身后面的柱子上正挂着许多收拾好了的葫芦。

清兵卫心头别别地跳着，怕他会注意到。

训斥了一顿之后，教员终于没有注意到葫芦，回去了，清兵卫透出了一口大气。清兵卫的母亲却哭了起来，唠唠叨叨发了许多没意味的怨言。

不多一会，清兵卫的父亲做工回来了，听了这话，立刻抓住正在身边的清兵卫，使劲揍了一顿。在这儿，清兵卫又被骂了"没出息的孩子！"还说："象你这种家伙，赶快给我滚蛋吧。"

清兵卫的父亲忽然注意到柱子上的葫芦，就拿起槌子来一个一个地砸碎；清兵卫只是脸色发青，不敢作声，

从清兵卫那儿没收来的那个葫芦，教员当作脏东西似的交给老年的校役，叫他去扔了。校役拿了来挂在自己那间熏黑的小屋子的柱子上。

约莫过了两个月，校役恰巧因为没有钱化，想起这个葫芦，准备多少换几个钱，就拿到附近的古董店里去看。

古董店老板横捧竖捧地仔细瞧了半天，马上做出一副冷淡的神气，把葫芦向校役一推：

"要卖就算五块钱吧。"

校役暗暗吃了一惊，可是他是乖觉的，连忙板起脸回答说：

"五块钱可不卖。"古董店马上加到了十块；可是校役还不肯答应。

结果是五十块成了交——校役从那位教员手中好像平白地得了四个月的薪水，心里偷偷地高兴。他当然不曾告诉教员，对清兵卫也隐瞒到底。因此这个葫芦的去处，终究没有人知道。

可是凭校役怎样聪明，也不会想到古董店把这个葫芦卖给当地的富家，价钱是六百块。

……清兵卫现在正热衷于绘画，自从有了新的寄托，他早已不怨恨教员和用槌子打破了他十多只葫芦的父亲了。

可是他的父亲，对于他的喜欢绘画，又在开始嘀咕了。

（选自高慧勤编选：《日本短篇小说选》，北京：中国青年出版社，1983年）

译文 2　　　　　　　　　清兵卫与葫芦

陈炳昆　译

　　这是名叫清兵卫的小孩与葫芦的故事，自从发生这件事以后，清兵卫与葫芦的缘分就断绝了。但不久清兵卫又找到了代替葫芦的嗜好。那即是绘画，于是如今他像是当初着迷于葫芦一样对绘画痴迷……

　　清兵卫时常买些葫芦回来，此事他的双亲也都知道。他拥有大约十来个三四钱至十五钱左右价格不同的带皮的葫芦。他能一个人很利落的切开葫芦嘴，取出里头的瓜子，嘴盖也是自个儿做的。他先用茶垢除掉葫芦的臭味，然后，他将父亲喝剩的酒存起来，用来再三地擦拭葫芦。

　　清兵卫对葫芦非常痴迷，有一天，他依然一边想着葫芦的事情，一边走在海滨的路上。突然有一个东西映入眼帘，他吃了一惊，那是在路旁背着海滨的一列摊子中闪出的一位老爷的秃脑袋，清兵卫以为他是葫芦。"多么漂亮的葫芦呀！"

　　他这样想着，还没回神过来地说着。——等他察觉到时，不觉他自己也下了一跳，那位老爷摇晃着颜色光润的秃头走进对面的巷子了。清兵卫突然想到刚才自己的奇怪想法，独自一个人大声的笑了出来，笑个不停，他跑了大约半条街仍无法停住笑声。

　　因为他对葫芦如此迷恋，因此他在街上走时，无论是经过古董店，还是蔬菜店，是杂货店或是点心铺还是葫芦专卖店，只要是店内挂着葫芦，他必定停下驻足凝视良久。

　　清兵卫十二岁，但还在上小学，他放学回家后也不和其他小孩玩，一个人常上街去看葫芦，晚上则盘腿坐在起居室的一角开始摆弄保养他的葫芦，摆弄后倒入酒，然后用手巾将葫芦包起来放进罐子中，再连罐子一起放入暖桌里，再去睡觉。第二天一起来就立刻打开罐子看看，葫芦的表皮冒出了很多小水珠，他不厌其烦的注视着，然后小心地系上丝线，挂在向阳的屋檐下，才去上学。

　　清兵卫住的城市是一个商业地域兼有小码头的地方，虽然说是

"市",但非常狭小,只要步行二十分钟,细长的市区之狭长一方就已到底了。因此即使有许多商店在卖葫芦,可是对于每天几乎上街逛逛去看葫芦的清兵卫来说,大概所有的葫芦他都看过了。

他对于旧葫芦没什么兴趣,只对未切口还带着皮的葫芦感兴趣,而且他所持有的都是一些形状极普通的葫芦。

"毕竟是小孩子,收集葫芦都喜欢这种样式的。"一天一位客人来拜访当木匠的父亲,看着清兵卫在一旁正热心的擦着葫芦,这样说着。他的父亲以不高兴的口吻回头看了一眼说着:"小孩子玩弄什么葫芦……"

"阿清,不要尽是收集这些没有趣的葫芦,应买一些特殊一点的。"客人说着。

"这种形式的才好。"清兵卫蛮不在乎的回答。

清兵卫的父亲和客人继续谈着葫芦的事。

"今年春天的葫芦品评会上作为参考品展出了马琴的葫芦,那是极品呢。"

清兵卫的父亲说着。

"很大的葫芦吧!"

"是呀,很大又长。"

听着他们大人的谈话,清兵卫内心暗笑,马琴的葫芦在当时确是出名的葫芦,他去看了一下——虽然他不知道马琴是何许人物——立刻觉得那只是个无趣的葫芦,而当场离去了。

"那个葫芦我觉得无趣并不觉得有特别之处,只是大了一些。"他插嘴说到。

他的父亲听到他这么说瞪眼怒说:"你什么都不懂,给我闭嘴!"清兵卫默默不语。

有一天,清兵卫走在后街上,在一个平时不常去之处,发现了在一间已呈歇业状态的商家门前,有位老太太在买柿干和橘子,其身后的门窗挂有二十来个葫芦,他马上上前问道:"给我看一下好吗?"然后他一个个地看着,其中有一个约五寸大小,看起来状似普通的葫芦,当他看到后不禁怦然心动,希望一把将它搂在怀中。

他的心扑通地跳着。

"这个要多少钱？"他问道。

老太太回答说"看你是小孩子，就便宜卖，算你十钱吧！"

他急促提高声音说："那么一定不能卖给别人哟，我立刻拿钱来。"他唠叨地吩咐着，然后飞奔回家。

不久，清兵卫红着脸呼呼地喘着气，回到店里。

此后他喜爱这葫芦简直爱到无法分开，连上学也都要带去，最后即使在上课中他还在桌子底下擦着葫芦，终于被上课的老师发现，因为这堂课是上道德、伦理的课，所以老师更生气了。

这位从外地来的老师对本地人喜欢葫芦的嗜好非常讨厌，他喜欢谈武士道，云右卫门如果来此演出的话，即使是在平时不愿走过的花街柳巷的小剧场演出四天，他总会去看三天吧，学生在运动场上唱这种戏曲，他倒还不会生气，但看到清兵卫玩葫芦之事却气得声音都颤抖。老师甚至说："我看你将来一定不会有出息。"然后当场没收了清兵卫尽心保养的葫芦。清兵卫哭都不敢哭出来。

他脸色苍白地回家，坐进暖桌内，发呆起来。

此时抱着书的任课老师到家里访问他父亲，清兵卫的父亲因工作外出不在家里。

老师冲着清兵卫的母亲不客气地说："这件事本是应该由家庭来管教的……"母亲只能惶恐的陪不是。

清兵卫对老师的纠缠不已，突然感到害怕，嘴唇颤抖着缩在房间的一角。而在老师背后的柱子上挂着许多清兵卫尽心整理出来的葫芦。清兵卫提心吊胆地生怕被老师发现。

老师严厉地申诉了一顿后，终于未发觉到后面的葫芦而回去了，清兵卫松了一口气，他母亲哭了起来，然后开始口出怨言责骂起清兵卫。

不久清兵卫的父亲下班回来，听到了这件事，突然抓起在旁的清兵卫狠狠地打了一顿，清兵卫甚至被父亲说："将来是没什么出息的家伙。""没有像你这样的孩子，给我出去！"

清兵卫的父亲忽然发现了挂在柱上的葫芦，他拿了铁锤一个个将

它打碎，清兵卫脸色苍白默不出声。

老师从清兵卫那里取来的那个葫芦，像处理丢弃脏东西似的将它给了在学校打杂的老头，老头将它带回家，挂在熏黑的小屋的柱子上。

大概两个月左右，老杂工为钱所困，偶然想起那个葫芦，想要卖掉它多少换点钱来花用，于是他将葫芦拿到附近的古董店去。古董店的老板仔细的看了一番，突然装成冷漠的脸色将葫芦推到老杂工面前说："五块要卖的话我就收了。"

老杂工吓了一跳，但他也是聪明人，以装得若无其事的脸孔说："五块的话我是绝对舍不得卖的。"古董店老板立即将价钱提高到十块，但老杂工还是没答应。

最后，古董店老板终于以五十块的价钱买下了那葫芦。——老杂工暗自高兴，他高兴那等于是老师白白给了他四个月的薪资似的是很幸福的一件事。但此事他不仅对老师，即使在清兵卫面前他也装出完全若无其事的样子，因此没人知道那葫芦的去处。可是，就连聪明的老杂工也绝想不到古董店老板却已六百块的价格将葫芦卖给地方上的一位富豪。

……清兵卫现在热衷于绘画，有了此一嗜好，他已经不怨恨老师，也不怨恨用铁锤打破他十几个心爱葫芦的父亲了。

但是，他的父亲对于清兵卫喜欢绘画这件事又开始埋怨责骂起来。

（选自陈炳昆编：《日本现代文学评析》，台北：尚昂文化事业国际有限公司，2003年）

五、译者简介

楼适夷（1905—2001），浙江余姚人。中国著名作家、翻译家、出版家。原名楼锡春，曾用笔名楼建南。早年留学日本。新中国成立后曾出任人民文学出版社副社长，并兼任人民文学出版社副总编辑，同时担任《译文》《世界文学》等杂志的编委。1978年后任人民文学出版社的顾问。

陈炳昆，台湾东吴大学日文系毕业，1995年获得日本国立广岛

大学学术博士，专攻日本文学、中日比较文学。编有《日本文学初探》等。

六、译文赏析

一、误译

误译是翻译中经常出现的问题。著名的美学家、翻译家朱光潜在《谈翻译》中曾经谈到误译，大致意思为翻译上的错误不外乎两种，不是字义的误解，就是语句的文法组织没有弄清楚。该小说的两篇译文中的误译体现的也是以上两种情况。以下摘出误译部分进行详尽分析。

1 最初茶渋で臭味をぬくと、それから父の飲みあました酒を貯へて置いて、それで頻りに磨いていた。

×译文（1）先用茶卤一泡，把气味泡干净了，<u>然后就把父亲喝剩的淡酒装在里面，不停地把表皮擦亮。</u>

〇译文（2）他先用茶垢除掉葫芦的臭味，然后，他将父亲喝剩的酒存起来，用来再三地擦拭葫芦。

原文的"父の飲みあました酒を貯へて置いて"有两个译点：A 将父亲喝剩的酒另外保存下来，B 并且用它擦拭葫芦的表皮。而并非把剩酒装入葫芦里。这里的"それで"是"指示代词それ+格助词で"，而非"接续词それで"。显然译文（1）的译者把以上两点都忽略了。其错误在于理解偏差（A）与漏译（B）上。因此，译文（2）的翻译是正确的。

2 「立派な瓢ぢゃ」かう思ひながら彼は暫く気がつかずに居た。

〇译文（1）"这葫芦真好！"心里这么想着，有好一会没有看清楚。

×译文（2）"多么漂亮的葫芦呀！"他这样想着，还没回神过来地<u>说着</u>。

译文（2）的译者将引号内主人公想的内容误解为说的内容，应该说是一个比较显见的错误。然而，在翻译中，每当看到引号，我们

脑海中往往会有"说"这个潜在的动词出现,这种先入为主的干扰会影响译者仔细阅读全文。

3 その爺さんはいい色をした禿頭を振り立てて彼方の横町へ入って行った。

×译文(1)那老头子昂着光彩熠熠的秃脑袋走进巷子里去了。

〇译文(2)那位老爷摇晃着颜色光润的秃头走进对面的巷子了。

原文作者在这里把清兵卫在路上偶然看到的一个老人走路的姿态描绘得惟妙惟肖。"振り立てる"意为"激しく振る。勢いよく盛んに動かす(大辞泉)",中文可译为"用力甩动、摇动",是个动态动词。而译文(1)使用的"昂"是"抬起、仰起"的意思,是个静态动词。我们读原文时,可以想象出一个老者脑袋一晃一晃地走路的姿态。因此,译文(2)的翻译是准确的。而对于译文(1),即使撇开译者的误译,也很难将"昂着"和一个老者走路的姿态联系在一起。如果不参照原文,仅从两个译文字面上呈现的画面来看,比起译文(1),译文(2)则显得栩栩如生。

4 清兵衛は急に可笑しくなって一人大きな聲を出して笑った。

〇译文(1)清兵卫觉得好笑,就大声地笑了起来。

×译文(2)清兵卫突然想到刚才自己的奇怪想法,独自一个人大声的笑了出来。

"おかしい"在现代日语中的基本词义有两个。其一为"普通とは違うところがあって笑いたくなるさま"。近义词为"面白い、滑稽"。其二为"普通とようすが違うのに気づいて疑わしく思うさま"(大辞泉)。近义词为"変、異常"。前者可译为"可笑、滑稽",而后者则译为"奇怪、可疑、不正常"。显然译文(2)的译者在这里将"可笑しくなって"领会成了后者,译文(1)的翻译是正确的。因为如果按照译文(2)在此处对"おかしい"的理解,应该翻译成"清兵卫突然觉得奇怪",但是和下文的"就独自大声地笑了起来"显然在逻辑上是前后不符的。诚然译文(1)漏译了"急に"和"一人",但并不影响原文所要表达的核心内容。更准确的翻译应为"清兵卫忽然觉得好笑,就独自大声地笑了起来。"

5 そして、其たんせつを凝らした瓢箪は其場で取り上げられて了った。清兵衛は泣けもしなかった。

×译文（1）于是这个一心热衷的葫芦，终于被当场没收。清兵卫<u>连哭也没有哭一声。</u>

〇译文（2）然后当场没收了清兵卫尽心保养的葫芦。清兵卫哭都不敢哭出来。

错译会传达错误的信息。译文（1）"连哭也没有哭一声"可以使读者误解为清兵卫不在意亦或清兵卫很勇敢，而这两者都是与原文的前后表述相矛盾的。对"たんせつを凝らした瓢箪（精心保养的葫芦）"不会不在意，而后面的描写"青い顔をして（面色苍白）"表达的更是清兵卫的失落和害怕。原文使用了"泣く"的能动形态"泣ける"，因此，译文（2）的翻译是准确的。

6 清兵衛はここでも「将来迚も見込みのない奴だ」と云はれた。

〇译文（1）在这儿，清兵卫又被骂了"没出息的孩子"。

×译文（2）清兵卫<u>甚至</u>被父亲说："将来是没有什么出息的家伙"。

在之前的情节中，葫芦被老师没收时，清兵卫被老师说过同样的话："「到底将来見込みのある人間ではない」こんな事まで云った"。在这里父亲再次说到同样的内容，这里的"でも"不是"甚至"，而是"又"或"也"。

7 扨、教員は清兵衛から取り上げた瓢箪を穢れた物ででもあるかのやうに、捨てるやうに、年寄った学校の小使にやって了った。小使はそれを持って歸って、くすぶった小さな自分の部屋の柱へ下げて置いた。

×译文（1）从清兵卫那没收来那个葫芦，教员当作脏东西似的交给老年的校役，<u>叫他去扔了</u>。校役拿了来挂在自己那间熏黑的小屋子的柱子上。

〇译文（2）老师从清兵卫那里取来的那个葫芦，像处理丢弃脏东西似的将它给了在学校打杂的老头，老头将它带回家，挂在熏黑的小屋的柱子上。

在译文（1）中，译者把"小使"错当成了"捨てる"的主体，

即把"扔"者曲解成校役,将"捨てるやうに"中的"やうに"误解为"命令"。其实这里的"やうに"表示"像……一样",与前面"穢れた物ででもあるかのやうに"的"やうに"属同一性质。两个"やうに"在此可看做并列使用。从语法角度去严格把握的话,如果在"捨てるやうに"后面添加表示引用的助词"と","捨てる"就会成为命令的内容,则符合译文(1)的翻译。从结构角度来看,这段文字是由两个句子组成的,如果前句意为教员嘱咐校役扔掉的话,那么在与后句之间应该添加表达转折意义的接续词,比如"しかし"之类。即教员本来让校役拿去扔掉,但是校役却把葫芦挂在了家里。即两个句子之间属逆接关系。从故事的情节发展角度分析,教员把葫芦给了校役,原文为"<u>やって</u>了った"。其后,校役因葫芦发了财,暗自窃喜白得了四个月的工资,原文为"四ヶ月分の月給を只<u>貰った</u>やうな幸福をひそかに喜んだ"。这里使用的动词"やる"和"貰う",恰如其分地表达出二者的授受关系,教员"给",校役"得"。因此,无论站在何种角度,依据以上分析,这段文字的正确翻译应为"教员把从清兵卫那里没收来的葫芦,像丢弃脏东西一般给了老校工。老校工把它带回家,挂在了自己那间熏黑了的小屋的柱子上"。故而译文(2)的基本表达是正确的,虽然将"取り上げた"错译为"取来",而后面的"像处理丢弃脏东西似的将它给了在学校打杂的老头"中的"处理丢弃"也有动词的重叠使用之嫌,但是,与小说的原意是相符的。

二、增译

在翻译过程中,增译现象很普遍。在忠实于原作的基础上,增译的目的在于通过适当添加原文中没有的词汇以使译文更加自然流畅,辅助读者理解。当然不必要的增译有时又会改变原文的意思,误导读者。重要的是增译时要把握准确性,避免随意性。可以添加原文中没有的词,但是不能添加原文中没有的意。以下出现在两篇译文中的增译便显现出其双刃剑的特性。

1 此教員は武士道を云ふ事の好きな男で、雲右衛門が来れば、いつもは通りぬけるさへ恐れている新地の芝居小屋に四日の興行を

三日聴きに行く位だから、……

译文（1）他是喜欢武士道的，每次名伶云右卫门来的时候，平时连走过都不大高兴的新地的戏院子，演四天戏，倒要去听三天。

译文（2）他喜欢谈武士道，云右卫门如果来此演出的话，即使是在平时不愿走过的花街柳巷的小剧场演出四天，他总会去看三天吧，……

对于读者来说，"云右卫门"这个名字没有任何特殊意义，原文中并没出现"名優"二字，然而译文（1）在这个名字前面冠以"名伶"一词，使这段文字即刻清晰起来。遗憾的是，译文（1）的译者没有译出"新地"的意思。"新地"在汉语中的对应词汇应是"花街柳巷"，在这里必须译出。否则读者不会理解为什么"平时连走过都不大高兴"。

2 清兵衛は十二歳で未だ小学校に通っている。

译文（1）清兵卫是一个才十二岁的小学生。

译文（2）清兵卫十二岁，<u>但</u>还在上小学。

原文要表达的核心内容是"清兵卫还是个孩子"，并无任何"但是"的转折含义。然而，经过译文（2）的加译，给读者传达的信息是"清兵卫年龄很大了，却还在上小学"。因此，译文（2）的增译是画蛇添足的。去掉这个"但"，"清兵卫十二岁，还在上小学"简洁扼要，足以表达原意。相比之下，译文（1）虽非直译，但是对原文的把握更加准确。

3 これ程の凝りやうだったから、彼は町を歩いて居れば骨董屋でも八百屋でも荒物屋でも、駄菓子屋でも又専門にそれを売る家でも、凡そ瓢箪を下げた店と云へば必ず其前に立って凝っと見た。

译文（1）因为他热衷的这么厉害，所以他每次上街的时候，走过古董店、水果店、旧货店、糖食店以及专门卖葫芦的铺子或仅仅<u>门口挂着葫芦的店铺</u>，总是呆呆地站在门前观望。

译文（2）因为他对葫芦如此痴迷，因此他在街上走时，无论是经过古董店，还是蔬菜店，是杂货店或是点心铺还是葫芦专卖店，只要是<u>店内</u>挂着葫芦，他必定停下驻足凝视良久。

原文"凡そ瓢箪を下げた店と云へば"并未清楚表明葫芦是挂在

店铺的什么位置，而是任人想象。译文（1）处理为"门口"，而译文（2）的译者则想象成"店内"。其实二者都属于增译。如果忠实于原文，把这个想象空间留给读者的话，应该译为"凡是挂着葫芦的店铺，他必定会站在店铺前目不转睛地看"。从原文的语句结构上看，"其前"中的"その"指代的是"瓢箪を下げた店"，因此，译文（1）的增译"门口"更接近原意。而译文（2）的增译"店内"和后面的"停下驻足凝视良久"在前后衔接上略显矛盾。因为"停下驻足"应该是从门前经过时，中途停下脚步之意，站在门外"凝视""店内"的葫芦，似乎有些牵强，因为"凝视"意为"在近前聚精会神地看"。因此在整体内容的表达上，译文（2）的增译虽无伤大雅，却经不起仔细推敲。

　　4 「かう云ふ事は全体家庭で取り締まって頂くべきで……」教員はこんな事をいって清兵衛の母に食ってかかった。母は只々恐縮して居た。

　　译文（1）"这种事情家里应该管管他……"教员对清兵卫的母亲这样说，母亲吓得只是战战兢兢地<u>不敢出声</u>。

　　译文（2）老师冲着清兵卫的母亲不客气地说："这件事本是应该由家庭来管教的……"母亲只能惶恐地<u>赔不是</u>。

　　译文（1）与译文（2）在此处对于"恐縮"的领会完全不同。原文中"恐縮"一词意为"おそれて身がすくむこと"（惶恐地身体缩成一团），应该是身体行为的表现，而不是语言表现。因此，译文（1）的翻译比较贴近原文，译文（2）的"赔不是"则属增译，虽不准确，但是也表现出了清兵卫母亲在教员面前害怕、不安的样子。另外，对"食ってかかった"的翻译，译文（2）把握得更好："老师<u>冲</u>着清兵卫的母亲<u>不客气地说</u>"。而译文（1）的"教员<u>对</u>清兵卫的母亲这样<u>说</u>"则忽略了这个复合动词的本意。"食ってかかる"原意为"食いつくように、激しい言葉と態度で向かっていく"（咬住不放，以激烈的言语和态度相向），对这层意思的忽略，削弱了教员的说话语气，没有译出原文的本意。

三、漏译

漏译分为两种情况，一种为有意遗漏，即省略不译。这种情况往往是出于行文需要，当省略后的语句好过按原文逐字译出时，这种情况是允许的。另外一种为无意遗漏。这类漏译有的无关紧要，并不影响原文所要表达的内容，而有些则伤筋动骨。

1 そして、夜は茶の間の<u>隅</u>に<u>胡座をかいて</u>瓢箪の手入れをしていた。

译文（1）一到晚上，就坐在起居室里收拾葫芦。

译文（2）晚上则盘腿坐在起居室的一角开始摆弄保养他的葫芦。

译文（1）漏译了"隅"和"胡座をかいて"。从总体上讲这样的遗漏基本上是无关紧要的，但是丧失了"盘腿坐在角落里"的画面感。因此译文（2）的翻译是无可指摘的。

2 間もなく、赤い顔をしてハアハアいひながら還って来ると、<u>それを受け取って又走って帰って行った。</u>

译文（1）不多一会，他红着脸，呼呼地喘着气跑回来，买了葫芦就跑着回去了。

译文（2）不久，清兵卫红着脸呼呼地喘着气，回到店里。

原文中使用了两个"かえる"，前一个"還る"是"返回"店里，后一个"帰る"则是"回"家。译文（2）在这里漏译了"买"和"回家"的两个行为。虽然后面的情节可以让读者明白葫芦已然买到手，然而如果不读后面的文字，这样的漏译就毫无意义地增添了悬念。因此在这里，翻译的完整性与能否将情节交代清晰是密切相关的。

四、直译与意译

翻译的目的在于传神达意，在这个前提之下，选择直译还是意译是译者的自由。然而，难的是如何恰当使用这种自由，能收放自如。即做到直译不等于生硬、唐突；意译不偏离原作。译者常常奉行"翻译等于再创作"的信条，天马行空，无形中改变了原作的韵味而执着于自己的风格。当然，对于一部文学作品的解读，向来是见仁见智的。

怎样做到不丢失原作的原汁原味，毫无虚饰做作，又能顾及本国读者的欣赏习惯，需要高深的学养、渊博的文化底蕴以及过硬的文字功底。

1 「子供ぢゃけえ、瓢いうたら、かう云ふんでなかにやあ気に入らんもんと見えるけなう」大工をしている彼の父を訪ねて来た客が、傍で清兵衛が熱心にそれを磨いて居るのを見ながら、かう云った。

译文（1）"真是小孩子呢，并不是这种葫芦他就不喜欢，"来看望做木匠的他爸爸的客人，看见清兵卫在一旁很专心地擦葫芦，就这样说。

译文（2）"毕竟是小孩子，收集葫芦都喜欢这种样式的。"一天一位客人来拜访当木匠的父亲，看着清兵卫在一旁正热心的擦着葫芦，这样说着。

因为原文中客人的话夹带着口语方言，比较难于理解。规范地说来就是"子供だから、瓢といったらこういうのでないと、気に入らないと見えるからね"。显然，在翻译手法上，译文（1）采用了直译，译文（2）采用了意译。两相比较，前者的直译稍令人费解，原文使用了两个"ない"，是个双重否定句。译文（1）也使用了"并<u>不</u>是这种葫芦他就<u>不</u>喜欢"的否定加否定的形式来表达肯定。一般认为，双重否定句的作用是加强语气，但这里的句子读来有些拗口。如果一定要直译，可以译成"毕竟是小孩子呀，看来不是这种样式的葫芦他还不喜欢呢"。当然译文（2）的意译来得更简洁明了，直接改成了肯定句。其后，译文（1）仍采用直译方法将"大工をしている彼の父を訪ねて来た客"译为"来看望做木匠的他爸爸的客人"，使修饰主语"客人"的定语过长，导致这个主语句过长。而两个结构助词"的"的使用，使修饰关系不清晰，不符合汉语习惯。相比之下，译文（2）把这个主语句改成了陈述句，意译成"一天一位客人来拜访当木匠的父亲"，避免了译文（1）的直译带来的问题，叙事、人物关系也兼顾得很好。

2 中に一つ五寸ばかりで一見極く普通な形をしたので、彼には震ひつきたい程にいいのがあった。

译文（1）其中有一个，约五寸高，看那模样是很普通的，他却

喜欢得什么似的。

译文（2）其中有一个约五寸大小，看起来状似普通的葫芦，当他看到后不禁怦然心动，希望一把把它搂在怀中。

"震いつく"意为"感情をおさえることができないで、思わず抱きつく"（因兴奋情不自禁地搂住。）。译文（2）采用了直译的方法，而译文（1）则属于意译。两种译法在这里都表达出了清兵卫对这个葫芦的喜爱，难分伯仲。

本篇从错译、增译、漏译、直译与意译的角度，对两篇译文进行了分析。由于篇幅所限，对每一种实例的解构难以做到详尽深入。两篇译文各具特色，译文（1）注重"神似"，行文流畅，娓娓道来，这样便难免会有疏漏。译文（2）更在意"形似"，忠实原文，字斟句酌，就难免偶有生硬之嫌。另外，时间性和地域性是影响语言的两大因素，这两大因素也决定了两篇译文截然不同的风格。同时，也因为考虑到时代、地域所造成的语言习惯和文字规范的不同，误字或"的地得"的误用并不在本篇的考察范围内。

翻译应该避免错译、漏译，慎重对待增译。而直译与意译本身各有优长，却也历来是各家翻译学说的争论焦点。笔者认为，好的译作应如钱锺书所说"躯壳换了一个，而精神姿致依然故我"。

（吴艳）

七、翻译理论学习

世界翻译史简介

在中国，早在三千年前就有人从事翻译工作。在西洋又怎样呢？根据《大美百科全书》（*Encyclopaedia Americana*）的记载，古代幼发拉底河下游地区的苏美尔人（Sumerian），曾写下一部史诗，名叫《吉尔伽美什史诗》（*The Epic of Gilgamesh*），来歌颂他们的国王吉尔伽美什，后来考古学家在废墟里发掘出四五种亚洲语系的文字，查系这部史诗的译文，残缺不全，是在公元前2000年前翻译的。以腊

文化悠久，以中原自居，视邻邦为蛮夷，因此不屑翻译他国文字传世，倒是罗马人贡献很大。公元前250年，罗马诗人安德罗尼库斯（Livius Andronicus）将希腊大诗人荷马（Homer）的史诗《奥德赛》（*Odyssey*），译成拉丁文，该诗叙述希腊英雄奥德赛十年流浪生活，最后还乡团圆，充满冒险事迹，百读不厌。

第一部伟大的英文翻译作品，要推威克里夫（John Wycliffe）所译的圣经。这部圣经大约在1382年翻成英文，然而暴露出英国散文的所有弱点，因为诗歌早在散文以前形成，人多习之，而当时散文，还在尝试写作阶段，尚未成熟。15世纪末，英国散文翻译之黄金时代开始，首先出现的是马洛礼（Thomas Malory）的《亚瑟王之死》（*Le Morte d'Arthur*），介绍古代不列颠传说中的国王亚瑟，他是圆桌骑士的领袖。马洛礼的体裁丰润，用句变化无常，唯一缺点，就是引用资料过分大胆，以致译文有许多地方不足采信。都铎（Tudor）王朝从1485年起开始，在翻译界上树立新的里程碑。值得称道的是廷代尔（William Tyndale），这位英国宗教改革家在1525年将《圣经·新约》（*New Testament*）由拉丁文译成英文，并且在1534年予以修订。这部译本深深影响了后人，因此在1611年，更著名的钦定圣经译本（Authorized Version）接着出版，主要以散文为翻译媒介，写作技术远比前人进步多了。

中古时代的翻译文学作品，大多采用自由意译方式。在19世纪以前，社会并不重视创作力，忽略了本国白话文的重要性。到了19世纪，翻译标准创新，讲究精确。所谓精确，即指这个译文须与原文相符，除了删除淫秽的字句外，只准在译文下面加译脚注。维多利亚女皇时代大多数的翻译作品，现代的人很难阅读；那时的翻译宗旨，是让读者觉得译文的每页，都是用外国语文以另一个时代的观点写成一种古典的作品。卡莱尔（Thomas Carlyle）曾以英文翻译德国文豪歌德（Goethe）作品，遣词用字，完全带有都铎王朝的风格，而文法结构方面，即带有日耳曼语的毛病，冗长累赘。即使英国大诗人勃朗宁（Robert Browning），自称"不计任何代价，也要依照原文逐字翻译"，但是他在1877年所译的希腊悲剧《埃斯库罗斯之阿伽门农》（*The*

Agamemnon of Aeschylus），专门爱用文学古语，生僻奇特。

到了 19 世纪，译风为之一变。1871 年，牛津大学教授乔伊特（Benjamin Jowett），将柏拉图的作品译成英文，用字简明平易，首开先例。直到二十世纪，人们才崇法乔伊特的译法，重点在于平时（Plain Accuracy），切忌过度讲求复古，古振艰涩而害意。目前西洋翻译界之发展趋势，注重信达二字，不得求雅而舍信达，因为信达与平时，二者未可须臾分离。

（参照张达聪：《翻译之原理与技巧》，台北：东亚书业公司，2003 年）

第 6 课

一、原文

蜘蛛の糸

芥川龍之介

一

　ある日の事でございます。御釈迦様は極楽の蓮池のふちを、独りでぶらぶら御歩きになっていらっしゃいました。池の中に咲いている蓮の花は、みんな玉のようにまっ白で、そのまん中にある金色の蕊からは、何とも云えない好い匂いが、絶間なくあたりへ溢れて居ります。極楽は丁度朝なのでございましょう。
　やがて御釈迦様はその池のふちに御①佇みになって、水の面を蔽っている蓮の葉の間から、ふと下の容子を御覧になりました。この極楽の蓮池の下は、②丁度地獄の底に当って居りますから、水晶のような水を透き徹して、三途の河や針の山の景色が、丁度覗き眼鏡を見るように、はっきりと見えるのでございます。
　するとその地獄の底に、犍陀多と云う男が一人、ほかの罪人と一しょに蠢いている姿が、御眼に止まりました。この犍陀多と云う男は、人を殺したり家に火をつけたり、いろいろ悪事を働いた大泥坊でございますが、それでもたった一つ、善い事を致した覚えがございます。と申しますのは、ある時この男が深い林の中を通りますと、小さな蜘蛛が一匹、路ばたを③這って行くのが見えました。そこで犍陀多は早速足を挙げて、踏み殺そうと致しましたが、「いや、いや、これも小さいながら、命のあるものに違いない。その命を無暗にと

ると云う事は、いくら何でも可哀そうだ。」と、こう急に思い返して、とうとうその蜘蛛を殺さずに助けてやったからでございます。
　御釈迦様は地獄の容子を御覧になりながら、この犍陀多には蜘蛛を助けた事があるのを御思い出しになりました。そうしてそれだけの善い事をした報には、出来るなら、この男を地獄から救い出してやろうと御考えになりました。④幸い、側を見ますと、翡翠のような色をした蓮の葉の上に、極楽の蜘蛛が一匹、美しい銀色の糸をかけて居ります。御釈迦様はその蜘蛛の糸をそっと御手に御取りになって、玉のような白蓮の間から、遥か下にある地獄の底へ、まっすぐにそれを御下しなさいました。

二

　こちらは地獄の底の血の池で、ほかの罪人と一しょに、浮いたり沈んだりしていたでございます。何しろどちらを見ても、まっ暗で、たまにそのくら暗からぼんやり浮き上っているものがあると思いますと、それは恐しい針の山の針が光るのでございますから、その⑤心細さと云ったらございません。その上あたりは墓の中のようにしんと静まり返って、たまに聞えるものと云っては、ただ罪人がつく微な嘆息ばかりでございます。これはここへ落ちて来るほどの人間は、もうさまざまな地獄の責苦に疲れはてて、泣声を出す力さえなくなっているのでございましょう。ですからさすが大泥坊の犍陀多も、やはり血の池の血に咽びながら、まるで死にかかった蛙のように、ただ⑥もがいてばかり居りました。
　ところがある時の事でございます。何気なく犍陀多が頭を挙げて、血の池の空を眺めますと、そのひっそりとした暗の中を、遠い遠い天上から、銀色の蜘蛛の糸が、まるで人目にかかるのを恐れるように、一すじ細く光りながら、するすると自分の上へ垂れて参るのではございませんか。犍陀多はこれを見ると、思わず手を拍って喜びました。この糸に縋りついて、どこまでものぼって行けば、きっと地獄からぬけ出せるのに相違ございません。いや、うまく行くと、

極楽へはいる事さえも出来ましょう。そうすれば、もう針の山へ追い上げられる事もなくなれば、血の池に沈められる事もある筈はございません。

　こう思いましたから犍陀多は、早速その蜘蛛の糸を両手でしっかりとつかみながら、一生懸命に上へ上へとたぐりのぼり始めました。元より大泥坊の事でございますから、こう云う事には昔から、慣れ切っているのでございます。

　しかし地獄と極楽との間は、何万里となくございますから、いくら焦って見た所で、容易に上へは出られません。ややしばらくのぼる中に、とうとう犍陀多もくたびれて、もう一⑦たぐりも上の方へはのぼれなくなってしまいました。そこで仕方がございませんから、まず一休み休むつもりで、糸の中途にぶら下りながら、遥かに目の下を見下しました。

　すると、一生懸命にのぼった甲斐があって、さっきまで自分がいた血の池は、今ではもう暗の底にいつの間にかかくれて居ります。それからあのぼんやり光っている恐しい針の山も、足の下になってしまいました。この分でのぼって行けば、地獄からぬけ出すのも、⑧存外わけがないかも知れません。犍陀多は両手を蜘蛛の糸にからみながら、ここへ来てから何年にも出した事のない声で、「⑨しめた。しめた。」と笑いました。ところがふと気がつきますと、蜘蛛の糸の下の方には、数限もない罪人たちが、自分ののぼった後をつけて、まるで蟻の行列のように、やはり上へ上へ一心によじのぼって来るではございませんか。犍陀多はこれを見ると、驚いたのと恐しいのとで、しばらくはただ、莫迦のように大きな口を開いたまま、眼ばかり動かして居りました。自分一人でさえ断れそうな、この細い蜘蛛の糸が、どうしてあれだけの人数の重みに堪える事が出来ましょう。もし万一途中で断れたと致しましたら、折角ここへまでのぼって来たこの肝腎な自分までも、元の地獄へ逆落としに落ちてしまわなければなりません。そんな事があったら、大変でございます。が、そう云う中にも、罪人たちは何百となく何千となく、まっ暗な血の

池の底から、うようよと這い上って、細く光っている蜘蛛の糸を、一列になりながら、せっせとのぼって参ります。今の中にどうかしなければ、糸はまん中から二つに断れて、落ちてしまうのに違いありません。

　そこで犍陀多は大きな声を出して、「こら、罪人ども。この蜘蛛の糸は己のものだぞ。お前たちは一体誰に尋いて、のぼって来た。下りろ。下りろ。」と喚きました。

　その途端でございます。今まで何ともなかった蜘蛛の糸が、急に犍陀多のぶら下っている所から、ぷつりと音を立てて断れました。ですから犍陀多もたまりません。あっと云う間もなく風を切って、独楽のようにくるくるまわりながら、見る見る中に暗の底へ、まっさかさまに落ちてしまいました。

　後にはただ極楽の蜘蛛の糸が、きらきらと細く光りながら、月も星もない空の中途に、短く垂れているばかりでございます。

三

　御釈迦様は極楽の蓮池のふちに立って、この一部始終をじっと見ていらっしゃいましたが、やがてが血の池の底へ石のように沈んでしまいますと、悲しそうな御顔をなさりながら、またぶらぶら御歩きになり始めました。自分ばかり地獄からぬけ出そうとする、犍陀多の無慈悲な心が、そうしてその心相当な罰をうけて、元の地獄へ落ちてしまったのが、御釈迦様の御目から見ると、浅間しく思召されたのでございましょう。

　しかし極楽の蓮池の蓮は、少しもそんな事には⑩頓着致しません。その玉のような白い花は、御釈迦様の御足のまわりに、ゆらゆら萼を動かして、そのまん中にある金色の蕊からは、何とも云えない好い匂が、絶間なくあたりへ溢れて居ります。極楽ももう午に近くなったのでございましょう。

（大正七年四月十六日）

（选自芥川龙之介：《芥川龙之介全集 2》，东京：筑摩书房，1986 年）

二、作者与作品简介

芥川龙之介（1892—1927），日本文学家、新思潮派代表作家。师事夏目漱石，号澄江堂主人，俳号我鬼，与爱伦坡、波德莱尔、斯特林堡同属异质天才作家。生于东京，本姓新原，自小受家庭中浓郁的古典文化艺术氛围熏陶，求学期间广泛涉猎欧美文学，深受世纪末文学的影响。在其短暂的一生中，芥川共创作150篇小说、55篇小品文、66篇随笔，以及数量可观的评论、游记、诗歌和俳句等。芥川作品形式多样、立意精辟、构思严谨、情趣雅致，在反映人类错综复杂的思想意识，揭露和批判现实的同时，复活了日本自然主义时期以来日本近代小说失去的浪漫主义传统。为纪念这位"鬼才"，日本文艺春秋社于1935年专设"芥川龙之介奖"，该奖业已成为表彰优秀纯文学作品的"龙门"。芥川作品不断被翻译成英、法、德、俄、西班牙、意大利、世界语及中文出版发行，蜚声世界文坛。

《蜘蛛丝》旨在对人性的"恶"进行披露，地狱的人们为了争先恐后顺着蜘蛛丝爬到极乐世界，最后蜘蛛丝支撑不住太多人的重量而断裂，作品表现了人性的自私。

三、原文注释

①佇む[たたずむ]：伫立，站着。
②丁度[ちょうど]：正好，恰好。
③這う[はう]：爬。
④幸い[さいわい]：幸运；有利；幸好，正好。
⑤心細い[こころぼそい]：心中没底，心中不安；觉得没把握。
⑥もがく：翻滚，挣扎；着急。
⑦たぐる：拉。
⑧存外[ぞんがい]：意外，没想到。
⑨しめた：好极了，太好了，太棒了。

⑩頓着[とんちゃく]：放在心上，介意，在意，讲究。

四、译文

译文1　　　　　　　蜘蛛丝

吴树文　译

一

　　有一天，释迦牟尼在西天极乐净土的荷花池畔独自溜达。池中荷花盛开，雪肤冰肌的花朵中，花蕊娇黄点点。粉蕊浮起一种奇香瑞气，一阵阵暗渡池面，周围溢满馨香。时间好像正值极乐净土的清晨。

　　过了一会儿，释迦牟尼伫立于荷花池畔，并从浮盖在绿水上的圆荷翠叶间，随意地看着池下的情景。极乐净土的这个荷花池恰好下承十八层地狱，所以透过水晶般清澈的池水，地狱中的三途道、奈河和刀山剑树的光景，仿佛看西洋镜似的，一览无余。

　　于是，和其他一些罪人一起，一个名叫犍陀多的男子在地狱底层不时蠕动的样子，映入了释迦牟尼的慧眼。这个叫犍陀多的男子，虽是一个杀人放火、无恶不作的大强盗，却做过一件好事。情况是这样的，有一次犍陀多从密林中通过，看到一只小小的蜘蛛在路旁爬行，便立刻举起脚来，想踩死它，但转念又想："不，不，这家伙虽小，也肯定是有生命的。这样随心所欲地让它一命呜呼，无论怎么说，是太可怜了。"犍陀多终于没杀死蜘蛛而救了它一命。

　　释迦牟尼看着地狱里的情景，同时也想起了这个犍陀多曾经放过蜘蛛一命的事。为了报偿这一桩善举，释迦牟尼想尽可能将犍陀多从地狱里拯救出来，也真是好造化，释迦牟尼头一侧，恰好发现有一只极乐净土的蜘蛛正在翡翠色的荷叶上挂起一缕美丽的银丝。释迦牟尼轻轻地勾起这缕银丝，使它从玉一般晶莹的白莲之间一直垂向深邃莫测的地狱深处。

二

地狱底层有一个血池，犍陀多正和其他罪人在血池里时浮时沉。无论往哪一个方向看，周围都漆黑不见五指。偶尔见到有物影从暗中朦胧浮出，却又是令人毛骨悚然的刀山剑树的雪刃霜尖，因此更令人胆怯异常。加之四周凄凉静寂，真像是进入了墓中。偶尔闻得的声响，也不过是罪人那有气无力的呻吟。落进血池的人已经受尽地狱的种种折磨，他们虚弱得连哭泣声都发不出来了，所以，就连大强盗犍陀多也只得在血池里吞咽着污血，一面宛如一只濒死的青蛙，一味地折腾着身体。

犍陀多无意之中抬起头来向血池上空睥目一望，看见寂静异常的一片黑暗中，从遥远的天边垂下一缕银色的蜘蛛丝，它仿佛怕被人发现似的，拖曳着一线细长的微光，轻捷地朝犍陀多头上垂挂下来。犍陀多见了，不禁喜出望外，拍手称庆。要是攀着这缕银丝一直往上升，我一定可以从地狱里脱逃出去了。不，凑巧的话，我甚至可能进入极乐净土。这样一来，我既不会被赶往刀山剑树，当然也不会沉浸于血池了。

这么一想，犍陀多立即用双手紧紧拽住这根蜘蛛丝，两手倒换着，拼着性命地引体向上攀爬起来。因为他原来就是个大强盗，所以此举可谓驾轻就熟。

然而，地狱和极乐净土之间何止千万里！不管犍陀多怎么急不可耐，想要爬出地狱却是谈何容易，爬了一阵之后，犍陀多渐渐感到体力不支，到后来，哪怕再倒换一次手、向上伸一巴掌都不行了。于是犍陀多无可奈何地打算暂且喘一口气，休息一下再爬。他用手抓着蜘蛛丝吊挂在半空中，一面向脚下的深渊望去。

由于刚才拼死拼活地向上攀爬，所以成绩显著：不久前，他还在血池中挣扎，如今血池已不知不觉地隐没在一片黑暗之中，那依稀闪烁着寒光、令人毛骨悚然的刀山剑树也已沉在脚下。照此往上爬的话，脱离地狱也可能比原来想的要容易。犍陀多把两手缠挂在蜘蛛丝上，用一种堕入地狱以来好多年不曾有过的声音欢笑起来："多好啊！得救了！"可是犍陀多忽然发现，有数不清的罪人跟在自己后面，简直和成

列的蚂蚁一样，也沿着蜘蛛丝，专心致志地一点一点从下面攀爬上来了。犍陀多见此情景，吓得心惊胆战，有好一会儿像个傻子似的张着大口，只有眼睛在动弹。一缕纤细的蜘蛛丝，承受自己一个人尚且岌岌可危，怎么能经受得了这么多人的重量呢？万一蜘蛛丝在攀爬途中断绝，毫无疑问，连我这费了九牛二虎之力才总算爬到这里的宝贵身体也就会一个筋斗重新坠入地狱。一旦发生这种事，那还得了！就在犍陀多这么想着的时候，成百成千的众罪人，正不断地从漆黑不见光亮的血池里蠕动着爬出来，并且沿着发出一线微弱光亮的蜘蛛丝，串成一长列，拼命地向上攀爬。再不设法，蜘蛛丝一定就会一断为二，自己肯定又要坠入地狱了。

于是犍陀多声嘶力竭地叫喊起来："喂，你们这些罪人，这根蜘蛛丝是属于我的！是谁允许你们向上爬的？给我滚下去，滚下去！"

说时迟那时快，刚刚还好端端的蜘蛛丝，突然就从犍陀多垂挂的地方砰的一声断开了。所以，犍陀多也就够受的了，刹那间，他像个陀螺似的轱辘轱辘顶着风旋转着，倒栽葱一头扎进了黑暗的深渊。

现在，只剩下极乐净土的蜘蛛丝时隐时现地闪烁着一缕纤细的微光，在月黑星隐的太空中晃动着它那截短了的银丝缕。

三

释迦牟尼站在极乐净土的荷花池畔，慧眼自始至终目睹了整个过程。当释迦牟尼看到犍陀多已像一块顽石似的沉入血池底时，便面带愁容又独自蹒跚着溜达起来。犍陀多只图自己一个人逃离地狱，没有慈悲心，于是受到了应有的惩罚，又重新坠入地狱。在释迦牟尼的慧眼看来，那种行为大概是太卑劣低贱了吧。

然而，极乐净土那荷花池里的荷花对这种事却是毫不介意。在释迦牟尼的佛足周围，玉石一般洁白无瑕的荷花颤颤巍巍地浮动着花萼，花心的金黄色花蕊漂漂起一种莫可名状的清香，不断地向周围散发——极乐净土大概已近正午了。

（选自吴树文译：《疑惑 芥川龙之介编年别裁集》，上海：上海文艺出版社，2011年）

译文2　　　　　　蜘蛛之丝

艾莲　译

一

　　一天，佛世尊独自在极乐净土的宝莲池畔闲步。池中莲花盛开，朵朵晶白如玉。花心之中金蕊送香，其香胜妙殊绝，普熏十方。极乐世界大约时当清晨。

　　俄顷，世尊伫立池畔，从覆盖水面的莲叶间，偶见池下的情景。极乐莲池之下，正是十八地狱的最底层。透过澄清晶莹的池水，宛如戴上透视镜一般，把三恶道上之冥河与刀山剑树的诸般景象，尽收眼底。

　　这时，一名叫犍陀多的男子，同其他罪人在地狱底层挣扎的情景，映入世尊的慧眼。世尊记得，这犍陀多虽是个杀人放火、无恶不作的大盗，倒也有过一项善举。话说大盗犍陀多有一回走在密林中，见到路旁爬行一只小蜘蛛，抬起脚来，便要将蜘蛛踩死。忽转念一想："不可，不可，蜘蛛虽小，到底也是一条性命。随便害死，无论如何总怪可怜的。"犍陀多终究没踩下去，放了蜘蛛一条生路。

　　世尊看着地狱中的景象，想起犍陀多放蜘蛛生路这件善举。虽然微末如斯，世尊亦施以善报，尽量把他救出地狱。侧头一望，说来也巧，净土里有只蜘蛛，正在翠绿的莲叶上，攀牵美丽的银丝。世尊轻轻取来一缕蛛丝，从莹洁如玉的白莲间，径直垂向杳渺幽邃的地狱底层。

二

　　这边犍陀多正和其他罪人，在地狱底层的血池里载沉载浮。不论朝哪儿望去，处处都是黑魆魆暗幽幽的，偶尔影影绰绰，暗中悬浮着什么，原来是可怕的刀山剑树，让人看了胆战心惊。尤其是四周一片死寂，如在墓中。间或听到的，也仅是罪人的叹息声。凡落到这一步

的人，都已受尽地狱的折磨，衰惫不堪，恐怕连哭出声的气力都没有了。所以，任是大盗犍陀多，也像只濒死的青蛙，在血池里，唯有一面咽着血水，一面苦苦挣扎而已。

偶然间，犍陀多无心一抬头，向血池上空望去，在阒然无声的黑暗中，但见一缕银色的蛛丝，正从天而降。仿佛怕人看到似的，细细一线，微光闪烁，恰在自己头上顺顺溜溜垂落下来。犍陀多一见，喜不自胜，拍手称快。倘抓住蜘蛛丝，攀援而上，准保能脱离苦海。不特此也，侥幸的话，兴许还能爬进极乐世界哩。如此，再不会驱之上刀山，也庶免沉沦血池之苦了。

这样一想，犍陀多赶紧伸出双手，死死攥住蛛丝，一把一把，拼命往上攀去。

原本是大盗，手并足抵，区区小事一桩而已。

可是，地狱与净土之间，何止千万里！不论犍陀多怎样心焦气躁，要想爬出地狱，谈何容易。爬了一程，终于筋疲力尽，哪怕伸手往上再爬一段，也难以为役了。一筹莫展之下，只好住手，先歇会儿喘口气，便吊在蛛丝上，悬在半空中，一面放眼向下望去。

方才是不顾死活往上攀，总算没白费力气，片刻前自己还沉沦在内的血池，不知何时，竟已隐没在黑暗的地底。那寒光闪闪，令人毛骨悚然的刀山剑树，也已在自己脚下。如果照这样一直往上爬，要逃出地狱，也许并非难事。犍陀多将两手绕在蛛丝上，开怀大笑起来：“这下好啦！我得救啦！”那吼声，自打落进地狱以来，多年不曾得闻的。可是，蓦地留神一看，蛛丝的下端，有数不清的罪人，简直像一行蚂蚁，不正跟在自己后面，一心一意往上爬么？见此情景，犍陀多又惊又怕，有好一会儿傻愣愣地张着嘴，眨巴着眼睛。这样细细一根蛛丝，负担自家一人尚且岌岌可危，那么多人的重量，怎禁受得住？万一半中间断掉，就连好家伙我，千辛万苦才爬到这里，岂不也得大头朝下，掉回地狱里么？那一来，可乖乖不得了！这工夫，成百上千的罪人蠢蠢欲动，从黑洞洞的血池底下爬将上来，一字儿沿着发出一缕细光的蜘蛛丝，不暇少停，拼命向上爬。不趁早想办法，蛛丝就会一断二截，自己势必又该掉进地狱去了。

于是，犍陀多暴喝一声："嘿，你们这帮罪人！这根蛛丝可是咱家我的！谁让你们爬上来的？滚下去！快滚下去！"

说时迟，那时快，方才还好端端的蜘蛛丝，竟扑哧一声，从吊着犍陀多的地方突然断裂开来。这回有他好受的了。霎时间，犍陀多像个陀螺，滴溜溜翻滚着，嗖的一头栽进黑暗的深渊。

此时，唯有极乐净土的蜘蛛丝，依然细细的，闪着一缕银光，半短不长的，飘垂在没有星月的半空中。

三

佛世尊伫立在宝莲池畔，始终凝视着事情的经过。当犍陀多倏忽之间便石头般沉入血池之底时，世尊面露悲悯之色，重新踱起步来。犍陀多只顾自己脱离苦海，毫无慈悲心肠，受到应得的报应，又落进原先的地狱。在世尊眼里，想必那行为是过于卑劣了。

不过，极乐莲池里的莲花，并不理会这等事。那晶白如玉的花朵，掀动着花萼，在世尊足畔款款摆动。花心之中金蕊送香，其香胜妙殊绝，普熏十方。极乐世界大约已近正午时分。

大正七年（1918）四月十六日

（选自高慧勤，魏大海主编：《芥川龙之介全集 第一卷》，济南：山东文艺出版社，2005年）

五、译者简介

吴树文，著名翻译家，曾任上海译文出版社日本文学编辑，后赴日本游学并工作。译介作品除芥川龙之介外，尚有夏目漱石、谷崎润一郎、井上靖、石川达三、安部公房、水上勉等名家，在翻译日本文学方面成就突出，备受肯定。

艾莲，本名高慧勤，生于辽宁，1957年毕业于北京大学东方语文学系日语专业。曾任中国日本文学研究会秘书长、副会长、会长，1984年加入中国作家协会。数十年来，在日本文学研究、翻译等领域取得卓越成就。曾主持翻译了《川端康成十卷集》《芥川龙之介全集》和《日

本短篇小说选》等。重要译著有《舞姬》《蜘蛛之丝》《雪国·千鹤·古都》《川端康成作品精粹》《地狱变》等。文洁若赞誉她的译文"文体贴近原文，遣词造句精益求精，堪称范文，饮誉国内外"。

六、译文赏析

《蜘蛛之丝》为芥川龙之介的首篇童话作品，其故事情节清晰，揭示出作家对人性的思考。在艺术表现上，该作品亦是"以其端丽的文章技巧示人的、作家最为成熟时期的作品之一"。[①]该作品在国内已有多个译本，各译本在体现原作风格和神韵等方面也各具特征。

我们选取上海文艺出版社译本[②]（以下简称译文1）和山东文艺出版社译本[③]（以下简称译文2）作为具体分析对象，拟从两译文词句翻译的比较分析着手，探讨两译文呈现的不同特点。

首先选出如下几例，对两译文划线部分呈现的特点予以分析。

例1.
池の中に咲いている蓮の花は、みんな玉のようにまっ白で、そのまん中にある金色の蕊からは、何とも云えない好い匂いが、絶間なくあたりへ溢れております。極楽は丁度朝なのでございましょう。

译文1：
池中荷花盛开，雪肤冰肌的花朵中，花蕊娇黄点点。粉蕊浮起一种奇香瑞气，一阵阵暗渡池面，周围溢满馨香。时间好像正值极乐净土的清晨。

[①]鵜川昇編・著『絵で読む日本語』（上・散文編）、東京：旺文社、2003年、114-115頁。
[②]吴树文译《蜘蛛之丝》，选自吴树文《疑惑 芥川龙之介编年别裁集》，上海：上海文艺出版社，2011年版。
[③]艾莲译《蜘蛛之丝》，选自高慧勤、魏大海主编《芥川龙之介全集》第①卷，济南：山东文艺出版社，2005年版。

译文 2：
　　池中莲花盛开，<u>朵朵晶白如玉</u>。花心之中<u>金蕊送香</u>，<u>其香胜妙殊绝，普薰十方</u>。极乐世界<u>大约时当清晨</u>。

　　本段首先运用比喻，从视觉和嗅觉的两个层面、感官生动地表现出宝莲池中的情景。译文 1 将句中"みんな玉のようにまっ白で"译为状语成分中的定语："<u>雪肤冰肌的花朵</u>中"，即把原文描述莲花第一层视觉状貌的比喻句处理为"花朵"的定语，从而直接进入原文第二层对莲花嗅觉的描绘。而译文 2"<u>朵朵</u>晶白如玉"，则将副词"みんな"译为量词"朵朵"，既忠实原文，又生动地将原文对莲花第一层主体状貌视觉效果的叙事转存出来。
　　对原文描绘莲花嗅觉的第二层"そのまん中にある金色の蕊からは……"，译文 1 译为："花蕊""粉蕊"，还补译了"娇黄点点"；其后的译文："浮起……，……暗渡池面，……溢满馨香"，基本是对应原文的逐词、逐句译。而译文 2"金蕊送香"的"送香"两字，以一个动宾结构涵盖了原文中含补语成分（蕊から）的主谓结构"好い匂が……溢れております"的语义，同时一个及物动词"送"字，还将原文表"散发"之意的不及物动词"溢れ"宣示出的嗅觉效果生动地诠释出；而"（其香）<u>胜妙殊绝，普薰十方</u>"的译文，则突破原文语序，仅用汉语的两个四字格排比，便凝练地转存出原文中修饰"好い匂"的定语"何とも云えない"、状语"絶間なく"及补谓结构的"あたりへ溢れて居ります"等诸语义信息，可谓以"动态对等"①的方式创造性地对原文净土宝莲池的意境予以重塑。
　　其次，两译文对"極楽は丁度朝なのでございましょう"中的副词"丁度"，与推断陈述句尾"ましょう"的呼应处理亦不同。与译文 1 相较，译文 2"大约时当清晨"简约达意。译文 1"时间<u>好像正值</u>……"

---

① 奈达 1964 年发表《翻译科学探索》(*Toward a Science of Translating*)，以提出"动态对等"（dynamic equivalence）的翻译标准，即源语与译入语之间最贴切、最自然的对等。动态对等的核心在于找出译入语的各种有效表达手段，以最自然的方式表达原作的对等信息。参见胡显耀、李力主编《高级文学翻译》，外语教学与研究出版社，2009 年，215 页。

中的"好像"语义表含糊、不确定；而"正（值）"所表语义则确切、肯定，故二者的搭配尚可推敲。

例2.
　　<u>すると</u>その地獄の底に、犍陀多と云う男が一人、ほかの罪人と一しょに<u>蠢いている</u>姿が、御眼に止まりました。この……男は、人を殺したり……悪事を働いた大泥坊でございますが、それでもたった一つ、<u>善い事を致した覚えがございます。と申し</u>ますのは、ある時この男が深い林の<u>中を通ります</u>と、小さな蜘蛛が一匹、路ばたを這って行くのが見えました。そこで犍陀多は早速<u>足を挙げて</u>、踏み殺そうと致しましたが、"いや、いや、これも<u>小さいながら、命のあるものに違いない</u>。

译文1：
　　<u>于是</u>，<u>和其他一些罪人一起</u>，一个名叫犍陀多的男子在地狱底层不时<u>蠕动</u>的样子，映入了释迦牟尼的慧眼。这个……男子，虽是一个……大强盗，却做过一件好事。情况是这样的：有一次犍陀多<u>从密林中通过</u>，看到一只小小的蜘蛛在路旁爬行，便立刻<u>举起脚来</u>，想踩死它，但转念又想："不，不，<u>这家伙虽小，也肯定是有生命的</u>。

译文2：
　　<u>这时</u>，一名叫犍陀多的男子，同其他罪人在地狱底层<u>挣扎</u>的情景，映入世尊的慧眼。<u>世尊记得</u>，这犍陀多虽是……大盗，倒也有过一项善举。话说大盗犍陀多有一回<u>走在密林中</u>，见到路旁爬行一只小蜘蛛，<u>抬起脚来</u>，便要将蜘蛛踩死。忽转念一想："不可，不可，<u>蜘蛛虽小，到底也是一条性命</u>。

　　对于原文第一句中的"すると"和"蠢（く）いている"，译文1译为"于是"和"蠕动"；译文2译为"这时"和"挣扎"。单从词语的概念语义看，译文1的两词似更准确。然而，文学翻译对于原作文本词语的解读，首先要观照该词语处于原作文本怎样的特定语境之中。

结合原文前后语境，接续助词"すると"前面的一幕：是伫立池畔的佛祖透过池水看到的地狱大全景，而"すると"之后进入佛祖视野的则是地狱底层的罪人犍陀多的特写。因此译文2的指示代词"这时"要比译文1的连词"于是"更清晰地转存出该句的情节逻辑。译文1的"蠕动"虽然在语义上与日文释义"（虫がはうように）もぞもぞと動く。"（像虫子一样蠢动、蠕动）更加吻合，但译文2的"挣扎"却取其概念语义之上的联想意义，可谓形神兼备地转存出人物的精神意态。此外，该句从语序看，亦是译文2更为简洁流畅。译文1因将"和其他一些罪人一起"这一连词短语前置，削弱了原文突显主人公犍陀多的语用意义，且整句读来拗口。

此外，"この……男……善い事を致した覚えがございます"句，是第三人称（作者）叙述佛祖看到犍陀多后忆起其过往，仍为佛祖的心理活动。而译文1未译出该句谓语"……覚えがございます"，从而使得该段成为第三人称的直接叙述。而原作此句叙事的语用意义在于：正因为佛祖想起该男子曾经的一个善举，才拟予以施救的。因此，强调佛祖内心活动的该句谓语不能省译。对此，译文2以一个主谓宾结构"世尊记得，……有过一项善举"精准地转存出原作的叙事。不仅如此，对于原作其后具体陈述其善举的讲述，译文2也以中文小说常用的发语词"话说"导入，与译文1"情况是这样的"相较，译文2在传达与原作对等信息的同时还凸显了小说的文学性。

　　对以下三个词组"……を通りますと""足を挙げて""命のあるものに違いない"的处理：
　　译文1："从……中通过""举起脚来""（这家伙虽小，）也肯定是（有生命的）"
　　译文2："走在……中""抬起脚来""（蜘蛛虽小，）到底也是（一条性命）"。

二者相较，显然译文1注重了原作词语的概念或语法语义，而译文2则在忠实原作语义的同时选择了更加符合译入语语言习惯的词语

搭配。尤其是对"命のあるものに違いない"的处理，译文 1 完全忠实原文；译文 2 则用了一个带量词的名词短语，译为"一条性命"，而对日语中用来强调说话人确信语气的句法"に違いない"，则以动词短语"到底也是"转存之，这样不仅与其前半含转折语气的分句首尾呼应："蜘蛛虽小，到底也是一条性命"，而且精准地转存出原作的信息。而译文 1 则尚有推敲的余地：首先"也肯定是有生命的"副词"肯定"表示毫无疑问，而文本中"在地上爬行的蜘蛛"已不证自明地告诉读者它是有生命的，译者再去"肯定"，有赘述之感。其次，"生命"一词的语义指："生物体所具有的活动能力，生命是蛋白质存在的一种形式。"①而"性命"的语义为："人和动物的生命。"②较语义抽象的"生命"一词，显然译文 2 的"性命"更为具象、贴切。

例 3.
御釈迦様は……のを御思い出しになりました。そうしてそれだけの善い事をした報には、出来るなら、この男を……救い出してやろうと御考えになりました。幸い、側を見ますと、翡翠のような色をした蓮の葉の上に、極楽の蜘蛛が一匹、美しい銀色の糸をかけて居ります。御釈迦様はその蜘蛛の糸をそっと御手に御取りになって、玉のような白蓮の間から、遥か下にある地獄の底へ、まっすぐにそれを御下しなさいました。

译文 1：
释迦牟尼……想起了……的事。为了报偿这一桩善举，释迦牟尼想……拯救出来。

也真是好造化，释迦牟尼头一侧，恰好发现有一只极乐净土的蜘蛛正在翡翠色的荷叶上挂起一缕美丽的银丝。释迦牟尼轻轻地勾起这缕银丝，使它从玉一般晶莹的白莲之间一直垂向深邃莫测的地狱深处。

---

①中国社会科学院语言所词典编辑室《现代汉语词典》（第 5 版）商务印书馆，2007 年版，1219 页。

②同上，1528 页。

译文 2：

世尊……想起……这件善举。虽然<u>微末如斯</u>，世尊亦<u>拟施以善报</u>，尽量把他救出……。<u>侧头一望</u>，<u>说来也巧</u>，净土里有只蜘蛛，正在翠绿的莲叶上，<u>攀牵</u>美丽的<u>银丝</u>。世尊轻轻<u>取来一缕蛛丝</u>，从莹洁如玉的白莲间，<u>径直垂向杳渺幽邃的地狱底层</u>。

对原文"それだけの<u>善い事</u>をした<u>報い</u>"中"<u>報い</u>"一词的翻译，译文1选用"<u>报偿</u>"一词。中文的"报偿"为报答补偿之意，而原文使用的敬语语境，表明对佛祖地位的强调，因此将佛祖的行为译为含有"报答"之意、且是针对地狱罪人的，显然不妥。译文2则将该句拆译为一个转折复句，其中的"<u>施以善报</u>"，以一个义含给予的"施"字，恰到好处地诠释出"<u>報い</u>"的语义信息，同时将"<u>報い</u>"前面定语成分中的名词短语"それだけの善い事"译为动词短语"微末如斯"，不仅以译入语中自然贴切的词语表达出原作的对等信息，而且还将原文叙事中佛祖慈悲为怀的语境转存出来，可谓形神兼备。译文1则省译了该语义信息。

再看两译文对佛祖施救行为描述的翻译：译文1"（也真是）<u>好造化</u>"，对应的原文应为"<u>幸い</u>"，其语义含：①自分にとって望ましく感じられる精神的状態。しあわせ。幸福。②ある状態が、あることをするのに都合がよいさま。该句主语为佛祖，因此表示"运气、福气"的①"造化"一词，用于佛祖显然不妥，故副词用法②的"<u>恰巧</u>、<u>刚好</u>"更为贴切。此外"释迦牟尼头一侧"句亦显拗口，与该前置宾语相较，译文2采用动宾搭配"侧头"，并以两个动词短语"侧头一望，说来也巧"简洁流畅地转存出原文的情节逻辑；同时还将由接续助词"<u>と</u>"生成的叙事节奏完美地转存出来。而译文1虽然补译了动词"（恰好）<u>发现</u>"，但却削弱了原文所具的文体节奏。

对于"糸をかけて居ります"的处理，译文1的"<u>挂起</u>"忠实地译出该词的概念语义；译文2则以形象且动感十足的词组"<u>攀牵</u>"译出其联想意义。此外，译文1"轻轻地勾起这缕银丝"一句，初读似颇准确，但原文并未交代蜘蛛结出的蛛丝形状，故译文2"<u>轻轻取来</u>

一缕蛛丝"含义更为宽泛，相对妥帖。

对佛祖释迦向地狱垂放蛛丝句的处理，译文1照搬了原文的修辞形态；译文2则以一个四字短语"莹洁如玉"译之。而动补短语"垂向"本身已经具备了朝着某个空间方向"挂下"之意，译文1还补译了动宾短语"使它"，并且两动词短语间还插入一介词短语："使它从……之间垂向"，故读来拗口。而译文2"从……间，径直垂向……"则既转存了原文的文体节奏又显简洁。对"遥か下にある地獄の底"句，译文1的"深邃莫测"仅表达出遥不可知的语义；译文2"杳渺幽邃"则涵盖了遥远、昏暗幽冥等语义信息，更为精当地转存出原文语境的意蕴。

例4.
こちらは地獄……。その上あたりは墓の中のようにしんと静まり返って、たまに聞こえるもの……微な嘆息ばかりでございます。これはここへ落ちて来るほどの人間は、もうさまざまな地獄の責苦に疲れはてて、泣声を出す力さえなくなっているのでございましょう。ですからさすが大泥坊の犍陀多も、やはり血の池の血に咽びながら、まるで死にかかった蛙のように、ただもがいてばかり居りました。

译文1：
地狱底层有一个血池，……。加之四周凄凉静寂，真像是进入了墓中。偶尔闻得……有气无力的呻吟。落进血池的人已经受尽地狱的种种折磨，他们虚弱得连哭泣声都发不出来了。所以，就连大强盗犍陀多也只得在血池里吞咽着污血，一面宛如一只濒死的青蛙，一味地折腾着身体。

译文2：
这边犍陀多正和其他罪人，……。尤其是四周一片死寂，如在墓中。间或听到……叹息声。凡落到这一步的人，都已受尽地狱的折磨，衰惫不堪，恐怕连哭出声的气力都没有了。所以，任是大盗犍陀多，也像只濒死的青蛙，在血池里唯有一面咽着血水，

一面苦苦挣扎而已。

对表示添加之意的接续词"その上",译文1译为连词"加之";译文2则以副词加动词译为短语"尤其是"。此外对由两个状语修饰的动词短语"墓の中のようにしんと静まり返って",两译文均打破原文语序、分别译为:"凄凉静寂,真像是进入了墓中。"(译文1);"一片死寂,如在墓中。"(译文2),从语义上二者都准确无误。但结合原文前后语境,特别是对文本营造的地狱氛围,译文2的"尤其是四周一片死寂"较译文1"加之四周凄凉静寂",更为准确地诠释出原文该短语突显的语义张力,而且"如在墓中"也较译文1简约妥帖。

これはここへ落ちて来るほどの人間は、もうさまざまな地獄の責苦に疲れはてて、泣声を出す力さえなくなっているのでございましょう。

译文1"落进血池的人已经受尽地狱的种种折磨,他们虚弱得连哭泣声都发不出来了。"

译文2"凡落到这一步的人,都已受尽地狱的折磨,衰惫不堪,恐怕连哭出声的气力都没有了。"

从两译文内容看,均译出原文的基本信息。而分析原文语境,该句在本段中承前启后:既有对沉沦地狱的罪人群体迄今饱受血池之苦的概述,又为其后描述犍陀多的个体境况作铺垫,同时该句采用的判断句句式结构,其言内意义[①]应含对前面"死寂之中,间或听闻……微弱的呻吟"一句的原由予以说明的语气。因此,译文1的平叙,虽呈现了一个隐含的因果关系:即"(因为)……人们……受尽……,(所以)……连哭声都发不出来了",却因为忽略了原文中的日语副助词"ほど"的例示强调所呈现的:"(落入)这般境地"的语义,故译文并未

[①]作为一种符号系统,语言有三种意义:指称意义、言内意义和语用意义。言内意义指同一语言系统的语言符号之间的关系。任何语言符号都不能孤立存在,它总是与同一语言系统的其他语言符号紧密相连。参见胡显耀、李力主编《高级文学翻译》,外研社,2009年,212页。

完全转存出原文的语义信息。此外,"连……都发不出来了"的译文,几乎为"泣声を出す力さえなくなっている"的逐词译,尽管增译了形容词补语"虚弱得",但整句读来冗赘,削弱了原文连贯紧凑的叙述节奏。译文 2 则选取副词"凡"与"都"搭配的主谓宾结构"凡……的人,都……受尽……,(连……的气力都没有了)"译之,不仅译出该原文所含的概括说明前文原由的语体,而且对句中副助词"ほど"的言内意义,也用一个动补短语"(凡)落到这一步的人"予以转存,可谓动态对等的一个佳译。

　　……血の池の血に咽びながら、まるで死にかかった蛙のように、ただもがいてばかり居りました。"

　　"血に咽びながら"中的"咽ぶ"意为:"飲食物・煙・涙・ほこり、香りなどで呼吸がつまりそうになる。"对应汉语的"噎",即食物堵住食管、或迎风、烟呛等而呼吸困难之意。而文中人物面对污秽的血水也只有"噎呛"的可能,而非"(吞)咽",故译文 1 "吞咽着污血"、译文 2 "咽着血水"均不妥。

　　"ただもがいてばかり居りました"中的"もがく"的语义为:"悶え苦しんで手足を動かす"。译文 1 "折腾"只译出了该词的概念语义;译文 2 的"苦苦挣扎"则译出了其引申义。此外,原文中以接续词"ながら"关联前后两个动作,译文 1 按照原文语序译为"在血池里……,一面宛如一只濒死的青蛙,一味地……"。译文 2 则打破原文语序,将原文中用来比喻的状语句"まるで死にかかった蛙のように"提置"噎呛血水"与"挣扎"两个动作之前,译为"……像只濒死的青蛙,在……里唯有一面……,一面……而已。"整句读来不仅逻辑明晰,且对原文中副词"ただ"和与之搭配的付助词"ばかり"的言内意义也以"唯有……而已"转存,与译文 1 相较,显然译文 2 更加完整、晓畅地转存了原文的情节逻辑及叙事节奏。

例5.

ところが……。何気なく犍陀多が頭を挙げて、血の池の空を眺めますと、そのひっそりとした暗の中を、遠い遠い天上から、銀色の蜘蛛の糸が、まるで人目にかかるのを恐れるように、一すじ細く光りながら、するすると自分の上へ垂れて参るのではございませんか。……。この糸に縋りついて、どこまでものぼってゆけば、きっと地獄からぬけ出せるのに相違ございません。いや、うまく行くと、極楽へはいることさえも出来ましょう。……。

こう思いましたから犍陀多は、早速その蜘蛛の糸を両手でしっかりとつかみながら、一生懸命に上へ上へとたぐりのぼり始めました。元より大泥坊の事でございますから、こう云う事には昔から、慣れ切っているのでございます。

译文1：

犍陀多……抬起头来向血池上空睨目一望，看见寂静异常的一片黑暗中，从遥远的天边垂下一缕银色的蜘蛛丝，它仿佛怕被人发现似的，拖曳着一线细长的微光，轻捷地朝犍陀多头上垂挂下来，……。要是攀着这缕银丝一直往上升，我一定可以从地狱里脱逃出去。不，凑巧的话，我甚至可能进入极乐净土。……。

这么一想，犍陀多立即用双手紧紧拽住这根蜘蛛丝，两手倒换着，拼着性命地引体向上攀爬起来。因为他原来就是个大强盗，所以此举可谓驾轻就熟。

译文2：

……，犍陀多……一抬头，向血池上空望去，在阒然无声的黑暗中，但见一缕银色的蛛丝，正从天而降。仿佛怕人看到似的，细细一线，微光闪烁，恰在自己头上顺顺溜溜垂落下来。……。倘抓住蜘蛛丝，攀援而上，准保能脱离苦海。不特此也，侥幸的话，兴许还能爬进极乐世界哩。……。

这样一想，犍陀多赶紧伸出双手，死死攥住蛛丝，一把一把，拼命往上攀去。原本是大盗，手并足抵，区区小事一桩而已。

原文中"……、血の池の空を眺めますと、……垂れて参るのではございませんか。"为一个长复句,且以诸个接续助词、接续词衔接,同时包含各种补、状语成分,两译文均采用了化整为零的译法,分译为两部分:抬头看到的空中蛛丝,及蛛丝的状貌。

译文 1"向……上空……一望,看见……一片黑暗中,……从遥远的天边垂下一缕银色的蜘蛛丝。"

译文 2"向……上空望去,……黑暗中,但见一缕银色的蛛丝,正从天而降。"

接续助词"と",表两个动作几乎同时发生,译文 2 的"望"与趋向动词"去"组成的词组"望去"、及其后的句式结构"但见……正从天而降"更加完整地转存出原文的情节逻辑和叙事节奏,译文 1 由于在"看见……蜘蛛丝"这一动宾结构中插入过多的句子成分,从而削弱了对原文叙事节奏的转存。

描述蛛丝状貌句"まるで……ように、一すじ細く光りながら、するすると自分の上へ垂れて参るのではございませんか。"

译文1"拖曳着一线细长的微光,轻捷地朝犍陀多头上垂挂下来。"

译文2"细细一线,微光闪烁,恰在自己头上顺顺溜溜垂落下来。"

初读两译文无甚差异,但细品之,对"一すじ細く光りながら"句,译文 1 以一个含补语的动宾结构译之;译文 2 则以两个四字形容词组转存。日语拟态词"するする(と)"语义为"ものがすべらかに滑るさま。人などが滞りなく素早く移動するさま。"即迅捷无阻地移动貌。译文 1 译为"轻捷";译文 2 关注到该词的语音形式,用表顺畅、无阻的叠词"顺顺溜溜"译之。但两译文对该词所含的迅捷貌诠释不足,或可用"刷刷地"表现之。此外,译文 2 还用一个介词短语"恰在",并以第一人称视角"自己头上"、将原文"のではございませんか"中隐含的人物因意外发现而感叹走运的叙事语气传神地转存出来。

この糸に縋りついて、どこまでものぼってゆけば、きっと地

獄から抜け出せるのに相違ございません。いや、うまくゆくと、極楽へはいることさえも出来ましょう。

该段为人物看到蛛丝时难掩兴奋的心理活动。对第一句"この糸に縋りついて……に相違ございません。"的翻译，译文 1"攀着这缕银丝一直往上升，一定可以从地狱里脱逃出去了"；译文 2 对原文的解读则更为深入细致，从而亦更有效地利用译入语中的表达手段自然、贴切地转存出原文意涵。如对状语动词句"糸に縋りついてのぼってゆけば"以两个词组"抓住蛛丝，攀援而上"译之，由于补译了动补词组"抓住"，诠释出原文的情节逻辑，亦更符合译入语的语言习惯。译文 1"攀着……一直往上升"，有蛛丝自己"升（上去）"之感，但在文本语境中，始终是人物抓住蛛丝向上攀爬，故尚可推敲。此外，对能愿句"きっと地獄からぬけ出せるのに相違ございません"的翻译，译文 1 忠实原文、平铺直叙；译文 2 对表示确信、一定、肯定的副词"きっと"采用更加口语化的副词"准保"译之，同时将"地獄"引申为"苦海"，"准保能脱离苦海"读来生动简洁。

「いや、うまく行くと、極楽へはいることさえも出来ましょう。」
译文 1："不，凑巧的话，我甚至可能进入极乐净土。"
译文 2："不特此也，侥幸的话，兴许还能爬进极乐世界哩。"

细推敲，对词组"うまく行く（と）"的翻译，译文 1 取"正赶上或正遇着所希望的或不希望的""凑巧"译之；译文 2 则取"由于偶然的原因而得到成功或免去灾害"之意的"侥幸"一词，依原文前后语境看，显然"侥幸"更为贴切。此外，对多义的副助词"さえ（も）"的处理，译文 1 择其"その上……まで。……までも"的语义，即强调目前状态或作用的进一步加剧，译为"甚至"，观其整句译文，与原文逐词、逐句的对应一目了然。而译文 2 则用一个连词结构搭配："不特（此也）……还（能）"，巧妙准确地转存出副助词"さえ（も）"的

语义，不仅如此，还以"兴许"一词恰到好处地译出句末"ましょう"的推断语气；而句末的语气助词"哩"，则更入木三分地诠释出人物内心的兴奋。

　　こう思い……犍陀多は、早速その蜘蛛の糸を両手でしっかりとつかみながら、一生懸命に上へ上へとたぐりのぼり始めました。元より大泥坊の事でございますから、こう云う事には昔から、慣れ切っているのでございます。
　　译文1："这么一想，犍陀多立即用双手紧紧拽住这根蜘蛛丝，两手倒换着，拼着性命地引体向上攀爬起来。"
　　译文2："这样一想，犍陀多赶紧伸出双手，死死攥住蛛丝，一把一把，拼命往上攀去。"

译文1中"拼着性命地引体向上"对应原文中状语句"一生懸命に上へ上へと"，而"引体向上"一词为体育科目中耐力锻炼的词语，不免影响读者的理解，且削弱了文本的文学性。译文2因补译动补词组"伸出"一词，不仅清晰地转存出原文的情节逻辑，且生动传神。对于副词"しっかり"也未选与之对应的中文概念语义"紧紧""牢固"，而取中文含"不顾生命，拼死"语义的叠声副词"死死"；特种状语词组"一把一把"亦形象、贴切。

　　「元より大泥坊の事でございますから、こう云う事には昔から、慣れ切っているのでございます」

对句中划线词的翻译，译文1译作"驾轻就熟"；译文2译为："区区小事一桩而已"。仅就该词语义而言，译文1似更简洁。然而，依据原文语境看，译文2译得可谓匠心独具：以"大盗"对应"小事"，同时还以形容微小得不足挂齿的"区区"与语气助词"而已"呼应，突出其微不足道；此外，为了形象再现"向上攀爬"的情景还增译了词组"手并足抵"，可谓形神毕肖地将人物兴奋得意、轻松向上攀爬的

201

一幕呈现出来——"原本是大盗,手并足抵,区区小事一桩而已"。与之相较,译文 1"因为他原来就是个大强盗,所以此举可谓驾轻就熟。"虽然忠实地对应原文,但却并不传神。此外深究"驾轻就熟"一词,其语义仍停留在对原文该词概念语义的诠释上。

纵观上述诸例的比较分析,可以指出:对于文学翻译而言,译者解读作品文本的意义至关重要。因为译者只有从宏观意义和微观意义上全面理解并把握原作,才能够在译本的创造中,体现出对原作的意义、语言、形式和意象等层面进行创造性重塑。《蜘蛛之丝》虽篇幅短小,但作为小说必然具备长于叙事,注重人物形象的塑造与环境描写等特征。因此这亦要求译者在翻译实践中需遵循再现人物的语言个性;再现人物形象;转存叙事策略等原则。

《蜘蛛之丝》的人物为佛祖与地狱罪人,文本内环境是佛教的极乐净土与地狱,因此该小说的显著特点应为人物塑造和环境描写。作品的三部分中,第一、三两部分描述天堂时空,第二部分为地狱时空。前述例 1 至例 3,选自作品第一部分。即借佛祖视角描述地狱中罪人犍陀多和其昔日的一个善举,从而叙写佛祖欲予施救的所思所行。比较两译文,译文 2 在充分观照原文文本的叙述视角、语境、人物形象及叙事策略的基础上,以其深厚的译入语功底,细腻传神地将原作中天堂的环境,以及佛祖从容不迫、以静制动的神态及内心等叙事转存出来。选词妥帖精当,语言简练生动,对叙事节奏的转存亦张弛有度。

前述例 4 和例 5 选自作品第二部分,即以犍陀多的视角,描述地狱景象及犍陀多发现救命蛛丝后的兴奋、并攀爬而上的行为。两译文相较,显然译文 2 对原文文本的解读、特别是对人物形象塑造的细节捕捉更为细致、严谨。在对人物塑造的翻译上,注意甄别附加在词汇本身概念之上的联想意义;注重观照文本前后语境;特别是对原文中因语言文化的差异而导致的语义亏损,恰到好处地做了增补译,从而

在对人物心理和行为叙事的转存上，可谓形神兼备。而译文 1，因其逐词、逐句的翻译倾向，及多关注词语概念语义的方法，而忽视观照前后语境及词语的联想语义，导致译文多平铺直叙，以及忽略对原文叙述策略的转存。

（田鸣）

七、翻译理论学习

傅雷与翻译

我国有许多出类拔萃的翻译家，但在翻译理论与实践两方面都可以独树一帜的翻译大师却屈指可数，著名法国文学翻译家傅雷先生可以说是其中之一。

1 "重神似不重形似"

傅雷论翻译的文章只有《翻译经验点滴》和《〈高老头〉重译本序》两篇。另外，他在致友人的两封信里也阐述过对翻译的见解。特别是致罗新璋的信，篇幅不大，却言简意赅，相当精彩。其中"重神似不重形似；译文必须为纯粹之中文"一句，似可看作傅译的座右铭。

傅雷对"神似"作了如下注脚："领悟为一事，用中文表达为又一事。况东方人与西方人之思想方式有基本分歧，东方人重综合，重归纳，重暗示，重含蓄；西方人则重分析，细微曲折，挖掘唯恐不尽，描写唯恐不周；此两种 mentalité[①]殊难彼此融洽交流。""两国文字词类的不同，句法构造的不同，文法与习惯的不同，修辞格律的不同，俗语的不同，即反映民族思想方式的不同，感觉深浅的不同，观点角度的不同，表现方法的不同，以甲国文字传达乙国文字所包涵的那些特点，必须像伯乐相马，要'得其精而忘其粗，在其内而忘其外'。"译文是让中国人看的，故必须是"纯粹之中文"。当中文不足以传达

---

① 法语，意即体现人类某个社会集团特征的信仰、风俗、精神、道德、思维的习惯方式等诸方面的总合。

原著的信息时,傅雷主张在翻译中"采用西洋长句""创造中国语言,加多句法变化"。现代汉语里出现了许多新的句式及修辞法,其中许多是受外语影响的结果。

2 "行文流畅,用字丰富,色彩变化"

从文字上说,傅雷力求达到"行文流畅,用字丰富,色彩变化"。

"字典不离手,冷汗不离身"(鲁迅语),是说翻译不能没字典,不能望文生义。但是,不顾作者遣词造句的用意,不顾文章的风格结构,光拣字典里现成的译法往译文里填塞,也不能解决问题。魏文帝曹丕说:"文以意为主,以气为辅,以词为卫。"翻译也是如此。"意"即内容、意思;"气"即语气连贯、文字流畅、结构严密。译文不能舍本逐末,只偏重形式不注意内容,而应该主次分明,"以意为主",用字遣词一定要顺理成章。

3 "以艺术修养为根本"

傅雷说:"译事……要以艺术修养为根本:无敏感之心灵,无热烈之同情,无适当之鉴赏能力,无相当之社会经验,无充分之常识(杂学),势难彻底理解原作,即或理解,亦未必能深切领悟。"傅雷译过罗曼·罗兰的《贝多芬传》和《约翰·克利斯朵夫》这两部作品。罗曼·罗兰是巴黎大学音乐艺术史教授、贝多芬研究的权威。《贝多芬传》在傅雷以前有三种中文译本,但傅译本出版后便一锤定音,再无重译本了。在译本后面,傅雷还专文介绍贝多芬的主要作品。《约翰·克利斯朵夫》是以贝多芬的一生为蓝本的一部传记体小说,具有交响乐一般的宏伟气魄、结构和色彩,小说穿插对音乐作品和音乐家的评论,带领读者漫游欧洲古典音乐王国,使读者陶醉在乐曲的享受之中。作品文字朴实,有如清澈见底的流水。一个在音乐方面完全外行的译者显然不能胜任这部作品的翻译。据说,傅雷是边听音乐,边研究音乐史,边译小说的:罗兰讲海顿就听海顿的交响乐,讲勃拉姆斯就欣赏勃拉姆斯,有一次听贝多芬竟听得哭了起来。译者感情的波澜随着书中的人物情节起伏,终于译完了全书。《约翰·克利斯朵夫》是罗曼·罗兰教授音乐史的副产品。傅雷的翻译也有副产品,如《文艺报》上刊登的他的文章《独一无二的艺术家莫扎特》。

的确，译者应尽可能多方面涉猎各类学问、各门学科，因为文艺作品的题材是多样的，反映的生活是丰富多彩的。譬如，巴尔扎克在环境描写上是不惜笔墨的，对他那个时代的建筑、室内陈设、人物服饰都作了极其细腻的描写。事过境迁，相隔一个世纪，一个东方人来翻译这些西方的古董确实不易。傅雷在译这方面的段落时，俨然就是个考古学家。

4 "化为我有"

翻译要忠于原文（包括原文的内容、风格、句式、词汇、音调、节律、语层……），不能越俎代庖，翻译家对于作者真可谓亦步亦趋。他还得在本国语言中找到最贴切的形式来表达原著，为本国读者着想，对本国读者负责，对本国语言的纯洁性负责。傅雷力倡在译之前"将原作（连同思想，感情，气氛，情调等等）化为我有"，就是为了尽可能忠实于原作。

（参照陈伟丰："谈傅雷的翻译"，载《翻译通讯》，1983年第5期）

第7课

一、原文

雨のなかの噴水

三島由紀夫

　少年は重たい砂袋のやうな、この泣きやまない少女を引きずつて、雨のなかを歩くのにくたびれた。
　彼は今さつき丸ビルの喫茶店で、別れ話をすませて来たところだ。
　人生で最初の別れ話！
　それは彼がずつと前から夢みてきた事柄で、それがやつと現実のものになつたのだ。
　そのためにだけ少年は少女を愛し、あるひは愛したふりをし、そのためにだけ懸命に口説き、そのためにだけ①しゃにむに一緒に寝る機会をつかまへ、そのためにだけ一緒に寝て……さて、準備万端整つた今では、ずつと前から、一度どうしても自分の口から、十分の資格を以て、王様の②お布令のやうに発音することを望んでゐたところの、「別れよう」といふ言葉を言ふことができたのだ。
　その一言を言つただけで、自分の力で、青空も③罅割れてしまふだらう言葉。とてもそんなことは現実に起こりえないと半ば諦めながら、それでも「いつかは」といふ夢を熱烈に繋いで来た言葉。弓から放たれた矢のやうに一直線に的をめがけて天翔ける、世界中でもつとも英雄的な、もつとも光り輝く言葉。人間のなかの人間、男のなかの男にだけ、口にすることをゆるされてゐる秘符のやうな言葉。すなわち、「別れよう！」

それでも明男は、それを何だか咽喉に痰のからまった喘息患者みたいな、ぐるぐるいふ咽喉の音と一緒に、（ソオダ水をその前にストロオから一呑みして咽喉を湿した甲斐もなく）、ひどく不明瞭に言ってしまったことが、いつまでも心残りだった。
　そのとき明男は、その言葉が聴きとられなかったことをもっとも怖れた。相手に訊き返されて、もう一度繰り返すくらいなら、死んでしまったはうがましだった。永年金の卵を生まうと思ひつめた鷲鳥がたうとうそれを生んだとき、そしてその金の卵が相手の目に触れる前に潰れてしまったとき、すぐもう一度同じものを生むなどといふことができようか。
　しかし幸ひにもそれはきこえたのだ。それがちゃんときこえ、訊き返されずにすんだのは、すばらしい幸運だったとしか云ひやうがない。つひに明男は、久しい間山頂に遠く望んでいた関所を、自分の足で越えたのだ。
　それがきこえたといふ④確証は、つかのまに与へられた。自動販売器からチューインガムが跳び出すやうに。
　まはりの客の話し声や、皿の音、レジスターの鈴音などが、雨に締め切った窓のために、一そう弾け合って、内にこもって、窓のうちらのむしあつい水滴に微妙に反響して、頭のもやもやするやうな騒音をなしている。その騒音をとほして明男の不明瞭な言葉が、雅子の耳に届くやいなや、彼女はそのやせた引立たない顔立ちから、まるで周囲を押しのけて、押し破ったやうにみひらかれた、大きすぎる目を一そう大きくした。それは目といふよりは、一つの破綻、収拾のつかない破綻だった。そこから一せいに涙が噴出したのである。
　雅子はすすり泣きの兆を見せたわけでもない。泣き声を立てたわけでもない。ただ、すばらしい水圧で、無表情に涙が噴き出した。
　もちろん明男は、そんな水圧、そんな水量のことであるから、すぐ止むだらう、と多寡をくくっていた。それをじっと眺めている自分の心の、薄荷のやうな涼しさにうっとりした。それは正しく彼が

計画して、作り上げ、現実の中へもたらしたものであって、すこし機械的なきらひはあるが、立派な成果だった。
　これが見たかったために雅子を抱いたんだ、と少年は自分に改めて言ひきかせた。俺はいつも欲望から自由だったんだ。……
　そして今ここにある女の泣顔は現実なんだ！これこそ正真正銘の、明男によって「捨てられた女」だった。

　——それにしても、雅子の涙があんまり永くつづき、少しも衰へを見せないので、少年は周囲が気になり出した。
　雅子は白っぽいレインコートを着たまま、きちんと椅子に身を正していた。コートの襟元から赤い⑤スコッチ縞のブラウスの襟がのぞいていた。両手を卓の端に支へ、その両手にひどく力を入れて、そのままの姿勢で硬直してしまったやうに見えた。
　正面を見つめたまま、涙が⑥とめどもなく流れるに任せている。ハンカチを出して拭ふでもない。そしてその細い咽喉のところで呼吸が切迫して、新しい靴の鳴るやうな音を規則的に出し、学生風の⑦依怙地で口紅をつけないその唇は、不平さうに捲れ上ったまま顫動している。
　大人の客が面白さうにこちらを見る。やっと大人の仲間入りをした心境に明男がいるのに、こんな心境を擾すのは、かういふ目である。
　雅子の涙の豊富なことは、本当に愕くのほかはない。どの瞬間も、同じ水圧、同じ水量を割ることがないのである。明男は疲れて、目を落として、椅子に立てかけた自分の雨傘の末を見た。古風なタイルのモザイクの床に、傘の末から黒っぽい雨水が小さな水溜りを作っていた。明男はそれも、雅子の涙のやうな気がした。
　彼は突然、勘定書をつかんで立上った。

　六月の雨は、ふりつづけてもう三日になる。丸ビルを出て、傘をひろげると、少女は黙ってついてくる。傘を持たない雅子を、明男

は自分の傘に入れてやる他はない。彼はそこに、冷たい心のまま世間体を気にする大人の習慣を見出し、それを今では身についたもののやうに感じた。別れ話を切り出したあとでは相合傘だって、ただの世間体のためだと考へること。割り切ること。
　……どんな隠微な形にもせよ、割り切ることは明男の性に合ってゐた。
　広い歩道を宮城のはうへ向って歩くあひだ、少年が考へてゐたのは、どこでこの泣き袋を放り出さうかといふことだけだった。
「雨の日も噴水は出てゐるかな」
　何となくさう考へた。何故自分は噴水のことなんか考へ出したのだらう。さらに二三歩あるくうちに、彼は自分が考へてゐたことの、物理的な冗談に気がついた。
　せまい傘の下で、冷たく邪慳に触れる少女の濡れたレインコートの、爬虫類みたいな感じに耐へながら、明男の心は強ひて快活に、一つの冗談の行方を追ってゐた。
「さうだ、雨のなかの噴水。あれと雅子の涙とを対抗させてやらう。いくら雅子だって、あれには負けちゃふ筈だ。第一、あれは還流式なんだから、出る涙をみんな滾しちゃふ雅子が敵ふわけがない。いくら何でも、還流式噴水とぢゃ勝負にならねえもんな。こいつもきっと諦めて泣きやむだらう。このお荷物も何とかなるのだらう。問題は雨の中でも、いつものやうに噴水が出てゐるかといふことだけだ。」

　明男は黙って歩く。雅子は泣きつづけながら、同じ傘に入って、頑なについて来る。だから雅子を振り切ることは困難だが、思ふところへ引張ってゆくことは簡単だった。
　明男は雨と涙とで体中が湿ってしまふのを感じてゐた。雅子は白いブーツを穿いてゐるからいいが、⑧スリップ・オンの靴を穿いた明男の靴下は、濡れた若布を穿いてゐるやうな気がした。
　オフィスの退けどきにはまだ間があるので、歩道は閑散だった。

二人は横断歩道を渡って、和田倉橋のはうへ歩いた。古風な木の欄干と⑨擬宝珠を持った橋の袂に立つと、左方には雨のお濠に浮ぶ白鳥が見え、右方にはお濠を隔てて、Ｐホテルの食堂の白い卓布や赤い椅子の列が、雨に曇ったガラスごしにおぼろに見えた。橋をわたる。高い石垣の間をとほって左折すると、噴水公園へ出るのである。
　雅子はあひかはらず、一言も発せずに泣きつづけている。
　公園へ入ったところに大きな西洋東屋があり、⑩葦簀をかけたその屋根の下のベンチは、いくらか雨を禦いでいるので、明男は傘をさしたままそこに腰を下ろしたが、雅子は泣いたまま斜めに坐って、彼の鼻尖へ白いレインコートの肩と、濡れた髪だけを見せている。その髪には香油に弾かれて、雨滴も白い微細な滴をふりかけたやうにみえる。泣いている雅子が、目をみひらいたまま、一種の人事不省に陥っているやうに思はれるので、明男はふとその髪を引っぱって、正気に返らせてやりたいやうな気がした。
　いつまでも雅子は黙って泣いている。明男が言葉をかけてくるのを、待っているのがはっきりとわかるだけに、彼はそれが業腹で、何も言ひ出せない。思へばあの一言を口に出して以来、彼はまだ一言も喋っていないのである。
　彼方に噴水はさかんに水を吹き上げているのに、雅子はそれを見ようともしない。
　ここからは大小三つの噴水が縦に重なってみえ、水音は雨に消されて遠くすがれているが、八方へ別れる水の線は、飛沫のぼかしが遠目に映らぬために、却って硝子の管の曲線のやうに明瞭に見えている。
　見渡すかぎり人影がない。噴水の手前の芝生のみどり、満天星の籬が、雨を浴びてあざやかである。
　公園のむかうには、しかしトラックの濡れた幌や、バスの赤や白や黄の屋根がたえず移りゆき、交叉点の赤いあかりははっきりと見えるのに、下方の青に変ると、丁度噴水の水煙りと重なって、見えなくなった。

少年は坐って、じっと黙っていることで、いひしれぬ怒りにからえてきた。さっきの愉しい冗談も消えてしまった。
　自分が何に向かって怒っているのかよくわからない。さっきは天馬空を征く思ひを味はったのに、今は何とも知れぬ不如意を嘆いている。泣きつづける雅子の始末のつかぬことが、彼の不如意のすべてではない。
　「こんなものは、その気になれば、噴水の池へ突き落として、スタコラ逃げて来れば、それですむんだ」
　と依然少年は、昂然として考へていた。ただ彼は自分をとり巻くこの雨、この涙、この壁みたいな雨空に、絶対の不如意を感じた。それは十重二十重に彼を押へつけ、彼の自由を濡れた雑巾みたいなものに変へてしまっていた。
　怒った少年は、ただむしやうに意地悪になった。どうしても雅子を雨に濡れさせ、雅子の目を噴水の眺めで充たしてしまはぬことには気が済まなかった。
　彼は急に立上ると、あとをも見ずに駆け出して、噴水のまはりの遊歩路よりも数段高い、外周の砂利路をどんどん駈けて行って、三つの噴水が真横から眺められる位置まで来て、立止った。
　少女は雨のなかを駈けて来た。立止った少年の体にぶつかるやうにやっと止って、彼のかかげている傘の柄をしっかりと握った。涙と雨に濡れた顔が、まっ白に見えた。彼女は息をはずませてかう言った。
　「どこへ行くの？」
　明男は返事をしない筈であったのに、まるで女の側からのこんな言葉を待ちかねていたやうに、すらすらと喋ってしまった。
　「噴水を見てるんだ。見てみろ。いくら泣いたって、こいつには敵はないから。」
　そこで二人は傘を傾けて、お互ひから視線を外していられる心安さで、中央のはひときは巨きく、左右のは脇士のやうにいくらか小体の、三つの噴水を眺めつづけた。

噴水とその池はいつも立ち騒いでゐるので、水に落ちる雨足はほとんど見分けられなかつた。ここにゐて時折耳に入る音は、却つて遠い自動車の不規則な唸りばかりで、あたりは噴水の水音が、あんまり緻密に空気の中に織り込まれてゐるので、それと聴耳を立てれば別だが、まるで完全な沈黙に閉ざされてゐるかのやうだつた。
　水はまづ巨大な黒御影の盤上で、点々と小さくはじけ、その分の水は、黒い縁を伝はつて、絣になつて落ちつづけてゐた。
　さらに曲線をえがいて遠くまで放射状に放たれる六本の水柱に守られて、盤の中央には大噴柱がそそり立つてゐた。
　よく見ると、噴柱はいつも一定の高さに達して終るのではない。風がほとんどないので、水は乱れず、灰色の雨空へ、垂直にたかだかと噴き上げられるのだが、水の達するその頂きは、いつも同じ高さとは限らない。時には思ひがけない高さまで、ちぎられた水が放り上げられて、やつとそこで水滴に散つて、落ちてくるのである。
　頂きにちかい部分の水は、雨空を透かして影を含み、胡粉をまぜた鼠いろをして、水といふよりは粉つぽく見え、まはりに水の粉煙りを纏はりつかせてゐる。そして、噴柱のまはりには、白い牡丹雪のやうな飛沫がいつぱい躍つてゐて、それが雨まじりの雪とも見える。
　明男はしかし、三本の大噴柱よりも、そのまはりの、曲線をえがいて放射状に放たれる水のすがたに心を奪はれた。
　殊に中央の大噴水のそれは、四方八方へ水の白い鬣をふるひ立たせて、黒御影の縁を高く跳びこえて、池の水面へいさぎよく身を投げつづけてゐる。その水の四方へ向ふたゆみない疾走を見てゐると、心がそちらへとられさうになる。今ここに在つた心が、いつのまにか水に魅入られて、その疾走に乗せられて、むかうへ放たれてしまふのである。
　それは噴柱を見てゐても同じことだ。
　一見、大噴柱は、水の作り成した彫塑のやうに、きちんと身じまひを正して、静止してゐるかのやうである。しかし目を凝らすと、

その柱のなかに、たえず下方から上方へ馳せ昇ってゆく透明な運動の霊が見える。それは一つの棒状の空間を、下から上へ凄い速度で順々に充たしてゆき、一瞬毎に、今欠けたものを補って、たえず同じ充実を保っている。それは結局天の高みで挫折することがわかっているのだが、こんなにたえまのない挫折を支へている力の持続は、すばらしい。
　少女に見せるつもりで連れて来たこの噴水に、少年のはうがすっかり眺め入って、本当にすばらしいと思っているうちに、彼の目はもっと高くあげられて、いちめんの雨を降らせてくる空へ向った。
　雨は彼の睫にかかった。
　密雲に閉ざされた空は頭上に近く、雨はゆたかに、隙なく降りつづけていた。見渡すかぎり、どこも雨だった。彼の顔にかかる雨は、遠い赤煉瓦のビルやホテルの屋上にかかる雨と、正確に同じもので、彼のまだ髭の薄いつややかな顔も、どこかのビルの人気のない屋上の、笹くれたコンクリートの床も、同じ雨にさらされている無抵抗な表面にすぎなかった。雨に関するかぎり、彼の頬も、汚れたコンクリートの床も同等だった。
　明男の頭から、すぐ目の前の噴水の像は押し拭はれた。雨の中の噴水は、何だかつまらない無駄事を繰り返しているやうにしか思はれなかった。
　さうしているうちに、さっきの冗談も、又そのあとの怒りも忘れて、少年は急速に自分の心が空っぽになって行くのを感じた。
　その空っぽな心にただ雨が降っていた。
　少年はぼんやりと歩きだした。
　「どこへ行くの？」
　と今度は傘の柄にしがみついたまま、白いブーツの歩を移して、少女がきいた。
　「どこへって、そんなことは俺の勝手さ。さっき、はっきり言ったらう？」
　「何て？」

と訊くと少女の顔を、少年はぞっとして眺めたが、濡れそぼったその顔は、雨が涙のあとを押し流して、赤く潤んだ目に涙の名残はあっても、声ももう慄へていなかった。
　「何て、だって？さっき、はっきり言ったぢやないか、別れよう、って」
　そのとき少年は、雨のなかを動いている少女の横顔のかげに、芝生のところどころに小さく物に拘泥ったやうに咲いている洋紅の杜鵑花を見た。
　「へえ、さう言ったの？きこえなかったわ。」
　と少女は普通の声で言った。
　少年は衝撃で倒れさうになったが、辛うじて二三歩あるくうちに、やっと抗弁が浮んできて、吃りながら、かう言った。
　「だって……それぢやあ、何だって泣いたんだ。をかしいぢやないか。」
　少女はしばらく答へなかった。その濡れた小さな手は、なほも傘の柄にしっかりとりついていた。
　「何となく涙が出ちゃったの。理由なんてないわ。」
　怒って、何か叫ばうとした少年の声は、たちまち大きな嚔になって、このままでは風邪を引いてしまふと彼は思った。
　（选自三岛由纪夫：《决定版 三岛由纪夫全集 第20卷・短篇6》，东京：新潮社，2002年）

二、作者与作品简介

　　三岛由纪夫（1925—1970）原名平冈公威，生于东京，东京大学毕业。日本小说家、剧作家、记者、电影制作人、电影演员，是日本战后文学家之一，不仅在日本文坛拥有高度声誉，在西方世界也得到了崇高的评价，甚至有人誉称他为"日本的海明威"。曾二度入围诺贝尔文学奖，也是著作被翻译成英文等外国语版最多的日本当代作家。后为极端激进的政治目的自杀谏世。他的早期作品充满了唯美主义色

彩，短篇小说《雨中喷泉》是其代表作之一。

《雨中喷泉》描写了一对恋爱的少男少女分手的故事，不负责任的男孩子向女孩子提出了分手。于是女孩子开始哭泣，男孩子由眼泪联想到喷泉，想到"雨中的喷泉，我要让它同雅子的眼泪对抗。雅子再怎么能哭，也会输给它的"，于是便看到了雨中的喷泉。作者以景色描写，心理描写为重，描写了提出分手前后男孩子的各种想法，以侧面的描写衬托男孩子的心理，整篇文章浑然天成。而后，作者以详细的笔触描写了二人看喷泉的情景，环境的描写显得气势磅礴。最后笔触一转又回到了小儿女的情事上。文中男孩子的轻薄，女孩子的可爱让人不由回想起年少时的青涩恋爱滋味。

三、原文注释

①しゃにむに［遮二無二］：［めちゃくちゃに］胡乱；［めくらめっぽう］盲目；［がむしゃらに］横冲直撞，蛮干，一个劲儿，一味不顾前后，死乞白赖。

②布令［ふれい］：颁布命令，颁布的命令。

③罅割れる［ひびわれる］：出（裂口，裂纹，裂璺），发生裂缝。

④確証［かくしょう］：确证，确凿的证据。

⑤スコッチ：苏格兰花呢。（一种斜纹粗呢）

⑥とめど存く：不止，没完没了。

⑦依怙地［いこじ］：顽固，固执，执拗，别扭。

⑧スリップ・オン：1（くつの）（无扣无带的）懒汉鞋。2（衣服の）套头毛衣，套头衫。3（手袋の）（没有卡锁的）手套。本文是第1个意思。

⑨擬宝珠［ぎぼし］：1（飾りの）栏杆柱上的葱花形状的宝珠装饰。2（葱の花）葱的花。3（植物）紫萼。

⑩葦簀［よしず］：苇帘子，苇箔。

四、译文

译文 1　　　　　雨中喷泉

苏珊　译

　　少年拽着哭个不停的少女，如同拖着沉甸甸的沙袋在雨中行走，弄得疲乏不堪。

　　方才他在丸大厦的饮食店里刚办完分手的事。

　　这是人生的第一次分手。

　　这是他很早以前就一直梦想要办的事，现在好容易变成了现实。

　　仅仅为了这个，少年爱少女，也许是佯装爱的样子。仅仅为了这个，他才拼命地解释。仅仅为了这个，他才死乞白赖地抓住一起就寝的机会。仅仅为了这个，他们才一起就寝……那么，现在一切准备就绪，以前他就盼望自己有朝一日哪怕一次也好拥有充分的资格。如同国王发布告示，亲口说出"分手吧"这句话来。

　　仅说了这一句话。这似乎是用自己的力量就能震裂青空的一句话。尽管他深知这种事不可能实现，半带灰心，可是这句话总是热烈地系在"有朝一日"的梦想上，活像脱弓之箭直线朝向靶子和翱翔天空的、世上最英雄最光辉的话。这句只有人上人、男子汉中的男子汉才允许说出口的秘符般的话，就是：

　　"分手吧！"

　　尽管如此，明男觉得这句话总是卡在自己的喉咙里打转，活像气喘病人被痰堵住咽喉似的（这之前他不屑从麦管儿吸一口汽水以润湿一下喉咙），他终于非常不清楚地连同喉咙咕噜咕噜的声音脱口说出了这句话。这是他永生的憾事。

　　这时候，明男最害怕的就是她没有听见这句话。倘使被对方反问而再重复一遍的话，那么还不如死了更好。多年梦想生个金蛋的天鹅，终于生出来了，可是这金蛋在对方还没瞧上一眼之前就破了，这个时

候难道它就立即能再生一个同样的金蛋吗？

但是，幸运得很，她听见了。她清楚地听见了这句话，没有反问就过去了，这不能不说是莫大的幸运。明男终于用自己的脚迈过远望了许久的山顶上的关卡。

一瞬间他获得了听见这句话的确证。犹如口香糖从自动售货机里蹦出来似的。

下雨而紧闭窗户的室内，四周客人的说话声、盘碟声、收银机的铃声互相撞击得更加厉害，空气不流通，对窗户上的蒸气水滴产生了微妙的反响，头脑里形成一种烦闷的噪音。明男那句不清楚的话，穿过这噪音落进雅子的耳朵里，她那双镶嵌在不显眼的瘦削的面孔上的大眼睛，睁得更大了，简直就像推开并冲破四周的一切似的。与其说这是眼睛，莫如说是一种破绽，一种不可收拾的破绽。眼泪从这儿一齐喷涌了出来。

雅子并没有显出抽泣的兆头。也没有发出抽泣的声音。只是用非常大的水压，无表情地使泪水喷涌出来了。

明男觉得这样的水压当然会压出这般的水量，大概很快就会止住的，所以不当一回事。他目不转睛地凝望着这番情景，心荡神驰，恍如一股薄荷的清凉掠过了他自己的心头。这确实是他所计划的、制造的、给现实中带来的东西，尽管有点机械令人嫌恶，但却是出色的成果。

少年再次对自己说：因为想看这番情景，所以才拥抱雅子的。我总是从欲望中得到自由……

而且此时此地，女人这张哭丧的脸就是现实！这才是真正被明男"抛弃的女人"。

——尽管如此，雅子的泪珠长时间淌个不止，毫无减退的意思，少年开始留意四周了。

雅子身穿一件白色的雨衣，端坐在椅子上，从雨衣的领口可以窥见穿在里面的红色苏格兰条纹呢的短罩衣领子。她把双手支在桌子的一端，这双手相当使劲，仿佛原来就是这种姿势，整个僵直了。

她依然凝视着正前方，任由热泪潸潸落下。她也不拿出手绢揩拭

一下。细咽喉处呼吸急促，发出活像穿新鞋有规则地走路的响声，她那以学生式的固执而不涂口红的双唇，愤愤不平地撅着，颤动不止。

成年客人饶有兴味地望了望他们。明男的心境好不容易才与成年人为伍，可是骚扰他的这种心境的竟是这种目光。

雅子的泪水之丰盈，真是令人惊愕。任何一瞬间都不会划开同样的水压和同样的水量。明男累了，他耷拉下眼帘，看了看竖着靠在椅子旁自己的雨伞的末端，镶嵌着古色古香的花砖地板上，积着一汪由雨伞末端滴下来的黑乎乎的雨水。明男觉得那也像是雅子的眼泪。

他猝然抓起结帐单，站起身来了。

六月的雨，纷纷扬扬，已经绵延三天了。从丸大厦出来，少年撑开雨伞，少女默默地尾随着走来。明男只好让没带雨伞的雅子钻进自己的雨伞下。在这里，他发现了心肠冰冷而又要顾及体面的成年人的习惯，感到现在自己仿佛习就了一身本领。开口说出分手的事之后，又共同撑着一把雨伞，只是为了顾及体面，事情办得很干脆……不论采取多么隐微的形式，事情办得干脆就很合明男的脾气。

从宽阔的人行道向宫城方向走去。在这时候，少年脑子里所想的只是一件事，那就是在哪儿抛掉这个哭包子呢。他不由地这样想：

"雨天也有喷泉啊。"

为什么自己会想起喷泉之类的事呢？再迈出两三步后，他发觉自己所想的是一种物理性的玩笑。

在空间狭窄的伞下，明男忍受着冰冷残酷地接触到少女濡湿了的雨衣，犹如接触到爬虫类的感觉一样，他心中强作快活，落入一种诙谐的遐想。

"对啊。雨中的喷泉，我要让它同雅子的眼泪相对抗。雅子再怎么能哭，也会输给它。首先，因为喷泉是环流式的，雅子纵会涌出所有的眼泪也是敌不过它的。不管怎么说，是无法同环流式喷泉比胜负的。这家伙也准会死心不哭了。这个包袱也总会有办法解决吧。问题仅是即使在雨中，喷泉也会一如既往地喷出来吗？！"

明男默默地走着。雅子一边继续哭泣一边走进同一把雨伞下，顽固地坚持跟随着，因此把雅子甩开很困难，把她拽到自己想去的地方

却很简单。

明男感到自己全身被泪珠和雨滴打湿了。雅子脚上穿的是白色长筒靴还好，可明男穿的是懒汉鞋，袜子湿透活像穿着水汪汪的裙带菜。

这时距下班还有一段时间，人行道上冷冷清清。他们两人穿过人行横道，向和田仓桥的方向走去。站在置有古色古香的木栏杆和拟宝珠的桥头上，左边可以望见浮游在雨中的护城河河面上的天鹅，右边隔着护城河，透过打上雨水变得朦胧的玻璃，隐约可以望见P饭店餐厅的白桌布和成排的红椅子。他们过了桥，穿过雄峙的石头墙，向左拐就到了喷泉公园。

雅子一言不发地继续哭泣着。

公园入口处有个西洋式的大亭榭，置在苇帘覆盖的房顶下的长凳，可以避避雨。明男落座在长凳上，依旧撑着雨伞。雅子还在抽泣，斜斜地坐了下来。他只俯视到她的穿上白色雨衣的肩膀和濡湿了的头发。她的头发抹上了香发油，不沾雨水，恍如在秀发上撒满了细小的水珠子。哭个不停的雅子，就这么睁大着眼睛，仿佛陷入一种不省人事的状态。明男忽然想要拽一下她的头发，让她清醒过来。

雅子始终默默地抽泣着。明男知道她显然是在等待着自己开腔。因为这是她施展的招数，所以他什么也不能说。回想起来，自从那句话出口以后，他就没有说过半句话。

那边的喷泉丰盈地喷个不停，雅子却没有瞧一眼。

从这边纵向望去，大小三处喷泉重叠在一起，喷泉声被雨声掩盖住，显得低弱而遥远，却可以清楚地看见它喷向四面八方的水线所溅起的水星子的晕色，恍如近在眼前的一道道玻璃管的曲线。

一望无边，阒无人影。喷泉前的绿色草坪、吊钟花围成的篱笆沐浴着雨水，格外的鲜艳。

公园对面，卡车被濡湿了的车篷、公共汽车的红、白、黄色的车篷不断地移动，十字路口的红灯清晰可见。然而它变成下方的绿灯时，恰巧与喷泉的水雾重叠，看不见了。

少年坐着，一直默默无言，一股无名火涌上了心头。刚才的那份愉快的玩笑也都完全销声匿迹了。

他也不十分清楚自己冲着什么发火。刚才在品尝天马行空的滋味,现在却是悲叹一种无可名状的不如意。哭个不停的雅子那个解决不了的难题,并不是他不如意的全部内容。

"她这种人,如果我愿意,满可以把她推到喷泉池里,然后拔腿跑掉,这样就算完事了。"少年依旧昂昂然地想道。只是,他对包围着自己的这场雨、这份眼泪、这个宛如一堵墙壁的雨空,感到绝对的不如意。它们十层二十层地向他压将过来,把他的自由完全变成一条湿抹布似的东西。

愤怒的少年变得心术不正了。他无论如何非让雅子被雨淋湿,非让雅子的眼睛热泪盈眶恍如喷泉的景致不可,否则就不甘心。

他蓦地站起身来,连头也不回就跑开了。他迅速地向比喷泉四周的人行道高几个台阶的外围的碎石路跑去,跑到从正侧面可以望及三处喷泉的位置,就停下来了。

少女在雨中追了上来,紧紧地握住他高举着的雨伞把子。她那副被泪水和雨水濡湿了的脸庞,显得无比洁白。她气喘吁吁地说:

"上哪儿去?"

明男本应不回答,可他却简直很早就盼望从她的嘴里听到这句话似的,对答如流说。

"看喷泉呗。瞧!你再怎么哭,也敌不过它啊。"

于是,两人斜打着伞,以能避开彼此的视线的一种安心感,继续望着那三处的喷泉。三处喷泉,中间的高出一块显得很大,左右的多少显得俭朴,活像两尊夹侍①。

喷泉及其池子总是喧嚣的,几乎分辨不清落到水中的雨脚了。在这里,偶尔传进耳膜的声音,反而像是远处汽车的不规则的轰鸣,周围的喷泉声,十分细密地交织在空气中,因此它恍如完全锁在沉默中。当然,注意倾听则另当别论。

水首先在一个巨大的黑花岗岩的盘上,点点滴滴轻轻地弹上来,顺着黑色的盘边,形成碎白道花纹,继续落下去。

---

① 夹侍,佛语,佛像两旁的侍像。

盘的中央耸立着一根大喷柱，由六根划成曲线放射状向远处喷放的水柱捍卫着。

仔细一瞧，喷柱并不总是达到固定高度就收住。没有一丝风，水也不紊乱，笔直而高高地喷向灰色的雨空。然而，水达到的顶点，并非总是同样的高度，有时甚至喷到意想不到的高点，截断了的水被抛上去，好容易在那高点上散成水滴，降落下来。

一部分接近顶点的水，透过雨空，带着影子，呈现掺杂着白胡粉的灰色。看上去与其说是水，毋宁说是像白粉，周围飘荡着水的粉雾。喷柱的四周纷纷扬扬地飘着洁白的鹅毛大雪般的水星子，恍若雨雪。

但是，明男的心不是被三根大喷柱，而是被周围划出曲线呈放射状喷放的水形所吸引。

特别是中央的大喷泉的水形，使水向四方不懈飞扬起白色的鬃毛，高高地跳进黑花岗岩的盘边，不断利落地投身到喷泉池的水面上。一看到那喷泉水向四面八方地疾驰，心就像被吸引到那儿去似的。现在还在这里的这颗心，说不定什么时候将被喷泉水迷住并乘它的疾驰之势，整个地向对方喷放呢。

这种心情，即使观望喷泉柱也是同样的。

乍看，大喷柱宛如水制成的雕塑，装扮得整整齐齐，似是静止的。可是定睛凝视，就可以看见那根喷柱的内里，有一种自下而上不断疾升的透明的运动的精灵。这自下而上迅猛的速度，逐渐充实一个棒状的空间，每一瞬间，都把刚欠缺的东西补上，不断地保持同样的充实。尽管它知道结果会由于天高而遭受挫折，但是支持着这种不间断挫折的持续力量是伟大的。

少年本想让少女看喷泉才把她带到这里来的。他全神贯注地凝望这种喷泉，觉得它真了不起。想着想着，他把眼睛高高地抬起来，朝向漫天飞雨的苍穹。

雨水打在他的眼睫毛上。

锁在密云中的天空低得接近头顶。雨水丰盈地无间隙地下个不停。一望无际，到处都是雨，正确地说是同样的东西，他那副刚长胡子的润泽的脸蛋、那些高楼大厦的无声息的屋顶上有倒戗刺的水泥地

板，都同样不过是被雨淋的、无抵抗的表面罢了。只要是下雨，他的脸颊和肮脏的水泥地板，都是同等的。

明男把眼前的喷泉形象从头脑里揩拭掉了。他总觉得雨中的喷泉只是来回重复着没有价值的徒劳的事。

寻思之中，刚才的玩笑、其后的愤怒都忘却了，少年忽然感到自己的心渐渐地变得空荡荡了。

只有雨降落在这颗空荡荡的心上。

少年茫然地迈开了步子。

"上哪儿去呀？"这回是少女探问道。她依然紧握住伞把不放，移动着蹬着白色长筒靴的脚步。

"什么上哪儿，这就随我的便啰。我刚才不是说得很明白了吗？"

"说什么了？"少女问。

少年毛骨悚然地望了望少女的脸，但是濡湿了的这张脸上，即使还留下雨水冲掉了泪水的痕迹以及红润的眼睛里的泪水的痕迹，声音也不再颤抖了。

"什么，可不是吗？我刚才不是说得很明白了吗？我说分手吧！"

这时，少年从在雨中移动的少女的侧脸的阴影，看到了草坪上一处处的仿佛拘泥于小东西似的开放着的洋红杜鹃花。

"啊？！你这样说了吗？我可没有听见呀！"少女用普通的声调说。

少年受到了冲击，险些倒了下去，他勉勉强强走了两三步。这时争辩的念头好容易才浮现出来，他结结巴巴地说：

"可不是吗……那么，你干什么要哭呢？不是挺滑稽吗？"

少女良久没有回答。那只淋湿了的小手依然紧握住伞把。

"不知怎的眼泪就流出来了。没什么原因呀！"

少年恼怒了，他真想喊叫一声，可立即变成一个大喷嚏。他想：这样下去，一定会感冒的。

（选自《世界文学》，1991年第1期）

译文2　　　　　　　　　雨中喷泉

余阿勋　译

少年带着哭泣的她，像带着沉重的砂包似的，在雨中疲倦地走着。刚才他在吃茶店里，向她说了告别的话。

在他出生以来，这是初次的告别话！

这是他梦想很久的事，今天总算实现了。

他曾经是爱过她的，因此百般地对她说过好话，并一起玩过……而今天，在准备得十分充足的情形下，像个国王似地下达命令说：

"我们分手吧！"

仅这短短的一句话，却像靠自己的力量去割破青空般的困难，但一旦说出口，就像离开弓的箭头，一直线地划空而去。这是世界上最英雄式的、最光辉的话啊，它是人间的一个人，男人中的一个男人才被允许说的一句话。

"我们分手吧！"

敏男说出这句话的时候，咽喉充满痰声，像气喘患者似的，含含糊糊地将它说了出来。

当时，敏男真担心这句话没有被听清楚，如果被对方反问一句，要再重说一遍的话，简直比自杀还要痛苦呢！一只多年来想生一个金蛋的白鹅，果然生下来了，可是在给主人看之前突然破掉了，试想，它能马上再生一个来吗？

幸亏这句话她是听到了，但她没有反问。不管是幸还是不幸，敏男总算将长期以来企望的山顶，靠自己的一双脚越过它！

确信她听见这句话，只在片刻功夫的事，好比一片口香糖从自动贩卖器蹦出来那么个瞬间。

那时候，屋里很嘈杂，有客人的说话声、器皿的碰击声、记账器的铃声等，由于下雨天，窗子都关着，造成更喧闹的反响，叫人头都昏胀了。敏男这句含糊不清的话，透过噪音传到雅子的耳朵时，她突然睁大眼睛，其实说它是眼睛，不如说是某种破绽，是一种无法收

拾的破绽，从那里，两颗泪珠子迸涌出来了。

雅子并没有显露欲哭的征兆，也没有发出哭泣声，仅仅靠着美妙的水压，无表情地喷出泪水罢了。

以那种水压和水量，敏男以为它很快就会停止的，因此静静地端详一番，内心倒惊得沁进薄荷似的凉意。这是他照计划实现的事实，虽然有点机械式，但成果是可观的。

我曾因为喜欢看她这种表情而抱她的，敏男说给自己听，我随时能超越欲望而自由……

但是面前这个哭泣的女孩是现实啊！她分明是遭到敏男"遗弃"的。

——好在雅子眼泪流久了，脸上不太过分悲伤，使得敏男有些放心了。

雅子穿一件白色的雨衣，端正地坐在椅子上，在雨衣的开叉处，露出红色的衣裙，双手支放在桌面两端，由于用力过大，显得硬直得很。

双眼直视正前方，任眼泪往下流。她不想拿手帕擦拭，缩小的咽喉间，呼吸紧迫了，像穿起新皮鞋走路的声音，还是一个女学生的打扮，没有搽口红的嘴唇不服气地翘起，微微颤动着。

一些客人好奇地看过来，敏男的心境，原以为自己已闯入成人的世界了，不料扰乱自己心境的，却是这些成人的目光。

雅子的眼泪竟如此丰富，真是想也没有想到。无论哪个瞬间，它都以同样的水压和同样的水量在冒涌着。敏男有点疲倦了，低下头瞧瞧椅子边自己那把雨伞的尖端。古老的磁石地面上，靠伞的尖端流下一潭雨水。敏男觉得那潭水正像雅子的泪水。

他突然抓住账单，站了起来。

六月的雨丝已继续了三天，走出吃茶店，撑开伞，雅子默默地追上来了。她没有带伞，敏男只好让她一起遮。他以冷冷的心境体会大人的习惯，而这个习惯现已实现在自己身上。说了告别话之后，又一起撑着同把伞，这岂不是这个世故人间的习惯吗？要彻底清楚。……

那怕再隐微的形式都要彻底清楚，便适合于敏男的性格。

走出宽广的马路，朝宫城的方向走去，敏男不断想着，该在什么地方甩掉这个爱哭的女郎？

"下雨天怎么也喷泉水呢？"

他不由地这样想，连他也不知道，自己为什么会想到喷泉的事。

狭窄的伞下，少女湿湿的雨衣，冷得像爬虫类一样，敏男的心情反而快活起来，于是继续想喷泉的事。

"对啦，雨中喷泉！让它与雅子的眼泪成个对抗。不管她的眼泪多厉害，总会输给泉水吧，喷泉是环流式的，雅子的眼泪流完了就不能再来，怎能相敌呢？她总会停止哭泣吧。"

敏男默默地走着。雅子还是顽强地哭着。看样子想摆脱她不容易，想带到什么地方去总还简单。

敏男觉得泪水和雨水已湿透他的体内。雅子穿白胶鞋，不怕雨打，但敏男穿的鞋袜都容易淋湿。

马路上行人稀少，两人走过斑马线，向和田仓桥的方向走去。站在古老的桥端，左侧的濠沟里出现白鸟，右边隔着濠沟望过去，可以望见饭店里的白色桌布和红色桌椅，隔着一层烟雨和玻璃，显得有些模糊。越过桥，穿过高高的石墙往左折，来到喷泉公园。

雅子依然一言不发地继续哭泣着。

进入公园，出现一间巨大的"西洋东屋"，芦草盖成的屋檐下有一条椅子，敏男收起雨伞坐下来，雅子也在旁边坐下，但他只能看到她穿白色雨衣的肩膀和濡湿的头发，那头发上似乎喷上香油，布满雨滴般的白色微粒。雅子只睁着大眼，像陷于不省人事般，敏男真想拉拉那头发，叫她苏醒过来。

雅子一直默默地哭泣着。她无疑期待着敏男先向她说些什么，但敏男就是不说。自从那句话说出口以后，他真的连一句话也还没有说。

对面的喷泉喷得正高，雅子却不想去看它一眼。

大小三管喷泉排列着，声音虽然被雨遮住，但喷向四面八方的水线，却像弯曲的玻璃似的，看得清清楚楚。

四周都不见人影。喷泉前面的青草和篱笆上的青藤，在雨中显得

新绿耀目。

公园过去，有多种的色彩不断移动，如卡车的篷顶、公车的红白黄等线条，还有交叉口的红绿灯……可是转过来看底下的青色时，却与喷泉的水烟重叠而看不清楚了。

敏男默默地坐着，却被一阵莫名的愤怒侵袭，刚才想象喷泉的乐趣已经消失了。

自己面对什么在生气也不得而知了，刚才好比天马行空那么称心如意，现在立刻变得躁郁起来，但并非为了不能制止雅子的哭泣才使他感到不如意的。

"我一下子溜跑，她毫无办法。"

敏男如此想，但是这雨、这泪，和这厚壁似的天空，都使他感到不称心，这一切，如同十层二十层的重压，把他的自由给逼成湿湿的抹布般。

他只管默默地生气着。突然间，他跑向水池，站在三道喷泉的旁边。雅子跟上来，在快要碰上他的身体前停住了，伸手紧紧握住他的伞柄，布满泪水和雨水的脸，显得那么白白的，喘着气问他：

"你要去哪里？"

敏男本不想回答她，但现在却像一直等待她这句话似的，理直气壮地说：

"来看喷泉呀，你看，不管你怎么哭，还是哭不过喷泉。"

这么一来，两人似乎都安心了，于是倾斜着伞眺望起三根泉柱。

喷泉与池面是时时动荡不安的，因此落下的水滴也就无法分辨。站在这里，能传入耳朵的声音，倒是远处不规则的汽车声，喷泉的声音太细密地织于空中，以致除了倾耳细声之外，倒觉得是完全的沉默。

除中央的大喷柱外，周围还有六根描绘曲线的小水柱守卫着。仔细一看，喷柱并不是时时都一样高，没有一丝风，水柱不乱，直往灰色的天际喷上去，但抵达的顶点时而不同。到达顶点的水，透过阴灰色的天空，就散成灰色的粉末了，而底下，却是不断跳跃的飞沫，如同雪地里朵朵白色的牡丹花，也分辨不出那是雨那是雪了。

敏男被周围放射状的喷泉吸引住，他本来有意让雅子看看的，没

料到自己看得入神了,正觉得有趣时,视线往高处仰起,面向布满雨滴的天空。

雨滴落在他的睫毛上。

被密云封闭的天空,往头上压下来,雨水那么细密地、一无空隙地降落下来。只要视线能到达的范围内,全都是雨。停在他脸上的雨点,与停在远处红瓦上或大饭店屋顶的没有什么不同,他那少胡须的面孔,也如同某处长些杂草的水泥地面,同样在雨水下作无抵抗的表情。

眼前的喷泉,突然在他脑海中消失了。雨中的喷泉,总觉得是一种浪费,一种无谓的反复。

到这时,刚才对喷泉的遐想,以致后来的怒气,全都忘却了,敏男的心中只留下一片空白。

这个空白的心上,正在下雨。

敏男傻傻地走了起来。

"要去那里?"

雅子紧跟着问道。

"你管我要去那里。刚才不是告诉过你了吗?"

"告诉我什么?"

敏男凝视着雅子的脸,雨水从上方赶着下方泪水,红红的眼眶虽然还残留着泪水,但声音已经不再颤慄了。

"告诉你什么,我不是明明说要分手了吗?"

这时刻,敏男突然从少女脸上,发现一朵小小的鲜红的杜鹃花。

"咦?你这样说了?我怎么没听见?"

雅子淡然地说。

敏男受到打击,几乎要倒下去,艰苦地走了两三步时,终于想起该说的话:

"那么——你为什么要哭成这个样子?奇怪。"

雅子没有回答。淋湿的手,把伞柄握得紧紧地。

"我不知道为什么,眼泪拼命流,没有理由哇。"

敏男生气得想大叫起来,但是声音变成了喷嚏,他想:这样下去,

非感冒不可了。

(选自余阿勋、黄玉燕译:《三岛由纪夫短篇杰作集》,台北:志文出版社,1985 年)

五、译者简介

苏珊(不详)

余阿勋:(1935—1983)台湾省新竹县人,台湾师范大学毕业,日本早稻田大学文学研究院毕业。译著有《日本文坛散记》《伊豆的舞娘》等三十多种。1983 年病逝于日本东京。

六、译文赏析

《雨中喷泉》是三岛由纪夫的短篇小说集《仲夏之死》的最后一篇,描述了一个发生在雨季关于少年和少女的故事。故事描写了一个名叫明男的少年想要实现他早就计划好的梦想:由他主动提出和女友分手,渴望以此体现他的男人气概,让自己感觉到"真正成为一个男子汉大丈夫"。而女友雅子天真可爱,并深深地爱着明男,当少年提出分手以后仍然一直跟着他不肯离去,在雨中不停地哭泣。少年倍感无奈,只好撑着伞带着她走,把少女带到喷泉公园,想"以喷泉水来对抗雅子的泪水"。作品通过大量的细节描写使整个故事生动丰满且富有情趣。特别是对少男、少女的心理、神态以及周围的环境、景色的描写生动细腻,栩栩如生。

本课所选的两版译文由于译者所处的地域不同,背景不同,年龄不同,因而差异很大,但各有千秋。

首先从"译的对"的角度来分析一下两个版本的译文。

(1) 彼は今さっき丸ビルの喫茶店で、別れ話をすませて来たところだ。

　　人生で最初の別れ話!

译文 1：方才他在丸大厦的饮食店里刚办完分手的事。
这是人生的第一次分手。
译文 2：刚才他在吃茶店里，向她说了告别的话。
在他出生以来，这是初次的告别话！

译文 2 没有把"丸ビル"译出来，属于漏译。另外对于"別れ話"翻译的也不够精准。《日中辞典》中的解释是有关"离婚（分手）的磋商"，《广辞苑》中的解释为"夫婦や親しく交際した者同士の離別についての話"（夫妇或情人之间就离婚或分手事宜进行磋商），译文 2 译成"告别的话"显然不对。那么译文 1 中"把別れ話をすませて来たところだ。"译成"刚办完分手的事。"亦并非佳译。

综上所述，笔者做出如下试译：

译文 3：方才少年在丸之大厦的咖啡店里刚刚向少女提出要分手。
这是他人生中的第一次分手。
译文 4：方才他在丸之大厦的咖啡店里刚刚向她提出了分手。这是他人生的第一次分手。

（2）そのためにだけ少年は少女を愛し、あるひは愛したふりをし、そのためにだけ、懸命に口説き、そのためにだけしゃにむに一緒に寝る機会をつかまへ、そのためにだけ一緒に寝て……さて、準備万端整った今では、ずっと前から、一度どうしても自分の口から、十分の資格を以て、王様のお布令のやうに発音することを望んでいたところの、「別れよう」といふ言葉を言ふことができたのだ。

译文 1：仅仅为了这个，少年爱少女，也许是佯装爱的样子。仅仅为了这个，他才拼命地解释。仅仅为了这个，他才死乞白赖地抓住一起就寝的机会。仅仅为了这个，他们才一起就寝……那么，现在一切准备就绪，以前他就盼望自己有朝一日哪怕一次也好拥有充分的资格。如同国王

发布告示,亲口说出"分手吧"这句话来。

译文 2:他曾经是爱过她的,因此百般地对她说过好话,并一起玩过——而今天,在准备得十分充足的情形下,像个国王似地下达命令说:"我们分手吧!"

很明显译文 2 漏译的内容很多。如"そのためにだけ""あるひは愛したふりをし""ずっと前から、一度どうしても自分の口から、十分の資格を以て"完全没有翻译出来。而"そのためにだけしゃにむに一緒に寝る機会をつかまへ、そのためにだけ一緒に寝て……"只用了短短的 5 个字"并一起玩过"把原文的 35 个字概括出来。

漏译一般有两种情况,一种情况是有意识的,而另外一种情况则是无意识的。无意识的漏译多为一言半语,通常不会产生什么文学影响。而有意的漏译也可以称之为节译,也有两种情况,一种是原文太难,译者看不懂或译不出,所以就跳过去了。还有一种情况是译者对原文并不存在理解上的障碍,但考虑到译入语受众的风俗、习惯,为迎合译入语读者的趣味,为便于传播或出于政治、道德等因素的考虑等等。据此分析译文 2 的译者可能属于有意识漏译的第二种情况。

另外,两个译本对于"寝る"一词处理的都不够好。这里"寝る"应该是指"同衾する。同衾:一つの夜具の中に共にねること。特に、男女の関係にいう"(同衾,特指男女关系。《广辞苑》)。译文 1 翻译成"就寝",译文 2 翻译成"玩"均不十分准确。

综上讨论,笔者做出如下试译:

译文 3:仅仅为了这个,少年爱少女,或许是伴装爱的样子。仅仅为了这个,他才百般地对她甜言蜜语。仅仅为了这个,他才死乞白赖地抓住一起睡觉的机会。仅仅为了这个,他才和少女睡觉……那么,现在一切准备就绪,以前他就盼望自己有朝一日哪怕一次也好拥有充分的资格,如同国王发布命令一样,亲口说出"分手吧"这句话来。

（3）それでも明男は、それを何だか咽喉に痰のからまった喘息患者みたいな、ぐるぐるいふ咽喉の音と一緒に、（ソオダ水をその前にストロオから一呑みして咽喉を湿した甲斐もなく）、ひどく不明瞭に言ってしまったことが、いつまでも心残りだった。

译文1：尽管如此，明男觉得这句话总是卡在自己的喉咙里团团转，活像气喘病人被痰堵住咽喉似的（这之前他不屑从麦管儿吸一口汽水以润湿一下喉咙），他终于非常不清楚地连同喉咙咕噜咕噜的声音脱口说出了这句话。这是他永生的憾事。

译文2：敏男说出这句话的时候，咽喉充满痰声，像气喘患者似的，含含糊糊地将它说了出来。

译文2只用了34个字，就完成了原文的100多个字的翻译。虽然主要内容翻译出来了，但是也漏掉了不少内容。括号里的内容完全被省略了，而"ひどく不明瞭に言ってしまったことが、いつまでも心残りだった。"这句话也没有翻译完全。另外把少年的名字"明男"误译成了"敏男"。

译文1翻译的基本准确。只是括号里的内容"这之前他不屑从麦管儿吸一口汽水以润湿一下喉咙"中的"不屑"二字不知从何而来。"甲斐"《广辞苑》的释义为：行動の結果としてのききめ。効果。また、してみるだけの値打ち。（表示某行为结果所值的效果价值、用处等意思。）"甲斐もなく"应该是没有效果，没起作用的意思。

（4）まはりの客の話し声や、皿の音、レジスターの鈴音などが、雨に締め切った窓のために、一そう弾け合って、内にこもって、窓のうちらのむしあつい水滴に微妙に反響して、頭のもやもやするやうな騒音をなしている。その騒音をとほして明男の不明瞭な言葉が、雅子の耳に届くやいなや、彼女はそのやせた引立たない顔立ちから、まるで周囲を押

231

しのけて、押し破ったやうにみひらかれた、大きすぎる目をいっそう大きくした。それは目といふよりは、一つの破綻、収拾のつかない破綻だった。そこから、一せいに淚が噴出したのである。

译文 1：下雨而紧闭窗户的室内，四周客人的说话声、盘碟声、出纳自动记录器的铃声互相撞击得更加厉害，空气不流通，对窗户上的蒸气水滴产生了微妙的反响，头脑里形成一种烦闷的噪音。明男那句不清楚的话，穿过这噪音落进雅子的耳朵里，她那双镶嵌在不显眼的瘦削的容貌上的大眼睛，睁得更大了，简直就像推开并冲破四周的一切似的。与其说这是眼睛，莫如说是一种破绽，一种不可收拾的破绽。眼泪从这儿一齐喷涌了出来。

译文 2：那时候，屋里很嘈杂，有客人的说话声、器皿的碰击声、记账器的铃声等，由于下雨天，窗子都关着，造成更喧闹的反响，叫人头都昏胀了。敏男这句含糊不清的话，透过噪音传到雅子的耳朵时，她突然睁大了眼睛，其实说它是眼睛，不如说是某种破绽，是一种无法收拾的破绽，从那里，两颗泪珠子迸涌出来了。

译文 2 最后一句："そこから、一せいに淚が噴出したのである。"翻译成："从那里，两颗泪珠子迸涌出来了。"似乎欠妥。译文 1 译成"眼泪从这儿一齐喷涌了出来。"感觉好一些。也可以译为"泪水从那里一齐喷涌出来了。"这样和后面的喷泉水相呼应，效果会好一些。

（5）もちろん明男は、そんな水圧、そんな水量のことであるから、すぐ止むだろう、と多寡をくくっていた。それをじっと眺めている自分の心の、薄荷のやうな涼しさにうっとりした。それは正しく彼が計画して、作り上げ、現実の中へもたらしたものであって、すこし機械的なきらひはあるが、立派な成果だった。

译文 1：明男觉得这样的水压当然会压出这般的水量，大概很快就会止住的，所以不当一回事。他目不转睛地凝望着这番情景，心荡神驰，恍如一股薄荷般的清凉过了他自己的心头。这确实是他所计划的、制造的、给现实中带来的东西，尽管有点机械令人嫌恶，但却是出色的成果。

译文 2：以那种水压和水量，敏男以为它很快就会停止的，因此静静地端详一番，内心倒惊得沁进薄荷似的凉意。这是他照计划实现的事实，虽然有点机械式，但成果是可观的。

首先译文 1 对于"すこし機械的なきらひはあるが"的理解上有问题。作为惯用型其意思是"（好ましくない）傾向。懸念。"（有……之嫌。有……的倾向。）译文 1 的译者把它译为"尽管有点机械令人嫌恶"显然属于误译。与此相对，译文 2 则符合原文的意思。其次对于"そんな水圧、そんな水量のことであるから"两个译文处理的也不尽相同。笔者以为译文 2 比较接近原文。"そんな水圧、そんな水量"在语法结构上应为并列关系，译成中文时应该是"那样的水压，那样的水量"而译文 1 则变成了因果关系。

再从"译的好"的角度比较两个版本的译文

（1）少年は重たい砂袋のやうな、この泣きやまない少女を引きずって、雨のなかを歩くのにくたびれた。

译文 1：少年拽着哭个不停的少女，如同拖着沉甸甸的沙袋在雨中行走，弄得疲乏不堪。

译文 2：少年带着哭泣的她，像带着沉重的砂包似的，在雨中疲倦地走着。

两个译文比较，译文 1 译的比较到位。译文中用"拽着""拖着"等多样化的动词来体现少年对少女的冷淡，为下文的展开起到了铺垫的作用。而译文 2，首先是"少年带着哭泣的她"中的"带着"没有把"引きずって"准确翻译出来。《日中辞典》的解释为：一、"地面

をすって引く"（拖，拉。曳。）二、"無理に引いていく"（强拉硬拽。）"带着哭泣的她，像带着……"缺乏生动的画面感，让读者有重复冗赘感。其次，"哭き止まない"翻译成"哭泣"也有所欠缺，与此相对译文1的"哭个不停"更贴近原文的意思。另外"少年带着哭泣的她"译文用"她"来指代少女，也欠妥当。因为"她"可以是小姑娘也可以是中老年妇女。小说中少女在这里是第一次出现，还是明确地翻译成"少女"比较好。

（2）正面を見つめたまま、涙がとめどもなく流れるに任せている。ハンカチを出して拭ふでもない。そしてその細い咽喉のところで呼吸が切迫して、新しい靴の鳴るやうな音を規則的に出し、学生風の依怙地で口紅をつけないその唇は、不平さうに捲れ上ったまま顫動している。

大人の客が面白さうにこちらを見る。やっと大人の仲間入りをした心境に明男がいるのに、こんな心境を擾すのは、かういふ目である。

译文1：她依然凝视着正前方，任由热泪潸潸落下。她也不拿出手绢揩拭一下，细咽喉处呼吸急促，发出活像穿新鞋有规则地走路的响声，她那以学生式的固执而不涂口红的双唇、愤愤不平地撅着，颤动不止。

成年客人饶有兴味地望了望他们。明男的心境好不容易才与成年人为伍，可是骚扰他的这种心境的竟是这种目光。

译文2：双眼直视正前方，任眼泪往下流。她不想拿手帕擦拭，缩小的咽喉间，呼吸紧迫了，像穿起新皮鞋走路的声音。还是一个女学生的打扮，没有搽口红的嘴唇不服气地翘起，微微颤动着。

一些客人好奇地看过来，敏男的心境，原以为自己已闯入成人的世界了，不料扰乱自己心境的，却是这些成人的目光。

译文1总体上说翻译的不错，但是也有几处值得斟酌和商榷。①"细咽喉处呼吸急促，发出活像穿新鞋有规则地走路的响声"。可以译为"纤细的咽喉，呼吸急促，活像穿新鞋走路发出有规则的响声"②"可是骚扰他的这种心境的竟是这种目光。"中的"骚扰""心境"搭配得不好。这里译文2用"扰乱自己心境的"翻译的比较准确。另外"涙がとめどもなく流れるに任せている"中的"とめどもなく"两个版本的译文均被省略了。笔者以为纵观全文，这个词很重要。因为雅子在哭而且不停地在哭是作者要强调的部分，因此不宜省略。

（3）「雨の日も噴水は出ているかな」
何となくさう考へた。何故自分は噴水のことなんか考へ出したのだらう。さらに二三歩あるくうちに、彼は自分が考へていたことの、物理的な冗談に気がついた。
译文1："雨天也有喷泉啊。"
为什么自己会想起喷泉之类的事呢？再迈出两三步后，他发觉自己所想的是一种物理性的玩笑。
译文2："下雨天怎么也喷泉水呢？"
他不由地这样想，连他也不知道，自己为什么会想到喷泉的事。

根据前后文可以知道"雨の日も噴水は出ているかな"是少年的自言自语。这时候的少年只是在想喷泉的事情，并不清楚下雨天有没有喷泉。"かな"《广辞苑》的释义为："（疑問の助詞"か"に詠嘆の助詞"な"の付いた語）不確かな点を確かめる意で自問し、あるいは、相手に問いかける語"。（由疑问助词"か"后接感叹助词"な"构成。表示对不确定的事进行确认的自问，或表示对对方的轻微疑问。）在此应该是不太确定的语气。译文1缺少了这种怀疑的语气，译文2好像少年已经看到了雨中的喷泉，感到奇怪才自言自语的。这一例告诉我们翻译中对语境的把握何等重要。如果只见树木不见森林，就句论句，而不关照前后文的逻辑关系的话，就很

难翻译出准确而漂亮的译文。

(4) 少女は雨のなかを駆けて来た。立止まった少年の体にぶつかるやうにやっと止まって、彼のかかげている傘の柄をしっかりと握った。涙と雨に濡れた顔が、まっ白に見えた。彼女は息をはずませて、かう言った。
「どこへ行くの？」

译文1：少女在雨中追了上来，紧紧地握住他高举着的雨伞把子。她那副被泪水和雨水濡湿了的脸庞，显得无比洁白。她气喘吁吁地说："上哪儿去？"

译文2：雅子跟上来，在快要碰上他的身体前停住了，伸手紧紧握住他的伞柄，布满泪水和雨水的脸，显得那么白白的，喘着气问他："你要去哪里？"

首先是第一句"少女は雨のなかを駆けて来た。"译文1译成"少女在雨中追了上来"，"雨中"指出了环境，而"追"字强调了少女是跑着过来的，由此表明了少女的急迫的心情。与原文意思比较吻合。译文2译成"少女跟上来"却无法表达少女此时此刻的心情。遗憾的是译文1"立止まった少年の体にぶつかるやうにやっと止まって"这句话被漏译了。另外"涙と雨に濡れた顔が、まっ白に見えた。"中，对于"まっ白に"这个词两个译文分别译为"洁白"和"白白"的。都不够准确。虽然"まっ白"的意思是雪白，纯白和洁白，但根据语境适当地用具有感情色彩的词来翻译的话，效果会更好。如："あの老人は頭が真っ白だ。"（那位老人白发苍苍。）从原文的绝对语境中可以知道少女在雨中，脸被雨水和泪水濡湿，这时的"白"可以推想有两种情况。一是由于雨天天气寒冷，二是由于过度悲伤。无论是基于哪种情况，抑或二者兼而有之，这时把"まっ白"译成"苍白"都是再贴切不过的了。

（石云艳）

七、翻译理论学习

翻译实践的重要性：翻译当兴趣做

最近被问到兴趣是什么时，我开始回答"这个嘛，翻译吧——"。如果是相亲时这样说的话，对方可能会有点不舒服，好事也就因此而告吹了。"因为对方说兴趣是翻译，所以这次还是""嗯，那也难怪啊。是这样吗？翻译是兴趣——"这种对话，好像会在什么地方进行。虽然觉得这比每到星期天没事也开著 Nissan Skyline GT-R（日产的一款车）到箱根去，在路上追逐着坚强的 Mazda Familia（马自达的一款车）的兴趣要正常得多，不过那又另当别论。

只是翻译在正确的意义上，或许算不上是我的兴趣。因为，我到目前为止已经出了相当多本的书（几乎都是美国的现代小说），这已经成为我职业的一部分了。起初是从没经验的完全外行开始的，现在重读起来很多都会冒冷汗。不能说大话，但这在社会上也能算得上是个翻译家。虽然如此，在我心中还是有只能译以"翻译是兴趣"来断言的部分。因为我只要一有空闲时间，就会不经意地在书桌前坐下来"心血来潮地"开始翻译起来。既不是为了生活而做，也不是被谁委托而做。既不是为了燃起"我不做不行"的使命感而做，也不是为了自己的学习而做——虽然结果却是学到宝贵的东西，但那毕竟只是以结果论。说得白一点，正因为我喜欢翻译这个行为本身，所以才会不厌其烦地继续一直做著翻译。这不叫兴趣又该叫什么呢？——

我常被问到"你翻译这么多，是不是有请人先译初稿？"我从来没有请人先译初稿过。我所知道的人里面也没有人请别人先译初稿的。当然这种事情只要结果好的话一切都好，不是请人先译初稿是好或坏的问题。只是我个人认为，如果请别人先译初稿，那么翻译这种工作的最美味部分不就流失了吗？因为翻译最令人怦然心动的，再怎么说都是把横写的东西化为直写的东西的瞬间。那时候脑子里的语言系统，一收一放地舒展肌肉的感觉，真是舒服得不得了。而且翻译出来的文

章之活泼灵动,正是从这初始的舒展中诞生出来的。这快感,恐怕只有实际尝过的人才会知道。

  我写文章的方法,大多都是从这样作业的结果学到的。靠着把外国优越作家的文章——从横写的英文"嘿"地改写为直写的日文,我才能把文章所拥有的神秘(mystery)从根本解明开来。所谓翻译这种事毕竟是要花时间的"迟钝"作业,不过正因为这样,才能更扎实地亲身学会细微的地方,翻译就有这个很大的优点。我认为,从根本喜欢翻译的人不会是多糟糕的人。可能有点不够聪明的地方,但我想绝对没有做极恶劣事情的人。所以相亲对象如果说"我的兴趣是翻译",希望不要因为这样就嫌弃他。虽然那种心情,我并不是不了解。

  我刚开始翻译的时候,内心的角落有一种"既然小说家还要特地做翻译,就必须做到和普通翻译者味道有点不同的翻译才行"的意识或自负,有了点经验之后,在许多地方碰碰撞撞遍体鳞伤之后,才领悟到这是错误的想法。自己的味道尽量不表露出来,尽可能朴素地无色地接近原文,结果如果在尽头自然出现"一种味道"的话,那就是非常美妙的事了。不过如果一开始就想调出独自的味道的话,以翻译者来说毕竟是二流的。翻译真正的趣味,就像优越的音响设备无止境地追求自然音一样,尽在于能够如何无止境地忠实地译出原文的细微的一言一语。例如以喇叭来说,让听的人感觉到"啊,这是美好的声音"的是二级品,首先让人感觉"啊,这真是美好的声音",才是真正的一级品。我翻译的越多,越痛切地这样感觉到。不过很遗憾,不用我说,我还没达到那样的境界。只是"明白了"而已。光说一句有兴趣,其实追究下去还蛮深奥的。

  然而今年陆续出版了我感兴趣的翻译:比尔·克劳(Bill Crow)的《再见》(*Birdland*)、菲茨杰拉德(Fitzgerald)的《重返巴比伦》(*Babylon Revisited*)、麦克·吉尔摩(Mikal Gilmore)的《心灵挽歌(致命一击)》(*Shot in the Heart*)。如果有兴趣不妨一读。因为不是开玩笑的,每一本都非常有趣。

  (选自村上春树著,赖明珠译:《村上朝日堂是如何锻炼的》,台北:时报文化出版企业股份有限公司,2010年)

第8课

一、原文

走れメロス

太宰治

　メロスは激怒した。必ず、かの邪知暴虐の王を除かなければならぬと決意した。メロスには政治がわからぬ。メロスは、村の牧人である。笛を吹き、羊と遊んで暮して来た。けれども邪悪に対しては、人一倍に敏感であった。きょう未明メロスは村を出発し、野を越え山越え、十里はなれた此のシラクスの市にやって来た。メロスには父も、母も無い。女房も無い。十六の、内気な妹と二人暮しだ。この妹は、村の或る律気な一牧人を、近々、花婿として迎える事になっていた。結婚式も間近かなのである。メロスは、それゆえ、花嫁の衣裳やら祝宴の御馳走やらを買いに、はるばる市にやって来たのだ。先ず、その品々を買い集め、それから都の大路をぶらぶら歩いた。メロスには竹馬の友があった。セリヌンティウスである。今は此のシラクスの市で、石工をしている。その友を、これから訪ねてみるつもりなのだ。久しく逢わなかったのだから、訪ねて行くのが楽しみである。歩いているうちにメロスは、まちの様子を怪しく思った。ひっそりしている。もう既に日も落ちて、まちの暗いのは当りまえだが、けれども、なんだか、夜のせいばかりでは無く、市全体が、①<u>やけに</u>寂しい。のんきなメロスも、だんだん不安になって来た。路で逢った若い衆をつかまえて、何かあったのか、二年まえに此の市に来たときは、夜でも皆が歌をうたって、まちは賑やかであった筈だが、と質問した。若い衆は、首を振って答えなかった。しばら

239

く歩いて老爺に逢い、こんどはもっと、語勢を強くして質問した。老爺は答えなかった。メロスは両手で老爺のからだをゆすぶって質問を重ねた。老爺は、あたりを②はばかる低声で、わずか答えた。
「王様は、人を殺します。」
「なぜ殺すのだ。」
「悪心を抱いている、というのですが、誰もそんな、悪心を持っては居りませぬ。」
「たくさんの人を殺したのか。」
「はい、はじめは王様の妹婿さまを。それから、御自身のお世嗣を。それから、妹さまを。それから、妹さまの御子さまを。それから、皇后さまを。それから、賢臣のアレキス様を。」
「おどろいた。国王は乱心か。」
「いいえ、③乱心ではございませぬ。人を、信ずる事が出来ぬ、というのです。このごろは、臣下の心をも、お疑いになり、少しく派手な暮しをしている者には、人質ひとりずつ差し出すことを命じて居ります。御命令を拒めば十字架にかけられて、殺されます。きょうは、六人殺されました。」
聞いて、メロスは激怒した。「呆れた王だ。生かして置けぬ。」
メロスは、単純な男であった。買い物を、背負ったままで、のそのそ王城にはいって行った。たちまち彼は、巡邏の警吏に捕縛された。調べられて、メロスの懐中からは短剣が出て来たので、騒ぎが大きくなってしまった。メロスは、王の前に引き出された。
「この短刀で何をするつもりであったか。言え！」暴君ディオニスは静かに、けれども威厳を以て問いつめた。その王の顔は蒼白で、眉間の皺は、刻み込まれたように深かった。
「市を暴君の手から救うのだ。」とメロスは悪びれずに答えた。
「おまえがか？」王は、憫笑した。「仕方の無いやつじゃ。おまえには、わしの孤独がわからぬ。」
「言うな！」とメロスは、いきり立って反駁した。「人の心を疑うのは、最も恥ずべき悪徳だ。王は、民の忠誠をさえ疑って居られる。

「疑うのが、正当の④心構えなのだと、わしに教えてくれたのは、おまえたちだ。人の心は、あてにならない。人間は、もともと私慾の⑤かたまりさ。信じては、ならぬ。」暴君は落着いて呟き、ほっと溜息をついた。「わしだって、平和を望んでいるのだが。」

「なんの為の平和だ。自分の地位を守る為か。」こんどはメロスが嘲笑した。「罪の無い人を殺して、何が平和だ。」

「だまれ、下賤の者。」王は、さっと顔を挙げて報いた。「口では、どんな清らかな事でも言える。わしには、人の腹綿の奥底が見え透いてならぬ。おまえだって、いまに、磔になってから、泣いて詫びたって聞かぬぞ。」

「ああ、王は俐巧だ。自惚れているがよい。私は、ちゃんと死ぬる覚悟で居るのに。命乞いなど決してしない。ただ、——」と言いかけて、メロスは足もとに視線を落し瞬時ためらい、「ただ、私に情をかけたいつもりなら、処刑までに三日間の日限を与えて下さい。たった一人の妹に、亭主を持たせてやりたいのです。三日のうちに、私は村で結婚式を挙げさせ、必ず、ここへ帰って来ます。」

「ばかな。」と暴君は、嗄れた声で低く笑った。「とんでもない嘘を言うわい。逃がした小鳥が帰って来るというのか。」

「そうです。帰って来るのです。」メロスは必死で言い張った。「私は約束を守ります。私を、三日間だけ許して下さい。妹が、私の帰りを待っているのだ。そんなに私を信じられないならば、よろしい、この市にセリヌンティウスという石工がいます。私の無二の友人だ。あれを、人質としてここに置いて行こう。私が逃げてしまって、三日目の日暮まで、ここに帰って来なかったら、あの友人を絞め殺して下さい。たのむ、そうして下さい。」

それを聞いて王は、残虐な気持で、そっと北叟笑んだ。生意気なことを言うわい。どうせ帰って来ないにきまっている。この嘘つきに騙された振りして、放してやるのも面白い。そうして身代りの男を、三日目に殺してやるのも気味がいい。人は、これだから信じられぬと、わしは悲しい顔して、その身代りの男を磔刑に処してやる

のだ。世の中の、正直者とかいう奴輩にうんと見せつけてやりたいものさ。
　（中略）
　メロスは、また、よろよろと歩き出し、家へ帰って神々の祭壇を飾り、祝宴の席を調え、間もなく床に倒れ伏し、呼吸もせぬくらいの深い眠りに落ちてしまった。
　眼が覚めたのは夜だった。メロスは起きてすぐ、花婿の家を訪れた。そうして、少し事情があるから、結婚式を明日にしてくれ、と頼んだ。婿の牧人は驚き、それはいけない、こちらには未だ何の仕度も出来ていない、葡萄の季節まで待ってくれ、と答えた。メロスは、待つことは出来ぬ、どうか明日にしてくれ給え、と更に押してたのんだ。婿の牧人も頑強であった。なかなか承諾してくれない。夜明けまで議論をつづけて、やっと、どうにか婿をなだめ、すかして、説き伏せた。結婚式は、真昼に行われた。新郎新婦の、神々への宣誓が済んだころ、黒雲が空を覆い、ぽつりぽつり雨が降り出し、やがて車軸を流すような大雨となった。祝宴に列席していた村人たちは、何か不吉なものを感じたが、それでも、めいめい気持を引きたて、狭い家の中で、むんむん蒸し暑いのも怺え、陽気に歌をうたい、手を拍った。メロスも、満面に喜色を湛え、しばらくは、王とのあの約束をさえ忘れていた。祝宴は、夜に入っていよいよ乱れ華やかになり、人々は、外の豪雨を全く気にしなくなった。メロスは、一生このままここにいたい、と思った。この佳い人たちと生涯暮して行きたいと願ったが、いまは、自分のからだで、自分のものでは無い。ままならぬ事である。メロスは、わが身に鞭打ち、ついに出発を決意した。あすの日没までには、まだ十分の時が在る。ちょっと一眠りして、それからすぐに出発しよう、と考えた。その頃には、雨も小降りになっていよう。
　（中略）
　眼が覚めたのは翌る日の薄明の頃である。メロスは跳ね起き、南無三、寝過したか、いや、まだまだ大丈夫、これからすぐに出発す

れば、約束の刻限までには十分間に合う。きょうは是非とも、あの王に、人の信実の存するところを見せてやろう。そうして笑って磔の台に上ってやる。メロスは、悠々と身仕度をはじめた。雨も、いくぶん小降りになっている様子である。身仕度は出来た。さて、メロスは、ぶるんと両腕を大きく振って、雨中、矢の如く走り出た。

　私は、今宵、殺される。殺される為に走るのだ。身代りの友を救う為に走るのだ。王の奸佞邪智を打ち破る為に走るのだ。走らなければならぬ。そうして、私は殺される。若い時から名誉を守れ。さらば、ふるさと。若いメロスは、つらかった。幾度か、立ちどまりそうになった。えい、えいと大声挙げて自身を叱りながら走った。村を出て、野を横切り、森をくぐり抜け、隣村に着いた頃には、雨も止み、日は高く昇って、そろそろ暑くなって来た。メロスは額の汗をこぶしで払い、ここまで来れば大丈夫、もはや故郷への未練は無い。妹たちは、きっと佳い夫婦になるだろう。私には、いま、なんの気がかりも無い筈だ。まっすぐに王城に行き着けば、それでよいのだ。そんなに急ぐ必要も無い。ゆっくり歩こう、と持ちまえの呑気さを取り返し、好きな小歌をいい声で歌い出した。ぶらぶら歩いて二里行き三里行き、そろそろ全里程の半ばに到達した頃、降って湧いた災難、メロスの足は、はたと、とまった。見よ、前方の川を。きのうの豪雨で山の水源地は氾濫し、濁流滔々と下流に集り、猛勢一挙に橋を破壊し、どうどうと響きをあげる激流が、木葉微塵に橋桁を跳ね飛ばしていた。彼は茫然と、⑥立ちすくんだ。あちこちと眺めまわし、また、声を限りに呼びたててみたが、繋舟は残らず浪に浚われて影なく、渡守りの姿も見えない。流れはいよいよ、ふくれ上り、海のようになっている。メロスは川岸にうずくまり、男泣きに泣きながらゼウスに手を挙げて哀願した。「ああ、鎮めたまえ、荒れ狂う流れを！時は刻々に過ぎて行きます。太陽も既に真昼時です。あれが沈んでしまわぬうちに、王城に行き着くことが出来なかったら、あの佳い友達が、私のために死ぬのです。」

　濁流は、メロスの叫びをせせら笑う如く、ますます激しく躍り狂

う。浪は浪を呑み、捲き、煽り立て、そうして時は、刻一刻と消えて行く。今はメロスも覚悟した。泳ぎ切るより他に無い。ああ、神々も照覧あれ！濁流にも負けぬ愛と誠の偉大な力を、いまこそ発揮して見せる。メロスは、ざんぶと流れに飛び込み、百匹の大蛇のようにのた打ち荒れ狂う浪を相手に、必死の闘争を開始した。満身の力を腕にこめて、押し寄せ渦巻き引きずる流れを、なんのこれしきと搔きわけ搔きわけ、めくらめっぽう獅子奮迅の人の子の姿には、神も哀れと思ったか、ついに憐愍を垂れてくれた。押し流されつつも、見事、対岸の樹木の幹に、すがりつく事が出来たのである。ありがたい。メロスは馬のように大きな胴震いを一つして、すぐにまた先きを急いだ。一刻といえども、むだには出来ない。陽は既に西に傾きかけている。ぜいぜい荒い呼吸をしながら峠をのぼり、のぼり切って、ほっとした時、突然、目の前に一隊の山賊が躍り出た。
「待て。」
「何をするのだ。私は陽の沈まぬうちに王城へ行かなければならぬ。放せ。」
「どっこい放さぬ。持ちもの全部を置いて行け。」
「私にはいのちの他には何も無い。その、たった一つの命も、これから王にくれてやるのだ。」
「その、いのちが欲しいのだ。」
「さては、王の命令で、ここで私を待ち伏せしていたのだな。」
山賊たちは、ものも言わず一斉に棍棒を振り挙げた。メロスはひょいと、からだを折り曲げ、飛鳥の如く身近かの一人に襲いかかり、その棍棒を奪い取って、
「気の毒だが正義のためだ！」と猛然一撃、たちまち、三人を殴り倒し、残る者のひるむ隙に、さっさと走って峠を下った。一気に峠を駈け降りたが、流石に疲労し、折から午後の灼熱の太陽がまともに、かっと照って来て、メロスは幾度となく眩暈を感じ、これではならぬ、と気を取り直しては、よろよろ二、三歩あるいて、ついに、がくりと膝を折った。立ち上る事が出来ぬのだ。天を仰いで、

くやし泣きに泣き出した。ああ、あ、濁流を泳ぎ切り、山賊を三人も撃ち倒し⑦韋駄天、ここまで突破して来たメロスよ。真の勇者、メロスよ。今、ここで、疲れ切って動けなくなるとは情無い。愛する友は、おまえを信じたばかりに、やがて殺されなければならぬ。おまえは、稀代の不信の人間、まさしく王の思う壺だぞ、と自分を叱ってみるのだが、全身萎えて、もはや芋虫ほどにも前進かなわぬ。路傍の草原にごろりと寝ころがった。身体疲労すれば、精神も共にやられる。もう、どうでもいいという、勇者に不似合いな不貞腐れた根性が、心の隅に巣喰った。私は、これほど努力したのだ。約束を破る心は、みじんも無かった。神も照覧、私は精一ぱいに努めて来たのだ。動けなくなるまで走って来たのだ。私は不信の徒では無い。ああ、できる事なら私の胸を截ち割って、真紅の心臓をお目に掛けたい。愛と信実の血液だけで動いているこの心臓を見せてやりたい。けれども私は、この大事な時に、精も根も尽きたのだ。私は、よくよく不幸な男だ。私は、きっと笑われる。私の一家も笑われる。私は友を欺いた。中途で倒れるのは、はじめから何もしないのと同じ事だ。ああ、もう、どうでもいい。これが、私の定った運命なのかも知れない。セリヌンティウスよ、ゆるしてくれ。君は、いつでも私を信じた。私も君を、欺かなかった。私たちは、本当に佳い友と友であったのだ。いちどだって、暗い疑惑の雲を、お互い胸に宿したことは無かった。いまだって、君は私を無心に待っているだろう。ああ、待っているだろう。ありがとう、セリヌンティウス。よくも私を信じてくれた。それを思えば、たまらない。友と友の間の信実は、この世で一ばん誇るべき宝なのだからな。セリヌンティウス、私は走ったのだ。君を欺くつもりは、みじんも無かった。信じてくれ！私は急ぎに急いでここまで来たのだ。濁流を突破した。山賊の囲みからも、するりと抜けて一気に峠を駈け降りて来たのだ。私だから、出来たのだよ。ああ、この上、私に望み給うな。放って置いてくれ。どうでも、いいのだ。私は負けたのだ。だらしが無い。笑ってくれ。王は私に、ちょっとおくれて来い、と耳打ちした。お

くれたら、身代りを殺して、私を助けてくれると約束した。私は王の卑劣を憎んだ。けれども、今になってみると、私は王の言うままになっている。私は、おくれて行くだろう。王は、ひとり合点して私を笑い、そうして事も無く私を放免するだろう。そうなったら、私は、死ぬよりつらい。私は、永遠に裏切者だ。地上で最も、不名誉の人種だ。セリヌンティウスよ、私も死ぬぞ。君と一緒に死なせてくれ。君だけは私を信じてくれるにちがい無い。いや、それも私の、ひとりよがりか？ああ、もういっそ、悪徳者として生き伸びてやろうか。村には私の家が在る。羊も居る。妹夫婦は、まさか私を村から追い出すような事はしないだろう。正義だの、信実だの、愛だの、考えてみれば、くだらない。人を殺して自分が生きる。それが人間世界の定法ではなかったか。ああ、何もかも、ばかばかしい。私は、醜い裏切り者だ。どうとも、勝手にするがよい。やんぬる哉。——四肢を投げ出して、うとうと、まどろんでしまった。

　ふと耳に、潺潺、水の流れる音が聞えた。そっと頭をもたげ、息を呑んで耳をすました。すぐ足もとで、水が流れているらしい。よろよろ起き上って、見ると、岩の裂目から滾滾と、何か小さく囁きなうがら清水が湧き出ているのである。その泉に吸い込まれるようにメロスは身をかがめた。水を両手で掬って、一くち飲んだ。ほうと長い溜息が出て、夢から覚めたような気がした。歩ける。行こう。肉体の疲労恢復と共に、わずかながら希望が生れた。義務遂行の希望である。わが身を殺して、名誉を守る希望である。斜陽は赤い光を、樹々の葉に投じ、葉も枝も燃えるばかりに輝いている。日没までには、まだ間がある。私を、待っている人があるのだ。少しも疑わず、静かに期待してくれている人があるのだ。私は、信じられている。私の命なぞは、問題ではない。死んでお詫び、などと気のいい事は言って居られぬ。私は、信頼に報いなければならぬ。いまはただその一事だ。走れ！メロス。

　私は信頼されている。私は信頼されている。先刻の、あの悪魔の囁きは、あれは夢だ。悪い夢だ。忘れてしまえ。五臓が疲れている

ときは、ふいとあんな悪い夢を見るものだ。メロス、おまえの恥ではない。やはり、おまえは真の勇者だ。再び立って走れるようになったではないか。ありがたい！私は、正義の士として死ぬ事が出来るぞ。ああ、陽が沈む。ずんずん沈む。待ってくれ、ゼウスよ。私は生れた時から正直な男であった。正直な男のままにして死なせて下さい。

　路行く人を押しのけ、跳ねとばし、メロスは黒い風のように走った。野原で酒宴の、その宴席のまっただ中を駈け抜け、酒宴の人たちを仰天させ、犬を蹴とばし、小川を飛び越え、少しずつ沈んでゆく太陽の、十倍も早く走った。一団の旅人と颯とすれちがった瞬間、不吉な会話を小耳にはさんだ。「いまごろは、あの男も、磔にかかっているよ。」ああ、その男、その男のために私は、いまこんなに走っているのだ。その男を死なせてはならない。急げ、メロス。おくれてはならぬ。愛と誠の力を、いまこそ知らせてやるがよい。

　（中略）

　「それだから、走るのだ。信じられているから走るのだ。間に合う、間に合わぬは問題でないのだ。人の命も問題でないのだ。私は、なんだか、もっと恐ろしく大きいものの為に走っているのだ。ついて来い！フィロストラトス。」

　「ああ、あなたは気が狂ったか。それでは、うんと走るがいい。ひょっとしたら、間に合わぬものでもない。走るがいい。」

　言うにや及ぶ。まだ陽は沈まぬ。最後の死力を尽して、メロスは走った。メロスの頭は、からっぽだ。何一つ考えていない。ただ、わけのわからぬ大きな力にひきずられて走った。陽は、ゆらゆら地平線に没し、まさに最後の一片の残光も、消えようとした時、メロスは疾風の如く刑場に突入した。間に合った。

　「待て。その人を殺してはならぬ。メロスが帰って来た。約束のとおり、いま、帰って来た。」と大声で刑場の群衆にむかって叫んだつもりであったが、喉がつぶれて嗄れた声が幽かに出たばかり、群衆は、ひとりとして彼の到着に気がつかない。すでに磔の柱が高々

と立てられ、縄を打たれたセリヌンティウスは、徐々に釣り上げられてゆく。メロスはそれを目撃して最後の勇、先刻、濁流を泳いだように群衆を掻きわけ、掻きわけ、

「私だ、刑吏！殺されるのは、私だ。メロスだ。彼を人質にした私は、ここにいる！」と、かすれた声で精一ぱいに叫びながら、ついに磔台に昇り、釣り上げられてゆく友の両足に、齧りついた。群衆は、⑧どよめいた。あっぱれ。ゆるせ、と口々にわめいた。セリヌンティウスの縄は、ほどかれたのである。

（略）

（古伝説と、シルレルの詩から。）

（选自太宰治：《太宰治全集3》，东京：筑摩书房，1988年）

二、作者与作品简介

太宰治（1909—1948）：本名津岛修治，日本战后无赖派作家。从16岁开始创作，处女作为《最后的太阁》，39岁投水自杀，最后一部作品是《人间失格》。"太宰治很早即有现代人的危机意识，擅长以独白的手法，丑角式的调侃，表现其生存的痛苦与不安，以及走上自我毁灭的心路历程"[①]。其创作一般分为前期、中期和后期，前期是昭和八年到十二年（1933—1937），中期是昭和十三年到二十年（1938—1945），后期是昭和二十年到二十三年（1945—1948）。主要代表作有《维荣的妻子》《斜阳》《人间失格》等。

本文是太宰治中期的作品，取材于席勒根据古希腊神话创作的叙事谣曲《人质》。作品以简洁有力的语言，赞扬了人与人之间的信赖和友情，反对暴政、提倡正义。可以说本文反映了太宰治中期，甚至是整个文学的明快、健康的一面。小说中，大段的心理描写，刻画出栩栩如生的人物，宛如鲜活的生命在向读者诉说。

[①] 高慧勤，《快跑，梅洛斯》译序。柳鸣九主编，《名家点评外国小说中学生读本 插图本 亚·非·拉小说卷》，济南：山东画报出版社，2000年。

三、原文注释

①やけに：副词，用于俗语中，非常、过于。
②はばかる：他动词，忌惮、顾忌。
③乱心：发疯、精神失常。
④心構え：精神准备、思想准备。
⑤かたまり：1、疙瘩；2、群体、集体；3、有强烈倾向（的人），极端（的人）。多用于讽刺。此处是第三个词意。
⑥立ちすくむ：自动词，（因恐惧等）呆立不动。
⑦韋駄天：韦驮，古印度神话中的神，以善跑闻名。后转喻跑得非常快、非毛腿。
⑧どよめく：大声欢呼、人声鼎沸。

四、译文

译文1　　　　　　奔跑吧！梅勒斯

烨伊　译

梅勒斯勃然大怒，决心除掉昏庸暴虐的国王。梅勒斯不懂什么政治，他只是一个出身乡野的牧民，平日里吹着笛子，同羊群嬉戏过活，但他却比任何人都憎恨邪恶。

这日，天尚未明，梅勒斯便从村庄出发，跋山涉水，好容易来到这八十里外的希拉库斯城。梅勒斯无父无母，又尚未娶妻，与十六岁、性格内向的妹妹相依为命。妹妹最近订了亲事，要嫁给村里一个老实的牧人。婚期将近，为此，梅勒斯特地进城来置办妹妹的嫁衣和喜宴的酒菜。

梅勒斯买齐东西后，便在城内的大街上信步而行。他有一位总角之交，叫赛伦提乌斯，眼下这位好友正在希拉库斯城里做石匠。两人

久未见面，梅勒斯想顺道去看望他，他满心期待，可是走着走着发现城内的情形有异。四处一片肃静。日已西沉，城内一片昏暗，自然比不得白天的繁华，然而，整座城市如死一般寂静，却并非全因入夜所致。优哉游哉的梅勒斯也渐感不安，他拉住擦肩而过的几位年轻人，问询道："发生了何事？两年前我来此地，即使入夜，大家仍会引吭高歌，街上热闹非凡啊！"年轻人个个摇头离去。又走一阵，遇到一位老人，这次他加重语气询问，老人同样没有回答。梅勒斯不禁摇晃老人的身子，又问一遍。老人谨慎四顾，方才低声吐出几个字：

"国王陛下要杀人。"

"为何要杀人？"

"他认定有人怀抱作乱之心，但其实所有人都没有那种想法。"

"他杀了很多人吗？"

"是的，最先是国王陛下的妹婿，跟着是陛下自己的儿子，接下来是他妹妹、妹妹的孩子，再然后是皇后陛下，还有贤臣阿莱吉斯大人。"

"太可怕了。国王是不是疯了！"

"不，他没有疯，他只是无法信任别人。今日他开始怀疑大臣不忠，但凡过得宽裕之人，他就要求家族交出一名人质。如有抗命就会被钉死在十字架上。今天已经处死六人了。"

听完这席话，梅勒斯勃然大怒："国王暴行令人愤慨，我绝不能容他再活在世上！"

梅勒斯是个想法单纯的小伙子，身上还背着买来的东西，径自慢吞吞地步入王城，不久便被巡逻的卫兵拿下。卫兵们从他怀中搜出一把匕首，立时引发轩然大波。梅勒斯随后被押到国王面前。

"你想用这把匕首做什么？说！"暴君迪奥尼斯用沉静却不失威严的语气斥问道。国王面色苍白，眉间皱纹深布，如同刻痕一般。

"我要把这城市从暴君手中解救出来。"梅勒斯坦然答道。

"就凭你？"国王嘴角浮起一丝冷笑，"自不量力。像你这种人，根本无法理解我的孤独。"

"住口！"梅勒斯愤怒地反驳，"怀疑别人原本就是最可耻的行径。

身为国王,竟然连臣民的忠诚都要怀疑!"

"怀疑是正当的心理防备——这正是你们教会我的。人心难测啊。人类原本就是私欲的化身,绝对相信不得。"暴君用平静的语调喃喃道,言罢又轻叹一声,"其实,我也同样期望和平。"

"什么和平,能保住你王位的和平?"这次轮到梅勒斯嘲笑国王了,"处死无罪之人,这算是什么和平!"

"住嘴,贱民!"国王猛然抬头怒视着他,"你的说辞太冠冕堂皇。我固然无法看穿人心,也不会听信花言巧语。你也一样,我现在就将你处以极刑,任你如何求饶,我都不会听信。"

"哈哈,国王真是英明!您就继续陶醉在美梦里吧。我早就抱定了必死的决心,断不会做那种求饶之事。只是——"说到一半,梅勒斯的视线忽然垂至脚边,迟疑之后,接着道:"只是,如果对我尚存一丝怜悯之心,处刑前请给我三天时间。我想亲自为我唯一的妹妹操办婚事。三天之内,我回村办完婚礼,一定会返回此地。"

"痴人说梦。"暴君用喑哑的嗓音轻笑道,"为了逃罪竟编出这等谎言。逃走的小鸟岂有飞回来之理?"

"我会回来的。"梅勒斯拼死坚持,"我会信守承诺。请给我三天时间。我妹妹正盼着我回去。若是无法相信我,那么好吧,这城里有名石匠叫做塞伦提乌斯,他是我最好的朋友,他可以作为人质扣押在此。如果我逃走,在第三天黄昏前赶不回来,就请绞死我那位朋友。恳请您答应!"

听完这番话,国王邪念顿起,不禁心中窃笑。此人满口大话。反正他铁定不会回来送死,我姑且佯装上当,放他回去,倒是挺有趣。等到第三天再名正言顺处死那个替身之人,那是何等享受。我以悲伤的心情将他的朋友处以极刑,借以证明人的不可信。我要让世上所有自命诚实的家伙看个清楚。

(中略)

梅勒斯跟跟跄跄回到家中,布置神灵祭坛,整理喜宴坐席,随后就一头栽倒在床上沉沉睡去,呼吸仿佛都已停止。

待他一觉醒来,天色已然漆黑。梅勒斯立刻起身拜访新郎家,并

提议将婚礼改为明日。新郎牧人大为吃惊，忙称："不行，我全无准备，至少需等到葡萄成熟之时。"梅勒斯又进一步恳求道："不能再等，请务必明日举行。"岂料新郎也极为顽固，怎么都不肯答应。两人争论至佛晓时分，梅勒斯终于连哄带劝地成功说服新郎。婚礼在当日正午举行。当新郎新娘完成向诸神的宣誓仪式后，一片乌云蔽住天日，疏疏落下几滴小雨，继而转为滂沱大雨倾盆而下。参加喜宴的村民们心里都泛起一阵不祥的预感，却仍是提起兴致继续欢笑庆贺，兴高采烈地打着节拍，欢声歌唱，毫不在意狭窄的房间里暑气蒸腾。梅勒斯亦是满面喜色，一时间甚至忘了同国王的约定。入夜之后，喜宴越发纷乱热闹，丝毫未被屋外的暴雨影响。梅勒斯真想永远停留在这一刻，真想与这群善良淳朴的人们共度此生，然而，他已经身不由己。世事终不能尽如人意。梅勒斯不断策励自己，决定返回都城。距离明天日落，时间尚算充裕，不如稍事休息，醒来便立即出发，到那时，想必雨势也会减弱。

（中略）

　　睁开眼睛，已是次日黎明，梅勒斯跳起身来。糟糕，睡过头了！不，还赶得及，马上出发的话，离约定的时间还绰绰有余。今天，我定要让国王知道人与人之间的信任切实存在，然后自己再笑着登上刑台，梅勒斯从容地着手准备出发。看起来雨势小了几分。打点妥当之后，梅勒斯奋力舞动双臂，如离弦之箭冲入雨中。

　　今晚我就要被处死了。我这是为赴死而跑，为解救代我被囚的朋友而跑，为粉碎国王的邪念而跑。我必须跑。然后，我会被处死。名誉需从年轻时就善加珍惜。别了，家乡！年轻的梅勒斯痛苦万分，数次想停下奔跑的步伐。嘿！嘿！他一面呵斥自己，一面不停地跑。奔出村落，跨过原野，穿过树林，到达邻村时，雨已住，唯见红日高悬，天气逐渐热了起来。梅勒斯用手拭去额头的汗水，想着一切已成定局。对家乡的眷念已然了却，妹妹妹夫也定会恩爱度日，如今我终于可以无牵无挂，只需径直前往王城。不用心急，慢慢走吧。梅勒斯又恢复了天生的悠闲气度，用悠扬的歌声唱起了喜爱的小调。

　　如此又溜达了二十多里，行程即将过半。然而从天而降的灾难让

梅勒斯蓦然停下了脚步。前方的河流。昨日的那场暴雨竟使得河水源头泛滥，与滔滔浊流汇集在下游，一举冲毁了木桥，隆隆作响的急流将整座桥梁都卷成了木屑渣滓。他茫然呆立原地，目光四处寻觅，随后高声呼喊，然而渡船已被浪涛吞噬得毫无形迹，连船夫也不见踪影。河面兀自还在上涨，形如一片汪洋。梅勒斯在河岸蹲下，泪水夺眶而出，他举起双手向宙斯哀求："啊，请求您平息这狂暴的巨流吧！时间分秒流逝，太阳已升至中天，若是在它沉落之前我无法赶到王城，我那位好友就会因我而枉送性命！"

洪流似乎有意嘲笑他的哀求，翻涌得越发疯狂，层层巨浪此起彼伏，奔腾不休。与此同时，时间也在飞逝。至此，梅勒斯醒悟：除了游水渡河别无他法。"啊，乞神照鉴！发挥爱与诚信的伟大力量战胜洪水的时刻到了。"梅勒斯扑通一声跳入河中，与宛如百条大蟒般翻滚的巨浪展开了殊死搏斗。他将全身之力都灌注于手臂，艰难地拨开翻涌来的股股急流，以雷霆万钧之势奋力前进。终于，神灵也为之动容，降下怜悯。尽管被河水冲的东倒西歪，梅勒斯仍幸运地抱住了对岸的树干，借力攀上了岸。谢天谢地。梅勒斯如同骏马一般，抖了抖身躯，立即向前疾奔而去。须臾都不可浪费，太阳已然开始西斜。梅勒斯连连喘着粗气爬上了山顶，松了一口气后，眼前突然跳出一伙山贼。

"站住！"

"你们做什么？我必须在日落之前赶到王城，放开我！"

"行啊，把身上所有东西都留下再说！"

"我除了一条命，别无他物。而这仅有的性命也将交给国王了。"

"那我们就取你这条命！"

"如此说来你们是奉国王之命在此等我的吗？"

山贼们不再多言，齐齐操起棍棒。梅勒斯弓下身子，忽如飞鸟一般直扑身旁的一名山贼，夺下其手中的棍棒。

"对不住了，我这也是为了正义！"伴随着话音他猛然出击，转眼间便打到了三人，趁着余下的山贼心惊胆怯之际，一口气冲下山。经此一役，梅勒斯着实有些疲惫不堪，又恰值午后炽烈的阳光炙烤，他竟数次感到眩晕。这样可不行啊！梅勒斯强迫自己重振精神，摇摇晃

晃地行出几步,终于支撑不住,双腿一软跪倒在地,再也爬不起来。他仰头望天,心中的不甘化作泪水奔涌而出。

"啊!啊!横渡洪流,打倒贼匪的飞毛腿,突破重重难关来到此地的梅勒斯啊!真正的勇士,梅勒斯啊!可怜你如今却累瘫在地,动弹不得。你亲爱的朋友只因信任你,却招来杀身之祸。你真是百年难遇的无信之人,正中国王下怀!"梅勒斯试着鞭策自己,然而全身仍是绵弱无力,已经连青虫蠕动的那点距离都无法前进了。他翻身躺在路旁的草地上,身心俱疲。

"罢了,随他去吧。"勇士不应有的劣根性在此时苏醒,侵占了他心灵的一角。

"我如此努力,未有过一丝背叛约定的私心。诸神为证,我已经竭尽全能,直到跑得再无力动弹。我并非背信之人。啊,如果可以的话,我真想剖开我的胸膛,让您看看我那鲜红的心脏。我多想让您看看我这颗仅凭着爱与诚信的血液跳动的心脏!可是,在这么重要的时刻,我却已经筋疲力尽,我真是个极其不幸的人。我必定会遭受耻笑。我欺骗了我的朋友。在中途倒下,与从一开始什么都不做,根本没有区别。"

"啊,罢了,怎样都好。或许,这就是我的宿命吧。赛伦提乌斯啊,原谅我。你总是信任我,我也未曾欺骗过你。我们是真正肝胆相照的朋友,黑暗的疑云从未在彼此心里降临。直到此时,想必你仍是一心等待着我。啊,一定还在等着我吧。谢谢你,赛伦提乌斯,谢谢你深信我。"思及此,梅勒斯心中万分难受。朋友之间的信任,是这世上最值得夸耀的瑰宝。赛伦提乌斯,我已经尽力奔跑了,绝无半点欺骗你的意思。求你相信我!我拼命地赶到了这里,突破洪流的阻挡,冲出山贼的包围,一口气跑下山来到这里,正因为是我,才做到的呀!啊,不要再对我报以任何期许,我只能这样了。无论怎样都好,我已经输了。我真没用,尽管嘲笑我吧。

"国王曾私下嘱咐我晚些回去,并且许诺,倘若我迟到,就杀了做我替身的朋友,而赦免我。我虽憎恨国王的卑劣,然而事到如今,竟被他一语道中,我大概是赶不回去了。想必国王定会自以为是地大笑,然

后若无其事地赦免我。如果事情果真发展成那样，我无疑比死更难受。我将永远背负背叛者之名，沦为这世上最可耻之人。赛伦提乌斯啊，到那时我也会死的，让我随你同去吧。我知道你一定会相信我！"

"不，这也许只是我在惺惺作态罢了。啊！干脆作为一个败德之人苟活下去吧。村庄里有我的家，还有我的羊，妹妹妹夫总不至于将我赶出村子吧。什么正义、诚信、爱。仔细想来，根本毫无意义。杀死他人以换取自身生存，这不正是人类世界的法则吗？啊，一切都荒谬至极。我是丑陋的背叛者，索性任意而为吧。反正我已无力回天。"

梅勒斯伸展四肢，昏昏沉沉地打起盹来。

恍惚间，耳边传来潺潺的流水声。梅勒斯微微抬头，屏住呼吸侧耳倾听，似乎脚边有流水淌过。他挣扎着起身一看，果然有股清泉自岩石的裂缝中汩汩流出，流水声如喃喃细语。仿佛被泉水的魔力所吸引，梅勒斯连忙弯下腰，用双手掬起一捧水一饮而尽，随后深深吐出一口气，顿觉如梦初醒。走得动了，出发吧。随着体力的恢复，梅勒斯心中又燃起了些许希望。这是履行责任的希望，是以死来捍卫名誉的希望。

斜阳洒下赤红色的光芒，照在林间密叶上，映得枝叶如燃烧般熠熠生辉。距离落日尚有一定时间。"有人正等着我，有人正好毫不怀疑只是静静地等着我。我如此地被人信赖，性命又算得了什么。别再说什么以死谢罪这种轻巧话，我必须要回报他这份信赖，现在我要做的，就是这一件事而已。"奔跑吧！梅勒斯。

"我被人信赖，我被人信赖。先前那恶魔的耳语，只是梦而已，只是一场噩梦。忘了它吧。形神俱疲之时，才会遭遇那种噩梦。梅勒斯，你无须引以为耻。你还是真正的勇士。你不是能够站起来继续奔跑了吗？谢天谢地！我总算能以正义之身死去。啊，太阳正在西沉，一寸一寸不断下沉，等一等，宙斯啊！我自打出生时起就是个诚实的人，让我作为一个诚实的男人死去吧！"

梅勒斯不时推开或是撞开路上的行人，好似一阵旋风般狂奔而过。他从原野上正在举行的酒宴中间穿过，撞翻了席上的宾客，踢开了脚边的小狗，跃过了拦路的小溪，用比太阳下沉还要快十倍的速度奔跑着。与一群旅人擦肩而过的瞬间，梅勒斯无意间听到了一段不祥

的对话:"现在这时候,那人已经被架上处刑台了吧。"

"啊,那人,就是为了那人,我正在如此拼命奔跑着。我一定不能让他死掉。快点,梅勒斯!你绝不能迟到。眼下,正是向世人展示爱与诚信的最好时机。"

(中略)

"正因为如此我才要跑。因为他相信我,所以我要跑。不是能否赶得上的问题,也不是人命的问题,我是为了一种更加伟大,更加值得敬畏的东西而跑。跟我来!菲勒斯特拉特斯。"

"天哪,你疯了吗?那你还是跑吧,说不定还来得及。拼命跑吧!"

太阳尚未沉下,梅勒斯自不待多言,拼死使出最后一丝力量,奔跑着。梅勒斯的脑中一片空白,没有任何想法,只是被一股莫名的巨大力量牵引着不断奔跑。残阳摇曳着没入地平线,正当那最后一线余光也即将消失之际,梅勒斯如疾风一般冲进刑场。赶上了。

"等等,你们不能杀他。梅勒斯回来了。按照约定,现在回到了此地!"梅勒斯原本想对着刑场的群众大喊,可是他的喉咙受损,只发出了沙哑而微弱的声音,人群里没有一个人注意到他的到来。十字架已然高高竖起,绳子束缚着赛伦提乌斯,正将其缓缓地吊上去。目睹这一幕,梅勒斯使出最后的勇气,犹如先前横渡洪流一样,拨开一层又一层的群众。

"是我,刑吏!应该被处死的是我,梅勒斯。他只是代我受押而已!"梅勒斯使尽全力用嘶哑的嗓音喊道,同时总算爬上了刑台,紧紧抱住正被吊上去的朋友的双脚。

人群沸腾起来。"干得好!干得好!放了他!"人们争相呼喊着。终于,赛伦提乌斯被松绑了。

(略)

(改编自希腊传说及席勒诗歌)

(节选自烨伊译:《人间失格》,武汉:武汉出版社,2014年)

译文 2　　　　　　　快跑，梅洛斯

高慧勤　译

　　梅洛斯愤怒了，决计非除掉那邪恶暴虐的国王不可。梅洛斯对政治一窍不通，他不过是村子里一个牧人，整日吹吹笛子，与羊儿嬉耍度日。但对邪恶，比谁都锐敏。今天黎明，梅洛斯离开村子，翻山越岭，来到几十里外的西拉库斯市。父母双亡，他尚未婚娶，和年仅十六、温柔沉静的妹妹相依为命。妹妹不久就要嫁给本村一个朴实憨厚的牧人。婚期临近，为置办新娘的嫁衣，准备酒宴，他来到这个遥远的都城。等采备齐全，顺便去京都街道溜达。梅洛斯从小有个总角之交，叫赛利努丢斯，现在西拉库斯市当石匠，也打算顺便去看看老朋友。好久不见，又得一聚，想必会很高兴。走着走着，梅洛斯觉得街上的情形有点异样。简直是一片死寂。固然已经夕阳西下，街上黑魆魆的自不在话下，可总觉得不只是因为天黑，整个城市显得异常凄凉。就连粗心的梅洛斯也慢慢不安起来。街上碰到一伙年轻人，问他们出了什么事，两年前来这儿，即便到晚上，也有人欢声歌唱，街上应是很热闹的。年轻人摇摇头，没有回答。又走了会儿，遇到个老人，这回他加重语气又问了一下，老人也没有回答。梅洛斯两手直摇老头，一再追问，老人怯怯望望四周，低声答道：

"王上在大开杀戒。"

"为什么？"

"说是人心叵测，可谁也没有心存歹意呀。"

"杀了很多人吗？"

"嗯，先杀了他妹夫，然后杀王储，接着，又杀了自己的妹妹，妹妹的孩子，接下去是皇后，再下去是忠臣阿雷库斯。"

"太让人吃惊了，王上难道疯了？"

"不，没疯，只是认为人都不可信。近来又怀疑起臣下的忠心来，凡生活稍微奢侈些的，就下令抓起来一个个盘查。敢违抗的，一律挂在十字架上吊死。今天，已吊了六个啦！"

听到这里,梅洛斯怒不可遏。"如此国王,岂能让他一意孤行!"

梅洛斯太幼稚了。他背着买好的东西,慢慢走进王宫。顷刻,就给巡逻的士兵逮住了。盘查之下,从他怀里,搜出了短剑。乱子越闹越大,梅洛斯给押到国王面前。

"你拿这把剑,所为何来,说!"暴君狄奥尼斯镇静而威严地逼问道。国王面色苍白,眉间的皱纹,深如刀刻。

"我要把这个城市,从暴君手里解放出来!"梅洛斯毫无惧色地答称。

"就凭你?"国王怜悯地笑了,"该死的家伙,像你这号人,哪懂得我内心的孤独。"

"别假斯文啦!"梅洛斯气冲冲地反驳道,"疑心,本来就是人类最可耻的品行。身为一国之君,居然会怀疑百姓的忠诚。"

"要防患于未然,疑心是正当的,而且,还是你们教我的。人心不可测,人本来就是私欲的集大成。所以,不可信!"暴君平静地喃喃自语,叹了口气,"我原本也希望和平来着。"

"希望和平,又是为的什么?为保住自己的王位?"这回,轮到梅洛斯嘲笑他了,"滥杀无辜,算是和平?"

"闭嘴,下贱的东西,"国王猛抬起头,叱责道,"嘴上谁都会说得冠冕堂皇,以我看来,人心都是揣测不透的。你呀,现在就处你磔刑。即便痛哭悔过,也决不轻饶。"

"啊,王上,您好威风。尽管得意吧,我早就把生死置之度外了,决不乞命求饶。只是……"说到一半,梅洛斯视线落到脚上,踌躇了片刻。

"只是王上若肯垂怜我,请宽限三天再处刑。我只有一个妹妹,想把她先嫁出去。三天之内,回村里办好婚事,然后一定回来。"

"岂有此理,"暴君嘶哑着声音呵道,低声笑起来,"真是谎话连篇,你想,放出去的鸟儿还会飞回来吗?"

"我说,会飞回来的,"梅洛斯固执地坚持着,"我很守信用。请给我三天时间,妹妹在等我回去。实在信不过我,也可以,城里有个叫赛利努丢斯的石匠,是我最好的朋友,让他在这儿做人质。第三天,

日落之时，我要是逃走，没回到这里，就把我朋友绞死好了。求求王上，这样总可以了吧。"

听了这话，国王以其残暴的本性不免暗中窃笑。吹什么牛啊，肯定是不会回来的。先佯装上这个骗子的当，把他放了，倒也有趣。然后嘛，在第三天，把那个替死鬼杀掉，不亦快哉。人真的就是这样不可信，我做出不胜痛惜的样子，把那个替身处以磔刑。给世上那些号称老实人一点点颜色看看。

（中略）

梅洛斯歪歪斜斜走回家去，安顿好神坛，摆设好酒桌，不一会儿，就倒在地上，昏睡过去，好像连呼吸都停止了似的。

睁开眼，已是晚上。起来后，赶紧去新郎家拜访。恳求说，事出意外，想明天就举行婚礼。放羊的新郎官吃了一惊，答说不行，这边还什么都没准备，等到收了葡萄再说。梅洛斯说等不及了，无论如何要明天办，请求再三；新郎官也很固执，不肯答应下来。一直争到天亮，连哄带劝，总算给说服了。婚礼定在正午举行。

新郎新娘对神灵设誓完毕，天上乌云密布，嘀嗒嘀嗒下起雨来，接着就变成瓢泼大雨。参加喜宴的村民，有种不祥的预感，但还是提起精神，挤在窄小的屋里，忍着闷热的暑气，快活地唱着歌，拍着手。梅洛斯也满面喜色，连与国王之约也暂时置诸脑后。入夜，喜宴越发热闹，外面暴雨再大，贺客全不在乎。梅洛斯真想一生就这样过，和这些好人终生为伴。但现在，此身已不属于自己，已不能如愿以偿。他策励自己，下定决心践约。但到明天日落，时间还很充裕，想稍睡一会儿再动身。那时，想必雨也会小一些。

（中略）

睁眼已是翌日黎明。梅洛斯惊起：天哪，睡过头了！不，还来得及，马上出发，完全赶得上约定时间。今天非让国王看看，诚实是存在的。我要这样带笑走上磔刑台。梅洛斯从容不迫地穿着起来。雨似乎小了点。收拾停当，用力摆动两臂，箭一般冲入雨中。

我今晚就要死了。我是为死而奔跑，为救出替代我的朋友而奔跑，为打败国王阴毒的奸谋而奔跑。我非跑不可，跑去为了送死。青春年

少，就要爱惜自己的名声。别了，故乡。年轻的梅洛斯心里很难过。曾几次想停下来。他一面跑，一面大声叱责自己。跑出村子，越过田野，穿过森林，到达邻村时，大雨已停。红日高照，慢慢热了起来。梅洛斯用手背拭去额头的汗水，到这儿就可放心了，对故乡依恋之情已经割断。妹妹一家会幸福的，我现在已无任何牵挂，只要一直跑到王宫，就万事大吉。不必那么急，慢慢走，恢复恢复悠闲的天性，好好儿唱支喜欢的小曲。他优哉游哉，走了二十来里路，眼看走了全程的一半，突然，灾难从天而降，梅洛斯霍然止步。看那前面的河！昨天的暴雨，使山洪泛滥，浊浪滔天，汇集到下游，激流滚滚，势不可当，冲毁桥梁，卷走了支离破碎的桥架。他茫然站着，四处眺望，喊得声嘶力竭也没用，渡船给冲得一只不剩，也不见船夫踪影。河水猛涨，宛如大海。梅洛斯在岸边蹲下，流下了男儿泪，伸手向宙斯求告："啊，让狂涛巨浪平息下来！时间匆匆流逝，太阳已高悬中天，日落之前，倘到不了王宫，我的好友就会因我而丧生。"

浊流仿佛在嘲笑梅洛斯的呼喊，越发汹涌澎湃。狂涛翻滚，一浪高过一浪。时间却一刻不停在流逝。此刻，梅洛斯已下定决心，别无选择，只能游过去。主啊，神天鉴察，我决不能输给浊浪。现在就把友爱和真诚的伟力发挥给你们看。

梅洛斯扑通一声，飞身跳入激流，同那宛如百匹巨蟒般翻滚的狂涛，作殊死的搏斗。全身之力集中于双臂，在翻涌回流的漩涡中，傲然把水划开。看到这奋不顾身、勇往直前的姿态，主当为之悲悯，为之垂怜。虽然被激流裹挟着，他终于抱住了对岸的树干，谢天谢地！梅洛斯像一匹骏马，抖擞一下，又急忙奔向前方，片刻都不肯耽误，日头已经西斜。他喘着粗气，往山上爬，爬到顶峰，正想舒一口气，眼前突然窜出一伙山贼。

"站住！"

"干什么？日落之前，我要赶到王宫，放我走吧！"

"哼，放你可以，把东西留下。"

"除了这条命，我一无所有。就连这条命，等会儿也要交个国王。"

"我们要的，就是你这条命。"

"啊,你们是奉王上的命令,埋伏在这儿拦路的。"

一伙山贼,二话不说,一起举起了棍棒。梅洛斯腰猛一弓,像飞鸟一般,扑向近旁一人,夺下他手中的棍棒。

"为了正义,只好对不起了。"使出浑身解数,转瞬击倒三人,趁其余人惊愕之际,飞快奔下山冈。一口气下了山,毕竟劳累之极,又值午后的炎阳直射下来,梅洛斯几次感到晕眩。但觉得不能倒下,便又振作起来。晃晃悠悠才迈了两三步,终于双膝一软,倒了下去。他站不起来,仰首望天,痛心地流下了难过的眼泪。唉,梅洛斯呀,梅洛斯!你横渡激流,击退贼众,闯过数关,才飞跑到这儿。真正的勇士——梅洛斯哟!如今精疲力竭,竟然倒在这儿动弹不得,真是无用之人。我亲爱的朋友,你只因信任我,顷刻便要送命。你呀,梅洛斯,真是举世无双的没信用的家伙,这样岂不正中国王下怀。梅洛斯以此自责,只是浑身乏力,想前进还不及毛毛虫蠕动得快。他一骨碌滚到在路旁的草丛里。身疲体软,精神也跟着垮了。唉,管他呢……勇士所不应有的自暴自弃,从他心里某个角落冒出头来。我已尽了最大努力,失约的想法,一丝一毫都没有过。天神鉴察,我始终全力以赴,一直奔到动弹不得,我决不是那种不守信用的人。唉,如果可能,我愿剖开胸膛,掏出鲜红的心给你看。让你看那颗为友爱与真诚,跳动不已的心。但在这关键时刻,我确已精疲力尽,我真是最不幸的人,别人一定会嘲笑我,嘲笑我一家,说我欺骗了朋友。中途倒下,与一开始就不实行,又有什么分别。啊,管他呢,这也许是命中注定。赛利努丢斯呀,请饶恕我。你总信任我,我也未骗过你,我们真是莫逆之交。猜疑的阴云,在我们双方心里丝毫不曾有过。即便是此刻,你仍一心一意在等我吧。唉,想必是在等我的。谢谢你,赛利努丢斯,难为你这么信任我。想到这里,我实在受不了。朋友之间的真心,是世间最值得骄傲的宝藏。赛利努丢斯,我狂奔不已,毫无欺骗之意,请相信我。我风风火火,才跑到这里。横渡浊流,又从山贼围攻中脱身,一口气跑到山下。只有我,才做得到。啊,此外,不要对我再存什么奢望吧。管他呢,一切都无所谓。我认输。真是不争气,你笑我吧。国王悄声对我说过,只要稍微迟到一会儿,就是说,迟到了,他

保证，杀掉替身，放我生路。我憎恶国王的卑鄙，可是，现在看来，我正如国王所说，恐怕要迟到啦。国王会自以为得计，把我嘲笑一番，然后，又若无其事地把我放了。真这样的话，比死还难堪呀。我将永远是个叛徒，是天下最不齿于人的家伙。赛利努丢斯呀，我也不会苟活人世的，让我跟你一起死吧，只有你才相信我。哦，不，是我自己想当然吧？唉，索性做个无赖苟活下去吧。村里有我的家，有我的羊，妹妹夫妻俩不会把我赶出村去的。什么正义，真诚，友爱，想想实在觉得无谓。别人去死，让我活着，难道不正是人世间的法则吗？哎，一切全都那么愚蠢。我是个背信弃义的丑类恶物。管他呢，随他的便。又能奈何。——摊开四肢，他昏昏沉沉打起盹来。

突然，耳边传来潺潺水声。他缓缓抬起头，屏住气，侧耳细听，就在脚下，好像有水流过。梅洛斯蹒跚爬起来一看，石缝里一股清泉汩汩而涌，好似喃喃细语。梅洛斯弯下身，像要被泉水吸进去一样，双手掬起一汪清泉，喝了下去。长长地吁了一口气，仿佛睡梦初醒，可以走了。走吧。身体的疲劳一旦恢复，随之也生出一线希望。这是义务得以履行的一丝希望。这是不惜以死维护名誉的一线希望。斜阳的红光，投射在树木的枝叶上，照得光芒闪闪，像要燃烧起来似的。到日落之前，还有一段时光。有人在等我。他毫不怀疑，坦然等着我。我是可以让人信赖的。一己的生死，无关紧要。说什么以死相酬，空话是没用的。我必须报答别人对我的信赖，眼前只有一件事：快跑，梅洛斯！

我是可以让人信赖的，可以让人信赖的。方才，是恶魔在撺掇，那是梦，是噩梦，忘掉吧！五脏六腑不合适时，人就会突然做这种噩梦。梅洛斯，这不是你的耻辱，你依然是个真正的勇士。你不是又重新站起来，向前跑去吗？谢天谢地！我可以做个正直之士而死。啊，太阳落山了，一刻不停地落下去了。等一等，宙斯啊！我生为正直之士，也让我做个正直之士而死吧。

推开路人，飞跑不已，梅洛斯像一股黑旋风。草原上设有酒宴，他从宴席中间穿过，使人大吃一惊。他踢开小狗，飞越小河，跑得比缓缓西落的太阳还要快十倍。他一股风似的和一伙旅人擦肩而过，听

见一句背兴的话:"这会儿,那个人已经推上磔刑台了。"啊,那个人,为了那个人,我才这么飞奔的。他不能死。赶快,梅洛斯!不能迟到。正是现在应该让大家看到友爱和真诚的力量。

(中略)

"正因为如此,我才要跑。人家相信我,所以才跑。还来得及。况且,这不是来得及来不及的问题。也非关性命问题,而是为更伟大的目标而跑。跟我来,菲罗斯特拉托斯。"

"唉,您疯啦?那就使劲跑吧,没准还来得及,跑吧。"

说归说,日头还没落,梅洛斯用尽最后的力气拼命的跑着。脑袋里一片空灵,什么也不想,不知哪儿来了无穷的力气,拖着他跑。太阳摇摇曳曳没入地平线。当最后一脉余晖即将隐没时,梅洛斯像阵疾风,冲进刑场——赶上啦!

"慢着,不能杀他,我梅洛斯回来了。按照约定,如期回来了。"他本想向刑场上的人群大声宣告,但喉咙沙哑,只发出细微的一点嘶哑声。人群中,谁也不曾注意到他的到来。磔刑架已高高立起,绑得结结实实的赛利努丢斯徐徐给吊了上去。梅洛斯目击这一切,再借余勇,像方才横渡浊流一样,排开层层的人群。

"是我,刽子手!该杀的,是我,是梅洛斯。拿他当人质的,是我,我在这儿!"沙哑的声音用尽全力喊叫着。终于爬上了磔刑架,抱住朋友正给吊起来的双脚。人群骚动了。太棒了。放了他!万众嚷道。绑赛利努丢斯的绳子,解开了。

(略)

(节选自高慧勤译:《高慧勤译经典——快跑,梅洛斯》,青岛:青岛出版社,2013年)

五、译者简介

烨伊,北京语言大学日语系硕士研究生毕业,译作有《人间失格》《就在你所在的地方生根开花》《从谎言开始的旅程》《起风了》等。

高慧勤(1934—2008),笔名艾莲、戴霞,生于辽宁,1957年毕

业于北京大学东方语文学系日语专业。曾任中国日本文学研究会秘书长、副会长、会长，1984年加入中国作家协会。数十年来，在日本文学研究、翻译等领域取得卓越成就。曾主持翻译了《川端康成十卷集》《芥川龙之介全集》和《日本短篇小说选》等。重要译著有《舞姬》《蜘蛛之丝》《雪国·千鹤·古都》《川端康成作品精粹》《地狱变》等。文洁若赞誉她的译文"文体贴近原文，遣词造句精益求精，堪称范文，饮誉国内外"。

六、译文赏析

作为太宰治中期的代表作，本文受到了很多作家及评论家的关注，且褒贬不一。主人公梅洛斯不仅仅是个普通的牧羊人，他还是关爱妹妹的兄长、信守诺言的友人和嫉恶如仇的勇士。不同的身份也使梅洛斯具有多重性格色彩。本文中人物心理描写细腻，刻画出一个血肉丰满、栩栩如生的勇士形象。本文的译本较多，本书选取两篇，就其中的重点词汇和句子，进行探讨。

1、重点词的翻译

"悪びれる"

天真的梅洛斯步入王城，试图刺杀王，被士兵拿下后，王威斥梅洛斯为何身藏短刀。接下来的原文是"「市を暴君の手から救うのだ。」とメロスは悪びれずに答えた"。译文1为"'我要把这城市从暴君手中解救出来。'梅勒斯坦然答道"。"坦然"强调的是梅洛斯面对威严的王，内心平静无顾虑；而译文2是"'我要把这个城市，从暴君手里解放出来！'梅洛斯毫无惧色地答称"。"毫无惧色"凸显出梅洛斯的勇敢，面对权势也毫不畏惧。通览全文，梅洛斯不仅是个爱护妹妹的兄长，更是一位正义的勇士，译文2"毫无惧色"更能传达出勇士内心的勇敢。据《新明解国語辞典》，"悪びれる"意为"おどおどして、自信の無さそうなふるまいをする。"（胆怯没有自信的态度）所以，从词义本身来看，比起"坦然"，"毫无惧色"是个更好的选择。

"觉悟"

在原文"今はメロスも覚悟した。泳ぎ切るより他に無い"中，"覚悟した"的译文分别为"醒悟"和"下定决心"。"醒悟"暗示梅洛斯在想了很多、寻求很多方法后，最后发现"除了游水渡河别无他法"；而"下定决心"则侧重梅洛斯决定游水渡河时内心的坚定。两个译文侧重点不同。相对来说，译文 2"下定决心"更能表现出梅洛斯无论千难万险也要去救好友的勇气和决心。

"仰天させる"

梅洛斯历经洪水、山贼、身体的疲劳以及心魔的撺掇，最终为了朋友再次飞奔起来。原文"酒宴の人たちを仰天させ"中"仰天させ"是"仰天する"的使役态。译文 1 译为"撞翻了席上的宾客"，译文 2 译为"使人大吃一惊"。显然，译文 1 理解有误，"仰天する"是"意外な事に出会って、非常に驚いたり、あわてたりすること"（遇到意外的事，非常吃惊。《新明解国語辞典》）的意思。

"恐ろしい"

这个词是再常见不过的了，但是"私は、なんだか、もっと恐ろしく大きいものの為に走っているのだ"中，"恐ろしい"做副词修饰"大きい"，表示"物事の程度がはなはだしい"（惊人、非常。超出一般的程度。《广辞苑》）之意。因此译文 1"更加伟大、更加值得敬畏的东西"没有把握好"恐ろしい"的意思，翻译过度。

2、长句的翻译

A. その友を、これから訪ねてみるつもりなのだ。久しく逢わなかったのだから、訪ねて行くのが楽しみである。

译文 1：两人久未见面，梅勒斯想顺道去看望他，他满心期待，

译文 2：……也打算顺便去看看老朋友。好久不见，又得一聚，想必会很高兴。

两个译文的主要差别是"訪ねて行くのが楽しみである"这句话的翻译。译文 1 中"看望"和"满心期待"的主语都是"梅勒斯"；译

文 2 中"又得一聚"的"聚",相比译文 1 单方面的"看望",更加烘托出梅洛斯和好友之间的互动。此外,"想必会很高兴"这句是梅洛斯个人的判断,而这个判断中"很高兴"的逻辑主语是梅洛斯的"总角之交"。那么,原文的"楽しみ"到底是指向谁呢?其实,这里的上下文都是从梅洛斯的视角进行叙事的,"楽しみ"的主语还是梅洛斯。据《大辞林》,"楽しみ"是"たのしいであろうと心待ちにすること。また、そう感じさせるさま"(期盼,盼望。心中期待着某种愉快的事。),这里用的正是此意。

> B. 路で逢った若い衆をつかまえて、何かあったのか、二年まえに此の市に来たときは、夜でも皆が歌をうたって、まちは賑やかであった筈だが、と質問した。若い衆は、首を振って答えなかった。
>
> 译文 1:他拉住擦肩而过的几位年轻人,问询道:"发生了何事?两年前我来此地,即使入夜,大家仍会引吭高歌,街上热闹非凡啊!"年轻人个个摇头离去。
>
> 译文 2:街上碰到一伙年轻人,问他们出了什么事,两年前来这儿,即便到晚上,也有人欢声歌唱,街上应是很热闹的。年轻人摇摇头,没有回答。

"何かあったのか……筈だが"都是"質問した"的内容,即梅洛斯的问话。原文虽然没有加引号,但是,这部分,特别是"……筈だが"的讲法,更适合作为直接引语看待。译文 2 处理为间接引语,削弱了原文的张力。从"两年前来这儿"开始,容易被看成是作者的叙述语言。

此外,从"路で逢った若い衆をつかまえて"可以看出梅洛斯是碰到一伙年轻人,并向这几位年轻人问话。"若い衆は、首を振って答えなかった"中的主语"若い衆"也是复数。因此,译文 2 "年轻人摇摇头,没有回答",细想起来,就不是很稳妥,因为其中的"年轻人"已是一个人。一个人摇头不语与众人避而不答给人的印象当然大不相

同。相比之下，译文1的意思更准确一些。

C.「だまれ、下賤の者。」王は、さっと顔を挙げて報いた。「<u>口では、どんな清らかな事でも言える。わしには、人の腹綿の奥底が見え透いてならぬ。</u>おまえだって、いまに、磔になってから、泣いて侘びたって聞かぬぞ。」

译文1："住嘴，贱民！"国王猛然抬头怒视着他，"<u>你的说辞太冠冕堂皇。我固然无法看穿人心，也不会听信花言巧语。</u>你也一样，我现在就将你处以极刑，任你如何求饶，我都不会听信。"

译文2："闭嘴，下贱的东西，"国王猛抬起头，叱责道，"<u>嘴上谁都会说得冠冕堂皇，以我看来，人心都是揣测不透的。</u>你呀，现在就处你磔刑。即便痛哭悔过，也决不轻饶。"

对比之下，划线部分中两个译文间的区别显而易见。首先，"口では、どんな清らかな事でも言える"的主语到底是"你"——梅洛斯，还是"谁"——人人？语法上看，两者皆有可能。但是通过上下文，我们会发现在前文王和梅洛斯的对话中，曾说过"人間は、もともと私欲のかたまりさ。信じては、ならぬ"。下文中，当梅洛斯提出拿自己的竹马之交作人质时，王的回答是"人は、これだから信じられぬと、……世の中の、正直とかいう奴輩にうんと見せつけてやりたいものさ"。由此可知王是不相信任何人的，他认为所有人都是表面冠冕堂皇，实则利欲熏心、自私自利。因此，这句以"谁"来补全主语更加合理。不过，"わしには、人の腹綿の奥底が見え透いてならぬ"部分，两个译文都有问题。简言之，译反了。原文是说王自认为能看透人心。"～てならぬ"前面只能使用表示感情、感觉、欲望等的词语，表示情不自禁地产生某种感情或感觉，连自己都控制不了。一般见于这种感情因无法控制而高涨的场合。在这里强调"見え透く"的程度，可译为"我对人心看得不能更透彻了"。

D. 人は、これだから信じられぬと、わしは悲しい顔して、その

　　　　身代りの男を磔刑に処してやるのだ。世の中の、正直者と
　　　　かいう奴輩にうんと見せつけてやりたいものさ。
　　译文 1：我以悲伤的心情将他的朋友处以极刑，借以证明人的不
　　　　　可信。我要让世上所有自命诚实的家伙看个清楚。
　　译文 2：我做出不胜痛惜的样子，把那个替身处以磔刑。给世上
　　　　　那些号称的老实人一点点颜色看看。

　　参照原文，两个译文似乎差别不大，其实，"悲しい顔して"中的"顔"并非"心情"之意，译文 2 略好一点，但有过译之嫌。可简单地译为"我一脸悲伤"。"見せつける"则是"人の注意を引くように自慢して見せたりする"（自认为不错显示给他人看。《新明解国语辞典》）。看什么内容呢？借用原文回答的话，就是前文的"人は、これだから信じられぬ"。给谁看呢？就是"世の中の、正直者とかいう奴輩"。换言之，王是打算让那些号称诚实的人看看，世上并无可信之人。从这个角度看，译文 2 有些偏离原意。

　　E. メロスは、一生このままここにいたい、と思った。この佳い
　　　　人たちと生涯暮して行きたいと願ったが、いまは、自分の
　　　　からだで、自分のものでは無い。ままならぬ事である。
　　译文 1：梅勒斯真想永远停留在这一刻，真想与这群善良淳朴的
　　　　　人们共度此生，然而，他已经身不由己。世事终不能尽
　　　　　如人意。
　　译文 2：梅洛斯真想一生就这样过，和这些好人终生为伴。但现
　　　　　在，此身已不属于自己，已不能如愿以偿。

　　这几句话中，表示梅洛斯内心想法的动词有"思った""願った"，除此之外，"いまは、自分のからだで、自分のものでは無い"部分虽然没有表示上述动词，似可归入梅洛斯的内心想法中。至于"ままならぬ事である"，既可认为是梅洛斯所想，也可认为是作者的叙述。在这一点上，两个译文处理方式不同。译文 1 将"いまは、自分のから

だで、自分のものでは無い。ままならぬ事である"处理为作者的叙述——"然而，他已经身不由己。世事终不能尽如人意"；译文2则将其处理为梅洛斯的内心想法——"但现在，此身已不属于自己，已不能如愿以偿"。其中的差异反映了译者的不同理解倾向。

F. メロスは額の汗をこぶしで払い、ここまで来れば大丈夫、もはや故郷への未練は無い。妹たちは、きっと佳い夫婦になるだろう。私には、いま、なんの気がかりも無い筈だ。まっすぐに王城に行き着けば、それでよいのだ。そんなに急ぐ必要も無い。ゆっくり歩こう、と持ちまえの呑気さを取り返し、好きな小歌をいい声で歌い出した。

译文1：梅勒斯用手拭去额头的汗水，想着一切已成定局。对家乡的眷念已然了却，妹妹妹夫也定会恩爱度日，如今我终于可以无牵无挂，只需径直前往王城。不用心急，慢慢走吧。梅勒斯又恢复了天生的悠闲气度，用悠扬的歌声唱起了喜爱的小调。

译文2：梅洛斯用手背拭去额头的汗水，到这儿就可放心了，对故乡依恋之情已经割断。妹妹一家会幸福的，我现在已无任何牵挂，只要一直跑到王宫，就万事大吉。不必那么急，慢慢走，恢复恢复悠闲的天性，好好儿唱支喜欢的小曲。

这一段话由6个句子组成。从"大丈夫""だろう""ゆっくり歩こう""と"等词语可知"ここまで来れば大丈夫、……ゆっくり歩こう"都是梅洛斯的内心所思。抓其主干，即为"メロスは額の汗をこぶしで払い、……と持ちまえの呑気さを取り返し、好きな小歌をいい声で歌い出した"。很明显，译文2没有抓住这个主干。在这一段话中，以"と"为分水岭，前文除"額の汗をこぶしで払い"外，都是梅洛斯内心所思，后文则属于对梅洛斯的描述。译文2的疏漏使"恢复恢复悠闲的天性，好好儿唱支喜欢的小曲"也成了梅洛斯的心理话

语了。

> G. きのうの豪雨で山の水源地は氾濫し、濁流滔滔と下流に集り、猛勢一挙に橋を破壊し、どうどうと響きをあげる激流が、木葉微塵に橋桁を跳ね飛ばしていた。
>
> 译文 1：昨日的那场暴雨竟使得河水源头泛滥，与滔滔浊流汇集在下游，一举冲毁了木桥，隆隆作响的急流将整座桥梁都卷成了木屑渣滓。
>
> 译文 2：昨天的暴雨，使山洪泛滥，浊浪滔天，汇集到下游，激流滚滚，势不可挡，冲毁桥梁，卷走了支离破碎的桥架。

这句译文主要有两个问题。一是"濁流滔滔と下流に集り"这部分的翻译。"滔滔"是形容动词，"水の盛んに流れるさま"（形容水势浩大。《广辞苑》），修饰"集り"。"下流に集り"的"に"表示着落点，所以译文 1"与滔滔浊流汇集在下游"为误译。二是"木葉微塵に橋桁を跳ね飛ばしていた"部分的翻译。"木葉微塵"指"きわめてこまかく砕けること"（支离破碎。《广辞苑》），在这里表示"橋桁を跳ね飛ばしていた"的结果。但是，两个译文都没有处理好"橋桁"一词。它是"橋ぐいの上に渡し，橋板を支える材"（《大辞林》），用汉语说就是"跨在桥墩上的梁架"。译文 1 显然译过了，桥墩、桥身全被冲成了"木屑渣滓"。译文 2 的"卷走了支离破碎的桥架"容易让人以为山洪爆发之前桥梁已经支离破碎，可改为"……势不可挡，把桥身冲得支离破碎"。

> H. セリヌンティウスよ、私も死ぬぞ。君と一緒に死なせてくれ。君だけは私を信じてくれるにちがい無い。いや、それも私の、ひとりよがりか？
>
> 译文 1："……赛伦提乌斯啊，到那时我也会死的，让我随你同去吧。我知道你一定会相信我！"
> 　　　　 "不，这也许只是我在惺惺作态罢了。"

译文 2：……赛利努丢斯呀，我也不会苟活人世的，让我跟你一起死吧，只有你才相信我。哦，不，是我自己想当然吧？

这里要讨论的是"いや、それも私の、ひとりよがりか？"这句。"ひとりよがり"指"自分ひとりだけでよいと思って、他人の言うことを顧みないこと"（认为只有自己正确，完全不听他人的意见。《广辞苑》）。两个译文相比，译文 2 "想当然"正确。其实，即便撇开"ひとりよがり"的原意，译文 1 的"惺惺作态"也是有问题的。因为在这里，"それ"是复指"君だけは私を信じてくれるにちがい無い"，而不是指前一句的"君と一緒に死なせてくれ"。从这个角度说，译为"惺惺作态"也不妥当。

另外，本文中关于指代问题还有一例值得探讨。

I. "私は、信頼に報いなければならぬ。いまはただその一事だ。走れ！メロス。"

译文 1："……我必须要回报他这份信赖，现在我要做的，就是这一件事而已。"奔跑吧！梅勒斯。

译文 2：我必须报答别人对我的信赖，眼前只有一件事：快跑，梅洛斯！

在原文里，"その一事"到底是指向"私は、信頼に報いなければならぬ"，还是指"走れ！メロス"呢？笔者认为是指向前句，因为"走れ！メロス"这句话是为了报答这份信赖而将要采取的行动，是对自己的要求或命令。不过，有思辨意义的是，译文 1 虽然理解无误，却将"走れ！メロス"放到了引号之外，处理成作者的叙述语。译文 2 虽然把"その一事"当作"走れ！メロス"了。但是，从原文语境来看，又很难说译文 2 有问题。因为"快跑，梅洛斯！"这件事就是为了"报答别人对我的信赖"。

3、两个译本的特色

参照原文,对比两个译文后,细心的读者会发现两者有一个很大的不同。在原文中,人物对话部分标注引号,在译文1里,梅洛斯的不少内心活动也加上了引号,而译文2则没有加引号。因此,是否加用引号就成为两个译文的最大不同,甚至是评价译文的标准之一。

结果,在译文1中梅洛斯的内心所思变成直接引语,变成口说言传的话语,如"ああ、あ、濁流を泳ぎ切り、山賊を三人も撃ち倒し韋駄天、ここまで突破して来たメロスよ。真の勇者、メロスよ。今、ここで、疲れ切って動けなくなるとは情無い。愛する友は、おまえを信じたばかりに、やがて殺されなければならぬ。おまえは、稀代の不信の人間、まさしく王の思う壺だぞ、と自分を叱ってみるのだが、全身萎えて、もはや芋虫ほどにも前進かなわぬ。路傍の草原にごろりと寝ころがった。身体疲労すれば、精神も共にやられる"这部分。"ああ、……まさしく王の思う壺だぞ"都是"叱ってみる"的内容,但是原文没有加引号,不宜翻译成直接引语。我们再来看看后文,"もう、どうでもいいという、勇者に不似合いな不貞腐れた根性が、心の隅に巣喰った。私は、これほど努力したのだ。約束を破る心は、みじんも無かった。神も照覧、私は精一ぱいに努めて来たのだ。動けなくなるまで走って来たのだ。私は不信の徒では無い。ああ、できる事なら私の胸を截ち割って、真紅の心臓をお目に掛けたい。愛と信実の血液だけで動いているこの心臓を見せてやりたい。けれども私は、この大事な時に、精も根も尽きたのだ。私は、よくよく不幸な男だ。私は、きっと笑われる。私の一家も笑われる。私は友を欺いた。中途で倒れるのは、はじめから何もしないのと同じ事だ"。从这两段文字,不难可以看出梅洛斯内心的挣扎,他历经百般磨难,想去救好友却已精疲力竭,他内心痛苦,却又转念想到了放弃,使内心的恶魔开始慢慢苏醒。这些都是梅洛斯的内心写照。然而,译文1加上引号后,模糊了人物的内心世界,容易让读者以为这是梅洛斯在自我表白,影响对人物内心世界的把握,也有损人物形象的塑造。

当然，并不是译文 1 中所有这样的处理都是劳而无功。如：

原文：今はメロスも覚悟した。泳ぎ切るより他に無い。ああ、神々も照覧あれ！濁流にも負けぬ愛と誠の偉大な力を、いまこそ発揮して見せる。

译文 1：至此，梅勒斯醒悟：除了游水渡河别无他法。"啊，乞神照鉴！发挥爱与诚信的伟大力量战胜洪水的时刻到了"。

译文 2：此刻，梅洛斯已下定决心，别无选择，只能游过去。主啊，神天鉴察，我决不能输给浊浪。现在就把友爱和真诚的伟力发挥给你们看。

"泳ぎ切るより他に無い"是"覚悟した"的内容，和"ああ、神々も照覧あれ！濁流にも負けぬ愛と誠の偉大な力を、いまこそ発揮して見せる"一起，都是梅洛斯决定游过河流时的内心想法。原文没有引号。也没有表现言语行为的引导词。译文1用双引号，将"啊，乞神照鉴！发挥爱与诚信的伟大力量战胜洪水的时刻到了"处理为梅洛斯的话语；译文2则在形式上与原文保持一致。但是，这里却不能轻易否定译文1。就表达效果而言，译文1将人物内心所思处理为人物话语，使得内心的坚定转化为铿锵有力的话语呼唤，不是反而更能表现出梅洛斯决定搏击洪流、横渡河流时内心的果敢吗？

总之，在小说翻译中，对直接引语、间接引语、自由直接引语、自由间接引语等的使用，需要结合小说的语境、文体效果来综合评价。译者既要本分，也可适当地体现自己的主体性。

另外，尽管有时两个译文都正确理解了原文，但因为翻译不同，导致文体效果出现差异。如，梅洛斯历经千辛万苦终于跑到刑场，眼看着好友即将被杀，他使出最后的力气奋力疾呼"私だ、刑吏！殺されるのは、私だ。メロスだ。彼を人質にした私は、ここにいる！"。这句话语句简短，表现出梅洛斯说话时内心的迫切。译文1为"是我，刑吏！应该被处死的是我，梅勒斯。他只是代我受押而已！"译文 2 为"是我，刽子手！该杀的，是我，是梅洛斯。拿他当人质的，是我，

我在这儿！"相比译文 1，译文 2 语句简短，"刽子手"也更加口语化，而且"拿他当人质的，是我，我在这儿！"的译法使人物的性格跃然纸上，感染力也更强。再如，原文最后一句"勇者は、ひどく赤面した"，译文 1 是"勇士闻言，羞得满脸通红"，译文 2 为"我们的勇士一下子满脸通红"。如果说前者是作者在以平淡的口吻叙事，那么译文 2 则是作者在叙事中添加了自己的感情色彩，通过"我们"二字渲染出对梅洛斯的喜爱之情。梅洛斯不再仅仅是小说中的勇士，他也是作者心中的勇士，也是"我们"大家的勇士。这无疑升华了小说的主题。

（韦艳）

七、翻译理论学习

"翻译标准"这个词有三层含义：一是指衡量译文质量的尺度，二是译者在翻译活动中所追求的最高理想，三是翻译活动必须遵循的原则。传统翻译学和翻译学语言学派大都非常重视总结或制定一套指导和衡量翻译实践的标准。翻译标准不仅使我们能够拥有一个公认的尺度来判断翻译的质量，也让文学翻译者有章可循。我们今天了解文学翻译标准仍然具有这样的价值。但是我们必须看到，翻译标准在当代翻译学（尤其是文化学派，解构学派）看来已经成为一个历史性的概念。我们曾经奉为圭臬的翻译标准并非毫无瑕疵。

历史上的翻译标准

中外翻译史上都曾出现过一些著名的翻译标准或原则，例如：

16 世纪法国翻译理论家多雷在 1540 年《论如何出色地翻译》中列出的翻译基本原则：（一）译者必须完全理解所译作品的内容；（二）译者必须通晓所译的语言和译文的语言；（三）译者必须避免逐词对译；（四）译者必须采取通俗的语言形式；（五）译者必须通过选词和调整语序使译文产生色调适当的效果。

18 世纪英国著名翻译理论家泰特勒在 1790 年《论翻译的原则》一书中提出的"翻译三法则"：（一）译者应完全复写出原作的思想；

（二）译作的风格和手法应和原作属于同一性质；（三）译作应具备原作所具有的通顺。

19世纪末我国著名翻译家严复在《天演论·译例言》中所提出的"信达雅"三字标准："译事三难：信、达、雅，求其信，已大难矣！顾信矣不达，虽译犹不译也，则达尚焉。""《易曰》：'修辞立诚。'子曰：'辞达而已。'又曰：'言之无文，行而不远。'三者乃文章正轨，亦即为译事楷模。故信达而外，求其尔雅。"

此外，还有20世纪50年代我国翻译家傅雷提出的"神似"标准和钱锺书的"化境"标准；前苏联的费道罗夫提出的等值论翻译标准："等值翻译就是表达的原文思想内容完全准确并在修辞上、作用上与原文完全一致"；20世纪80年代在我国影响很大的美国翻译理论家奈达的等效标准："译文读者对译文的反应与原文读者对原文的反应基本一致"，等等。这些翻译标准或原则在各自的时代都曾经发挥过重要的影响，推动了翻译实践和理论的发展。有些至今仍然是文学翻译者公认的行业标准。我们不少人对"信达雅""神似""化境""功能对等"耳熟能详。它们对当今的文学翻译者仍然具有一定的约束、规范和指导意义。

翻译标准的历史和现实意义毋庸置疑，但我们也必须看到随着时代的发展，随着当代翻译学的不断进步，传统翻译标准中存在的问题和缺陷逐渐显露出来。例如，传统翻译标准将文学翻译的最高理想（"信达雅""神似""化境"）与评判翻译质量的尺度和具体翻译实践原则混为一谈。而实际上，所谓"神似""化境"的理想翻译不仅在现实中难以实现，而且也很难用来作为评判译作的具体标准。

重释"信达雅"

一百多年来，严复的翻译标准在我国翻译界的影响极为深远。"信达雅"三字几乎成了我国传统译论的代名词和金科玉律。我国当代译论的许多内容也都与这三个字直接或间接相关。这些译论中有一部分对"信达雅"提出了一些批评，但更多的是继承、补充、修订和改造。例如：

20世纪20年代文学家林语堂提出"忠顺美"翻译标准:"第一是忠实标准,第二是通顺标准,第三是美的标准。"①

20世纪80年代初,刘重德教授提出的"信达切"标准:"信于内容,达如其分,切合风格。"②

20世纪80年代末,辜正坤提出的多元化翻译标准:"翻译的绝对标准即原作,最高标准为对原作的最佳近似度,具体标准即分类标准。"③

林语堂的标准与严复非常相似,但他对忠实进行了细化,即所谓忠实的"三义":忠实非字字对译;译者不但须求达意,并且须以传神为目的;绝对忠实不可能。刘重德的"信达切"用"风格的切合"来修正"雅"。辜正坤进一步将翻译标准细化,提出针对不同文体的多元标准。这些新的翻译标准的提出,在一定程度上弥补和修正了单一标准的不足,使翻译标准更切实可行。但无论从具体内容,还是从实质上看,它们都未能超越"信达雅"的内涵。因此,"信达雅"在我国文学翻译史上的重要地位和未来的长期存在,使得我们必须重新审视这三字标准的意义、价值、本质以及我们的翻译态度。

(一)"信"是文学翻译的基本伦理

严复的"信"指译作应当忠实于原作。"信"当然不是字对字的死译,因为"顾信矣不达,虽译犹不译也"。可是,到底"信"相当于原文的什么呢?在何种程度上才算"信"呢?《天演论·译例言》讨论得更多的是如何通过"达"和"雅"实现"信",而"信"的内容却似乎是不言而喻的——即原文的意义。而在当代翻译学看来,这恰恰是问题的关键:原作的意义到底是什么?文本的意义是确定不变的吗?意义究竟是如何产生的?如果说意义是翻译家对原作的理解,那么这种理解必然受到翻译家本人思想感情的影响。翻译家理解的意义等于原作的意义吗?

解构主义哲学家德里达(Jacques Derrida)认为意义是不确定的,是一种"延异"(differance)。阐释学告诉我们,意义是译者的意

---

① 罗新璋:《翻译论集》,北京:商务印书馆1984年版,第417页。
② 刘重德:"翻译原则刍议",载《中国翻译》1983年第4期。
③ 辜正坤:"翻译标准的多元互补论",载《中国翻译》1989年第1期。

识、原作的语言符号、语境和作者意图等各种因素的"合成物"。如果把这些问题考虑在内，我们会同意——"信"或"忠实"并不像想象中那样单纯。由于译者主观性的介人，"信"变得不再客观。这也许就是为什么尽管严复本人以"信"为第一要义，但他本人的译著中，也时常会出现一些明显"不信"的例子。

但这是否说明"信"在今天的文学翻译中就不再适用了呢？当然不是。首先，翻译之为翻译，最根本区别就是译作与原作的必然联系；离开原作，也就无所谓翻译了。因此，"信"在本质上是一种维持（文学）翻译存在的必然因素和基本伦理。它要求译作应当与原作保持一定的关系，这种关系使文学翻译作为一种文学形式得以维持稳定。一千个译者的笔下纵然有一千个不同的哈姆雷特，但莎士比亚戏剧的基本情节、人物、对话、背景甚至语言结构必然是相似的。其次，"信"的必要性还在于其文化价值，通过翻译了解其他文化，输入新的元素，推动本族语文学文化的更新发展是翻译作为文化现象存在的价值之一，如鲁迅所言："如果还是翻译，那么，首先的目的，就在博览外国的作品，不但移情，也要益智，至少是知道何地何时有这等事，和旅行外国是很相像的：它必须有异国情调，就是所谓洋气。"

然而，由于对文学作品意义的理解不可避免地带有译者的主观因素，因此恒定不变的意义是不存在的，绝对的"信"或"忠实"也是不可能的。从这个意义上说，"信"实际上是译者的一种基本责任，即译者有责任在自身理解的基础上，尽最大可能忠实地体现原作的整体（意义、形式、风格和读者反映等）。

"信"是必须的，但"信"的程度是相对的、可调节的，或者说译作与原作的关联性对文学翻译而言是必不可少的，但关联的紧密程度却是可以调节的。一般说来，如果译作对原作的语言结构亦步亦趋，不惜违背译入语的语法规则，我们称之为"逐词对译""硬译"或"死译"；如果译作严格遵循原作的语言结构，但兼顾译入语的通顺，我们称之为"直译"；若译作与原作的语言结构若即若离，而主要关心译入语的流畅自然，我们称之为"意译"；若译作全然不顾原作的语言形式，而只是根据原作的事实和事件进行重新创作，我们不

防称之为"自由译";最后,连原作的事实和事件都随意篡改,任意发挥的译法就只能是"豪杰译"了。历史上,这五种译法都曾出现过,当代文学翻译实践基本上排除了"硬译"和"豪杰译",多数译者倾向于在直译、意译和"自由译"之间选择。调节"信"的程度的依据来自于译入语文化对翻译的社会规范和译者的主体选择的影响。

(二)"达"是文学翻译的必要条件

"达"指译作的语言通顺流畅,符合译入语的语言规范。一般而言,译文是供不懂外语的读者阅读的,因此译文语言的正确和通畅是对翻译者的基本要求。仍用鲁迅的话来说:"凡是翻译,必须兼顾着两面,一当然力求其易解,一则保存着原作的丰姿"。所谓"求易解"即希望翻译能够符合译入语的语言传统。译入语读者很难接受明显违背译入语语法规则和阅读习惯的译作,因此,"达"是文学翻译的必要条件。"达"的主要服务对象是译入语读者,是为了满足他们对译作符合自己语言习惯的期待而存在的。

从本质上说,"达"就是文学翻译社会性的体现。文学翻译作品要在译入语文化中存在和被接受,就应当遵循译入语的社会文化规范和语言规范。这些社会规范将按照译入语的标准判断译文优劣,决定推崇、容忍或排斥某个译本。有经验的文学翻译家都会考虑并尊重来自读者、出版社,甚至宏观的政治经济状况、意识形态等社会规范。

由于语言、文学系统和文化差异的存在,"达"与"信"的冲突在文学翻译中是不可避免的。当二者发生冲突时,译入语中对翻译的社会规范和译者共同决定如何处理二者的关系——社会规范制定了特定时期翻译应该实现的"信"与"达"的程度;而译者根据其主体性采取实际翻译策略来实现具体的译本。对严复来说,"顾信矣不达,虽译犹不译也",也可以说,在"信"与"达"冲突时,他选择了"达"。

不过,语言上的"达"只是文学翻译的最低标准。文学翻译针对的是创造性的文学文本,如果我们生产出来的译文仅仅是"通顺易解",而没有淋漓尽致地体现译作的文学性,这恐怕不是文学翻译的初衷,因此,严复也提出"信达之外,求其尔雅"。保证文学翻译作

品的文学性的根本途径有两条：一是"信"，忠实地再现、保存原作的文学性；二是充分发挥译者主体性和译入语的创造性，弥补文学翻译中语言文化空缺所导致的损失。

（三）"雅"是译者的主体选择

我们今天所理解的"雅"的含义多为"古雅""高雅"之意，但严复所说的"雅"却有具体的所指，即"用汉以前字法、句法"来翻译。以今天的标准来看，汉代以前的字法和句法自然是古雅而晦涩的，这也是严复的三字标准招致争议和指责最多的地方。那严复为什么要主张"雅"呢？《天演论·译例言》中说得很清楚：

> 《易》曰："修辞立诚。"子曰："辞达而已。"又曰："言之无文，行而不远。"三曰乃文章正轨，亦即为译事楷模。故信、达之外，求其尔雅，此不仅期以行远已耳。实则精理微言，用汉以前字法、句法，则为达易；用近世利俗文字，则求达难。往往抑义就词，毫厘千里。审择于斯二者之间，夫固有所不得已也，岂钓奇哉！

可见，严复主张"雅"有两个理由：一是为"行远"，即译本符合当时的文章正轨，流传久远；二是为"达易"，即为了更通顺流畅地传达原作之深义。严复认为古雅的文辞不仅是翻译得以流传的保证，而且更适于用来传达艰深的理论。理解"雅"的意义和价值不能脱离严复所处的时代和所翻译的文本内容。19世纪末20世纪初的中国，民智未开，有可能阅读艰深的西方理论著作的人主要是晚清士大夫。士大夫们一方面对西方无知无识，另一方面却又顽固保守于自身文化道统，要让这样的读者群阅读陌生而艰深的译著，最切实可行的办法就是"雅"——通过深邃高妙的文辞，令士大夫们相信译著中蕴涵着"大道"。因此，严复对"雅"的选择实际上是针对特定文体和特定读者对象的一种"不得已"的具体翻译策略。

重新审视"雅"的意义，不能片面批评严复译作的语言艰深晦涩。"雅"在当代译论中遭受批评的原因很大程度上是由于人们对

"雅"采取了固定不变的态度。重释"信达雅"，应该看到"雅"的背后对读者和实际翻译内容的考虑。换句话说，如果严复的读者对象和原作性质发生改变，"信""达"以外的第三条翻译标准的内涵也很可能发生改变。例如，翻译文艺作品强调形式与寓意的"美"；注重原作风格的译家主张"切"；强调原作神韵则要求译作"神似"；强调译作和谐统一则主张"化境"；重视翻译创造性则要求译作与原作"竞赛"；强调读者接受则提出要令读者对译作"知之、乐之、好之"，等等。由此可见，译者主体性在文学翻译的具体策略选择中发挥着极其重要的作用。因此，"雅"的本质就是译者面对具体翻译问题的主体性选择。文学翻译者必须根据自己对译本读者的接受习惯、原作的实际内容、特定文体的需要灵活地选择适当的翻译策略。另一方面，我们还必须看到，"文章正轨""译事楷模"都是随时代的变化而变化的，不存在永恒不变的标准。严复的"雅"现在看来艰涩难懂，而现在的优秀译文在数百年后也可能变得同样晦涩。语言、社会和文化的不断演变，要求不同时代的文学翻译家生产出不同的译本。

（参照胡显耀、李力主编：《高级文学翻译》，北京：外语教学与研究出版社，2009年）

第三单元

第9课

一、原文

雨傘

川端康成

　濡れはしないが、なんとはなしに肌の湿る、霧のような春雨だった。表に駆け出した少女は、少年の傘を見てはじめて、
「あら、雨なのね」
　少年は雨のためよりも、少女が坐っている①店先を通る恥かしさを隠すために、開いた雨傘だった。
　しかし、少年が黙って少女の体に傘をさしかけてやった。少女は片一方の肩だけを傘に入れた。少年は濡れながらお入りと、少女に身を寄せることが出来なかった。少女は自分も片手を傘の柄に持ち添えたいと思いながら、しかも傘の中から逃げ出しそうにばかりしていた。
　二人は写真屋へ入った。少年の父の官吏が遠く転任する。別れの写真だった。
「どうぞお二人でここへお並びになって。」と、写真屋は長椅子を指したが、少年は少女と並んで坐ることが出来なかった。少年は少女のうしろに立って、二人の体がどこかで結ばれていると思いたいために、椅子を握った指を軽く少女の②羽織（はおり）に触れさせた。少女の体に触れた初めだった。その指に伝わる③ほのかな体温で、少年は少女を裸で抱きしめたような温かさを感じた。
　一生この写真を見る度に、彼女の体温を思いだすだろう。

「もう一枚いかがでしょう。お二人でお並びになったところを、上半身を大きく。」

少年はただうなずいて、

「髪は？」と、少女に小声で言った。少女は④<u>ひょい</u>と少年を見上げて頬を染めると、明るい喜びに眼を輝かせて、子供のように、率直に、ばたばたと化粧室へ走って行った。

少女は店先きを通る少年を見て、髪を直す暇もなく飛び出して来たのだった。海水帽を脱いだばかりのように乱れた髪が、少女は絶えず気になっていた。しかし、男の前では恥かしくて、⑤<u>後毛</u>（おくれげ）を掻き上げる化粧の真似も出来ない少女だった。少年はまた髪を直せと言うことは少女を⑥<u>辱</u>（はずかし）めると思っていたのだった。

化粧室へ行く少女の明るさは、少年をも明るくした。その明るさの後で、二人はあたりまえのことのように、身を寄せて長椅子に坐った。

写真屋を出ようとして、少年は雨傘を捜した。ふと見ると、先に出た少女がその傘を持って、表に立って、少年に見られてはじめて、少女は自分が少年の傘を持って出たことに気がついた。そして少女は驚いた。⑦<u>なにごころない</u>しぐさのうちに、彼女が彼のものだと感じていることを現したではないか。

少年は傘を持とうと言えなかった。少女は傘を少年に手渡すことが出来なかった。けれども写真屋へ来る道とはちがって、二人は急に大人になり、夫婦のような気持ちで帰って行くのだった。傘についてのただこれだけのことで——。

（选自张秀华编：《流行日语趣文读译》，天津：南开大学出版社，2001年）

二、作者与作品简介

　　川端康成（1899—1972）小说家，散文家。出生于大阪府。幼年父母双亡，被祖父收养。1920年入东京帝国大学英文系，后转入国文

专业。1921年参与复刊《新思潮》（第6次）杂志，后成为《文艺春秋》杂志同人。1924年大学毕业同年与横光利一等创刊《文艺时代》。川端康成早期作品中传统私小说式的作品居多，这些作品情调比较低沉、忧郁。从《文艺时代》创刊开始，川端康成参加了新感觉派运动。1926年因发表《伊豆的舞女》和短篇小说集《感情装饰》而闻名。1929年与横光利一、犬养健等创刊《文学》，并发表长篇小说《浅草红团》。1948年任日本笔会会长。1957年任国际笔会副会长，并当选为艺术院会员。1961年获文化勋章。川端康成的作品表现了"日本传统的哀愁和美"，深入自我世界，1968年10月川端康成获诺贝尔奖，成为日本第一个获诺贝尔文学奖的作家。1972年自杀。其他主要作品有长篇小说《禽兽》（1933）、《雪国》（1935—1947）、《千羽鹤》（1949—1951）、《山之音》（1949—1954）、《古都》（1961—1962）、《睡美人》（1961）和随笔集《落花流水》（1966）等。

三、原文注释

①店先［みせさき］：商店的门前店头。
②羽織［はおり］：（和服）短外罩，外褂。
③ほのか：（かすか）模糊，隐约。（わずか）略微，稍微。
④ひょいと：1（突然）突然，忽然。2（偶然）无意中，偶然。3（かるがると）轻轻地，随便，纵身。本文是第3个意思。
⑤後毛［おくれげ］：女人两鬓拢不上的短发。
⑥辱める［はずかしめる］：1（恥をかかせる）侮辱，羞辱。2（名誉・地位を汚す）玷污，玷辱，辱没。本文是第1个意思。
⑦なにごろない［何の気もない］：（無心だ）（何気ない）无心的，无意的。

四、译文

译文 1　　　　　　雨　伞

叶渭渠　译

　　春雨似雾，虽然不会濡湿，却会沾润人的肌肤。跑出门口的少女看见少年的伞，这才察觉：
　　"呀，下雨呐？"
　　少女正坐在店门前。少年撑开雨伞，与其说是为了挡雨，莫如说是为了掩藏自己走过少女面前时流露出来的羞涩。
　　但是，少年默默地将雨伞移过去给少女挡雨。少女只有一侧肩膀在雨伞下。尽管挨淋，少年却难以启齿说出："请过来"，然后让少女靠近过来。少女虽然也曾想过自己用一只手扶着伞把，但总是想从雨伞下溜走。
　　两个人走进了照相馆。少年的父亲是个官吏，即将调任远方。这是为他拍的临别赠相。
　　"二位请并排坐在这儿。"摄影师指着长椅子说。
　　少年无法同少女并肩而坐，就站在少女的背后。为了让两人的身体在某一点上接合起来，他把扶着椅子的手指轻轻地触摸少女的短外褂。这是他初次触及少女的身体。透过手指传导过来的微微的体温，使少年感受到一阵似是紧紧拥抱着赤身少女的温馨。
　　这一生中，每逢看到这帧照片，也许就会想起她的体温来吧。
　　"再照一张好吗？二位肩并肩，把上半身照大些。"
　　少年只顾点点头。
　　"头发……"少年对少女小声地说。
　　少女猛然抬头望了望少年，脸颊倏地绯红，眼睛闪烁着光芒，充满了明朗的喜悦。她像孩子般乖乖地碎步走到了化妆室。
　　方才少女看见少年经过门口，顾不及整理一下头发就飞跑出来，

头发蓬乱得像是刚刚摘下游泳帽似的。少女一直为这乱发耿耿于怀，可是在男子面前连拢拢两鬓的短发修饰一下也觉着害羞。少年也觉得，如果对她说声"拢拢头发吧"都会羞辱少女的。

向化妆室走去的少女那股子快活劲儿，也感染了少年，喜悦之余，两个人理所当然地互相偎依坐在长椅子上。

刚要走出照相馆，少年寻找起雨伞来。忽然看见先走的少女已经手里拿着那把雨伞站在门口。少女发现少年望着自己，才意识到自己是拿着少年的雨伞走出来的，她不觉一惊。这种无意识的举止，难道不正是流露出她已经感觉到"那是他的东西"了吗？

少年难以启齿说出"让我拿雨伞吧"，少女则无法把雨伞交给少年。然而，此时此刻两个人与在来照相馆的路上迥异，突然间变成了大人，带着夫妻般的心情踏上了归途。这仅仅是关于雨伞的一桩韵事……

（选自叶渭渠译：《川端康成小说经典（三）》，北京：人民文学出版社，1999年）

译文2　　　　雨　伞

刘雨珍　译

如雾的春雨，虽不至于将衣服淋透，但却不知不觉地润湿人的肌肤。少女跑出门来，见少年手撑雨伞，惊道："哎呀，下雨了？"

其实少年撑着雨伞与其说是为了避雨，倒不如说是为了掩盖自己路过少女所坐店头时的害羞之情。

然而，少年还是默默地将雨伞伸向了少女，少女只将身子的一半移进伞中。少年虽挨雨淋，却不敢靠近少女，请她进来。少女既想帮忙用手共撑雨伞，又总想从伞中逃去。

两人进了一家照相馆，少年当官的父亲就要调任远处，他们是来拍分别留影。

"二位请坐这儿。"摄影师手指长椅说道，然而少年却不敢和少女

并排坐在一起。他站到少女的身后,为了能感觉到两人身体部位若即若离,少年将握住椅子的手指,轻轻地触及少女的和服外罩。这是他第一次触及少女的身体,透过手指传来少女微热的体温。少年感到一种拥抱着少女全裸时的温暖。

今生今世,每当看见这张照片,少年就一定会想起她的体温来。

"再拍一张怎么样?拍一张二位并排坐在一起,上半身放大的。"

少年只是点了点头,并轻声地对少女说:"头发呢?"少女微微抬头看了一下少年,脸泛红晕,满眼生辉,宛如天真烂漫的小孩,叭嗒叭嗒跑向了化妆室。

刚才出门时,少女一见店门口少年的身影,无暇梳理头发就跑了出来,对于自己乱得像刚摘游泳帽时的头发,少女一直有些在意。然而,少女在男人面前非常害羞,不敢将脑后的头发拢起来梳理一番,少年也认为若直接叫少女梳理头发,会显得对她不够尊重。

看到少女高高兴兴跑向化妆室,少年也高兴了起来,高兴过后,两人紧挨着坐在了长椅上,显得那么自然。

离开照相馆时,少年寻找自己的雨伞。突然他发现走在前面的少女,正手持雨伞站在外面。看到少年的目光,少女才察觉自己拿着少年的雨伞先出来了,少女不由得一惊,在无意的细小动作之中,不已表现出自己是属于他的吗?

少年不敢去拿雨伞,少女也不敢把伞交给少年。然而,与来照相馆时不同,两人似乎一下子长大了,回去时宛若一对夫妇。仅仅因为一把小小的雨伞——

(选自张秀华主编:《流行日语趣文读译》,天津:南开大学出版社,2001 年)

五、译者简介

叶渭渠(1929—2010),广东东莞人。1956 年毕业于北京大学东方语言文学系日本文学专业。曾供职于国务院对外联络委员会、人民文学出版社以及中国社会科学院等单位,中国作家协会会员。曾任日本早稻田大学、学习院大学、京都立命馆大学客座研究员及横滨市立

大学客座教授。叶渭渠对日本文学、文学史以及日本文化的译介和研究，不仅在国内享有声誉，而且得到过日本著名学者加藤周一和诺贝尔文学奖得主大江健三郎的称赞。

刘雨珍，日本神户大学博士。南开大学教授、博士生导师。现任南开大学外国语学院日语系主任，兼任中国日语教学研究会副会长。著作有《中日文化交流史大系》文学卷、人物卷（合著），《日本政法考察记》（合编），《日本老兵忏悔录》（合译），《万叶集与中国文化》（合译），《日藏甲午战争实录》（合译），《乡歌——注解与研究》（合著），《日本的公与私》（合著），《清代首届驻日公使馆员笔谈资料汇编》（上下）等。

六、译文赏析

创作背景：

《雨伞》发表于1932年《妇女画报》三月刊。文章发表的前一年，也就是1931年对川端康成而言，应该是一生中最幸福的时期，他在这一年年末向后来成为她妻子的秀子提出了结婚申请。《雨伞》一文短小精悍，作者用细腻的笔触展示了一对青年男女纯洁的心灵。这篇《雨伞》中充满了初恋的懵懂暖意，两位主人公间朦胧的爱意让人很容易沉醉其中，也很容易感受到作者内心初婚的喜悦。

翻译赏析：

笔者认为翻译的精髓就在于"正确传递原文意思"，而这也是"信达雅"这一翻译准则中"信"排在首位的原因。只有在正确传达原文作者意思的基础上，才能理解作者的感情，而"达"和"雅"都是锦上添花的作用。对于《雨伞》这篇文章的两个版本译文，笔者也将主要从"是否正确翻译"这一方面着重分析，间或插入对"译得顺"和"译得妙"之处的评价。

（1）濡れはしないが、なんとはなしに肌の湿る、霧のような春雨だった。

译文1：春雨似雾，虽然不会濡湿，却会沾润人的肌肤。

译文 2：如雾的春雨，虽不至于将衣服淋透，但却不知不觉地润湿人的肌肤。

两个译文对比，两句最大的差别在对于"濡れはしないが"一句的处理，译文 1"虽然不会濡湿"濡湿的对象是后文的"人的肌肤"，而译文 2"虽不至于将衣服淋透"，淋透的对象是衣服。笔者比较赞同译文 1 的处理，原因有二。首先，文中并未明确出现"衣服"的字眼。其次，根据字典对"濡れる"的解释"物の表面にたっぷり水分がつく。水などがかかってしみこむ"（物体表面粘有许多水气，亦指水浸透到物体中）和后文"湿る"的解释"水気を帯びる、水に潤う"（带有水气、潮湿、湿润），二者是在"湿的程度"上形成对比，前者的水量大，后者水量小。原文指出春雨如雾，显然雨量并不大，不会淋湿而只是会湿润人的皮肤这种程度而已，对象应该同为"肌肤"才对。

遗憾的是，译文 1 漏译"なんとはなしに"这一处比较明显。"不知不觉"一词不可少，它与"如雾"相呼应，更能表现出春雨的"润物细无声"之感。

（2）少年は雨のためよりも、少女が坐っている店先を通る恥かしさを隠すために、開いた雨傘だった。
译文 1：少女正坐在店门前。少年撑开雨伞，与其说是为了挡雨，莫如说是为了掩藏自己走过少女面前时流露出来的羞涩。
译文 2：其实少年撑着雨伞与其说是为了避雨，倒不如说是为了掩盖自己路过少女所坐店头时的害羞之情。

此处译文 1 在语序上的处理，产生了问题。"少女正坐在店门前。"前置，造成了同前文"少女跑出门"这一动作的矛盾，容易造成读者的混乱。少女不是"正坐在店门前"，本句的主语是害羞的少年，他在来路上撑伞挡住自己的表情，怕被"当时"坐在店门前的少女看到。笔者认为，翻译长句时，虽然可以将其拆分，但是须要缜密地联系上下文，避免出现前后矛盾。

（3）少女は片一方の肩だけを傘に入れた。少年は濡れながらお入りと、少女に身を寄せることが出来なかった。少女は自分も片手を傘の柄に持ち添えたいと思いながら、しかも傘の中から逃げ出しそうにばかりしていた。

译文 1：少女只有一侧肩膀在雨伞下。尽管挨淋，少年却难以启齿说出："请过来"，然后让少女靠近过来。少女虽然也曾想过自己用一只手扶着伞把，但总是想从雨伞下溜走。

译文 2：少女只将身子的一半移进伞中。少年虽挨雨淋，却不敢靠近少女，请她进来。少女既想帮忙用手共撑雨伞，又总想从伞中逃去。

此处是少年少女二人关于雨伞的第一次互动，从整段文字来看，原作者对于二人的动作是按照"少年—少女—少年—少女"的顺序来写的，分别表现出二人想靠近却又羞涩的复杂心理。笔者认为译文 2 的翻译更胜一筹，首先第一句中，少女是出于羞赧才只将身子的一半移进伞中，不敢靠近少年，译文 1 只是平淡地描写了动作的结果，并不能传递出少女的心理。第二句轮换到了少年的动作，是他羞于将自己的身体向少女靠近，而并非让少女将身体靠近过来。第三句再次轮换到少女的动作，"少女は自分も片手を傘の柄に持ち添えたい"一句，译文 1 翻译成"少女虽然也曾想过自己用一只手扶着伞把"，基本意思虽然无误，但是忽略了"添え"一词，显然如果少女伸手去扶伞，是和少年一同撑伞，这种近距离接触的亲密动作让少女羞怯到想从伞下逃走。译文 1 的处理容易令读者误解为少女独自撑伞，译文 2 虽为意译却没有引起误会。笔者认为此处或可以翻译为"少女虽然也曾想过自己用一只手也去扶着伞柄"。

（4）「どうぞお二人でここへお並びになって。」
译文 1："二位请并排坐在这儿。"
译文 2："二位请坐这儿。"

译文 2 出现了明显的漏译，没有翻译出来"並ぶ"的意味，笔者认为该词不可省略，摄影师让少年少女二人并排而坐，后文才能出现少年因为羞涩而无法与少女并坐，站在她后边。这样动作的前因后果才完整。

（5）二人の体がどこかで結ばれていると思いたいために、椅子を握った指を軽く少女の羽織に触れさせた。

译文 1：为了让两人的身体在某一点上接合起来，他把扶着椅子的手指轻轻地触摸少女的短外褂。

译文 2：为了能感觉到两人身体部位若即若离，少年将握住椅子的手指，轻轻地触及少女的和服外罩。

笔者认为对"二人の体がどこかで結ばれていると思いたいために"一句的翻译，两个版本的译文都没有错误，但是译文 1 的翻译过于直白，"接合"一词的使用略显生硬，而译文 2"若即若离"一词的使用非常巧妙，既传达了"连接"的意味，又表现出少年男女羞涩的情感，读起来富于美感，笔者个人更加推崇译文 2 的译法。

（6）その指に伝わるほのかな体温で、少年は少女を裸で抱きしめたような温かさを感じた。

译文 1：透过手指传导过来的微微的体温，使少年感受到一阵似是紧紧拥抱着赤身少女的温馨。

译文 2：透过手指传来少女微热的体温。少年感到一种拥抱着少女全裸时的温暖。

这里笔者想探讨的是对于词语"温かさ"的翻译，译文 1 的作者使用"温馨"，而译文 2 的作者使用了"温暖"。二者看似意思相近，细细品味后，实则存在一定的差异。"温かさ"是"温かい"的派生语，所以其意思来源于"温暖的"，即"温暖"的意思。查阅《现代汉语词

典》对于"温馨"的解释,①"温暖芳香"②"亲切体贴的氛围"可以看出温馨多用来修饰环境或气氛。因此,少年感受到的是少女的体温,而不是一种气氛,译文1在这一用词上有些不恰当。

(7) 一生この写真を見る度に、彼女の体温を思いだすだろう。
译文 1:这一生中,每逢看到这帧照片,也许就会想起她的体温来吧。
译文 2:今生今世,每当看见这张照片,少年就一定会想起她的体温来。

比较两个版本的翻译,"だろう"究竟是翻译成表推测的"大概……吧"还是翻译成表示肯定的"一定"呢?根据《大辞林》对"だろう"的解释:①話し手の推量や想像などを表す。(表示说话人的推测)⑤(多く上昇調のイントネーションを伴って)相手に対して、念を押したり同意を求めたりする気持ちを表す。(定会……。表示叮嘱对方、求得同意的心情。)翻译成"一定"时,是对对方进行叮嘱、征求其同意。译文1采用了第一种解释,少年内心独白推断自己日后看到照片就会想起少女的体温。译文2采用了字典中的第⑤种解释,笔者认为这种翻译存在一定的问题,因为这段文字并不是说话人对听话人叮嘱或征求意见的语气,在这里使用并不妥当。

(8) 少女はひょいと少年を見上げて頬を染めると、明るい喜びに眼を輝かせて、子供のように、率直に、ばたばたと化粧室へ走って行った。
译文 1:少女猛然抬头望了望少年,脸颊倏地绯红,眼睛闪烁着光芒,充满了明朗的喜悦。她像孩子般乖乖地碎步走到了化妆室。
译文 2:少女微微抬头看了一下少年,脸泛红晕,满眼生辉,宛如天真烂漫的小孩,叭嗒叭嗒跑向了化妆室。

首先是对"ひょいと"一词的翻译，两个版本的译文存在很大差异。《大辞林》对"ひょいと"有①不意に現れるさま。だしぬけに。（出乎意料地。冷不防）②何の気なしにするさま。（偶然间无意中。）③楽々と手軽にするさま。（轻轻地。动作轻松貌。）笔者认为此处选择③的解释比较符合原文。联系全文脉络来看，少女一直在意自己的乱发，又羞涩不敢在少年面前整理头发。被少年细心关照后，更加羞涩。译文1的"猛然抬头"是人在惊讶时候会发出的动作。如果少女没有意识到自己的头发乱了，突然被少年一说，则有可能在吃惊中抬头，所以可以推测原文中少女是出于羞涩只敢轻轻抬头看少年。笔者认为译文2更加符合情理和人物心态。

然后，对于"子供のように、率直に、ばたばたと化粧室へ走って行った"一句的处理，译文1存在误译，字典中对于"率直"的解释为"飾り気がなく、ありのままなこと"意为坦率、直率，而"ばたばた"在字典中的解释为"跑步时发出的脚步声"，且该句的动词为"走って行った"，综合上述词语的解释，可以判断出，少女不可能是乖乖地碎步走到化妆室，而是应该像小孩子一样活泼率真地跑去化妆室，译文2的翻译基本正确。

(9) なにごろないしぐさのうちに、彼女が彼のものだと感じていることを現したではないか。
译文1：这种无意识的举止，难道不正是流露出她已经感觉到"那是他的东西"了吗？
译文2：在无意的细小动作之中，不已表现出自己是属于他的吗？

对比两个版本的译文，可以看出译文1少女意识到的是她手中的雨伞是属于少年的东西，而译文2少女意识到自己是属于少年的。"もの"究竟是指代人的"者"，还是指代物的"物"呢？两个版本的译文给出了以上两种不同的理解。笔者在此大胆猜想，是否是原文作者在这里有意使用平假名，从而留给读者想象的空间呢？若是如此，翻译时，是否同样能够做到一语双关，传达出双重效果呢？笔者在此试译：

"无意之中,不正是表现出她有了"属于他"的感觉吗?"

（10）傘についてのただこれだけのことで——
译文1：这仅仅是关于雨伞的一桩韵事……
译文2：仅仅因为一把小小的雨伞——

作为本文的结尾句,本句给读者留下了无尽的遐想,对于最后一句的翻译也成为了全文画龙点睛的关键之笔。让我们来逐字逐句拆解这句话,"傘についての"意为"关于雨伞的";"ただ"意为"仅仅";"これだけのこと"意味"这件小事";"で"表示原因。现在再把整句结合起来,笔者的翻译是:"只因为这关于雨伞的一件小事——"。因此,笔者是更赞同译文2的译法的,因为"原因"这个意思不能少,而译文1缺乏了这个关键的要素。前文"二人は急に大人になり、夫婦のような気持ちで帰って行くのだった。"少年少女突然变成了大人,带着像夫妇一样的心情回去了。本句正是在解释原因,为何二人产生了变化,答案是"仅仅是因为关于雨伞的这件小事"。译文1的处理,稍微偏离原文意思,一定程度上是对文章进行了总结,但是翻译还是应该在遵循原文意思的基础上进行。

（宋遥）

七、翻译理论学习

文学翻译的过程

文学翻译的过程或者说原作"重生"的过程究竟是如何的呢?在不同的文化传统、不同语言之间和不同译者的身上,这个过程不尽相同,对于不同体裁和风格的作品也各有差异。不过,如果全面地考虑文学翻译的性质,将控制翻译的社会文化因素和译者的主体因素包括在内的话,文学翻译的过程还是可以大体分为以下四个步骤:翻译文本的选择,文学文本的解读,文学译本的创造和译本的修改和出版。

每个步骤都是一个复杂而综合的过程。

(一) 翻译文本的选择

从表面上看,选择某个国家、某种语言和某个作家的作品进行翻译似乎应该是个别出版社和个别译者的事,但实际上,出版社和译者对原文的选择并非是任意的,而是受到社会文化因素制约的。决定翻译文本选择的因素可能来自各个方面,如当时的意识形态、外国文化的态势、本国文化的自我意识、当时社会的政治经济状况等。出版者和译者在所处的社会文化环境中,必然会考虑社会群体对翻译作品的需要。社会文化对翻译的选择涉及三个方面:一是对翻译文本的选择;二是对翻译语种的选择;三是对译者的选择。从具体翻译实践来看,似乎是译者选择了个别译本,但实际情况往往是社会文化通过奖励和提高译者声望等方式对译者进行筛选。译者对译本的选择也不是完全自由决定的,首先译者作为译入语文化的成员,在社会化过程中,他就已习得了翻译规范。这些规范以社会共识的形式根植于译者的思维方式中。因此,看似个别的译本选择实际上也体现了社会性的一面。其次,专业译者的译本选择往往来自于代理人(出版商)和翻译机构的选择,而不是自己决定翻译何种文本。

(二) 文学文本的解读

确定了需要翻译的文本,文学翻译者开始解读原作。这时,文学翻译者首先面对的是原作中的字词——这些字词处于特定的语境中,具有特定的含义。原作的字词是由作者创作的。大多数情况下,译者阅读原作时,作者可能已经去世或无法联络。在对当代文学作品的翻译中,译者有时也可以与作者联系沟通。但无论如何,译者所面对的主要是原作的文本,译者对原作文本的解读是作为读者对原作多样化的阅读体验之一。如前所述,译者理解的"意义"并非是语言符号与所指概念的固定关系,而是一种融合文本符号、语境和主体因素的视域融合。但是,从文本客观存在的意义上说,原作的语言符号与意义之间还是具有相对稳定的关系,否则人类语言就完全无法传情达意了。因此,对原作的多样化理解还是具备最基本的共同点,即原作的基本事物和事件。

文学翻译者的工作就是依据自己的理解，在另一种语言中创造一部新的作品。对文本的解读并非一个简单的阅读过程，负责任的文学翻译家对文本的解读往往是一个仔细、反复的阅读过程，同时伴随着对原作和作者的其他作品的检索和研究。对原作的研究甚至可能包括对作者居住地的考察、历史研究、版本研究、文学研究和评论等。对当代作品的翻译，还可以求助于原作者，有时文学译本的翻译可以通过译者与作者的合作来完成。

（三）**文学译本的创造**

在对原作进行研究和解读的基础上，译者开始用译入语创造译本。译本的创造绝非单纯的语言转换，而是综合了各种因素的复杂过程。首先，文学译者必须考虑如何实现译文与原文的事件与语言结构相关的文本目的，尤其是如何创造性地使用译入语呈现原作的语言艺术形式。其次，译者在创造译文的同时，不得不认真考虑当时的文学翻译规范对译文的接受或排斥，违背规范可能会付出译本被拒绝的代价。第三，译者需要正视自己的主体作用，协调自己与文本目的和翻译规范的关系。

（四）**译本的修改和出版**

无论翻译者采取何种翻译策略，任何一部译作最终必然是一个经过多重阅读、反复修订的作品。这些阅读和修改往往是由译者以外的人来进行，翻译规范的作用将会反映在最后出版的作品上。翻译可能受到外力的删减和改变：新闻审查制度可能会删除与译入语文化的主流意识形态不符的内容；限于译入语社会文化观念，可能会对某些被认为是"禁忌"或"反动"的内容进行净化；出于商业利益的考虑，出版社可能要求译作按特定读者的需要进行大幅度修改，比如：将原作小说译为电影对白，将成人作品儿童化等等。更为特殊的做法是：某些出版社甚至要求译者提供"直译"译本，再交由著名作家进行润笔以产生更好的译本。

（参照胡显耀、李力主编：《高级文学翻译》，北京：外语教学与研究出版社，2009年）

第10课

一、原文

人間の羊

大江健三郎

　冬のはじめだった、夜ふけの鋪道に立っていると霧粒が硬い粉のように頬や耳たぶにふれた。家庭教師に使ったフランス語の初等文典を外套のポケットに押しいれて、僕は寒さに躰を屈めながら終発の郊外へ走るバスが霧のなかを船のように揺らめいて近づくのを待っていた。

　車掌はたくましい首すじに兎のセクスのような、桃色の優しく女らしい吹出物をもっていた。彼女は僕にバスの後部座席の隅の空席を指した。僕はそこへ歩いて行く途中で、膝の上に小学生の答案の束をひろげている、若い教員風の男のレインコートの垂れた端を踏みつけて①よろめいた。僕は疲れきっていて睡く、躰の安定を保ちにくくなっていた。あいまいに頭をさげて、僕は郊外のキャンプへ帰る酔った外国兵たちの占めている後部座席の狭いすきまへ腰をおろしに行った。僕の腿がよく肥えて固い外国兵の尻にふれた。バスの内部の水っぽく暖かい空気に顔の皮膚がほぐされると、疲れた弱よわしい安堵がまじりあった。僕は小さい欠伸をして甲虫の体液のように白い涙を流した。

　僕を座席の隅に押しつめている外国兵たちは酒に酔って陽気だった。彼らは殆どみんな牛のようにうるんで大きい眼と短い額とを持って若かった。太く脂肪の赤い頸を黄褐色のシャツでしめつけた兵隊が、背の低い、顔の大きい女を膝にのせていて、他の兵隊た

ちにはやしたてられながら、女の木ぎれのように艶のない耳へ熱心にささやいていた。

やはり酔っている女は、兵隊の水みずしくふくらんだ唇をうるさがって肩を動かしたり頭をふりたてたりしていた。それを見て兵隊たちは狂気の血にかりたてられるように笑いわめいた。日本人の乗客たちは両側の窓にそった長い座席に坐って兵隊たちの騒ぎから眼をそむけていた。外国兵の膝の上にいる女は暫くまえからその外国兵と口争いをしている様子だった。僕は硬いシートの背に躰をもたせかけ、頭が硝子窓にぶつかるのを避けてうなだれた。バスが走りはじめると再び寒さが静かにバスの内部の空気をひたしていった。僕はゆっくり自分の中へ閉じこもった。

急に②けたたましい声で笑うと、女が外国兵の膝から立上がり、彼らに罵りの言葉をあびせながら、倒れるように僕の肩によりかかって来た。

あたいはさ、東洋人だからね、なによ、あんた。しつこいわね、と女はそのぶよぶよする躰を僕におしつけて日本語で叫んだ。甘くみんなよ。

女を膝の上に乗せていた外国兵は空になった長い膝を猿のように両脇へひらき、むしろ当惑の表情をあらわにして、僕と女を見まもっていた。

こんちくしょう、人まえであたいに何をするのさ、と女は黙っている外国兵たちに苛立って叫び、首をふりたてた。

あたいの頸になにをすんのさ、穢いよ。

車掌が頰をこわばらせて顔をそむけた。

あんたたちの裸は、背中までひげもじゃでさ、と女はしつこく叫んでいた。あたいは、このぼうやと寝たいわよ。

（中略）

僕は狼狽しきって、外国兵の逞しい首の揺れ動きや、喉の皮膚の突然のふくらみを見まもっていた。僕には彼の言葉の単語一つ理解することができなかった。

外国兵は僕の胸ぐらをを掴んで揺さぶりながら喚き、学生服のカラーが喉の皮膚に食いこんで痛むのを僕は耐えた。外国兵の金色の荒い毛が密生した腕を胸から外させることができないで、あおむいたままぐらぐらしている僕の顔いちめんに小さい唾を吐きかけながら外国兵は狂気のように叫び続けるのだ。それから急に僕は突きはなされ、ガラス窓に頭をうちつけて後部座席へ倒れこんだ。そのまま僕は小動物のように躰を縮めた。
　高い声で命令するように外国兵が叫びたて、急速にざわめきが静まって、エンジンの回転音だけがあたりをみたした。倒れたまま首をねじって振りむいた僕は若わかしい外国兵が右手に強靭に光るナイフをしっかり握っているのを見た。僕はのろのろ躰を起し、武器を腰のあたりでこきざみに動かしている外国兵とその横で貧弱な顔をこわばらせている女とに向きなおった。日本人の乗客たちも、他の外国兵たちもみんな黙りこんで僕らを見守っていた。
　外国兵がゆっくり音節をくぎって言葉をくりかえしたが、僕は耳へ内側から血がたぎってくる音しか聞くことができない。僕は頭を振ってみせた。外国兵が苛立って硬すぎるほど明確な発音を再びくりかえし、僕は言葉の意味を理解して急激な恐怖に内臓を揺さぶられた。うしろを向け、うしろを向け。しかしどうすることができよう、僕は外国兵の命令にしたがってうしろを向いた。後部の広いガラス窓の向うを霧が航跡のようにうずまき、あおりたてられて流れていた。外国兵がしっかりした声で叫んだが、僕には言葉の意味がわからない。外国兵がその卑猥な語感のする俗語をくりかえし叫ぶと僕の躰の周りの外国兵たちが発作のように激しく笑いどよめいた。
　（中略）
　ドアを急いで開く音がし、車掌が子供のような透きとおって響く悲鳴をあげながら暗い夜の霧の中へ走り逃れて行った。僕は躰を屈めたまま、その幼く甲高い叫びの遠ざかって行くのを聞いた。誰もそれを追わなかった。
　あんた、もう止しなよ、と僕の背に手をかけて外国兵の女が低い

声でいった。

　僕は犬のように首を振って彼女の白けた表情を見あげ、またうつむいて僕の前に列なる「羊たち」と同じ姿勢を続けた。女は破れかぶれのように声をはりあげて外国兵たちの歌に合唱しはじめた。

　羊撃ち、羊撃ち、パンパン

　やがて、運転手が白い軍手を脱ぎ、うんざりした顔でズボンをずり落として、丸まる肥った大きい尻を剥き出した。

　自動車が何台も僕らのバスの横をすりぬけて行った。霧にとざされた窓ガラスを覗きこもうとしながら行く自転車の男たちもいた。それはきわめて日常的な冬の夜ふけにすぎなかった。ただ、僕らはその冷たい空気の中へ裸の尻をさらしていたのだ。僕らは実に長い間、そのままの姿勢でいた。そして急に、歌いつかれた外国兵たちが、女を連れてバスから降りて行ったのだ。嵐が倒れた裸木を残すように、僕ら、尻を剥きだした者たちを置きざりにして。僕らはゆっくり背を伸ばした。それは腰と背の痛みに耐える努力をともなっていた。それほど長く僕らは「羊」だったのだ。

（中略）

　警官に事情を話すべきですよ、と教員が僕らに呼びかけるように、③ひときわ高い声でいった。あの兵隊のいるキャンプはすぐにわかるでしょう。警察が動かなかったら、被害者が集まって世論に働きかけることができると思うんです。きっと今までも、被害者が黙って屈伏したから表面化しなかっただけだと僕は思う。そういう例はほかにもあります。

　教員の周りで被害を受けなかった客たちが賛同の力強いざわめきを起こした。しかし坐っている僕らは黙ったままうなだれていた。

（中略）

　次の停留所で、僕は殆ど駆けるようにしてバスを降りた。教員の前を通りぬける時、僕は首を危険な伝染を避けるためのように振って教員のすがりついて来る視線を振りきらねばならなかった。鋪道に霧はよどんで空気は淡い密度の水のようだった。僕は外套の襟を

喉にまきつけて寒さをふせぎながら、バスが霧のゆるやかなうずをまきおこして遠ざかるのを見おくり、みじめな安堵の感情を育てた。ガラスを掌でぬぐって、勤人が僕を見ようとしているのが白っぽくバスの後尾にうかんでいた。僕は、肉親と別れるような動揺を感じた、おなじ空気のなかへ裸の尻をさらした仲間。しかし僕はその賤しい親近感を恥じて、ガラス窓から眼をそらした。家の暖かい居間で僕を待っているはずの母親や妹たちの前へ帰って行くために僕は自分をたてなおさなければならなかった。僕は彼女たちから、僕の躰の奥の屈辱をかぎとられてはならない、と考えた。僕は明るい心をもった子供のように意味もなく駆けだすことにきめて外套をかたく躰にまといつけた。
　ねえ、君、と僕の背後にひそんだ声がいった。ねえ、待ってくれよ。
　その声が、僕から急速に去って行こうとしていた厭わしい「被害」を再び正面までひき戻した。僕はぐったりして肩をたれた。その声がレインコートの教員のそれであることは振りかえるまでもなくわかった。
　待ってくれよ、と教員は寒さに乾いた唇を湿すために舌を覗かせてから、過度に優しい声でくりかえした。
　この男から逃れることはむつかしい、という予感が僕をみたし、無気力に彼の言葉の続きを待たせた。教員はすっぽりくるんでしまう奇妙な威圧感を躰にみなぎらせて微笑していた。
　君はあのことを黙ったまま耐えしのぶつもりじゃないだろう？　と教員は注意深くいった。他の連中はみんなだめだけど、君だけは泣寝入りしないで戦うだろう？
　戦う、僕は驚いて、うすい皮膚の下に再び燃えあがろうとしはじめた情念をひそめている教員の顔を見つめた。それは僕をなかば慰撫し、なかば強制していた。
　君の戦いには僕が協力しますよ、と一歩踏み出して教員はいった。僕がどこにでも出て証言する。

あいまいに頭を振って彼の申出をこばみ、歩き出そうとする僕の右脇へ教員の励ましにみちた腕がさしこまれた。
　警察に行って話そう、遅くならない方がいい。交番はすぐそこなんだ。
　（中略）
　中年の警官は若い警官につづいて入って来る時、眼をこすりつけて眠りから脱け出る努力をしていた。それから彼は疲れた肉がたるんでいる首をふりむけて僕と教員を見つめ、椅子をすすめた。僕はそれを無視して坐らなかった。教員は一度坐った椅子から、僕を監視するためのように、あわててまた立上がった。警官たちが坐ると訊問の空気がかもしだされた。
　キャンプの兵隊に殴られたんだって？と中年の警官がいった。
　いいえ、殴られはしません、と皮ジャンパーの男に殴りつけられたあとが青黒いしみになっている自分の顎をひいて教員はいった。もっと悪質の暴行です。
　どういうことなんだい、と中年の警官がいった。暴行といったところで。
　教員が僕を励ます眼で見つめたが、僕は黙っていた。
　え？
　バスの中で酒にに酔った外国兵が、この人たちのズボンを脱がせたんです、と教員が強い調子でいった。そして裸の尻を。
　羞恥が熱病の発作のように僕を揺り動かした。外套のポケットの中で震えはじめた指を僕は握りしめた。
　（中略）
　僕は顔をうつむけたまま交番から出て行こうとしたが、教員が僕の通路へまわりこみ、しっかり足をふんばって僕をさえぎった。
　ねえ、君、と彼は訴えかけるように切実な声でいった。誰か一人が、あの事件のために犠牲になる必要があるんだ。君は黙って忘れたいだろうけど、思いきって犠牲的な役割をはたしてくれ。犠牲の羊になってくれ。

羊になる、僕は教員に腹だたしさをかりたてられたが、彼は熱心に僕の眼をのぞきこもうと努めていた。そして懇願するような、善良な表情をうかべている。僕はますますかたくなに口をつぐんだ。
　君が黙っているんじゃ、僕の立場がないよ。ねえ、どうしたんだ。
　明日にでも、と中年の警官が、睨みあって沈黙した僕らを見つめながら立ちあがっていった。あんたたちの間で、はっきり話がついてから来て下さい。そうしたところで、キャンプの兵隊を起訴することになるかどうかはわからないけれどね。
　教員は警官に反撥してなにかいいかけたが、警官は僕と教員の肩にぶあつい掌をおき、親しい客を送るように外へ押し出した。
　明日でも遅くないだろう？その時には、もっと用意をととのえておいてもらう。
　僕は今夜、と教員があわてていった。
　今夜は一通り話を聞いたじゃないか、と警官はやや感情的な声を出した。それに直接の被害者は訴える気持を持ってないんだろ？
　僕と教員とは交番を出た。交番からの光は濃くなって光沢をおびた霧に狭く囲われていた。
　君は泣寝入りするつもりなのか？と教員が口惜しそうにいった。
　僕は黙ったまま霧の囲いの外、冷たく暗い夜のなかへ入って行った。僕は疲れきっていたし睡かった。僕は家へ帰り、妹たちと黙りこんで遅い食事をし、自分の屈辱を胸にかかえこむように背をまるめ布団をかぶって寝るだろう、そして夜明けには、少しは回復してもいるだろう……
　しかし、教員が僕から離れないでついて来るのだ。僕は足を早めた。教員の力のこもった靴音が僕の背のすぐ後で早くなる。僕はふりかえり、教員と短い時間、顔を見つめあった。教員は熱っぽく苛だたしい眼をしていた。霧粒が彼の眉にこびりついて光っていた。
　君はなぜ警察で黙っていたんだ、あの外国兵どもをなぜ告訴しなかったんだ、と教員がいった。黙って忘れることができるのか？
　僕は教員から眼をそらし、前屈みに急いで歩きはじめた。僕は背

後からついて来る教員を無視する決心をしていた。僕は顔をこわばらせる冷たい霧粒をはらいのけようともしないで歩いた。鋪道の両側のあらゆる商店が燈を消し扉をとざしていた。僕と教員の靴音だけが霧にうもれて人通りのない町にひびいた。僕の家のある路地へ入るために鋪道を離れる時、僕はすばやく教員を振りかえった。
　黙って誰からも自分の恥をかくしおおすつもりなら、君は卑怯だ、と振りかえる僕を待ちかまえていたように教員はいった。そういう態度は外国兵にすっかり屈伏してしまうことだ。
　僕は教員の言葉を聞く意志を持たないことを誇示して路地へ駆けこんだが、教員は急ぎ足に僕の背へついて来るのだ。彼は僕の家にまで入りこんで僕の名前をつきとめようとするつもりかもしれない。僕は自分の家の門燈の明るみを横眼に見て、その前を通りすぎた。路地のつきあたりを曲って、再び鋪道へ出ると教員も歩調をゆるめながら僕に続いた。
　君の名前と住所だけでもおしえてくれ、と教員が僕に背後から声をかけた。後から今後の戦いの方針を連絡するから。
　僕は苛だちと怒りにおそわれた。しかし僕にどうすることができよう。僕の外套の肩は霧に濡れて重くなり、首すじに冷たくそれはふれた。身震いしながら僕は黙りこんで歩いた、長い間そのまま僕らは歩いた。
　市の盛り場近くまで来ると、暗がりから獣のように首を伸ばして街娼が僕らを待ちかまえているのが見えた。僕は街娼をさけるために車道へ踏み出し、そのまま車道を向う側の歩道へ渡った。寒かった、僕は下腹の激しいしこりをもてあましていた。ためらったあと、僕はコンクリート塀の隅で放尿した。教員は僕と並んで自分も放尿しながら僕によびかけた。
　おい、名前だけでもいってくれよ。僕らはあれを闇にほうむることはできないんだ。
　霧を透かして街娼が僕らを見まもっていた。僕は外套のボタンをかけ黙ったままひきかえしはじめた。教員が僕と肩をならべた時、

街娼は僕らに簡潔で卑猥な言葉をなげかけた。霧に刺戟された鼻孔の粘膜が痛み悪寒がした。僕は疲れと寒さにうちひしがれていた。脛がこわばり、靴の中でふくれた足が痛んだ。
　僕は教員をなじり、あるいは腕力にかけてもその理ふじんな追跡を拒まねばならなかったのだ。しかし僕は唖のように言葉を失い、疲れきっていた。躰をならべて歩きつづける教員にただ絶望的に腹を立てていた。
　僕らが再び、僕の家への路地の前へさしかかった時、夜はすっかり更けていた。僕は布団にたおれふして睡りに身をまかせたい、激しい願いにとらえられた。そこを僕は通りすぎたが、それ以上遠くへ歩き離れていくことには耐えられなかった。急に湧きあふれる情念が僕をぐいぐいとらえた。
　僕は唇を噛みしめ、ふいに教員をつきとばすと、暗く細い路地へ駆けこんだ。両側の垣の中で犬が激しく吠えたてた。僕は息をあえがせ、顎をつきだし、悲鳴のような音を喉からもらしながら駆けつづけた。横腹が痛みはじめたが僕はそこを押しつけて走った。
　しかし、街燈が淡く霧を光らせている路地の曲りかどで、僕は背後から逞しい腕に肩を掴まえられたのだ。僕を抱きこむように躰をよせ教員は荒い息を吐いていた。そして僕も白く霧にとけこむ息を開いた口と鼻孔から吐き出した。
　今夜ずっと、この男につきまとわれて、冷たい町を歩きつづけねばならないだろう、と僕は疲れきって考えた。躰を重く無力感がみたし、その底から苛だたしい哀しみがひろがってきた。僕は最後の力をふりしぼって、教員の腕をはらいおとした。しかし教員はがっしりして大きい躰を僕の前にそびえさせて、僕の逃走の意志をうけつけない。僕は教員と睨みあったまま絶望しきっていた。敗北感と哀しみが表情にあらわれてくるのをふせぐためにどうしていいかわからないのだ。
　お前は、と教員が疲れに嗄れた声を出した。どうしても名前をかくすつもりなんだな。

僕は黙ったまま教員を睨みつけているだけで躰じゅうのあらゆる意志と力をつかっていた。

俺はお前の名前をつきとめてやる、と教員は感情の高ぶりに震える声でいい、急に涙を両方の怒りにみちた眼からあふれさせた。お前の名前も、お前の受けた屈辱もみんな明るみに出してやる。そして兵隊にも、お前たちにも死ぬほど恥をかかせてやる。お前の名前をつきとめるまで、俺は決してお前から離れないぞ。

（选自大江健三郎：《人間の羊》，东京：新潮社，1959年）

二、作者与作品简介

大江健三郎，日本著名小说家，诺贝尔文学奖获得者，1935年出生于日本四国地区一个被森林围拥的小山村，少年时代在母亲影响下对鲁迅开始了此后不曾间断的阅读，大学时代在渡边一夫教授的引领下接受了欧洲人文主义的洗礼，并由此走上了创作道路。1960年对中国进行的第一次访问，使得他将"农村包围城市"与文化人类学的边缘和中心之概念结合起来，最终演化为《万延元年的足球》《同时代的游戏》等诸多作品中的根据地或乌托邦。

1994年以《个人的体验》和《万元延年的足球》获得诺贝尔文学奖后，大江健三郎更强烈地意识到作家的责任，借助《空翻》《被偷换的孩子》《愁容童子》《别了，我的书！》等作品在绝望中寻找希望，并于《在自己的树下》《两百年的孩子》等作品里表现了对新人、孩子和儿童等未来之象征所寄予的希望……

三、原文注释

①よろめく：踉跄，蹒跚，东倒西歪。
②けたたましい：喧嚣，嘈杂，尖锐。
③ひときわ：（比其他）高出一头，格外，尤其，更进一步。

四、译文

译文1　　　　　　　人　羊

李庆国　译

　　站在初冬深夜的马路上，雾粒宛如坚硬的粉末吹打着脸颊和耳垂。我把当家庭教师用的法语语法初级教材塞进风衣的口袋里，蜷缩起身子，等着开往郊外的末班公共汽车像船一样从雾中摇荡过来。

　　乘务员挺直的脖颈上有一个粉色的像兔子性器那样的疙瘩，透出一股温柔娴静的女人味。她朝我指了一下汽车尾部一个靠边的空座席。我沿过道往那儿走时，一脚踩在一位膝盖上摊着一沓子小学生试卷的年轻教师耷拉着的雨衣下摆上，不觉闪了个跟跄。我疲乏不堪，再加上困倦，几乎保持不住身体的平衡。我昏昏然地低着头，在一帮喝醉了酒返回郊外兵营的外国兵们占据的后座席狭窄的空隙里坐了下来。我的腿紧贴着外国兵那肥大结实的屁股。车内温暖湿润的空气揉搓着脸上的皮肤。不一会儿，疲劳和微弱的安心感便搅在一起了。我打了一个小小的呵欠，眼里流出了甲虫体液般的眼泪。

　　往座位边上挤我的外国兵们醉醺醺的很兴奋。看上去他们都很年轻，有着牛一样湿润的大眼睛和短短的额头。一个穿着黄褐色衬衫，衣领紧勒着红脖颈上厚厚脂肪的士兵，膝盖上坐着个个儿不高脸庞却挺大的女人。他一会儿和旁边的士兵大声争吵着什么，一会儿又凑在女人那枯树枝般没有光泽的耳朵边热心地喊喊喳喳地说着什么。

　　那女人也喝醉了，她厌烦士兵鼓起娇嫩的嘴唇缠她，晃着肩膀摇着头避开它。旁边看着的士兵发疯似地大声笑着哄着。坐在车厢两侧窗边长椅上的日本乘客都从吵闹的士兵那里移开了视线。看那个坐在外国兵膝盖上的女人的样子，似乎刚才还和那个外国兵吵过。我把身体倚在硬座席的靠背上，为了不让脑袋撞在车窗玻璃上，把头垂得很低。汽车一跑起来，寒冷又悄无声息地侵入车内的空气中了。渐渐地

我又陷入了自己的世界里。

忽然，耳边又响起了一阵喧闹的笑声。那个女人从外国兵的膝盖上直起身来，在他们的叫骂中像要摔倒了似地倚在我的肩上。

我呀，也是东洋人哪。哎呀，你干嘛呀，真烦死人了！女人用日语喊着，那暄软的身体压在我的身上。你们少耍弄人……

刚才让女人坐在膝上的那个外国兵猴子似的把长腿向两边撇着，一脸尴尬的表情盯着我和那个女人。

你这畜生，当着这么多人的面儿你给我弄什么呀！女人烦躁地朝闷声不响的外国兵们摇头嚷着。

你往我的脖子上弄什么玩意儿，脏死了！

乘务员板着脸把头扭向了窗外。

你们脱光了看看，连后背都长着毛呢。女人不管不顾地喊了起来。我要和这孩子睡！

（中略）

我狼狈不堪，只是看着外国兵那晃动的坚硬脖颈和鼓胀的喉结，对他说的单词一个都听不懂。

外国兵抓住我的前襟一边摇晃一边叫喊，我强忍着被学生服的衣领勒住的脖子的疼痛，却无法从拽着我衣领的外国兵那长着黄褐色粗毛的手臂里挣脱出来。他疯狂地喊叫着，唾沫星子喷在我仰起的晃荡的脸上。突然，他又往前一搡，我的脑袋便撞在车窗上，摔倒在后部座席上，我像个小动物似地蜷着身子。

外国兵像是高声命令什么似地叫喊了一声，忽然，喊喊喳喳的声音静了下来，只能听见引擎转动的声响。倒在座席上的我扭过头来一看，那个年轻的外国兵手里紧紧握着把闪着锋芒的刀。我慢吞吞地直起身，面对在腰边微微晃动着武器的外国兵和他身边板着苍白面孔的女人。车上的日本乘客和其他的外国兵都默默地瞅着我们。

外国兵一字一顿地重复着那句话，可是我的耳朵只能听到自己耳鼓内热血沸腾的声音。我摇了摇头。外国兵不耐烦地又一次重复起那过于生硬但意思很明确的声音。我理解了那句话的意思，突如其来的恐怖立刻攫住了我的胸腔。向后转，向后转！我无可奈何，按照外国兵

的命令朝后转过身。后部宽大的车窗外面，雾好像航迹般卷起旋涡推波助澜地流动着。外国兵用他那坚定的声音又叫了起来，但我却一点儿也听不懂。当外国兵反复地叫着那句有着卑琐语感的俗语时，我周围的外国兵便像发作般地响起一片喧笑声。

（中略）

前面突然传来急速地打开车门的声音。乘务员发出惊恐的孩子般刺耳的悲鸣，向黑暗的夜雾中跑去。我蜷缩着身子听着那幼小而又声嘶力竭的惨叫声渐渐地消逝。没有谁去追赶她。

算了，算了。外国兵的女人把手放在我的背上低声说。

我像狗似地转过头去，仰脸看着她那无聊的表情，又低下头和我前面排着的"羊"们保持一致的姿势。女人自暴自弃般地放开嗓子和外国兵们合唱起来。

打羊，打羊，啪，啪！

终于，司机也摘下白手套，极不情愿地解下裤子，露出了圆圆的肥大的屁股。

有几辆汽车从我们的公共汽车旁边横穿了过去。也有几个男人骑着自行车，朝布满了雾气的窗玻璃里望了望。那不过是个极平常的冬天的夜晚。只是，我们却在寒冷的空气中光着屁股示众。实际上，我们已经就那么一动不动地站了好久了。忽然，唱累了的外国兵们领着女人下了车。撇下了我们这些撅着屁股的人们，就像风暴过后残留在荒野上那些被吹倒的光秃秃的树。我们缓慢地直起身来，忍着腰和后背的疼痛。在如此漫长的时间里我们成了"羊"。

（中略）

应该去报告警察呀！教员像是给我们打气似地用激昂的声调说。哪个兵营一查就能知道了吧。即使警察不出动的话，被害者们集聚起来，准保也能形成舆论。那样的事例别的地方也有过。

从教员周围那些没有受害的乘客们中响起一片嗡嗡的赞同声，我们坐着的这些人却沉默不语地耷拉着脑袋。

（中略）

在下一个停车站，我几乎跑着下了汽车。经过教员的身边时，我

躲避传染病似地扭着头挣脱了他那纠缠不休的视线。雾沉淀在人行道上，空气宛如有着小小密度的水。我把风衣的领子紧紧地拽紧在喉头抵御寒冷，望着汽车车尾卷着缓慢的雾的旋涡远去，一种凄惨的安逸感油然而生。回过头用手掌擦着玻璃看我的职员的身影雾蒙蒙地浮现在汽车的尾部。我感到了一种和亲属离别般的情感的震撼。啊，在同样的空气中露出了屁股的同伴啊！不过，我又为自己那种低俗的亲近感难为情，便从车尾窗玻璃上移开了目光。不能让在温暖的客厅里正等着我的母亲和妹妹觉察出我潜藏在内心深处的屈辱，我必须打起精神来。我把大衣裹紧，像无忧无虑的孩子那样突然毫无理由地决定跑起来。

喂，你……一个低沉的声音在我的背后响起。喂，你等一下啊。

那个声音又返了回来，我又面对着那已经迅速离我远去了的讨厌的"受害者"。我一下子泄了气，耷拉下肩膀。不用回头看就知道是那个穿着雨衣的教员。

等一下啊。教员像要舔湿干冷的嘴唇似的伸出舌头，用特别温和的声音一连声地叫着。

从这个男人身边逃脱是很难的，我充满了这种预感，无力地等待着他继续说下去。教员微笑着，他体内充满了奇妙的威严，令我感到自己整个都被它包裹住了。

那事我想你不会忍气吞声吧？ 教员很谨慎地说。别的家伙都不吭声，只有你不想忍气吞声，要和他们斗一斗吧？

斗？ 我吃惊地注视着教员的脸，薄薄的皮肤下潜藏着重新燃烧起来的情感。那一半是抚慰一半是强迫。

我帮着你和他们斗。教员向前跨了一步说。不管到哪儿我都去给你做证。

我暧昧地摇了摇头谢绝了他的建议，教员充满了激励的手腕挎上正要走开的我的右臂。

去告警察，还是早点去好。派出所就在那里。

（中略）

中年警官随着年轻的警官走进来时，还揉着惺忪的睡眼，做出努力从睡梦中醒过来的样子。然后，他转过疲劳的肌肉松弛的脖子瞅着

我和教员，并示意我们坐下。我像没看见似地没有坐下，教员屁股刚沾了一下椅子，又像是为了监视我，慌里慌张地站了起来。警官们一坐下，便有了一种讯问的气氛。

你被兵营的士兵打了？ 中年警官问。

不，没被打。教员撅着被穿红皮夹克的男子打了一拳还有些发青黑色的下巴说。是比殴打还厉害的暴行。

怎么回事？ 中年警官问。那是什么暴行呢？

教员用鼓励的眼光注视着我，但我仍然一声不吭。

在公共汽车里，一帮喝醉了酒的外国兵把这些人的裤衩给扒下来了。教员气愤地说。而且，让人光着屁股撅着……

羞耻像打摆子似地使我周身抖动起来。风衣口袋里我攥住了开始颤抖的手指。

（中略）

我想就那么埋着头走出派出所，可教员却叉着腿堵住我的去路。

喂，你听着。他用起诉一样的声音坚定地说。得有一个人为这个事件作出牺牲。你是想在沉默中遗忘掉它吧，我看你还是下决心为此付出点儿牺牲吧，做一头牺牲的羊！

做羊？ 我对教员的话很气愤，可他还是努力热心地注视着我的眼睛，并且露出了恳切与和善的表情。我还是固执地闭口不说一句话。

你不要不吭声，这不是给我出难题吗。喂，你怎么了？

明天也可以。中年警察注视着互相瞪着又不言语的我们站起来说。你们两个把话说清楚后再来。再来时，没准可以去起诉兵营的外国兵，可……

教员刚想反驳警官说句什么，但警官厚厚的手掌还是搭在我和教员的肩上，像送熟客一样把我们推了出来。

明天不晚吧？ 那时候，你们可以准备得更充分一些。

我今天晚上就……教员急忙说。

今天晚上不是大体上听你讲了一遍吗。警察有点动感情地说。而且，直接的受害者并没有起诉的意思吧？

我和教员出了派出所。从派出所里发出的灯光被浓重而闪着光泽

的雾气裹挟着，成了狭窄的一道光晕。

　　我沉默着走进光雾之外冰冷黑暗的夜里。我又困又乏。我多想快些回到家里啊，默默地和妹妹们一起吃已经等了我很久的晚饭，然后再把自己的屈辱紧紧地搂抱在胸前，蜷着身子钻进被窝里睡上一觉。到了第二天也许就会好点了吧……

　　可是，教员却紧跟着我来了。我加快了脚步，而教员那有力的脚步声就在我的身后响着。我回过头去，盯了一会儿教员的脸。教员的眼光灼热而又有些烦躁。雾粒牢牢地沾在他的眉毛上闪着光。

　　你为什么在警官面前一声不吭，为什么不告发那些外国兵？　教员质问道。沉默就能忘掉一切吗？

　　我从教员的脸上移开视线，趋身快步地走了起来。我决心无视后面跟来的教员。我也不拂去那贴在脸上使人板起脸来的冰凉的雾粒，一直走着。道路两侧所有的商店都熄灯打烊了。只有我和教员的脚步声在被雾气裹住的无人的街道上响着。在离开人行道要拐进我家的那条胡同时，我回头扫了一眼教员。

　　如果你想不声不响地谁也不让知道的话，你就太卑怯了。教员好像要等着我回头似的说。你这态度不是彻底屈服于那些外国兵了吗！

　　我故意装出没有听见教员的话的样子跑进了胡同，但教员也快步如飞紧紧地追上来了。他也许打算一直跟到我家查明我的姓名。我扫了一眼自己家亮着的门灯，从那前边走了过去，在胡同的尽头拐了个弯又走回到大街上。教员也放慢了脚步跟着我。

　　告诉我你的姓名和住址。教员在我的身后喊着。因为过后还要和你联系，商量今后的作战方针。

　　我被愤怒和烦躁一股脑儿罩住了，不知如何是好。我风衣的肩头已经被雾打湿，变得很沉重。脖子触到上面冰凉冰凉的。我一边发抖一边无言地走着。好长时间我们就那么走着。

　　走到市里的繁华街时，我看见娼妓从暗处像动物似的探出脖子在等着我们。为了避开她们我上了车行道，并且就那么横穿到对面的人行道上。天很冷，我无法忍受下腹部激烈的抽搐，犹豫了一阵儿，终于在一个水泥墙墙角撒了一泡尿。教员和我并排站着，一边撒尿一边

对我说。

喂，只把你的名字告诉我吧。我们不能把那事儿隐藏在黑暗之中。

娼妓透过雾朝我们望着。我扣上风衣的纽扣默默地往回走。教员和我并肩从那走过去时，娼妓朝我们甩过来一句简短的脏话。被雾刺激的鼻孔黏膜疼痛地发出微微震颤，我被疲劳和严寒击垮了，腿肚子变得僵硬，鞋里肿胀的脚也疼起来了。

我必须谴责或用我的腕力来抗拒教员的跟踪。可是，我就像一个哑巴似地失去了语言，浑身没有一点力气，对和我并肩一起走的教员只是绝望地生着气。

我们再次来到往我家那边去的路口时，夜更深了。我多么想钻进被窝里好好地睡上一觉啊，这愿望太强烈了。我从那儿走过去。再往远走实在是我难以忍受的。这念头忽然涌上来不断地占据了我的脑海。

我咬着嘴唇突然猛地撞了教员一下，就朝着黑暗狭窄的胡同里跑了进去。两侧墙院里的狗狂吠起来。

我仰着下巴大口地喘着气，边跑喉咙里边发出悲鸣般的声响。侧腹开始疼痛起来，我用手按住它往前跑。

在路灯雾蒙蒙的光照着的街拐角上，我被身后伸过来的有力的手臂搂住了肩膀，像要抱住我似的，教员把身体贴了上来，大口地喘着粗气。于是，我的鼻子和口也喘出了白色呵气，消融在雾中。

今晚，看来要被这家伙纠缠着在冰冷的大街上无休无止地一直走下去了，我精疲力竭地想。我的身体变得沉重而无力，体内充满了烦躁和悲哀。我使尽全力挣脱开教员的手腕，可是，教员那高大魁梧的身躯就耸立在我的面前，那意思是绝不放开我。我和教员对视了一会感到绝望极了。怎样才能不让失败和悲哀流露出来呢，该如何是好呢。

你为什么非要隐瞒自己的名字呢？ 教员用疲倦的声音嘶哑地说。

我沉默地用尽全身所有的力气和意志怒视着教员。

我要查明你的名字。教员用激动得发颤的声音说。忽然，眼泪从他愤怒的眼睛里流了出来。我要把你的名字，还有你受到的屈辱，都公开出来。并且，要让那些士兵，让你们这些人都无地自容，不把你

的名字搞清楚，我决不离开你！

（选自叶渭渠编：《人羊——大江健三郎作品集》，杭州：浙江文艺出版社，2000年）

译文 2 　　　　　　　　人　羊

陈谕霖　译

　　记得是初冬，站在深夜的柏油路上，雾的颗粒像粗硬的粉碰触我的双颊和耳朵。把家教时使用的法语初级字典塞入外套的口袋，因为寒气使我蜷着身体，等着最后一班开往郊外的巴士像船一样地在雾里摇晃前来。
　　车掌小姐粗壮的脖子上长着像兔子性器般的，桃色的温柔女子般的粉刺。她向我比了一下巴士后方角落的空位。在走向座位的途中，因为踩到了膝上摊着一叠小学生作业的年轻男教员垂下的雨衣衣角而微微地摇晃了一下。我由于过于疲困，而难以保持身体的平衡。掩饰性地低了低头，我朝着被返回郊外营区的烂醉外国士兵所占据的后方狭隘座位上坐了下去。我的脚碰触到肥胖壮硕的外国士兵屁股。脸上的皮肤被巴士里充满温暖水汽的空气舒缓后夹杂了些许疲累的虚弱的安心感。我稍稍打了个哈欠，留下了甲虫体液般的白色眼泪。
　　把我挤到座位角落的外国士兵们由于喝了酒而显得快活。他们清一色有着牛只般的润泽大眼以及窄短额头，非常年轻。被黄褐色衬衫勒着红脂肪肥胖脖子的士兵，将矮个大脸的女人放在膝上，在其他的军人不断的鼓噪下，积极地在女人那木片般毫无光泽的耳边碎语着。
　　同样喝得烂醉的女人，似乎对军人那水润饱满的嘴唇感到厌烦的样子，一下子扭动肩膀一下子又摇着头。看到这幅景象，其他的军人们像是被体内疯狂的血液所驱使一般，又叫又笑。日籍的乘客们坐在靠着两侧窗户的长条座椅上，将眼光背向军人们的骚动。外国士兵膝上的女人似乎之前就开始跟那个外国士兵起争执的样子。我将身子靠在硬邦邦的塑胶椅背，侧着头避免撞到玻璃窗。巴士开始走动以后，

寒冷再度静静地侵泡在巴士内部空气里。我慢慢地关在自己里头。

陡然的发出一阵尖锐笑声后，女人从外国士兵的膝上站了起来，一边对着外国士兵们叫骂，一边像要倒下似的靠到我的肩膀。

"人家我呢，因为是东洋人嘛，什么啊，你这家伙。很烦耶！"女人将她那肥嘟嘟的身体压在我身上，一边用日语这么叫着。"少瞧不起人了。"原本让女人坐在膝上的外国士兵，将空了的双脚像猿猴似的伸展到两侧，用一副可说是困惑的表情，看着我和女人。

"死畜生，想在人前对我做什么啊你！"女人对沉默不语的外国士兵感到不耐烦的叫着，不停扭着脖子。

"想对人家的脖子做什么，脏死了。"

车掌僵着脸，把头别了过去。

"你们的裸体，连背部都长着毛！"女人还是不停地叫着。"人家想要跟这个年轻人上床。"

（中略）

我狼狈不堪地，望着外国士兵壮硕脖子的摇晃以及喉咙部分皮肤突然的隆起。对于他所使用的语言的单字，我一个字都无法理解。

外国士兵抓住我的胸口边摇边叫，我忍受着学生制服的领子咬进我喉咙皮肤的痛楚。由于我无法拨开外国士兵那密布金色粗毛的手腕，外国士兵便朝着我仰视又晕眩不已的脸上吐了口水，且像发狂似的持续吼叫着。接着，我突然被推开，头部撞上玻璃窗后倒在后方座位。就着倒下的姿势，我像只小动物般地缩起身子。

有如高声号令似的，外国士兵不停吼着，突然间骚动急速安静了下来，只剩下引擎的回转声音充斥四周。维持着倒下的姿态扭着脖子回头一看，我看到那年轻外国士兵右手紧握着散发强韧光芒的刀子。我缓慢地撑起身子，重新面向在腰部小幅度地耍弄着武器的外国士兵以及在他身边僵着一张老鼠脸的女人。不论是日籍乘客或是其他的外国士兵大家都默默地注视着我们。

外国士兵慢慢地将音节切成几段且不断重复说着同一句话，而我只能听到内侧的血涌向耳朵的声音。我对他摇摇头。外国士兵焦躁地

用着极度僵硬而又明确的发音再度重复了一次,当我理解话中含义之后,由于太过急遽的恐惧而使得内脏晃动。"面向后方,面向后方。"可我能怎么办?我照着外国士兵的命令面向后方。后方宽广玻璃窗的对面,雾气像船的航迹般打着漩涡,被扇起又流走。外国士兵用清楚的声音叫着,但我听不懂。当外国士兵一再重复叫着那带有猥亵语感的俗语时,我身边的外国士兵就像发作似的激动地哄堂大笑。

(中略)

响起了急促的开门声,车掌小姐也一边发出像孩子般响亮透耳的惨叫,一边跑着逃向黑暗夜晚的雾里。我的身体保持着弯曲的姿势,听着那稚嫩高亢的叫声逐渐远去。没有任何人前去追她。

"你,够了啦!"外国士兵的女人将手放在我的背上用低沉的声音说着。

我像狗一样地摇摇头,并抬起头看着她那难堪的表情,然后又低下头继续保持和排在我前面的"羊儿们"相同的姿势。女人像是自暴自弃似的,拉着嗓门开始唱和起外国士兵的歌。

"打羊,打羊,啪啪。"

终于,司机也脱下了白色军用手套,用厌烦的表情拉下裤子,露出那浑圆肥胖的大屁股。

好几台汽车行驶过我们这台巴士的旁边。也有骑着自行车的男子边骑边窥探着被雾笼罩的玻璃窗内。那是个再平常不过的冬日深夜。只不过,我们却在这样的冷空气里暴露着光溜溜的屁股。我们好长一段时间,一直维持着那样的姿势。突然,唱累了的外国士兵们带着女人离开巴士。就像留下被狂风吹倒的裸树一般,我们这些光着屁股的人们被留置了下来。我们慢慢地把背伸直。这伴随着忍受腰痛跟背痛的努力。是那么的久,我们曾是"羊"。

(中略)

"应该去跟警察说明一下事情的经过啊!"男教员像是在对我们呼吁似的,用着比平常更高亢的声音说着。"马上就可以知道那些士兵所属的营区吧!要是警察没有任何动作,我想被害者也可以聚集起来诉诸于舆论的力量。我觉得到目前为止一定是被害者都沉默屈服,才没

让事情表面化。像这样的例子其他也有很多。"

　　男教员身边那些没受到迫害的乘客发出了一阵赞同的强力骚动。但是坐在位子上的我们依然沉默地垂着头。

　　（中略）

　　在下一个停靠站，我几乎是跑着下巴士的。在通过男教员面前的时候，我别过头，像是避免什么危险传染病似的，非得完全甩开男教员紧缠不放的视线不可。柏油路上的雾，那浑浊的空气，像是稀薄的水。我翻起外套的领子围着脖子御寒，目送巴士扬起雾气那缓缓流动的漩涡逐渐远去，升起一丝悲惨的安心感。上班族为了看清我后续的动作而用掌心拂拭玻璃，他那模样白色而模糊地浮现在巴士尾端。我，此刻感到像是至亲分离那样地动摇着，这个在相同的空气下一起暴露着屁股的伙伴，但是我对这种低贱的亲近感感到可耻，将眼光从玻璃窗移开。为了能重新站在应该在家里那温暖的起居室等待着我的母亲和妹妹们面前，我非得重新建立好自己不可。我觉得我不能让他们嗅出我那藏在体内深处的屈辱。我决心让心境像个会无意义奔跑的乐观孩子那样，我将外套紧紧地裹在身上。

　　"喂！你！"躲在我的背后的声音说着。"喂！等我一下嘛！"

　　那个声音将打算从我身上急速离去的讨厌的"被害"再次拉回到了面前。我垂丧着肩膀。那个声音是穿雨衣的男教员所发出来的这件事，我不用回头也知道。

　　"等等我嘛！"男教员为了湿润因寒冷而干涸的嘴唇伸了伸舌头，用过度温柔的声音不断重复喊着。

　　"很难从这个男的身边逃开"的预感笼罩着我，我无力地等着他接下来的话，男教员全身散发着将我整个包围的奇妙威严微笑着。

　　"你应该不打算对那件事就这么默不出声的忍下去吧？"男教员小心地说着。"虽然其他的人都靠不住，但只有你应该不会自认倒霉，会战斗下去吧！"

　　"战斗？"我吃了一惊，看着男教员的脸，那薄皮肤下隐藏着正开始再度燃烧的情念。那个样子一半抚慰了我，一半强制着我。

　　"我会协助你的战斗的！"男教员更进一步地说。"我愿意到任何

地方作证。"

当我暧昧地摇头拒绝他的请求，打算继续往前走的时候，男教员从我的右侧伸入他那充满鼓舞的手腕。

"去跟警察说说吧！不要太迟比较好。派出所就在前方，不远。"

（中略）

当中年警官跟着年轻警官进来的时候，我揉着眼睛努力让自己从发困的状态中脱身而出。接下来他用那弹性疲乏又下垂的头部面对着我跟男教员，请我们就座。

我无视于他的提议而没坐下。男教员原本坐了下去，但像是为了监视我似的，急忙地又从椅子上站了起来。警官们一入座，立刻散发出审问的氛围。

"听说你被军营的士兵揍了？"中年警官说道。

"没有，揍是没被揍，"缩着被皮衣男揍过带着黑青色瘀痕的下颚，教员这么说着，"是更恶质的暴行！"

"这是怎么回事？"中年警官说，"你所谓的暴行是？"

男教员用鼓舞的眼神看着我，我沉默着。

"啊？"

"喝醉酒的外国士兵在巴士里，逼着这些人脱裤子。"男教员加重语气地说

"而且对着赤裸的屁股……"

羞耻像热病发作似的动摇着我。我紧握着外套口袋里开始发颤的手指。

（中略）

我低着头打算离开派出所，男教员转向我，两脚扎实地踩着挡住我的去路。

"喂！你啊！"他用诉求般的迫切声音说着。"一定得有一个人，为这件事牺牲的！也许你想要保持沉默忘掉它，但请你下定决心担任这个牺牲的角色吧！请当那牺牲的羊吧！"

"当羊？！"我被男教员激怒了，但他仍是积极地窥视着我的眼睛。然后露出恳求似的善良表情。我则更加顽强地紧闭着嘴。

"你一直保持沉默，那我就没立场了啊！喂！到底是怎么了？"

"要不要明天再过来？"中年警官看着相互干瞪着眼而不发一语的我们，站了起来。"请你们两个好好商量之后再过来。不过就算这么做，也不知道是不是就能够起诉兵营队的士兵就是了。"

男教员不服警官的说法似乎又说了些什么，但警官将厚实的手掌放在我和男教员的肩膀上，像送别亲昵的客人般地把我们往外推。

"明天也不至于太晚嘛！届时请准备的周严一些。"

"我今晚……"男教员慌忙地说。

"今天晚上不是已经听你把话说了一遍了。"警官发出稍带着情绪的声音。"而且被害者本人也不打算提告不是吗？"

我跟男教员走出了派出所。派出所散发出来的光被变浓带着光泽的雾窄窄地包围着。

"你打算自认倒霉吗？"男教员悔恨地说。

我默默地走入雾笼罩范围之外的冰冷暗夜。我既筋疲力尽又困。我应该会回到家跟妹妹们默默地吃着迟了的晚餐，像要把自己的屈辱埋入胸口似的，弓着背盖上棉被睡觉吧！然后黎明时分，应该会稍稍回复吧……

但是，男教员不放过我，紧跟了过来。我加快脚步。男教员充满力道的鞋子声紧跟在我背后，也跟着加快。我回头，跟男教员对峙了一会儿。男教员的眼神激动而焦躁。雾粒沾上他的眉毛发亮着。

"你为什么在警察那里默不作声？为什么不告发那些外国士兵？"男教员说。"你能够保持沉默忘掉这件事吗？"

我将眼光从男教员身上移开，往前快步走了出去。我决定无视于跟在我背后的男教员。

我连拍掉让脸冻僵的雾粒都不拍地直走着。柏油路两侧的所有商家都已经关上灯紧闭门户。只有我跟男教员的鞋子声音在被雾笼罩的无人街道上回响着。当我为了进入我家巷子而离开柏油路的时候，我快速地回头看了一下男教员。

"如果打算默不作声永远隐瞒自己遭受的屈辱的话，你就太卑鄙了！"男教员像是等我回头似的说着。"你那种态度等于已经完全屈服

于外国兵了。"

我像是要夸示没有意愿听男教员的话似的跑入巷子，但是男教员快步跟在我的背后。或许他打算登门入室，彻底弄清楚我的名字也说不定。我斜眼看了一下自家门前玄关的灯光，就这么走过。转过巷子尽头，再度走出柏油路时，男教员也跟着放慢脚步跟着我。

"就算只有你的名字跟地址都好，告诉我吧！"教员从背后对我喊着。"因为之后会跟你联络今后的战斗方针。"

我被焦躁跟愤怒袭击。但是我能怎么办。我外套的肩膀部分沾上雾气而变得沉重，冰冷地碰着我的脖子后面。一边打着哆嗦，我一边默默地走着，好长一段时间我们就这样走着。

来到市街的繁华区附近，可以看到街上的娼妓像从暗处伸出脖子的野兽般等待着我们。我为了避开街上的娼妓而走入车道，就这样穿越车道走上对面的人行步道。好冷，不知道该怎么处理下腹部急遽的囤积物。迟疑了一会儿之后，我对着水泥墙的角落撒尿。男教员跟我并排站着，他自己一边撒尿，一边对着我喊。

"喂！名字就好了告诉我吧！我们不能把那件事就这样置之不理。"

隔着雾，街上的娼妓注视着我们俩。我扣上外套的纽扣，默默地往回走着。当男教员跟我并排站着的时候，娼妓对着我们抛出几句简洁又猥亵的话。被雾刺激的鼻内粘膜发疼，全身发冷。我因为疲劳跟寒冷而感到意志消沉。小腿肌肉僵硬，鞋子里肿胀的脚也发疼着。

就算是去质问教员或是跟他比腕力，我也非得拒绝他那毫无道理的跟踪。但是，我像哑巴一样失去了语音，又疲惫不堪。只能对一起并排走着的男教员感到绝望的愤怒。

当我们再次经过通往我家的巷子，夜已完全深沉。我迫切地希望能趴倒在棉被上尽情睡去。虽然我又走过了巷子口，但是我已经无法忍受走离它太远。突然涌上的情绪，紧紧地抓住了我。

我紧咬双唇，出其不意地推了男教员一把，跑进又暗又细的巷子。两侧围篱里狗儿狂吠着。我喘着气，突着下巴，从喉咙里发出悲鸣似的声音不停地跑着。虽然侧腹部开始发疼，但我压着它继续跑着。

然而，在雾气被街灯照得微微发亮的巷子转角，我被从后面而来

的壮硕臂膀抓住肩头。像是要将我抱入怀里似的,男教员将身体靠了过来喘着大气。而我也将融入白色雾里的呼吸由张开的嘴巴和鼻孔中吐出。

"今晚会一直被这个男人缠着,一直走在这寒冷的街道上吧!"我疲惫不堪地想着,身体充满了沉重的无力感,藏在身体底部那焦躁的悲哀扩散开来。我挤出最后的力气,把男教员的手腕甩掉。但是男教员壮硕庞大的身体耸立在我的面前,不接受我想要逃走的意志。我就这样跟男教员互相瞪着,感到无比绝望。不知道到底要怎么做才能不让败北感以及悲哀显露在表情上。

"你这家伙!"男教员发出因为疲劳而干哑的声音。"你无论如何都打算隐匿你的名字是吧!"

我光是沉默地瞪着男教员就用尽了我全身的所有意志跟力量。

"老子一定会揪出你的名字!"男教员用着情绪激动而颤抖的声音说着,突然间愤怒不已的两眼眼泪满溢。"你的名字跟你所受到的屈辱我全都会让它公诸于世,然后不论是那些士兵或是你们,我一定会让你们尝到像死一般的耻辱。在搞清楚你的名字之前,我是绝对不会离开你的。"

(选自林永福、陈谕霖译:《饲育》,台北:联合文学出版社,2011年)

五、译者简介

李庆国,毕业于东北师范大学中文系,现为日本追手门学院大学教授。著有《茅盾》(合著)等。除了本书所选的《人羊》以外还翻译了大江健三郎的《饲育》《死者骄傲》等多篇作品。

陈谕霖(不详)

六、译文赏析

《人羊》发表于1958年,是大江健三郎早期创作的优秀短篇之一。

小说以第一人称叙事方式，讲述了战后初期美军占领日本期间发生在公交车上的屈辱故事：冬夜里，"我"结束了法语家庭教师工作后搭乘的末班公交车上，有一群醉醺醺的外国大兵和一个年轻的日本女子。就在女子充满醉意的挑逗令"我"深感羞辱时，车身一晃，坐在"我"身边的女子不意摔倒，那群外国大兵却迁怒于"我"，强迫"我"脱下裤子，撅起屁股，任由那些外国大兵合着童谣的节奏一下下地拍打。外国大兵玩得兴起，最后，包括司机在内的很多乘客都被迫充当了"人羊"，直至他们玩够后带着那个日本女子扬长而去。此间车上的乘客无一反抗，而他们下车后，一些没被当成"人羊"的乘客却积极鼓动"我"们去告发那些外国大兵，其中的一个教师甚至把"我"拉去派出所，怎奈警察也不愿受理这种敏感事件。可那个教师却仍不依不饶，对"我"纠缠不休，声言"我要把你的名字，还有你受到的屈辱，都公开出来。并且，要让那些士兵，让你们这些人都无地自容。不把你的名字搞清楚，我决不离开你！"整篇小说色调灰暗，情节扭曲，又在这里戛然而止，令读者心中块垒挥之不去。说实话，读这样的作品，想必是生不出什么阅读快感的，但也正因如此，也留给我们无限的想象空间和思考空间。

1945年二战结束后，日本由一个给亚洲人民带来了深重灾难的军国主义国家，变为一个要臣服于美军占领的战败国，这种残酷的现实和巨大的落差，使日本国民在精神上遇到了史无前例的挑战，战败的耻辱感和美军占领的压抑感，无时无刻不支配着日本人的日常生活。《人羊》就非常感性地再现了这一特殊历史时期的现实。作品饱含人道主义思想，在对现实进行深刻揭露的同时，还通过刻画日本民众心中遗留的奴性变态心理，深刻嘲讽了日本人的人性弱点，表现出对日本国民性的深邃思考。作者大胆运用了西方现代主义特别是存在主义文学象征、隐喻等艺术手法，和大大不同于传统日语的大江式"翻译调"语言，淋漓尽致地表现了战后"监禁状态"下日本人无奈、孤独、绝望的生存状态，充满了艺术张力。

之所以在此要对所选作家、作品进行一些介绍，是因为我们希望大家知道，文学作品的翻译不同于一般的"任务"翻译，如果缺乏对

作家作品的背景了解，不仅很难让译文读者领略原文作品的文学之美、了解原文作品的风貌，也很难把握译文的整体风格是否与原作相符合、是否准确传递了原文作品的意蕴表达、语言特色等，当然也更无从判断译文质量的高下。所以，在正式进入翻译文本之前，搞清楚原文作品的感情基调，对原文的作品情绪、作家情感以及语言特色有准确的把握，是完成高质量译文的第一步，不可忽视，不容偷懒。

同时，对译文文本成立的背景了解，同样是进行翻译欣赏和翻译研究时不可或缺的重要因素。谁、在什么时候、为了什么翻译了这部作品，这些对我们深入了解下一步——即怎么翻译了这部作品——是很有帮助的。在此，作为探讨对象的译文文本有两种，一个来自中国大陆，使用的是简体字；一个来自中国台湾，使用的是繁体字。这两种译本均为大江健三郎获得诺贝尔文学奖后所译，前者收入《人羊——大江健三郎作品集》，由浙江文艺出版社于2000年元月出版；后者收入作品集《饲育》，于2011年由台湾联合文学出版社股份有限公司出版。

大江获诺贝尔奖后，中国为尽快弥补此前中国文学界及外国文学研究界对大江未予关注的缺憾，也为向中国读者尽快介绍世界级文学成就，火速组织人马，仅用半年多时间，就由光明日报出版社首次推出了五卷本《大江健三郎作品集》，大陆简体字版首个《人羊》译本就收录于这套作品集的中短篇小说集《死者的奢华》中。可能正是因为时间紧迫，仓促上阵，译文中误译较多，不下十几处，所幸此后《人羊》再次收入其他作品集时，译者做了适当的修订，多少弥补了一些缺憾，但仍存在不少误译。我们这里探讨的大陆简体字译本就是经过五年沉淀后译者重新修订的译本。相形之下，收录于大江中短篇作品集的台湾繁体字版《人羊》是初译还是重译、译者是否做过修订等信息都无从得知，但不拘怎样，这一译本从出版时间上讲比大陆简体字译本从容了许多。大江获奖后的十几年间，中国台湾地区对日本现当代文学特别是纯文学的持续关注，在这部作品集的出版上得到了印证。同样，也可能正是因为时间宽绰和字句翻译均极度忠实原文的缘故，误译要少得多。

下面，我们就从文学翻译中经常遇到的两个问题入手，具体探讨

一下翻译实践中的处理和应对。

一、关于误译

翻译需要对两种语言都要有很强的把握，所谓"强"，准确应该是首当其冲的。"信、达、雅"的翻译标准尽人皆知，也是把"信"即传达准确放在了首位。

先说词汇的层面。日语中有很多词是使用汉字作为日常表记方式的，这对于中国人来说，的确是比较便于学习和理解的有利条件。但另一方面，这也大大增加了中国人阅读日语时犯下望文生义毛病的几率。下面的两个例子，就很能说明这个问题。

小说开头一段的第二句话"家庭教師に使ったフランス語の初等文典を外套のポケットに押しいれて"中"フランス語の初等文典"这个词，在译文1中被译成了"法语语法初级教材"，在译文2中，被译成了"法语初级字典"。"文典"，在《广辞苑》中的解释为："文法説明した書物"，应译为"语法书"。显然，译文1虽然不十分准确，但不离大谱，而译文2译成"字典"，则是有望文生义之嫌了。再如，"今夜は一通り話を聞いたじゃないか、と警官はやや感情的な声を出した。それに直接の被害者は訴える気持を持ってないんだろ？"中"感情的な"一词，本意为"理性を失って感情に片寄るさま"（失去理性，感情用事），有时候确实可以像译文1那样译成"有点儿动感情地"，但在这部作品中，如果多考虑一下文脉，就会发现，"じゃないか""ないんだろ？"这两句话的句尾所提示的，是警察有些不耐烦的心态，所以，译文2的"发出稍带着情绪的声音"就准确多了。

其实，避免词汇层面的误译应该相对比较容易，只消多查辞典即可，而遇到"感情的な"之类词义暧昧的词汇时，可以联系上下文，将一个词置于文脉中去理解，就比较容易把握了。

再看语法、句法的层面。相比词汇而言，对原文句子的把握，会直接影响到对作品的理解，所以，更需要谨而又慎地认真对待。日语是黏着语，助词是把握句意的关键因素之一，要加以特别的留意。而日语中也经常会省略掉主语或人称代词，就更是不能掉以轻心。还是

看例子。

例 1：他の兵隊たちにはやしたてられながら、女の木ぎれのように艶のない耳へ熱心にささやいていた。……（中略）急にけたたましい声で笑うと、女が外国兵の膝から立上がり、彼らに罵りの言葉をあびせながら、倒れるように僕の肩によりかかって来た。

译文 1：他一会儿和旁边的士兵大声争吵着什么，一会儿又凑在女人那枯树枝般没有光泽的耳朵边热心地嘁嘁喳喳地说着什么。……（中略）忽然，耳边又响起了一阵喧闹的笑声。那个女人从外国兵的膝盖上直起身来，在他们的叫骂中像要摔倒了似地倚在我的肩上。

译文 2：在其他的军人不断的鼓噪下，积极地在女人那木片般毫无光泽的耳边碎语着。……（中略）陡然的发出一阵尖锐笑声后，女人从外国士兵的膝上站了起来，一边对着外国士兵们叫骂，一边像要倒下似地靠到我的肩膀。

首先，"他の兵隊たちにはやしたてられながら"这句话中，有两个点需要注意，一个是"はやしたてられ"，一个是"ながら"。"はやしたてられ"是被动句，意为"被喝彩、被欢呼或被嘲笑、被起哄"，而"ながら"是表示两个动作同时进行的句型，其中后面的动作是主动作，前面的动作是辅动作，通常可译成"一边……一边……"或者"（动作 1）着（动作 2）"。这样看来，译文 1 中的"他一会儿和旁边的士兵大声争吵着什么，一会儿又……"就存在着对原文理解有误的问题了——一来不是"和……争吵"的意思，二来"ながら"前后的两样事不是"一会儿……一会儿……"的关系。而译文 2 译成"在其他的军人不断的鼓噪下"，既巧妙地照顾了这种情况下汉语不好使用"被"字的语言表达习惯，又兼顾了"ながら"隐含的前后动作之间的主次关系。

其次，在"女が外国兵の膝から立上がり、彼らに罵りの言葉を

あびせながら"这句中，主语是"女が"，谓语动词有两个，一个是"立上がり"，一个是"あびせる"，而"彼らに"是"あびせる"的对象，所以，后半句的准确意思应该是译文 2 所提示的"对着外国士兵们叫骂"，而不是译文 1 所说的"在他们的叫骂中"。

这样，如果没有原文对照而只读译文 1，读者会感到很混乱：那个膝上坐着日本女子的外国大兵和同行的其他大兵争吵着，又对这个日本女子纠缠不休，那么同行的那些人"大声笑着哄着"是为什么？可是年轻女子从那个外国大兵膝上站起来，又是"在他们的叫骂中"，这又怎么解释？于是，"人羊事件"缘起这一段人物之间的关系、人物的心理也就无法理解了。而且稍嫌遗憾的是，这一误译在 1995 年首译之初未能避免，而在 2000 年修订时也未能避免。反过来，读译文 2，情节发展就很清晰：那个膝上坐着日本女子的外国大兵在同行的其他大兵的起哄声中，对大兵的纠缠越发心生厌烦，拒绝、躲避无效后，"站了起来"，并对着他们"叫骂"。

> 例 2：中年の警官は若い警官につづいて入って来る時、眼をこすりつけて眠りから脱け出る努力をしていた。
>
> 译文 1：中年警官随着年轻的警官走进来时，还揉着惺忪的睡眼，做出努力从睡梦中醒过来的样子。
>
> 译文 2：当中年警官跟着年轻警官进来的时候，我揉着眼睛努力让自己从发困的状态中脱身而出。

这句话的主语很明显，是"中年の警官"。提示主语的"は"携带的动作一是"若い警官につづいて入って来る"，一是"眼をこすりつけて"，一是"努力をしていた"，前半句亦即状语从句中的主语，与后半句亦即主句的主语是同一的。所以，译文 2 处理成"中年警官跟着年轻警官进来""我揉着眼睛……"是不对的，而译文 1 的处理则准确、精当。

> 例 3：そうしたところで、キャンプの兵隊を起訴することになるかどうかはわからないけれどね……（中略）明日でも

327

　　　　　遅くないだろう？その時には、もっと用意をととのえて
　　　　　おいてもらう。
　　译文 1：再来时，没准可以去起诉兵营的外国兵，可……（中略）
　　　　　那时候，<u>你们</u>可以准备得更充分<u>一</u>些。
　　译文 1—1'：那时候，<u>你们</u>是否起诉兵营的外国兵<u>我</u>就不清楚了，
　　　　　　　可是……（中略）那时候，<u>我们</u>准备得更充分<u>些</u>。
　　译文 2：不过就算这么做，也不知道是不是就能够起诉兵营队的
　　　　　士兵就是了。……（中略）届时请准备的周严<u>一</u>些。

　　在此需要首先说明的是，译文 1-1' 是同一译者 1995 年首译《人羊》时的译本，在此提及，是为了和 2000 年经过修订的译本进行一下比对说明。1995 年的译本中，对这两处没有人称代词的句子都加上了人称代词，前一句的"你们"和"我"其实加得很好，符合汉语表达习惯，与原文语义也很贴近，但不知何故（或许是出于对 1995 年译本的不自信？），在 2000 年的译本中都被译者删除了。而 1995 年译本中后一句的"我们"显然是加错了，因为"～てもらう"是请求对方为自己做某事时使用的句型，可以理解为是"～てくれる"的另一侧面，译者后来也显然是意识到了这处人称代词的添加有错误，所以才会在 2000 年的译本中加以订正，将"我们"改成了"你们"，很是及时。可见，人称代词是日译汉过程中经常困扰译者的一个<u>重要问题</u>，日文原文中没有的要不要加上、加上的应该是什么、加在哪里比较合适等等，不仅能反映出译者对源语即日语的理解能力，也能反映出译者对目的语即汉语的驾驭能力，而这往往需要译者反复琢磨之后才能做进一步处理。

　　综上所述，从某种意义上讲，误译也为我们提供了翻译研究的新领域，对我们重新审视两种语言的对应关系提供了可资借鉴的宝贵经验和教训，是值得我们予以更多关注的<u>重要部分</u>。译文中存在些许误译，是常理之内的事情，我们在此探讨误译的问题，绝非出于吹毛求疵的目的，而是本着科学的态度，考察文学作品日译汉的过程中，哪些问题容易发生、哪些错误可以避免以及如何避免等重要问题。只有

大大减少误译出现的概率，才能实际、有效地提升译文质量，真正做到对原文作者负责、对译文读者负责。

二、关于"归化"和"异化"

"归化"和"异化"是译者选择不同的文化立场而采取的不同的翻译策略。"归化"指坚持译文应以目的语或译文为归宿，恪守目的语读者文化的语言传统，采取目的语读者所习惯的表达方式来传达原文的内容，是一种让原文作者靠近译文读者的翻译策略；"异化"提倡译文应尽量适应源语的文化因素及原作者的语言习惯，以源语或原文作者为归宿，采取源语表达方式传达原文内容，主张译文应该反映源语民族文化特点，有传播异国文化的任务，是一种让译文读者靠近原文作者的翻译策略。"归化""异化"这对概念和"意译""直译"这对概念有相似之处，却又有所不同。后者可以理解为翻译方法论，而前者则将语言层面的问题上升到了文化、诗学乃至政治层面，属于翻译策略的范畴。我们在此选用的两种译本，也恰恰可以展现"归化"和"异化"不同风采。

还是先看词汇的翻译。原文第二自然段一开头的"車掌"，意为"列車、バスなどに乗務して、旅客、荷物の取り扱いと安全の確保を行う者"，相当于中国的乘务员或售票员。译文1就采用了中国大陆惯常使用的词汇，译作"乘务员"，是明显的"归化"；而译文2则利用日文汉字和中国汉字在某种程度上的相通之便，直接采用了"车掌"二字，则应该算是"异化"了。之所以这里说"应该算是"，是因为台湾有过长达五十年的日本殖民地历史，很多日语词汇已经作为台湾人的日常词汇在生活中使用，"车掌"便是其一，其他我们所熟知的还有"便当"（盒饭之意）、"无料"（免费之意）等等不胜枚举，可以视为从日语引进的外来词。既便如此，由于它极大程度地传达了日语原文的异质因素，故而应该算是"异化"。再如"僕は彼女たちから、僕の躰の奥の屈辱をかぎとられてはならない、と考えた"中的"かぎとられて"一词虽为被动形态，但其基本型的"嗅ぎ取る"原意就是"においから何物かを知る"，可以转而指"何か変わったことや秘密などをその場の気配から察知する"（根据样子、气氛等，察知某些不寻常

的事或秘密)之意。译文1将其译为"不能让在温暖的客厅里正等着我的母亲和妹妹<u>觉察出</u>我潜藏在内心深处的屈辱",是采用了其转义后的意思,并无大碍,而译文2则直接译成了"我不能让他们<u>嗅出</u>我那藏在体内深处的屈辱",更能让读者体会到原文作者的文采,是明显的"异化",相形之下,"归化"之下译出的"觉察出"则显得平淡无奇,缺乏文学语言的韵味。

再看句子。在两个译本中,能体现"归化"和"异化"两种不同翻译策略的句例更是比比皆是。

例1:日本人の乗客たちは両側の窓にそった長い座席に坐って兵隊たちの騒ぎから眼をそむけていた。
译文1:坐在车厢两侧窗边长椅上的日本乘客都从吵闹的士兵那里移开了视线。
译文2:日籍的乘客们坐在靠着两侧窗户的长条座椅上,将眼光背向军人们的骚动。

例2:僕は狼狽しきって、外国兵の逞しい首の揺れ動きや、喉の皮膚の突然のふくらみを見まもっていた。
译文1:我狼狈不堪,只是看着外国兵那晃动的坚硬脖颈和鼓胀的喉结。
译文2:我狼狈不堪地,望着外国士兵壮硕脖子的摇晃以及喉咙部分皮肤突然的隆起。

例3:嵐が倒れた裸木を残すように、僕ら、尻を剥きだした者たちを置きざりにして。僕らはゆっくり背を伸ばした。それは腰と背の痛みに耐える努力をともなっていた。
译文1:撇下了我们这些撅着屁股的人们,就像风暴过后残留在荒野上那些被吹倒的光秃秃的树。我们缓慢地直起身来,忍着腰和后背的疼痛。
译文2:就像留下被狂风吹倒的裸树一般,我们这些光着屁股的人们被留置了下来。我们慢慢地把背伸直。这伴随着忍

受腰痛跟背痛的努力。
例4：その声が、僕から急速に去って行こうとしていた厭わしい「被害」を再び正面までひき戻した。
译文1：那个声音又返了回来，我又面对着那已经迅速离我远去了的讨厌的"受害者"。
译文2：那个声音将打算从我的身上急速离去的讨厌的"被害"再次拉回到了面前。
例5：急に湧きあふれる情念が僕をぐいぐいとらえた。
译文1：这念头忽然涌上来不断地占据了我的脑海。
译文2：突然涌上的情绪，紧紧地抓住了我。

　　从上面几个例子中可以看出，译文1为了让译文更符合汉语的表达习惯，而适当调整了语序，也进行了适当的拆句、并句，属于"归化"；而译文2完全遵从了日语原文的语序，保留了日语原文的表达方式而未加任何调整，所以才会出现例1中"将眼光背向……"、例2中"望着……脖子的摇晃"、例3中"把背伸直""伴随着忍受腰痛跟背痛的努力"等我们感觉很不适应的汉语表达，是典型的"异化"句例。还有更加"极端"的例子。

例6：僕はゆっくり自分の中へ閉じこもった。
译文1：渐渐地我又陷入了自己的世界里。
译文2：我慢慢地关在自己里头。
例7：家の暖かい居間で僕を待っているはずの母親や妹たちの前へ帰って行くために僕は自分をたてなおさなければならなかった。
译文1：不能让在温暖的客厅里正等着我的母亲和妹妹觉察出我潜藏在内心深处的屈辱，我必须打起精神来。
译文2：为了能重新站在应该在家里那温暖的起居室等待着我的母亲和妹妹们面前，我非得重新建立好自己不可。
例8：君が黙っているんじゃ、僕の立場がないよ。ねえ、どう

したんだ。

译文1：你不要不吭声，这不是给我出难题吗？喂，你怎么了？

译文2：你一直保持沉默，那我就没立场了啊！喂！到底是怎么了？

看到上面几个例子，我们通常会认为译文1译得好，既没有偏离原文的意思，又有译者的"二次创作"，读者不会感到异样。而看到译文2的处理时，中国大陆读者可能会哑然失笑——什么叫"关在自己里头""非得重新建立好自己不可""那我就没立场了"？这种太过"直译"的译法虽然最大限度地保留了日语原文的风貌，但距离汉语的表达习惯实在是相去太远。但从另一个角度来看，译文2的译者一定是出于"异化"的翻译策略，一心让读者领略日语原文的原汁原味和原文作者的异常写作手法，才采用这种"直译"的翻译方法的。从这个意义上讲，译文2虽然作为汉语表达很蹩脚，却也不妨说，它正因如此才达到了"异化"翻译策略的终极目的。

然而，即便是如此"坚定"的"异化"主义者，在译文2中，也还是采取了一个非常"归化"的做法，那就是将原文中未加引号的对话部分全部一一加上了引号。大江有很多小说都是对人物对话不加引号的，他自己也曾言及，有人批评他小说中的对话部分毫无生机、缺乏生活感，至少从对话上很难体现人物的性格特征。《人羊》这篇作品其实也有类似的问题，加之作品是第一人称叙事，叙述文和会话文的界限有时需要特别进行甄别。对此，以"归化"策略一以贯之的译文1，反倒"异化"地遵循了原文没有引号的做法，读来同读日语原文时一样，有时要停下来琢磨一下，这句话是人物的对话，还是人物的心理活动描写。而译文2却仔细地为每一处对话加上了引号（尽管漏加了一处对话），让读者不用再费思量。

还有一个例子也很值得我们思考。

例9：しかしどうすることができよう、僕は外国兵の命令にしたがってうしろを向いた。

（中略）

> 僕は苛だちと怒りにおそわれた。しかし僕にどうする
> ことができよう。

译文1：我无可奈何，按照外国兵的命令朝后转过身。
　　（中略）
　　我被愤怒和烦躁一股脑儿罩住了，不知如何是好。
译文2：可我能怎么办？我照着外国士兵的命令面向后方。
　　（中略）
　　我被焦躁跟愤怒袭击。但是我能怎么办？

　　在原文作品中，先后共出现了两次"どうすることができよう"这句话，一处是在外国大兵命令下脱去裤子之前，一处是那个教师死缠烂打、非要"我"告诉他姓名地址时，都表现了"我"的无奈、无力、无助——这其实也是大江这一阶段的小说作品的大主题。译文1采用了"意译"的方法，且可能为了避免重复，而特意用了"无可奈何"和"不知如何是好"两个不同的说法，仍属"归化"，原本也无可厚非，但我个人认为，如果考虑到日语中也有其他表达同一意思的不同说法、而原文作者又特意重复使用了同一说法来表达无奈、无力、无助的意图，译文2这种"异化"的处理便显得更好些了。因为通过这种重复，读者对"我"在强权、强势者面前的那种无能为力会印象更深，更有助于理解原作的情绪和原文作者的情感。

　　由此可见，译文1采取的是"归化"的翻译策略，却也夹杂着些许"异化"的因素；而译文2采取的是"异化"的翻译策略，但也并未排斥大胆的"归化"做法。而在两种不同的翻译策略之下采用的或"意译"或"直译"的翻译手法，其最终目的都是为了更好地传递、表达原作的思想内容和文体风格。我想，我们不必在此争论哪一种翻译策略在上、哪一种翻译手法在下，因为"归化"更利于消除语言及文化障碍，而"异化"更利于语言及文化的"传真"。只要能达到让译文读者体会原文作者意图的目的，只要译文读者能从译者的目的语中体会到原文作品的文体及语言特色，那么都可以说达到了文学翻译的目的。

不同译本之间进行比较之后，我们总是喜欢下一个结论，这个好、那个不好。其实，这也涉及到了接受美学的问题。文学翻译活动并不是原文作者和原文作品的独白，而是译者带着期待视野与原文作者和作品进行对话和交流后，又与译文读者产生视野融合的过程。在这个过程中，译者还需要考虑与译文读者的关系。毕竟，译文最终是要交予读者阅读的。中国大陆的文学翻译除了五四运动后十余年间以"异化""直译"为重外，可以说一直都是以"归化""意译"为主流的，所以译文1选择"归化"策略便在情理之中。而台湾虽然也属于大陆文化圈，但漫长的日本殖民历史使得台湾懂日语的人不在少数，即便是不懂日语的台湾人对日语也并不陌生，如果再联系村上春树文学的台湾译者赖明珠也同样采用"异化"策略而读者甚众的情况来考虑的话，我们对译文2选择"异化"策略的原因也便可以多一层理解了。

正如远有"信、达、雅"哪样更重要的争论，近有村上春树文学汉译中"林译"和"赖译"孰优孰劣之争一样，对文学翻译的高低判断似乎永远都是"无头案"。我也还是坚持认为，如果我们能够在进行文学翻译的过程中准确无误地传达了原文作者的意图，既能再现原作的文学风貌，又能符合译文读者的阅读习惯，那便是再成功不过的翻译了。

（王新新）

七、翻译理论学习

文学翻译者的素质

文学翻译是一种富于创造性的，高度复杂的艺术形式，它要求译者准确地理解作为艺术品的原作，并创造出同为艺术品的译作。这项工作对译者的职业道德、语言资质、文学修养、艺术感悟和知识面等方面有极高的要求。正如著名翻译家傅雷在《论文学翻译书》中所说："一个成功的译者除钻研外文外，中文亦不可忽视……译事虽近舌人，要以艺术修养为根本：无敏感之心灵，无热烈之同情，无适当之

鉴赏能力，无相当之社会经验，无充分之常识（即所谓杂学），势难彻底理解原著作，即或理解，亦未必能深切领悟。"因此，文学翻译者基本素质的培养是从事文学翻译必须进行的一项长期的准备工作。

(一) 职业道德

职业道德是从事任何职业所必须的基本素质，文学翻译尤其如此。因为译作通常是给不懂外语的读者阅读的，读者对译作质量的信任完全建立在对译者职业道德信任的基础上。因此，文学翻译者首先必须具备良好的职业道德。文学翻译的职业道德包括：对待文学翻译正确的态度、严谨的作风、坚韧的精神和追求完美的品质。正确的态度，指对待文学翻译的心态要正确，以追求艺术之美的态度，而不是用急功近利的心态对待翻译。严谨的作风，指翻译的过程中要力求精确，来不得半点马虎；牢记"失之毫厘、谬以千里"的警示。坚韧的精神，指在翻译中遭遇瓶颈时，能直面困难迎头而上，而不是绕道而行，投机取巧。追求完美的品质，指译者应不断积累经验，不断学习，力求精益求精。

在职业道德方面，老一辈的翻译家为我们树立了许多典范，严复曾为一名之立（翻译一个名词）而"旬月踟蹰"。傅雷的翻译也极为严谨，往往准备工作就要花费数月之久；为了保证译著质量，翻译的速度极为缓慢："初稿每天译千字上下，第二次修改（初稿誊清后），一天也只能改三千余字，几等重译。……改稿誊清后，还得再改一次。"[①]著名作家巴金也曾进行过文学翻译。《翻译名家研究》中对巴金的翻译态度和作风有一段细致的描述：

> 巴金不是为名利而从事翻译，他是为他的读者翻译的。所以他在翻译时，首先关注的是社会效益，希望他的译作成为攻击腐朽的旧社会的武器，希望他的译作被大多数人阅读，并带给他们反抗封建专制的勇气和信心。他的译文语言也是人民大众喜闻乐见的清新地道的汉语。对待翻译，他的态度极为认

---

① 傅雷：《傅雷谈翻译》，辽宁教育出版社2005年版，第64页。

真。为了翻译的正确性,他经常找几种版本或译本对照着翻译或挑选较好的版本进行翻译。他的许多作品都是这么翻译的。……为了给读者一个更好的译本,他还不辞辛苦地做重译的工作。为了指导读者正确理解他翻译的作品,他总是不厌其烦地写前言、后记,把作者的生平、思想及他人对其人其作品的较为全面的评价附在里面。总之,他力求拿出符合社会要求和读者需要的优秀译作,体现出了一个翻译家应有的对读者的高度责任感。[①]

(二)语言资质

不言而喻,扎实的双语语言功底、熟练的语言驾驭能力、高屋建瓴的语言视野,这是作为优秀译者的必备语言资质。扎实的语言功底主要指翻译者要熟练掌握源语和译入语的语言规范,不仅要善于书面表达,还要熟悉口头表达,熟悉具体的语言环境与语言运用。熟练的语言驾驭能力主要指译者在语言的词汇、语法、语义和语用层面上的驾驭能力,凭借字、词、句和语篇等具体的语言要素得以实现。

语言资质还包括译者的语言视野。如果译者只停留在字、词、句、语篇等层面,那就谈不上具备高屋建瓴的语言视野了。译者要认清语言与个人的内外部因素,比如语言与思维、语言与情绪、语言与感知之间的微妙关系;同时还要清楚语言与社会的相互关系,比如语言与方言、语言与语言政策、语言与语言接触等关系。例如,高尔基的《海燕》有许多中译本,其中流传最广、影响最大的当属戈宝权的译本。戈宝权对这个不足千字的文章五次修订重译,对词序、选词、标点等反复研究、精心锤炼,力求语言上的完美,译者还考虑了作者风格、社会环境等语篇内外因素,以及译文在读者中可能产生的影响。这些都反映了优秀的译者所要具备的语言资质。

(三)文学修养

文学翻译的译者应当具备良好的文学修养,即要有丰富的文学

---

① 郭著章:《翻译名家研究》,武汉:湖北教育出版社 2005 年版,第 273-274 页。

知识、较高的文学造诣、了解相关文学理论。文学翻译的对象是文学作品，这就需要译者首先具有丰富的文学知识，能够把握相关文学作品的文学鉴赏，掌握各类文学文体，熟悉不同的行文风格，对作家有深入了解。对作家的要求是"写什么像什么"，对译者的要求则是"译什么像什么"。

林语堂是一位著名学者、翻译家，一生致力于用中文和英文进行写作和翻译，著译颇丰。他对东西方文化的了解都十分透彻，中英文造诣深厚。关于林语堂，他的中文"补课"的故事可以给我们学习翻译的人许多启示。林语堂从小学到大学都就读于教会学校，其英文造诣和对西方文化的了解便是由此培养出来的。不过，十几年的教会学校学习导致他国文荒废。到清华大学以后，他便开始了漫长的"补课"历程，研读许多古文作品和国学经典，广泛阅读文史类、语言类书籍，最终在古典文学名著英译上获得巨大成就。

缺乏文学修养的人做文学翻译，这是不可想象的。像林语堂一样，著名的文学翻译家都有深厚的文学造诣，他们都熟识国学和西方文化，学识渊博，著作文风严谨，译作自然。要培养文学修养，就要向他们学习，博览群书，用心学习，毕生学习。

（四）艺术感悟能力

译者要具备良好的感悟能力，即丰富的生活经验和高度的艺术修养所培养出的创造性思维和灵感，丰富的生活经历加之高度的艺术修养才会促使佳作问世。文学译者若没有相当的生活经验和艺术修养，就难以对作者感同身受，没有情感共鸣，自然也无法完美地在译文中再现原文的神韵。正如郭沫若在《论文学翻译工作》中所说，翻译是一种创造性工作，有时候翻译比创作还要困难，创作要有生活体验，翻译却要体验别人所体验的生活。[①]傅雷全部译作有34部，其中巴尔扎克的作品占15部之多。他对选择译什么是有原则的。他在《翻译经验点滴》中说："从文学的类别来说，译书时要认清自己的所短

---

① 《翻译通讯》编辑部编：《翻译研究论文集》（1949-1983），北京：外语教学与研究出版社1984年版，第13页。

所长，不善于说理的人不必勉强译理论书，不会作诗的人千万不要译诗……从文学的派别来说，我们得弄清自己最适宜于哪一派：浪漫派还是古典派？写实派还是现代派？每一派中又是哪几个作家？同一作家又是哪几部作品？……"①傅雷与巴尔扎克性情相近、对文学看法一致、工作习惯相似、日常生活言行接近，而且其留法经历使他对巴黎十分熟悉，所以他翻译巴尔扎克的作品时能做到得心应手、神似至极。

傅雷在《翻译经验点滴》中还说到："文学家是解剖社会的医生，挖掘灵魂的探险家，悲天悯人的宗教家，热情如沸的革命家；所以要做他的代言人，也得像宗教家一般的虔诚，像科学家一般的精密，像革命志士一般的刻苦顽强。"②这段话形象地指出了译者与作者的关系，与郭沫若所言异曲同工。

（五）"杂家"功夫

如果说有些职业需要"杂家"，那么翻译便首当其冲。译者需精通至少两门语言，不仅如此，译者还需是语言外的"杂家"。吕叔湘在《翻译工作和杂学》一文中列举了许多例子来说明译者必须具备各种各样的"杂学"。③因为所译内容是杂七杂八、各行各业的，若不了解便极易出现误译。不过，现在翻译行业已经开始出现行业分工，即每个译者专译一个或几个领域的内容。如此，各领域的译者需了解相关领域的事情。这使得翻译越来越准确、整体质量不断提高。作为文学译者，对于包罗万象的文学，虽无法像学习理工、法哲、财经、政史一般相对专业、精确地把握知识，但也要有所了解。文学的内容也十分庞杂，涉及上述学科以及国学、西学、古文、美学、宗教、建筑、军事、海洋、考古、服饰、戏剧、书法、音体美等等。也就是说，作为文学译者，除了语言学和文学外，还需要积累多方面的知识，力求做"杂家"。

译者需是"杂家"，支持此观点的还有思果借用陆游《示子遹》中的一句诗而提出的"（汝果欲学诗，）功夫在诗外"，意为学翻译

---

① 郭著章：《翻译名家研究》，武汉：湖北教育出版社 2005 年版，第 329 页。
② 郭著章：《翻译名家研究》，武汉：湖北教育出版社 2005 年版，第 338 页。
③ 巴金等著，王寿兰编：《当代文学翻译百家谈》，北京：北京大学出版社 1989 年版，第 149-153 页。

和做诗一样,功夫在翻译外。强调了做翻译不仅需要语言和文学功底,其他学科的修养同样重要。我们可以将思果的意思表述为"(汝果欲学译,)功夫在译外"。这里摘录思果的原文两段:

  我今天要力言的是,翻译并不是学了翻译就会的。有很多东西要学,要知道。如果不在基本上下功夫,如中西书读得多,读得通,文笔好,仅仅研究译学,恐怕此路不通。走也走不了多远。译当然可以译,乱译也行,不过这种译文若是给名家看到,里面的毛病就很多了。也永远不能译得出人头地。译文要叫别人看了心悦诚服,拿来欣赏,不容易。
  我得顺便补充一句,有些学者中外文都好,可是不懂翻译,他们不能翻译,说的关于翻译的话未必中肯。不用心苦译几十上百万字,一面译,一面研究,一面观察比较,即使中外文都好,也无济于事。不过翻译还可以学,若是中外文根底差,没有写作能力,即使译几十年,也译不好。无可救药。有志做第一流译家的人,不能不从根本入手。我们要拿姚克、傅雷、杨宪益三位先生做模范。[①]

  思果在其《译道探微》《翻译研究》及《翻译新究》中对翻译的很多相关问题都做了阐述,解答了许多值得深思的问题,值得我们仔细研读。
  可以说,凡是被我们尊称为翻译家的人,无一不具备本节所述的五方面的能力,他们有些确有语言天赋,却绝不仅仅依靠天赋,而是靠辛勤的汗水、不懈的努力、无数的实践,才达到了令人仰望的高度。
  (参照胡显耀、李力主编:《高级文学翻译》,北京:外语教学与研究出版社,2009 年)

[①] 思果:《译道探微》,北京:中国对外翻译出版公司 2002 年版,第 5 页。

第 11 课

一、原文

螢

村上春樹

　　昔々、といってもたかだか十四、五年前のことなのだけれど、僕はある学生寮に住んでいた。僕はその頃十八で、大学に入ったばかりだった。東京の地理にはまったくといっていいくらい不案内だったし、①<u>おまけに</u>それまで一人暮しの経験もなかったので、親が心配してその寮をみつけてくれた。もちろん費用の問題もあった。寮の費用は一人暮しのそれに比べて格段に安かった。僕としてはできることならアパートを借りて一人で気楽に暮したかったのだけれど、入学金や授業料や月々送ってもらう生活費のことを考えるとわがままは言えなかった。

　　寮は②<u>見晴し</u>の良い文京区の高台にあった。敷地は広く、まわりを高いコンクリートの塀に囲まれていた。門をくぐると正面には巨大なけやきの木がそびえ立っている。樹齢は百五十年、あるいはもっと経っているかもしれない。根元に立って上を見あげると、空はその緑の枝にすっぽりと覆い隠されてしまう。

　　（中略）

　　寮の一日は荘厳な国旗掲揚とともに始まる。もちろん国歌も流れる。国旗掲揚と国歌は切っても切り離せない。これはスポーツ・ニュースとマーチの関係と同じようなものだ。国旗掲揚台は中庭のまんなかにあって、どの寮棟の窓からも見えるようになっている。

国旗を掲揚するのは東棟——僕の入っている棟——の寮長の役目だった。背が高く目つきの鋭い五十前後の男だ。髪は固く幾らか白髪が混じり、日焼けした首筋に長い傷あとがある。この人物は陸軍中野学校の出身という話だ。その横にはこの国旗掲揚を手伝う助手の如き立場の学生が控えている。この学生のことは誰もよく知らない。丸刈りで、いつも学生服を着ている。名前も知らないし、どの部屋に住んでいるのかもわからない。食堂でも風呂でも一度も顔を合わせたことがない。本当に学生なのかどうかさえわからない。しかし学生服を着ているからにはやはり学生なのだろう。そうとしか考えようがない。中野学校氏とは逆に背が低く、小太りで色が白い。この二人組が毎朝六時に寮の中庭に日の丸を上げるわけだ。
　僕は寮に入った当初、よく窓からこの光景を眺めたものだ。朝の六時、時報とともに二人は中庭に姿を見せる。学生服が桐の薄い箱を持っている。中野学校はソニーのポータブル・テープレコーダーを持っている。中野学校がテープレコーダーを掲揚台の足もとに置く。学生服が桐の箱を開ける。箱の中にはきちんと折り畳まれた国旗が入っている。学生服が中野学校に旗を差し出す。中野学校がロープに旗をつける。学校服がテープレコーダーのスイッチを押す。

　君が代

そして旗がするするとポールを上っていく。
（中略）
僕の同居人は地理学を専攻していた。
（中略）
毎朝六時きっかりに彼は起床した。「君が代」が目覚し時計のかわりだ。国旗掲揚もまるっきり役に立たないというわけではないのだ。そして服を着て洗面所に行き顔を洗う。顔を洗うのにすごく長い時間がかかる。歯を一本一本とりはずして磨いてるんじゃないかという気がするくらいだ。部屋に帰ってくるとタオルのしわをきち

んとのばしてハンガーにかけ、歯ブラシと石鹸を棚に戻す。それからラジオをつけて、朝のラジオ体操を始める。
　僕は夜も遅いしどちらかといえば熟睡する方だから、ラジオ体操が始まってもまだぐっすりと眠り込んでいることもある。しかしそんな時にも、跳躍の部分が来ると必ずとびおきることになった。何しろ彼が跳躍するたびに——彼は実に高く跳躍した——僕の頭は枕の上で五センチも上下するのだ。眠っていられるわけがない。
「悪いけどさ」と僕は四日めに言った。「ラジオ体操は屋上かなんかでやってもらえないかな。目がさめちゃうんだ」
「駄目だよ」と彼は言った。「屋上でやると三階の人から文句が来るんだ。ここなら一階で下はないしさ」
「じゃあ中庭でやれば」
「それも駄目だよ。どちらにしてもトランジスタ・ラジオがないから音楽が聴けない。音楽がないとうまくやれないんだ」
　たしかに彼のラジオは電源式だったし、一方僕のラジオはトランジスタだったがFMしか入らなかった。
「じゃあ音を小さくして跳躍はやめてくれないかな。すごくひびくからさ。悪いけど」
「跳躍？」と彼は驚いたように言った。「ちょ、跳躍って何だ？」
「ほら、ぴょんぴょん跳ぶやつがあるだろうよ」
「そんなのないよ」
　僕の頭は痛みはじめた。もうどうでもいいやという気分だった。しかし言いだしたからにはここで引き下がるわけにはいかない。それで僕はNHKラジオ第一体操のメロデイーを歌いながら床の上でぴょんぴょん跳んだ。
「ほら、これだよ。ちゃんとあるだろ？」
「そ、そうだな。たしかにあるな。気がつかなかった」
「だからさ」と僕は言った。「その部分だけを端折ってほしいんだよ。他のところは我慢するからさ」
「駄目だよ」と彼は実にあっさりと言った。「ひとつだけ抜かすっ

てわけにはいかないよ。十年もずっとやってるからね、やり始めると、む、無意識に全部やっちゃうんだ。ひとつ抜かすとさ、み、みんな出来なくなっちゃう」
「じゃ、ぜんぶやらなきゃいい」
「そういう言い方ってよくないよ、人に命令したりするのはさ」
「ねえ、俺は何も命令なんかしてない。少くとも八時までは眠りたいし、もっと早く起きるとしてもごく自然に目覚めたいんだよ。パン食い競走やってるような目覚め方はしたくないんだ。それだけ。わかるか？」
「それはまあわかるよ」と彼は言った。
「で、どうすればいいと思う？」
「一緒に起きて体操すればいいんじゃないかな」
　僕はあきらめて眠った。彼はそれからも一日も欠かさずラジオ体操をつづけた。

　　　　　　　　　　　＊

　僕が同居人と彼のラジオ体操の話をすると、彼女はくすくす笑った。笑い話のつもりではなかったのだけれど、結局は僕も笑った。彼女の笑顔を見るのは——それはほんの一瞬のうちに消えてしまったのだけれど——本当に久し振りだった。
　僕と彼女は四ツ谷駅で電車を降りて、線路わきの土手を市ケ谷の方向に歩いていた。
　（中略）
　我々は飯田橋で右に折れ、お堀ばたに出て、それから神保町の交差点を越えてお茶の水の坂を上り、そのまま本郷に抜けた。そして都電に沿って駒込まで歩いた。ちょっとした道のりだ。駒込に着いた時には日はもうすっかり暮れていた。
　（中略）

＊

　僕がはじめて彼女に会ったのは高校二年生の春だった。彼女も同じ歳で、ミッション系の品の良い女子校に通っていた。彼女を紹介してくれたのは僕の仲の良い友人で、彼と彼女は恋人同士だった。二人は小学校時代からの幼ななじみで、家も二百メートルとは離れていなかった。
　多くの幼ななじみのカップルがそうであるように、彼らには二人きりでいたいという願望はあまりないようだった。しょっちゅうお互いの家を訪問して家族と一緒に食事をしたりしていた。僕とダブル・デートしたことも何回かある。でも結局僕の方のささやかな恋愛はあまりぱっとした成果をあげなかったので、なんとなく僕と友人と彼女の三人だけで遊ぶようになった。そして結果的にはそれがいちばん気楽だった。立場としては僕がゲストで彼が有能なホスト、彼女は感じの良いアシスタントであり同時に主役、というところだった。
　彼はそういうのがとても得意だった。いくぶん冷笑的な傾向はあったが、本質的には親切で公平な男だった。彼は僕に対しても彼女に対しても同じように冗談を言ってからかった。どちらかが黙っていると、すぐそちらにしゃべりかけて上手く相手の話をひきだした。彼には瞬間的に状況を見きわめ、それに対応する能力があった。彼はまたたいして面白くもない相手の話の中から面白い部分をいくつも見つけていくという得がたい才能も持ちあわせていた。だから彼と話していると、時々僕は自分がとても面白い人生を送っているような気分になったものだった。
　しかし一度彼が席をはずしてしまうと、僕と彼女は上手く話すことができなかった。二人ともいったい何を話せばいいのかわからなかったのだ。実際、二人のあいだに共通する話題は何ひとつなかった。我々は大抵何もしゃべらずにテーブルの灰皿をいじったり水を飲んだりしながら彼が戻ってくるのを待った。彼が帰ってくると、

また話が始まった。

 彼の葬式の三ヵ月ばかりあとで、僕と彼女は一度だけ顔を合わせた。ちょっとした用事があって喫茶店で待ち合わせたのだが、用件が済んでしまうとあとはもう何も話すことはなかった。僕は何度か彼女に話しかけてみたが、話はいつも途中で切れてしまった。それに加えて彼女のしゃべり方にはどことなく角があった。彼女は何か僕にはわからないことで僕に対して腹を立てているように見えた。そして僕と彼女は別れた。

 あるいは彼女が僕に腹を立てていたのは彼と最後に会ったのが彼女ではなく、僕だったからかもしれない。こういう言い方は良くないとは思うけれど、その気持はわかるような気がする。できることならかわってあげたかったと思う。しかしそれは結局のところ、どうしようもないことなのだ。一度起ってしまったことは、どんなに努力しても消え去りはしないのだ。
 その五月の午後、僕と彼は高校の帰りに（帰りというよりは正確に言うと途中でひきあげてきたわけだけれど）ビリヤード場に寄って四ゲームほど玉を突いた。最初の一ゲームを僕が取り、あとの三ゲームを彼が取った。約束どおり僕がゲーム代を払った。
 彼はその夜ガレージの中で死んだ。N360の排気パイプにゴムホースをつないで車の中にひきこみ、窓のすきまをガム・テープで目貼りしてからエンジンをふかしたのだ。死ぬまでにどれくらいの時間がかかったのか僕にはわからない。親戚の病気の見舞いにでかけていた両親が帰宅した時、彼は既に死んでいた。カー・ラジオがつけっぱなしになっていた。ワイパーにはガソリン・スタンドの領収書がはさんであった。
 遺書もなければ思いあたる動機もなかった。最後に彼と会っていたせいで、警察に呼ばれて事情聴取された。そんなそぶりは何もありませんでした、いつもと全く同じでした、と僕は言った。だいたいこれから自殺しようと決めた人間がビリヤードで三ゲーム続けて

勝つわけがないのだ。警察は僕に対しても彼に対してもあまり良い印象は持たなかったようだった。高校の授業をすっぽかしてビリヤード場に行くような人間なら自殺したって別に不思議はないと彼らは考えたようだった。新聞に小さな記事が載って、それで事件は終った。赤い N360 は処分された。教室の彼の机にはしばらくのあいだ白い花が飾られていた。

　高校を卒業して東京に出てきた時、僕のやるべきことはひとつしかなかった。あらゆるものごとを深刻に考えすぎないようにすること——それだけだった。僕は緑のフェルトを貼ったビリヤード台や、赤い N360 や、机の上の白い花や、そんなものはみんな忘れてしまうことにした。火葬場の高い煙突から立ちのぼる煙や、警察の取調べ室においてあったずんぐりとした文鎮や、そんな何もかもをだ。はじめのうちはそれで上手くいきそうに見えた。しかし僕の中には何かしらぼんやりとした空気のようなものが残った。そして時が経つにつれてその空気ははっきりとした単純な形をとりはじめた。僕はその形を言葉に置きかえることができる。こういうことだ。

　死は生の対極としてではなく、その一部として存在している。

　言葉にしてしまうと嫌になってしまうくらい平凡だ。まったくの一般論だ。しかし僕はその時それをことばとしてではなくひとつの空気として身のうちに感じたのだ。文鎮の中にもビリヤード台に並んだ四個のボールの中にも死は存在していた。そして我々はそれをまるで細かいちりみたいに肺の中に吸い込みながら生きてきたのだ。

　僕はそれまで死というものを完全に他者から分離した独立存在として捉えていた。つまり「死はいつか確実に我々を捉える。しかし逆に言えば、死が我々を捉えるその日まで、我々は死に捉えられはしないのだ」と。それは僕には至極まともで論理的な考え方であ

るように思えた。生はこちら側にあり、死はあちら側にある。

　しかし僕の友だちが死んでしまったあの夜を境として、僕にはもうそのように単純に死を捉えることはできなくなった。死は生の対極存在ではない。死は既に僕の中にあるのだ。そして僕にはそれを忘れ去ることなんてできないのだ。何故ならあの十七歳の五月の夜に僕の友人を捉えた死は、その夜僕をもまた捉えていたのだ。

　僕ははっきりとそれを認識した。そして認識すると同時に、それについては深刻に考えまいとした。それはとてもむずかしい作業だった。何故なら僕はまだ十八で、ものごとの中間点を求めるにはまだ若すぎたからだった。

＊

　僕はそれから月に一度か二度、彼女と会ってデートをした。たぶんデートと呼んでいいのだと思う。それ以外にうまい言葉を思いつけない。

　彼女は東京の郊外にある女子大に通っていた。こぢんまりとした評判の良い女子大だった。彼女のアパートから大学までは歩いて十分もかからなかった。道筋には綺麗な用水が流れていて、時々はそのあたりを歩きまわったりもした。彼女には友だちも殆んどいないようだった。彼女は相変らずぽつりぽつりとしか口をきかなかった。とくにしゃべることもなかったから、僕もあまりしゃべらなかった。顔を合わせると、我々はただひたすら歩いた。

　しかし何ひとつ進歩がないというわけではなかった。夏休みが終るころには彼女はごく自然に僕の隣りを歩くようになった。我々は肩を並べて歩いた。坂を上り坂を下り、橋を渡り通りを越え、我々は歩きつづけた。どこに行くというあてもなく、何をしようという目的もなかった。ひとしきり歩くと喫茶店に入ってコーヒーを飲み、コーヒーを飲み終るとまた歩いた。スライドのフィルムが入れ替るみたいに、季節だけがとおり過ぎていった。秋がやってきて、寮の

中庭がけやきの枯葉で覆い尽された。セーターを着ると新しい季節の匂いがした。僕は新しいスエードの靴を買った。

　秋が終り冷たい風が吹くようになると、彼女は時々僕の腕に体を寄せた。ダッフル・コートの厚い布地をとおして、僕は彼女の息づかいを感じとることができた。でも、それだけだった。僕はコートのポケットに両手つっこんだまま、いつもと同じように歩きつづけた。僕も彼女もラバー・ソールの靴をはいていたので足音は聞こえなかった。プラタナスのくしゃくしゃになった枯葉を踏む時にだけ、乾いた音がした。彼女の求めているのは僕の腕ではなく、誰かの腕だった。彼女の求めているのは僕の温もりではなく、誰かの温もりだった。少くとも僕にはそんな風に思えた。

　彼女の目は前にも増して透明に感じられるようになった。どこにも行き場のない透明さだった。時々彼女は何の理由もなく、僕の目をじっとのぞきこんだ。そのたびに僕は悲しい気持になった。

　寮の連中は彼女から電話がかかってきたり日曜の朝に僕がでかけたりすると、いつも僕を冷やかした。当然のことではあるが、みんなは僕に恋人ができたものだと思いこんでいた。説明のしようもないし、する理由もないので、僕はそのままにしておいた。デートから帰ってくると必ず誰かがセックスの具合について質問した。まあまあだよ、と僕はいつも答えた。

　（中略）

*

　その夜、僕は彼女と寝た。そうすることが正しかったのかどうか僕にはわからない。でもそれ以外にどうすればよかったのだろう？
　女の子と寝るのは本当に久しぶりだった。彼女の方はその時が初めてだった。僕はどうして彼と寝なかったのかと訊ねてみた。でも

そんなことは訊ねるべきではなかったのだ。彼女は何も答えなかった。そして僕の体から手を離し、僕に背中を向けて窓の外の雨を眺めた。僕は天井を眺めながら煙草を吸った。
　（中略）
　一週間経っても電話はかかってこなかった。彼女のアパートは電話の取り次ぎをしてくれなかったので、僕は長い手紙を書いた。僕は自分が感じていることをできるだけ正直に書いた。僕にはいろんなことがよくわからないし、わかろうとは努めているけれど、それには時間がかかる。そして時間が経ってしまったあとでいったい自分がどこにいるのか、僕には見当もつかない。でも僕はなるべく深刻にものごとを考えまいとしている。深刻に考えるには世界はあまりにも不確実だし、たぶんその結果としてまわりの人間に何かを押しつけてしまうことになると思う。僕は他人に何かを押しつけたりはしたくない。君にはとても会いたい。でも前にも言ったように、それが正しいことなのかどうか僕にはわからない——そんな内容の手紙だった。

　七月の始めに返事が来た。短い手紙だった。

　大学をとりあえず一年間休学することにしました。とりあえずといっても、もうたぶん戻ることはないと思います。休学というのはあくまで手続き上のことです。アパートは明日引き払います。急な話だと思うかもしれないけれど、これは前々から考えていたことなのです。あなたにも何度か相談しようと思ったのだけれど、どうしてもできませんでした。口に出しちゃうのがとても恐かったのです。
　いろんなことを気にしないで下さい。たとえ何が起こっていたとしても、何が起こっていなかったとしても、結局はこうなったんだという気がします。あるいはこういった言い方はあなたを傷つけることになるのかもしれません。もしそうだとしたら謝ります。ただ私の言いたいのは、私のことであなたに自分自身を責めたり他の誰

かを責めたりしないでほしいということなのです。これは本当に私がきちんと全部引き受けるべきことなのです。この一年あまり私はそれをのばしのばしにしてきて、そのせいであなたにもずいぶん迷惑をかけてしまったように思います。そしてたぶん、これが限界です。

　京都の山の中に良い療養所があるそうなので、とりあえずそこに落ちつくことにします。病院ではなく、ずっと自由な施設です。細かいことについては別の機会に書きます。今はうまく書けないのです。この手紙ももう十回くらい書きなおしています。あなたが一年間私のそばにいてくれたことについて、私はとても、口では言い現わせないくらい感謝しています。そのことだけは信じて下さい。それ以外のことは私には何も言えません。あなたに頂いたレコードはずっと大事に聴いています。

　いつかもう一度、この不確実な世界のどこかであなたに会うことができたとしたら、その時にはもっといろんなことがきちんと話せるようになっているんじゃないかと思います。

　　　　　　　　　　　　　　　　　　　　　　さよなら

　僕は何百回となくこの彼女の手紙を読みかえした。そして読みかえすたびにたまらなく悲しい気持になった。それはちょうど、彼女にじっと目をのぞきこまれている時に感じるのと同じようなやり場のない悲しみだった。僕はそんな気持をどこに持って行くことも、どこに仕舞いこむこともできなかった。それは風のように輪郭も無く、重さもなかった。僕はそれを身にまとうことすらできなかった。風景が僕の前をゆっくりと通り過ぎていった。彼らの語る言葉は僕の耳には届かなかった。

　土曜日の夜になると僕は相変らずロビーの椅子に座って時間を過した。電話のかかってくるあてはなかったが、それ以外にいったい何をすればいいのか僕にはわからなかった。僕はいつもテレビの野球中継をつけて、それを見ているふりをしていた。そして僕とテ

レビのあいだに横たわる茫漠とした空間を見つめていた。僕はその空間を二つに区切り、その区切られた空間をまた二つに区切った。そしてそれを何度も何度もつづけ、最後には手のひらに載るくらいの小さな空間を作りあげた。

　十時になると僕はテレビを消して部屋に戻り、そして眠った。

＊

　その月の終りに、僕の同居人がインスタント・コーヒーの瓶に入れた螢をくれた。瓶の中には螢が一匹と草の葉と水が少し入っていた。ふたには細かい空気穴が幾つか開いていた。あたりはまだ明るかったので、それはただの水辺の黒い虫にしか見えなかった。しかしよく見ると、たしかにそれは螢だった。螢はつるつるとしたガラスの壁をよじのぼろうとしてはそのたびに下に滑り落ちていた。そんなに真近に螢を見たのは久しぶりだった。

　「庭にいたんだよ。近くのホテルが客寄せに放したのがこちらに紛れ込んできたんだね」と彼はボストン・バッグに衣類やノートをつめこみながら言った。もう夏休みに入って何週間も経っていた。寮に残っているのは我々くらいのものだった。僕の方は家に帰りたくなかったし、彼の方は実習があったからだ。でもその実習も終り、彼は家に帰ろうとしていた。

　「女の子にあげるといいよ。きっと喜ぶからさ」と彼は言った。
　「ありがとう」と僕は言った。

　日が暮れると寮はしんとした。国旗がポールから降ろされ、食堂の窓に電気が灯った。学生が少なくなったせいで、食堂の灯はいつもの半分だけしか点いていなかった。右半分が消えて、左半分だけが点いていた。それでも微かに夕食の匂いがした。クリーム・シチューの匂いだった。

　僕は螢の入ったインスタント・コーヒーの瓶を持って屋上に上っ

た。屋上には人影はなかった。誰かがとりこみ忘れた白いシャツが洗濯ロープにかかって、何かのぬけがらのように夕暮の風に揺れていた。僕は屋上の隅にある錆びた鉄の梯子を上って、給水塔の上に出た。円筒形の給水タンクは昼のあいだにたっぷりと吸い込んだ熱でまだ温かった。狭い空間に腰を下ろし手すりにもたれかかると、ほんの少しだけ欠けた白い月が目の前に浮かんでいた。右手には新宿の街が、左手には池袋の街が見えた。車のヘッド・ライトが鮮かな光の川となって、街から街へと流れていた。様々な音が混じりあったやわらかなうなりが、まるで雲のように街の上に浮かんでいた。

　瓶の底で、螢は微かに光っていた。しかしその光はあまりにも弱く、その色はあまりにも淡かった。僕の記憶の中では、螢の灯はもっとくっきりとした鮮かな光を夏の闇の中に放っているはずだ。そうでなければならないのだ。

　螢は弱って死にかけているのかもしれない。僕は瓶のくちを持って何度か振ってみた。螢はガラスの壁に体を打ちつけ、ほんの少しだけ飛んだ。しかしその光はあいかわらずぼんやりとしていた。

　たぶん僕の記憶が間違っているのだろう。螢の灯は実際にはそれほど鮮明なものではなかったのかもしれない。僕がただそう思い込んでいただけのことなのかもしれない。あるいはその時僕を囲んでいた闇があまりにも深かったせいなのかもしれない。僕にはうまく思い出せなかった。最後に螢を見たのがいつのことだったのかも思い出せなかった。

　僕が覚えているのは夜の暗い水音だけだった。煉瓦づくりの古い水門もあった。ハンドルをぐるぐると回して開け閉めする水門だ。岸辺にはえた水草が川の水面をあらかた覆い隠しているような小さな流れだった。あたりは真暗で、水門のたまりの上を何百匹という螢が飛んでいた。その黄色い光のかたまりが、まるで燃えさかる火の粉のように水面に照り映えていた。

　あれはいつのことだったのだろう？そしていったい何処だったのだろう。

うまく思い出せない。
　今となってはいろんなことが前後し、混じりあってしまっている。
　僕は目を閉じて、気持を整理するために何度か深呼吸してみた。じっと目を閉じていると、体が今にも夏の闇の中に吸いこまれてしまいそうな気がする。考えてみれば日が暮れてから給水塔にのぼったのははじめてだった。いつもより風の音がくっきりと聞こえた。たいして強い風でもないはずなのに、それは不思議なほど鮮やかな軌跡を残して僕のわきを吹き抜けていった。ゆっくりと時間をかけて、夜が地表を覆っていった。都市の光がどれほど強くその存在を際立たせようと、夜はその③<u>取り分</u>を確実に運び去っていった。
　僕は瓶のふたを開け、螢をとり出して、三センチばかりつきでた給水塔の縁に置いた。螢は自分の置かれた状況がうまく把めないようだった。螢はボルトのまわりをよろめきながら一周したり、かさぶたのようにめくれあがったペンキに足をかけたりしていた。しばらく右に進んでそこが行きどまりであることをたしかめてから、また左に戻った。それから時間をかけてボルトの頭の上によじのぼり、そこにじっとうずくまった。螢はまるで息絶えてしまったみたいに、そのままぴくりとも動かなかった。
　僕は手すりにもたれかかったまま、そんな螢の姿を眺めていた。長いあいだ、我々は動かなかった。風だけが、我々のあいだを、川のように流れていった。けやきの木が闇の中で無数の葉をこすりあわせた。
　僕はいつまでも待ちつづけた。

　螢がとびたったのはずっとあとのことだった。螢は何かを思いついたようにふと羽を拡げ、その次の瞬間には手すりを越えて淡い闇の中に浮かんでいた。そしてまるで失われた時間を取り戻そうとするかのように、給水塔のわきで素早く弧を描いた。そしてその光の線が風ににじむのを④<u>見届ける</u>べく少しのあいだそこに留まってか

353

ら、やがて東に向けて飛び去っていった。

　螢が消えてしまったあとでも、その光の軌跡は僕の中に長く留まっていた。目を閉じた厚い闇の中を、そのささやかな光は、まるで行き場を失った魂のように、いつまでもさまよいつづけていた。

　僕は何度もそんな闇の中にそっと手を伸ばしてみた。指は何にも触れなかった。その小さな光は、いつも僕の指のほんの少し先にあった。

　（选自村上春树：《螢・納屋を焼く・その他の短編》，东京：新潮社，1987年）

二、作者与作品简介

　　村上春树（1949— ），日本小说家。曾在早稻田大学文学部戏剧科就读。1979年，他的第一部小说《且听风吟》问世后，即被搬上了银幕。随后，他的优秀作品《1973年的弹子球》《寻羊冒险记》《挪威的森林》等相继发表。他的创作不受传统拘束，构思新奇，行文潇洒自在，而又不流于庸俗浅薄。尤其是在刻画人的孤独无奈方面更有特色，他没有把这种情绪写成负的东西，而是通过内心的心智性操作使之升华为一种优雅的格调、一种乐在其中的境界，以此来为读者，尤其是生活在城市里的人们提供一种生活模式或生命的体验。

　　1983年发表的《萤》是《挪威的森林》的前奏曲，四年后村上春树以此为基础写出了《挪威的森林》。

三、原文注释

　　①おまけ：减价，让价；（作为赠品）另外奉送，白送给（的东西），附送；另外附加（的东西），附带（的东西）。
　　②見晴し［みはらし］：眺望，景致。
　　③取り分：应得的份额。
　　④見届けゐ［みとどける］：看到，看准，看清。

四、译文

译文 1　　　　　　　萤

林少华　译

很久很久以前——其实也不过大约十四五年前，我住在一座学生寄宿院里。我十八岁，刚上大学，对东京一无所知，单独一个人生活也是初次。父母放心不下，在这里给我找了一间宿舍。当然也有费用方面的考虑，同一般单身生活开销相比，学生宿舍要便宜得多。就我个人说，本打算租一间公寓，一个人落得逍遥自在，但想到私立大学的入学费和学费以及每月的生活开支，也就不好意思开口了。

寄宿院坐落在城内风景不错的高坡上，占地满大，四周有高高的混凝土围墙。进得大门，迎面矗立着一棵巨大的榉树，树龄听说有一百五十年，或者更长些也说不定。站在树下抬头望去，天空被绿叶遮掩得严严实实。

（中略）

寄宿院的一天是从庄严的升旗仪式开始的，当然也播放国歌。如同新闻节目离不开进行曲一样，升国旗也少不了放国歌。升旗台在院子正中，从任何一栋寄宿楼的窗口都可看见。

升国旗是东楼（我所住的）楼长的任务。这是一个大约五十岁的汉子，高个头，目光敏锐，略微掺白的头发显得十分坚挺，晒黑的脖颈上有条长长的伤疤。据说此人出身于陆军中野学校。他身旁侍立着一个学生，一副升旗助手的架势。这学生的来历别人也不甚知晓。光脑袋，经常一身学生服，既不知其姓甚名谁，也不知其房间号码，在食堂或浴池里也从未打过照面，甚至弄不清他是否真是学生。不过，既然身着学生服，恐怕还得是学生才对——只能如此判断。而且此君同"中野学校"却是截然相反：矮个子，白面皮，胖墩墩的。就是这一对搭档每天早上六点钟在院子里升那太阳旗。

住进之初，我时常从窗口观看这升旗光景。清晨六点，两人几乎与收音机的报时笛同步地在院中亮相。"学生服"手提扁扁的桐木箱，"中野学校"提一台索尼牌便携式磁带收录机。"中野学校"把收录机放在升旗台脚下，"学生服"打开桐木箱。箱里整齐叠放着国旗，"学生服"把旗呈给"中野学校"，"中野学校"随即给旗穿上绳索，"学生服"便按一下收录机开关。

　　君之代。

　　旗一蹿一蹿地向上爬去。

　　（中略）

　　我这位室友是学地理专业的。

　　（中略）

　　清晨六点，他随着足可代替闹钟的"君之代"歌声准时起床，看来那升旗仪式也并非毫无效用。旋即穿衣，去洗脸间洗漱，洗脸时间惊人的长，我真怀疑他是不是把满口的牙一颗颗拔下来统统刷洗了一遍。返回房间后，便将毛巾小心翼翼地按平皱纹，搭在衣架上，把牙膏和香皂放回搁板，随后拧开收音机做广播体操。

　　相对说来，我这人属于夜猫子，而一睡熟便不轻易醒。所以即使他起来弄得簌簌作响，甚至打开收音机做广播体操，一般我都只管大睡特睡，唯独到了跳跃动作时，才非醒不可。不容你不醒：他跳动之时——也确实跳得相当之高——弄得我脑袋在枕头上上上下下足有五厘米距离。

　　"对不起，"第四天我开口了，"广播体操在楼顶天台什么地方做好吗？你那么一做我就不用睡了。"

　　"那怎么成！在楼顶做，三楼的就有意见了。这里是一楼，下边没人。"

　　"那就在院子里做！"

　　"那也不行。我没晶体管收音机，听不到音乐，没音乐我又做不了操。"

　　的确，他的收音机是交流电源式的。而我那个倒是晶体管，可又只能收立体声短波。

　　"那就小点声，把跳跃动作去掉，太吵了，对不起。"

"跳跃？"他满脸惊异，反问道，"跳、跳跃是什么？"

"哦，就是上上下下一蹦一跳的！"

"没那回事啊！"

我开始头痛了，没心思再和他啰嗦下去。但转而一想，既然话已出口就该说清楚才是。于是我一边哼着广播协会那段"广播体操第一"的曲子，一边在地上实际蹦跳一番。

"喏，就这个，怎么能没有呢？"

"啊，倒也是，倒是有的，没注意。"

"所以，"我说"只希望你把这部分免掉，其他的我全部忍气吞声。"

"不行不行。"他说得倒也干脆，"怎么好漏掉一节呢！我是十年如一日做过来的，一旦开了头，就、就下意识地一做到底。要去掉一节，就、就、就全部做不出来了。"

"那就全部免掉！"

"你这样讲可不好，简直是发号施令。"

"喂，我可没发什么号令，只不过想起码睡到八点钟。就算要早起，也还是得自然而然地醒来才行，我可不愿意像抢吃面包赛跑似的醒来。就这话，明白？"

"明白是明白的。"他说。

"那，你看如何是好？"

"起来一块儿做就行了吧。"

我只好作罢，重新上床。那以后他还是一天不少地做那个广播体操。

*

讲罢我这室友和他做广播体操的新闻，直子"噗哧"笑出声来。其实我并不是当笑柄讲的，但结果我也笑了。看见她的笑脸——尽管稍纵即逝——实在相隔很久了。

我和直子在四谷站走下电车，沿铁路边的土堰往市谷方向走去。

（中略）

到得驹込，太阳已经落了。
（中略）

*

第一次见到直子，是高中二年级那年春天。她和我同岁，就读于有教会背景的正统女校。把直子介绍给我的是我一位要好的朋友，直子是他的恋人，两人是从小学开始的青梅竹马之交，两家相距不到二百米。

正像其他青梅竹马之交一样，两人单独相处的愿望似乎并不那么强烈。他俩时常相互去对方家里，同对方家人一起吃饭，拉我赴四人约会的事也有好几次。但由于我那处于萌芽状态的恋情未能进入开花期，结果只有我、朋友和她三个人一起游玩。况且就效果而言，这样倒最是其乐融融。就角色来说，我是客串演员，朋友是精明能干的节目主持人，直子则是笑意盈盈的助手，同时也是主角。

我这位朋友对自己的角色胜任愉快。他多少有一种喜欢冷笑的倾向，但本质上却是热情公道的人，对我、对直子都一视同仁，一样地开玩笑。倘若有一方默然不语，他就主动找话，巧妙地把对方拉入谈话圈内。他具有一种能力，可以准确无误地捕捉现场空气的变化，从而挥洒自如地因势利导。另外他还有一种颇为可贵的才能，可以从对方并不甚有趣的谈话中抓出有趣的部分来。因此，每次与他交谈，我就总是觉得自己是在欢度无限美妙的人生。

但每当他暂时离开只剩下两个人时，我和直子还是谈不上三言两语。双方都不晓得从何谈起，实际上我同直子之间也没任何共同语言。所以，我们只好一声不吭地喝水，或者摆弄桌面上的东西，等待他的转来。他一折回，谈话便随之开始。

他的葬礼过后大约三个月，我和直子见了次面，因有点小事，我们在一家饮食店碰头。事完之后，便没什么可谈的了。我搜刮了几个话题，向她搭话，但总是半途而废。而且她话里似乎带点棱角，看上去直子好像对我有所不满。于是我道别离开。

直子对我心怀不满，想必是因为同他见最后一次面说最后一次话的，是我而不是她。我知道这样说有些不好，但她的心情似可理解。可能的话，我真想由我去承受那场遭遇，但毕竟事情已经过去，再怎么想也于事无补了。

那是五月间一个下午，放学途中（准确说来，其实是逃学），我和他拐进一家桌球室，玩了四局，第一局我胜了，其余三局都由他赢了去。我按事先讲好的付了费用。

那天夜里，他在自家车库中死了。他把橡胶软管接在 N360 车的排气管上，用塑料胶布封好窗缝，然后发动引擎。不知他到底花了多长时间才死去。当他父母探罢亲戚的病，回来打开车库门放车的时候，他已经死了。车上的收音机仍然开着，雨刷上夹着加油站的收据。

没有遗书，也没有推想得出的动机。警察以我是同他最后见面说话的人为由，把我叫去听取了情况。我说：根本没有那种前兆，与平时完全一样。不说别的，一个决心马上自杀的人不可能在桌球台上连胜三局。警察对我对他似乎都没什么好印象，仿佛认为上高中还逃学去打桌球的人，即使自杀也没什么不可思议的。报纸发了一小条报道，事件就算了结了。那辆 N360 车被处理掉了。教室他用过的课桌上，一段时间里放了束白花。

高中毕业后来到东京，我要做的仅有一件事，那就是对任何事物都不想得过于深刻。什么敷有绿绒垫的桌球台呀，红色的 N360 车呀，课桌上的白花呀，我决定一古脑儿把它们丢到脑后。还有火葬场高大烟囱中腾起的烟，警察署问询室中呆头呆脑的镇纸，也统统一扫而光。起始几天，进行得似乎还算顺利。但不管我怎么努力忘却，仍有恍如一团薄雾状的东西残留不走，并且随着时间的推移，雾团状的东西开始以清楚而简练的轮廓呈现出来。那轮廓我可以诉诸语言，就是：

死并非生的对立面，而作为生的一部分永存。

诉诸语言之后，的确平凡得令人生厌，纯属泛泛之论，但当时的

我并不是将其作为语言，而是作为一团薄雾样的东西来用整个身心感受的。无论在镇纸中，还是在桌球台上排列的红白四个球体里，都存在着死，并且我们每个人都在活着的同时像吸入细小灰尘似的将其吸入肺中。

在此之前，我是将死作为完全游离于生之外的独立存在来把握的，就是说："死迟早会将我们俘获在手。但反言之，在死俘获我们之前，我们并未被死俘获。"在我看来，这种想法是天经地义、无懈可击的。生在此侧，死在彼端。

然而，以朋友死去那个晚间为界，我再也不能如此单纯地把握死（或生）了。死不是生的对立面。死本来就已经包含在"我"这一存在之中。我们无论怎样力图丢掉它都归于徒劳，这点便是实证。因为在十七岁那年五月一个夜晚俘获了朋友的死，同时也俘获了我。

我清楚地认识到了这一点，并在认识到的同时，下决心不再去深刻地想它。但这是勉为其难的，因为我才十八岁，还太年轻，不可能找到事物的折衷点。

*

那以后我和她每月幽会一两次。我想大概还是称为幽会好，此外我想不出确切字眼。

她在东京郊外的一所女子大学就读。那是一个小而整洁的学校。从她住的公寓到学校，走路去也花不上十分钟，路旁有一条清冽的人工渠流过，我俩时常在那一带往来散步，直子看起来也几乎没什么朋友。她依旧只有只言片语。而我也没有特别要说的话，便同样不怎么开口。每次见面后，便只管无休无止地走路。

不过，我同直子的关系也并非毫无进展。暑假临结束时，直子便十分自然地走在我身旁了。我们两人并肩而行，下坡、过桥、穿横路，只管走个没完。既无明确的去向，又无既定的目的。大致走上一阵子，便进饮食店喝杯咖啡，喝罢咖啡又继续开拔。只有季节如同转换的幻灯片一般依序更迭。秋日降临，寄宿院内铺满了榉树落叶。换上毛衣，

顿时感到新季节的气息。我穿坏了一双皮鞋，新买了双仿麂皮鞋。

当秋日过去，冷风吹过街头的时节，她开始不时地依在我的胳膊上。透过粗花呢厚厚的质地，我可以感觉到直子的呼吸。我双手插进大衣兜，一如往常地走动不止。我和直子穿的都是胶底鞋，几乎听不到两人的脚步声。只有踩到路面落下的硕大的法国梧桐叶的时候，才发出干燥的声响。她所希求的并非我的臂，而是某人的臂，她所希求的并非我的体温，而是某人的体温。至少我是这样觉得的。

她的眼睛似乎比以前更加透明了。那是一种无任何止境的透明。直子时常目不转睛地注视我的眼睛，而那并无任何缘由。每当这时，我便产生一种悲戚的心情。

宿舍楼的同伴，每当直子打来电话，或我在周日早上出门时，总少不了奚落我一番。说理所当然也属理所当然，大家都确信我有个恋人。这既无法解释，又无须解释，我便听之任之。晚间回来时，必定有人问起如何性交的云云，我便信口敷衍两句。

（中略）

*

这天夜里，我同直子睡了。我不知道这样做是否正确。不过除此以外，又能有什么办法呢？

我有很久没同女孩睡了。而她则是初次。我问她为什么没和他睡过，其实是不该问的。直子什么也没回答，把手从我身上松开，背对着我，望着窗外的雨帘。我盯着天花板吸烟。

（中略）

过了一个星期，电话也没有打来，直子住的公寓又不给传呼电话，我便写了一封长信。信上我坦率地写了自己的感受，内容是这样的：

很多事我还不甚明白，尽管我在尽力而为，但恐怕还需一段时间。至于这段时间过后自己将在何处，现在的我完全心中无数。但我尽可能不把事物想得过于深刻。如若深刻地追究下去，势必发现这个世界的变幻莫测，以致在结果上将一己之见强加给周围的人。而我决不想强加于人。我十分渴望见你，但正像以前说过的一样，我并不知道这是否正确。

七月初，接到直子的信。是封短信。

我已决定暂且休学一年。虽说暂且，但重返大学的可能性是微乎其微的，休学只是履行手续，公寓明天退掉。你也许觉得事出突然，但这是我长期以来考虑的结果。有好几次我想跟你谈起，但终于未能开口。我非常害怕把它说出口来。

很多事都请你不要介意。即使发生了什么，或者没发生什么，我想结局恐怕都是这样的，也许这种说法有伤你的感情。果真如此，我向你道歉。我想要说的，是希望你不要因为我而自己责备自己，这确确实实是应该由我自己来主动承担的。一年多来我一再拖延，觉得给你添了很大麻烦，或许，这已是最后极限。听说京都一座山中有一家不错的疗养所，我打算前去住一段时间。那不是医院，而是自由得多的疗养机构。详情下次再写。现在还写不好，这封信我已反复写了十多次。你在我身边陪伴了一年时间，对此我怀有一种难以言喻的感激之情，这点无论如何请你相信。此外我再不能对你多说什么。我一直在听你给的唱片，我很珍惜它。

如果我们能再一次在这个变幻莫测的世界上相见，我想那时候我们大概就可以畅所欲言了。

再见。

这封信我读了几百遍，每次读都觉得不胜悲哀。那正是被直子盯视眼睛时所感到的那种无可奈何的悲哀。这种无可名状的心绪，我既不能将其排遣于外，又不能将其深藏于内。它像掠身而去的阵风一样

没有轮廓，没有重量，我甚至连把它裹在身上都不可能。风景从我眼前缓缓通过，它的语言却未能传入我的耳底。

每到周六晚上，我依旧坐在门厅的椅子上消磨时间，不可能有电话来，但此外又不知干什么好。我常常打开电视机的棒球转播节目，似看非看地看着，我把横亘在我与电视机之间空漠的空间切为两半，又进而把被业已切开的空间一分为二，如此不断反复，直至最后切成巴掌大小。

十点一到，我便关掉电视，返回房间，倒头便睡。

*

月底，我的室友送了我一只萤火虫。

萤火虫装在速溶咖啡的空瓶里，里边放了些许草叶和水，瓶盖钻了几个细小的气孔。因为四周天光还亮，看上去不过是个平庸无奇的水边小黑虫而已。不过的确是萤火虫。那萤火虫企图爬上光溜溜的瓶壁，但每次都滑落下来。我已有很久没这么真切地看过萤火虫了。

"在院子里来着。附近那家宾馆为了招徕顾客，一到夏天就放萤火虫吧？从那边飞过来的。"他边说边往大旅行箱里塞进衣服书本等物。暑假已经过去几周时间了，留守宿舍的只有我们这样的人。我不大乐意回老家，他因为有实习任务。现在实习已经结束，他正准备回家。

"可以送给女孩子，她肯定高兴。"他说。

"谢谢。"

日落天黑，寄宿院里十分寂静。食堂窗口亮起了灯光。由于学生人数减少，食堂的灯一般只亮一半。左半边是黑的，只有右半边亮，但还是微微荡漾着晚饭的味道，是奶油加热后的气味儿。

我拿起装有萤火虫的速溶咖啡瓶，爬上楼顶天台。天台上空无人影，不知是谁忘收的白衬衣搭在晾衣绳上，活像一个什么空壳似的在晚风中摇来荡去。我顺着平台一角的铁梯爬上供水塔，圆筒形的供水

363

塔白天吸足了热量，暖烘烘的。我在狭窄的空间里弯腰坐下，背靠栏杆。略微残缺的一轮苍白的月亮浮现在眼前，右侧可以望见新宿的街景，左侧则是池袋的夜光。汽车头灯连成闪闪的光河，沿着大街往来川流不息。各色音响交汇成的柔弱的声波，宛如云层一般轻笼着街市的上空。

萤火虫在瓶底微微发光，它的光过于微弱，颜色过于浅淡了。在我的记忆中，萤火虫应该而且必须是在夏日夜幕中曳着鲜明璀璨得多的流光。

或许，萤火虫已经衰弱得奄奄一息。我提着瓶口轻轻晃了晃，萤火虫把身子扑在瓶壁上，有气无力地扑棱了一下，但它的光依然那么若隐若现。

大概是我的记忆有误吧。或许萤光实际并不那么鲜明，而只是我固执的一己之见亦未可知。也可能是当时我周围的夜色太黑的缘故，我已不能很好地回忆出来了，就连最后一次看见萤火虫是什么时候也无从记起。

我所能记起的唯有暗夜中河水的流声，以及砖砌的旧式水门。那是一座要一上一下摇动手柄来启闭的水门。河并不大，水流不旺，岸边水草几乎覆盖了整个河面。四周一团漆黑，水门的积水潭上方，交织着多达数百只萤火虫。那黄色的光团宛如燃烧中的火星一样辉映着水面。这情景发生在什么时候呢？到底在什么地方呢？我记不清楚。

时至今日，很多往事已前后颠倒，杂乱无章。

我合上眼帘，深深吸了几口气，想使心绪镇静下来。恍惚之中，我觉得自己的身体即将消融于夏夜的冥色。想来，天黑后来爬供水塔还是第一次。风声要比平时更清晰地传来耳畔。尽管风并不大，从我身旁掠过时却留下了鲜明得不可思议的轨迹。夜幕从容而缓慢地遮蔽了地面。无论都市的灯光如何炫耀其本身的存在，夜幕照样不客气地扩充着自己的领地。

我打开瓶盖，拈出萤火虫，放在大约向外侧探出三厘米的供水塔边缘上。萤火虫仿佛还没认清自己的处境，一摇一晃地绕着螺栓转了一周，停在疤痕一样凸起的漆皮上，接着向右爬了一会，确认再也走

不通后,又拐回左边,继而花了不少的时间爬上螺栓顶,僵僵地蹲在那里,此后便木然不动,像断气了一样。

我凭依栏杆,细看那萤火虫。我和萤火虫双方都长久地一动未动,只有夜风如溪流一般从我们之间流过。榉树在黑暗中摩擦着无数叶片,簌簌作响。

我久久、久久地等待着。

过了很长很长时间,萤火虫才起身飞去。它忽有所悟似的,蓦然张开双翅,旋即穿过栏杆,淡淡的萤光在黑暗中滑行开来。它绕着水塔飞快地曳着光环,似乎要挽回失去的时光。为了等待风力的缓和,它又稍停了一会儿,然后向东飞去。

萤火虫消失之后,那光的轨迹仍久久地印在我的脑际。那微弱浅淡的光点,仿佛迷失去向的魂灵,在漆黑厚重的夜幕中往来彷徨。

我几次朝夜幕中伸出手去,指尖毫无所触,那小小的光点总是同指尖保持着一点不可触及的距离。

(选自林少华译:《萤》,上海:上海译文出版社,2009年)

译文2　　　　　　　　萤火虫

李友中　译

很久、很久以前。虽这么说也不过十四五年前的事,我曾住在一个校外的宿舍。那时我才十八岁,刚进大学,对东京完全不熟,加上我没有一人在外住过,家里担心便帮我找了宿舍。当然,费用也有关系,宿舍比一个人住便宜多了。我当然希望一个人租房子住来得清爽。但想到注册费、学费,及家里按月寄来的生活费,还是不好固执己见。

校外宿舍位于视野良好的文京区高台地,占地广阔,四周围着高大的水泥墙。大门外,迎面即是一株高大耸立的榉树,树龄一百五十岁,或者更多。站在树根处往上望,绿色枝叶几乎隐蔽了天空。

(中略)

宿舍每日升起飘扬的国旗，作为一天的开始。当然配合国歌，国歌和国旗的关系形影不离，就像播报体育新闻时必定会播放进行曲一样。升旗台位于中庭，从每一间窗口都看得到。

升旗工作由我住的东栋宿舍舍监负责。舍监是五十岁前后、体格魁梧目光锐利的魁梧男子；干硬发梢混了几根白发，晒黑的脸上有一道细长疤痕。据说出身中野陆军学校。其旁站着一个学生担任升旗助手。此人剃光头，永远穿学生制服，真正身分不为人知。没人知道他的名字、住哪一栋，也没有人在餐厅或浴室碰过他。到底他是不是学生，都没人知道。只不过从穿着制服看来像个学生而已。他个子矮小又白皙，和中野陆军学校男子正好相反。每天清晨六点整，就这么两人站在宿舍中庭，升起太阳旗。

搬入宿舍初期，我经常从窗子眺望升旗的光景。每天清晨六点整，两人准时出现于中庭。穿学生服的抱着一个桐木箱。中野陆军学校男子提着一台 SONY（索尼）手提录音机。中野陆军学校男子把音响置于升旗台下；穿学生服的打开桐木箱，箱里摆着叠得整整齐齐的国旗。穿学生服的将国旗交给中野陆军学校男子。中野陆军学校男子将国旗系于旗杆绳，穿学生服的按下音响开关。

（国歌）《君之代》

然后，国旗缓缓升上旗杆。

（中略）

我的室友主修地理学。

（中略）

他每天六点准时起床，《君之代》国歌就是他的闹钟（可见升旗并非完全无用之举）。穿上衣服，走到浴室洗脸。他盥洗要花上极为漫长的时间，让人怀疑是不是把牙齿一颗一颗取下来刷。回到房间后，拉整毛巾皱纹，笔直挂在衣架上，将牙刷和肥皂放回橱柜。然后按下收音机开关，开始进行收音机体操。

我属于晚睡且熟睡型，就算体操音乐响起我也可以睡。但只要他一开始跳跃，我就会从床上跳起来。怎么说呢，他每一跳跃（他实在是很会跳跃），我的头必定在枕头上下震个不停，根本无法入睡。

"不好意思,"第四天,我开口了,"你何不到屋顶做收音机体操呢? 你把我吵醒了。"

"不行,"他说,"到屋顶上作体操,会被三楼的人抗议,这里是一楼,才不会吵到别人。"

"那去中庭如何?"

"也不行。没有收音机就听不到音乐,听不到音乐,体操做不好。"

他的收音机是要插电的,而我的收音机虽有电池却只能听调频台。

"那么,音乐开小一点,不要跳跃行不行?很吵呢,不好意思。"

"跳跃?"他一副吃惊表情,"什么跳、跳跃?"

"就是上下蹦蹦地跳。"

"体操哪有这一部分?"

我的头开始痛起来,很想算了。可是一旦说出口不能就此打住。我只好一面哼着 NHK 第一电台的收音机体操旋律,一面在地上跳上跳下给他看。

"看,就是这个,难道不是吗?"我说。

"是……是吧?确实有这一部分,我都没注意。"

"所以,"我说,"这部分能不能省略?其他部分我还能忍受。"

"不行,"他拒绝得干脆,"哪有省略一部分的?我已经做十年体操了,一做就会无意识地做到全部做完为止。省略其中一部分就接不下去了。"

"那全部不要做好了。"

"这不好吧,对人下命令的。"

"嘿,我可没下什么命令。只想至少能睡到八点。就算早起,也希望是自然醒来,而不是被震动轰醒,了解吗?"

"了解。"他说。

"那怎么说?"

"我们同时起床,一起做体操,不就好啦。"

我放弃了,翻身蒙头大睡。他一日不缺,持续着收音机体操。

*

　　每次提到室友和他的收音机体操,她就噗哧一笑。虽然我原意不是为了说笑话,结果自己也笑了。

　　见到她的笑容,虽然只有一瞬,也久违了。

　　我和她在四谷站下电车,沿着电车线路的土堤,往市谷方向散步。

　　(中略)

　　我们在饭田桥右转,从皇居崛道走出来,通过神保町十字路口、御茶之水斜坡,绕过本乡,沿着东京陆上电车线道走到驹込。颇有一段路程。走到驹込时,已接近黄昏。

　　(中略)

*

　　初次认识她,是在高二的时候。她和我同样年纪,念有名的教会中学。我们认识起因于我的好友——她是他的女朋友。他们从小学就认识,两人的家距离不过两百公尺。

　　就像大多的青梅竹马,他们对彼此之间的交往丝毫不觉该有隐密性,经常到对方家里玩,和对方家人吃饭。我和我当时的女友曾和他俩一起玩,结果往往变成只剩下我和他和她三人,而我的女友则消失无踪。后来我们发现其实这样才好,从立场看来,我是来宾,他是主持人,而她是他的体面助手兼女主角,就这么回事。

　　他社交最在行,表面一副潇洒嘻笑,内在却十分诚恳。他是个能够洞彻时机,适时切入笑语的聊天高手。他俩常聊些轻松的笑话热络场面,每当他或她有一方沉默,另一人就立刻接上话,他可以在不怎么有趣的对手的话中,迅速找出好几个有趣部分。和他聊天时,我时常沉浸在自己原来是一个很有趣的人的错觉。

　　但是一旦他暂时离席,我和她马上陷入冷场,两人都不知该说些什么。事实上,我和她完全没有共同的话题。我们大抵什么也没说,不是把烟头往桌上烟灰缸按熄,就是静静喝一口水,等待着他回座。

而只要他一回座，有趣的话题就马上恢复。

在他的葬礼三个月后，我只和她见过一次。刚好有事，所以约在咖啡馆，事情讲完就没话说了。我试着找话题，却半途而废，加上她谈话方式十分怪异——她常在连我自己都不知道为什么的时候，突然生我的气。然后我和她分开。

或许她会生气是因为，最后一次见到他的人，不是她，而是我的缘故吧。虽然这种说法可能不恰当，但我可以了解她的感受。如果可能，我会很希望为她改变当时的情况，但那是不可能的。一旦发生了，无论怎样努力，都没有办法改变。

五月某个午后，我和他在放学途中（正确的说法是跷课途中），到弹子房打了四局弹子。我赢了最初一局，后面三局他赢了，按规矩我付了撞球钱。

当夜他死在车库里。日产360跑车的排气孔，接上橡皮管塞进车内，车窗间隙用胶布牢牢贴紧，然后打开引擎。我不知道直到他死亡，会花上多少时间。反正等到去亲戚家探病的双亲返家时，他已死了。车上收音机开着，雨刷上还夹着加油站的收据。

没有遗书，也想不出自杀动机。由于我是最后看到他的人，我被警察叫去做笔录。"他没有特别奇怪的举止，和平常完全一样。"我说。大抵准备自杀的人，不会连续打胜三局弹子吧，警察因此对他和我都没有好印象。他们也不认为跷课去打弹子的高中生落得自杀下场是很稀奇的事。报纸登了一小段记载，不久，事件了结。红色日产360跑车被卖掉了。有一阵子，教室里他的座位上，经常摆着一束白花。

高中毕业来到东京，我想做的，就是什么都不要想太多。绿绒面弹子台、日产360红色跑车、教室座椅上的白花，全都从我的脑海里消失了。火葬场高耸烟囱冒出的烟雾、派出所笔录室里的巨大文镇，全都摒弃脑后。最初我忘得很好，忘得很干净。然而，我的内心却有一种残留，随着时光流逝，这空气般的残留隐然成形，成为一种具体而单纯的东西。如果我把它换成言语，是像这样的话：

死并不是生的相反，而是其中一部分。

换成言语后，竟成为一种可厌、平凡、老套的说法。但我那时并无法以语言表达，而只是感到死亡像空气般存在体内，存在那块文镇里。存在弹子台上那并排的四粒弹球里。我把这种叫做死亡的东西，像灰尘般吸入肺里存活着。

在那之前，我一直以为，死是一种独立的存在。也就是"死亡确实会在某种时候逮住我，但反过来说，在死之前的日子，我可也未曾被死逮过。"这是逻辑上的推理——生在此侧，死在彼端。

自从友人死去那晚，我已无法再同意，死只是单纯在该死之时而来。死并非生的相反，死早已存在于我体内，成为无法从脑海消去的一部分。在某个五月的夜里，把我的十七岁友人逮去的死神也在同一夜找上了我。

我现在很清楚了。在弄清楚的同时，我曾苦思过，而苦思是很困难的作业，至少对当时十八岁的我而言，经由苦思找出可以妥协的观点，是十分艰难的。

*

从那时以来我每月一次或两次和她约会。大概可以称约会吧，想不出更好的说法。

她上东京郊外一所小而整洁、名声良好的女子大学。她的住处离学校走路不超过十分钟，沿着路边有清凉的水沟。她好像没交什么朋友，除了断断续续的话语以外，很少开口。因为她没有特别说什么，我也几乎没话讲。见面时，我们只是随便走走。

但也并非没有一点进展。暑假过完时，她已十分自然地靠着我走路。我们并肩走着，上坡、下坡、过桥、过马路。我们不停地走，没有特别要去的地方，也没有特别要做的事。走了一阵子，进入吃茶店喝咖啡，喝完咖啡后再继续走。宛如一张一张幻灯片，一个又一个季节过去了。秋季来到，宿舍中庭的山毛榉枯叶铺盖了一地，穿上毛线

衣可以闻到新季节的气息，我买了一双新鞋。

秋季终了，冷风吹起的时候，她的身体已习惯靠着我的手腕。隔着厚厚的外套，我可以感觉她的气息。但也只有如此，我双手老插进外套口袋，一成不变地走着。我们的鞋底听不到脚步声，只有踩在悬铃木的枯叶时，才发出干燥的声响。她要的，并非抓着我的手腕，而是谁的手腕。她要的，并非我身上的温热，而是谁身上的温热，至少我是这么想。

我感到她的眼睛比以前更透明，一种无处可去的透明感。她时时没来由地凝视着我。这时，我感到一层悲哀。

每当她打来电话来，或周日一早我出门约会时，常被宿舍同伴嘲弄，同伴都当我在谈恋爱。我没想说明，也没说明的理由，闲言任它去。我每次约会回来，一定有人提，到底上床了没啦。嗯，嗯，我一直这么响应。

（中略）

*

这晚，我和她上床了。我不知道这样做对不对，但除了这样，还能怎样？真的很久没有和女孩上床了。而她是第一次和人上床。我试着问，为何没有和他上床……这问题实在是不妥，她没有回答。她的手离开我的身体，背对我，眺望窗外的雨。我看着天花板，吸着烟。

（中略）

一个礼拜没有任何电话打来。由于她的住处不帮人接电话，我写了很长的信。我尽可能照实表达自己的感觉。"……我不知道很多事。虽然努力想弄清楚，却徒费时间。随着时间经过，到底自己身处何方也没搞懂。但我尽可能不让自己去想太深刻的问题。想得太深刻时，世界变得很不真实。而结局多半只是把周遭的人推向某处，而我一点都不想把别人逼到角落。很想见你，但是如同前述，到底是对不对，我也不知道……"像这样内容的信。

七月，回信来了。很短的信。

……我决定休学一年。暂时是这样，但我不认为会再回学校了。所谓休学，不过是手续的问题。明天就要搬家了，好像很匆促，其实是很久以来一直想做的事。虽然几次想找你谈谈，还是做不到。和人说话，是一件很可怕的事。

发生了很多事，请不要介意。无论发生了什么，或者没发生什么，结局应该都是如此。或许我这么说会让你受伤，如果是这样，很抱歉。我想说的只是，不要为了我而责怪自己，或责怪其他的某人，这些我都应当自己全部承担。我曾让你感到困惑，不过这也是……这也是极限了。

听说京都山中有不错的疗养院，并不是医院，而是可以让人自由行动的设施。总之，想先到那里安静下来。琐碎的余事，容或有机会再写。这封信写得不好，虽然我已重写十遍。这一年，有你相伴，我真的是……真的是说不出的感谢。请务必相信……我无法再说什么了。你送我的唱片，一直细心听着。说不定还能，在这不确实的世界里，我们说不定还有相遇的时候。到那个时候，再谈。

再见

她的信我反复读了不下上百遍。每一次重读，总有禁不住的悲伤袭上心头。一如被她凝视时，所感觉的那种哀愁。我无法把这样的感觉带到任何地方，或者把它结束。那是如风一般，毫无轮廓，也无重量可言的感觉，我甚至无法将之保留在自己身上。风景在我眼前缓缓倒退，周遭人们的谈话，根本无法到达我的耳际。

周末夜里，我不变地坐在大厅的椅子上，听任时间流过。没人打电话给我，我也没想打电话给任何人。除了在那里坐着，我不知道还能做什么。我总是打开电视，假装看着棒球转播，凝视自己和电视之间的一层恍惚的空间，我把那空间分成两部分，把分开的部分再分成两部分，一而再，再而三地重复这个动作。最后我做成一个可以存放

在掌心的，极小的空间。

到了十点，我关闭电视回到房间，上床睡觉。

*

月底，室友送我一个即溶咖啡的空瓶。瓶里放着一只萤火虫、一片草叶和一点点水，瓶盖穿了几个流通空气的洞。很久没有靠近瞧萤火虫了，当周围明亮时，它看起来只像水边的小黑虫罢了，但仔细瞧，确实是一只萤火虫。每当萤火虫尝试攀上光滑的玻璃瓶壁，就不断跌下来。

"在院子抓的，大概是从附近大饭店的庭园不小心飞到我们这里。"他一边将衣服和笔记本塞进背袋一边说着。暑假已放了好几周，留在宿舍里的大概只有我们两个。我不想回家，他则是有实习科目，不过实习一完，他也要回家了。

"送给女孩子不错，一定会很高兴。"他说。

"谢了。"我说。

黄昏的宿舍悄然无声，国旗从旗杆降下。餐厅开了灯，因为学生人数减少，餐厅只开半边的灯。关掉右半边，只开左半边，空气里传来晚餐的气味，奶油汤的味道。

我拿着装萤火虫的空瓶，来到屋顶。屋顶没有人影，晒衣绳挂着一件忘了收的白衬衫，像蛇的蜕皮般在晚风中飘摇着。我走到角落生锈的铁梯，爬上蓄水塔。圆形的蓄水塔，白天里吸饱了太阳的热量，现在还温温的。我靠着狭小的栏杆坐下，眺望天际，缺了一角的明月浮现眼前，右手边是新宿的街道，左手边是池袋街道。汽车行列的头灯，宛如鲜亮的河流巡行一条又一条街道。城市的声音柔和地混合，云朵般飘浮在街道的上空。

瓶底的萤火虫发出微光。但那光芒太过微弱，颜色十分浅淡。记忆里，萤火虫光芒似乎应更加明亮，在夏夜的黯黑中晶亮地飞舞才对。

也许萤火虫已奄奄一息吧。我抓着瓶口稍稍摇晃，萤火虫被瓶壁碰撞几下之后飞了起来。然而光芒还是一样微弱。

也许只是我记忆的缘故，只是我自己一厢情愿，而萤火虫实际上并没有那么光亮。也许在我记忆里，四周应更加黑暗才是。究竟，最

后一次看到萤火虫是在何时？

在我记忆里，只有暗夜里的水声。砖瓦筑成的水闸，以轮子旋转开闭的那种水闸。岸边浓密的牧草覆盖了河流，周遭十分黑暗，在水闸的水溜处，有上百只的萤火虫飞舞。点点汇聚的黄色光芒，宛如燃烧的火药般映照水面。

到底是何时的事？还有，在哪里？

想不起来。

眼前、过去，时间前后混乱。

我闭上眼，深呼吸，整理自己思绪。

我初次在日落以后攀上这座水塔。风的声音清晰可闻，轻吹的风，却在我的身上留下强烈的痕迹。我紧闭双眼，一如记忆里的当时，溶入夏夜的黑暗之中。时间缓缓经过，夜色终于包覆了大地。都市之光再怎么强调其存在，夜色仍将全部带走。

我打开瓶盖，放在蓄水塔边缘，等待萤火虫逸出。萤火虫彷佛没有把握置身何处，跟跟跄跄在瓶身绕一圈，稍停在墙上剥落的油漆上。一下往右摸索前进，一下往左转，像要确定什么似的，萤火虫花了好长的时间爬上钉帽，静静蹲踞着，彷佛停止气息般，动也不动。

我靠着栏杆坐着，静静凝视着萤火虫。很长的时间，我们静止不动。只有风在我俩之间，河流般地穿梭而过。榉木叶子在黑暗里互相摩挲。

我一直等待。

过了许久，萤火虫起飞，忽然想到什么似的开始展翅。像找回失去的时间一般，在蓄水塔边缘描出一道弧形，稍事停留在风微弱处，一瞬间，穿过栏杆，漂浮于夜色的暗黑，朝东飞去。

萤火虫飞走之后，那光线的轨迹在我的心中长期留存。闭上眼睛，厚密的黑暗之中，微微的光芒宛如无处可去的游魂，徘徊不已。

黑暗中，我几度尝试伸出手指，却什么也接触不到。一丝微弱的光芒，永远停在指尖的稍前端。

（选自李友中译：《村上春树短篇小说精选——萤火虫》，台北：时报出版社，1999年）

五、译者简介

林少华，中国海洋大学外国语学院教授，著名翻译家。因译村上春树《挪威的森林》而为广大读者熟悉，此后陆续翻译32卷《村上春树文集》及夏目漱石、芥川龙之介、川端康成、井上靖、东山魁夷等名家作品。以优美典雅的文字和对日本文学作品气氛的出色把握，受到读者的推崇，同时还应多家报刊邀请，撰写专栏，亦是国内知名的专栏作家。

李友中，专栏作家，牙科医生，毕业于台北医学院。著有《东京漂流物语——村上春树相簿》。

六、译文赏析

日本的文艺评论家加藤弘一在"異象の森を歩く——村上春樹論"（《漫步于异象的森林——村上春树论》）[1]一文中称赞『螢』（《萤火虫》）是"村上の短編で最も結晶度の高い作品"[2]（村上的短篇中结晶度最高的作品）。村上春树后来将这部短篇小说长篇化，这就是自1987年9月在讲谈社出版后，到1988年精装版总计发售近500万部[3]，在日本造成洛阳纸贵之势，后在我国也风行一时的『ノルウェイの森』（《挪威的森林》）。该长篇的第二章与第三章基本上将『螢』全文保留。

『螢』的两位中文译者一位是在内地因翻译村上春树作品而知名的林少华，另一位是来自我国台湾的李友中，不过他翻译村上的作品较少。在台湾，最为读者所熟知的村上作品的译者是赖明珠，她翻译了多部村上春树的作品。

---

[1] 括号内的中文译文为笔者所译。除书名外，下同。
[2] 加藤弘一：「異象の森を歩く——村上春樹論」，选自栗坪良树・柘植光彦编『村上春樹スタディーズ03』，东京：若草书房1999年版，第108页。
[3] 这一数目来自柘植光彦为『村上春樹スタディーズ03』一书所撰写的「解说」，参见栗坪良树・柘植光彦编『村上春樹スタディーズ03』，东京：若草书房1999年版，第301页。

在进入具体的译文比较赏析之前,笔者想先谈一下在阅读两篇译文时较为在意的两点:一是人称翻译问题;二是译文中存在的漏译、误译的问题。

这两篇译文在人称翻译方面最惹人注意的是对女主角"彼女"的翻译。在林译中,"彼女"大部分时候被替换成"直子"①,李译则仍直译为"她"。②从语感上而言,"彼女"是一个虚像的、模糊的存在,"直子"则是实像的、清晰的存在。我们知道,『萤』原文中并未出现"彼女"的姓名,只是在『ノルウェイの森』中才出现了"彼女"的姓名"直子"。其实,在『ノルウェイの森』之前,村上春树的很多作品中,包括主人公在内的登场人物都没有姓名③。可以说,在『萤』及『萤』之前的『風の歌を聴け』(《且听风吟》)『1973年のピンボール』(《1973年的弹子球》)『羊をめぐる冒険』(《寻羊冒险记》)的初期三部曲中,作品中不出现人物的具体姓名而代之以"僕""彼女"之类的人称代词正是村上春树早期文风的体现。有学者指出,村上春树试图将『ノルウェイの森』写成现实主义小说,给登场人物赋予"ワタナベトオル""レイコ""永沢""ハツミ""緑"等固有名词应是出于该层考量。④从『萤』到『ノルウェイの森』,能看到村上春树文风的转变。如果从是否忠实再现了原作者文风的角度来考察的话,李译的做法是较为妥当的。

再来看一下两篇译文对"学生服"与"中野学校"这一对令人忍俊不禁的奇妙组合的翻译。

---

① 从村上春树的创作时间来看,『萤』是在『ノルウェイの森』之前的,但林少华先翻译的是『ノルウェイの森』,由于『ノルウェイの森』的第二、三章的内容与『萤』大体一致,所以后来出版的《萤》很可能是直接沿用了《挪威的森林》的译文,这样就能解释林少华为何会"未卜先知"地将"彼女"译成了"直子"。

② 为行文方便,将林少华译文简称"林译"、李友中译文简称"李译"。

③ セシル・モレル「村上春樹の小説世界『ノルウェイの森』のリアリズム」,选自栗坪良树・柘植光彦编『村上春樹スタディーズ03』,东京:若草书房1999年版,第191页。

④ セシル・モレル「村上春樹の小説世界『ノルウェイの森』のリアリズム」,选自栗坪良树・柘植光彦编『村上春樹スタディーズ03』,东京:若草书房1999年版,第191页。

原文：学生服が桐の薄い箱を持っている。中野学校はソニーのポータブル・テープレコーダーを持っている。中野学校がテープレコーダーを掲揚台の足もとに置く。学生服が中野学校に旗を差し出す。中野学校がロープに旗をつける。学校服がテープレコーダーのスイッチを押す。

林译："学生服"手提扁扁的桐木箱，"中野学校"提一台索尼牌便携式磁带收录机。"中野学校"把收录机放在升旗台脚下，"学生服"打开桐木箱。箱里整齐叠放着国旗，"学生服"把旗呈给"中野学校"，"中野学校"随即给旗穿上绳索，"学生服"便按一下收录机开关。

李译：穿学生服的抱著一个桐木箱。中野陆军学校男子提著一台SONY（索尼）手提录音机。中野陆军学校男子把音响置于升旗台下；穿学生服的打开桐木箱，箱里摆著迭得整整齐齐的国旗。穿学生服的将国旗交给中野陆军学校男子。中野陆军学校男子将国旗系于旗杆绳，穿学生服的按下音响开关。

"学生服"与"中野学校"这种以人物的某种典型特征来指称人物的表现手法早在夏目漱石的『坊っちゃん』（《少爷/哥儿》）中就已比比皆是，像第二章集中出现的"狸""赤シャツ""うらり""山嵐""野太鼓"等①。村上春树此处的灵感是否源自『坊っちゃん』尚不得而知。通常而言，这种略带戏谑的表现手法，能产生一种滑稽的效果，使人物形象更加生动。林译选择直译"学生服"与"中野学校"，并加上引号以示其作为人称代词的独特性，能还原原文的幽默感，做法是可取的。而李译则分别译为"穿学生服的"与"中野陆军学校男子"，这属于一种带补充说明性质的增译，虽然苦心孤诣，但这种过于直白的做法却违背了原文作者试图传递一种滑稽感的原意，而且使译文显

---

① 夏目漱石『坊っちゃん』，选自『夏目漱石全集 2』，东京：筑摩书房 1987 年版，第 271 页。

得臃肿并欠缺流畅性。

对于两篇译文都不同程度地存在漏译与误译的问题，限于篇幅，无法一一列出，现举二例如下：

原文：寮は見晴しの良い文京区の高台にあった。敷地は広く、まわりを高いコンクリートの塀に囲まれていた。門をくぐると正面には巨大なけやきの木がそびえ立っている。樹齢は百五十年、あるいはもっと経っているかもしれない。根元に立って上を見上げると、空はその緑の枝にすっぽりと覆い隠されてしまう。

林译：寄宿院坐落在城内风景不错的高坡上，占地满大，四周有高高的混凝土围墙。进得大门，迎面矗立着一棵巨大的榉树，树龄听说有一百五十年，或者更长些也说不定。站在树下抬头望去，天空被绿叶遮掩得严严实实。

李译：校外宿舍位于视野良好的文京区高台地，占地广阔，四周围着高大的水泥墙。大门外，迎面即是一株高大耸立的樱树，树龄一百五十岁，或者更多。站在树根处往上望，绿色枝叶几乎隐蔽了天空。

很明显，林译漏译了"文京区"，而只笼统地说是"城内"。文京区这一在东京地图中实际存在的地点在原文中不是可有可无的，其重要性可以联系篇末"僕"坐在宿舍屋顶上看到的夜景来看："右手には新宿の街が、左手には池袋の街が見えた。"右手边能看到新宿的街道，左手边能看到池袋的街道，这样的夜景只有在文京区的高台地才能实现。

而对"門をくぐると"的翻译，林译为"进得大门"，李译为"大门外"，意思截然相反。"くぐる"即"潜る"，意为"通过、走过"等，显然林译正确，李译有误。而李译的失误就导致了原本是门内的风景反成为了门外的景色。

这一段文字，李译还有一个明显的错误，就是将"けやきの木"

误译为"樱树"。

> 原文：我々は飯田橋で右に折れ、お堀ばたに出て、それから神保町の交差点を越えてお茶の水の坂を上がり、そのまま本郷に抜けた。そして都電に沿って駒込まで歩いた。ちょっとした道のりだ。駒込に着いた時には日はもうすっかり暮れていた。
>
> 林译：到得驹込，太阳已经落了。
>
> 李译：我们在饭田桥右转，从皇居堀道走出来，通过神保町十字路口、御茶之水斜坡，绕过本乡，沿着东京陆上电车线道走到驹込。颇有一段路程。走到驹込时，已接近黄昏。

这段文字，李译相当忠实于原文。但林译漏译的现象很严重，如果说是无心所致的话，那就无法解释"駒込に着いた時には日はもうすっかり暮れていた。"这一句又为何完好地译出。合理的解释是译者觉得这些地点对中国读者而言很陌生，且过于繁琐，略掉也无伤大雅。但如此处理真的合适吗？在夏目漱石的『こころ』（《心》）中有这样一段文字："私は猿楽町から神保町の通りへ出て、小川町の方へ曲りました。……私はとうとう万世橋を渡って、明神の坂を上がって、本郷台へ来て、それからまた菊坂を下りて、しまいに小石川の谷へ下りたのです。私の歩いた距離は此三区に跨がって、いびつな円を描いたとも云われるでしょうが、私はこの長い散歩の間ほとんどKの事を考えなかったのです。"[①]（我从猿乐町走到神保町大街，又拐向小川町。……我终于过了万世桥，爬了明神坡，来到本乡台，后来又走下菊坂，最后回到了小石川谷地。我走的距离，可以说横跨这三个区，画了一个椭圆形。但是，在这漫长的散步过程中，我几乎一点没想到过 K。）

拿村上春树的文字与夏目漱石的这段文字两相对照，我们可以看

---

① 夏目漱石『こころ』，选自『夏目漱石全集 8』，东京：筑摩书房 1988 年版，第 262 页。

出村上是在有意模仿夏目漱石的笔调。①表面上看只是主人公漫无目的地行走于不同的地点间，但事实上是他们茫然游走于青春路上的一种写照。按照原文忠实译出较好。

接下来，笔者选取两段原文，尝试对两位译者的译文进行文本细读与比较赏析。先看这段"僕"对去世的友人的评论：

原文：彼はそういうのがとても得意だった。いくぶん冷笑的な傾向はあったが、本質的には親切で公平な男だった。彼は僕に対しても彼女に対しても同じように冗談を言ってからかった。どちらかが黙っていると、すぐそちらにしゃべりかけて上手く相手の話をひきだした。彼には瞬間的に状況を見きわめ、それに対応する能力があった。彼はまたたいして面白くもない相手の話の中から面白い部分をいくつも見つけていくという得がたい才能を持ちあわせていた。だから彼と話していると、時々僕は自分がとても面白い人生を送っているような気分になったものだった。

林译：我这位朋友对自己的角色胜任愉快。他多少有一种喜欢冷笑的倾向，但本质上却是热情公道的人，对我、对直子都一视同仁，一样地开玩笑。倘若有一方默然不语，他就主动找话，巧妙地把对方拉入谈话圈内。他具有一种能力，可以准确无误地捕捉现场空气的变化，从而挥洒自如地因势利导。另外他还有一种颇为可贵的才能，可以从对方并不甚有趣的谈话中抓出有趣的部分来。因此，每次与他交谈，我就总是觉得自己是在欢度无限美妙的人生。

李译：他社交最在行，表面一副潇洒嘻笑，内在却十分诚恳。他

---

① 渥见秀夫在「村上春树『螢』と漱石『こゝろ』」—「近代文学」から見た「螢」の諸相（一）—」一文的开篇列出了这两段文字，用以证明这两部作品是存在可比性的。参见栗坪良树・柘植光彦编『村上春树スタディーズ03』，东京：若草书房1999年版，第257-258页。

是个能够洞彻时机，适时切入笑语的聊天高手。他俩常聊些轻松的笑话热络场面，每当他或她有一方沉默，另一人就立刻接上话，他可以在不怎么有趣的对手的话中，迅速找出好几个有趣部分。和他聊天时，我时常沉浸在自己原来是一个很有趣的人的错觉。

首先看一下李译，在和原文两相对照下，笼统评价的话，李译的这段文字属于意译。但严格说来，李译是存在几处误译的。

对这位健谈的友人为何毫无缘故、毫无征兆地自杀，原作讳莫如深，唯一能够称得上线索的可能就是这一句"いくぶん冷笑的な傾向はあったが"，此句轻描淡写般地给这位挥洒自如的友人形象抹上了一丝阴影。李译将这里的"冷笑"译成"潇洒嘻笑"，表面看是与后面的友人形象衔接上了，实际上是背离了作者原意，不利于读者对后文的理解。

李译将"他是个能够洞彻时机，适时切入笑语的聊天高手。"一句移到前面，能够看出来译者是想用"总—分—总"的句式。但原文却是用"总—分—分—总"的句式，用两个并列的分句描述了"他"在谈话时的两大能耐：一是能读懂气氛、随机应变；二是能从对方的谈话里提炼出有趣的部分。李译的总句漏译了"他"的第二个能耐。而且"他俩常聊些轻松的笑话热络场面，每当他或她有一方沉默，另一人就立刻接上话"与"他可以在不怎么有趣的对手的话中，迅速找出好几个有趣部分。"这两部分说的是两回事，译者却一直用逗号，使得层次很不清晰。

再者，"他俩常聊些轻松的笑话热络场面，每当他或她有一方沉默，另一人就立刻接上话，"这一句的翻译更加违背了原文。原文是"他"会跟"我"与"她"开玩笑，"我"与"她"一旦有一方沉默，"他"马上就会跟沉默的一方搭话，巧妙地把对方拉进谈话的圈子来，这是对"他"的交谈技巧的赞美。而译文却变成了"他"与"她"之间你来我往、顺畅无阻的交流。

另外，最后的总句"和他聊天时，我时常沉浸在自己原来是一个

很有趣的人的错觉。"初读起来,只是觉得不通顺。如果把中心句"我沉浸在错觉"提炼出来的话,就会发现这是个病句,正常说法是"我沉浸在错觉里"或"我沉浸在错觉中"。而且严格说来,这一句同样背离了原文,原文的大意是跟"他"聊天,"我"会觉得自己的人生有趣,而不是觉得自己有趣。相比之下,林译这一段译得很出彩。

首先,林译基本上传达了原文所要表达的信息,而且大体遵循了原文"总—分—分—总"的结构,在内容与结构上是忠实于原文的。从这层意义上来讲,林译属于忠实的翻译。

再者,林译的这段文字是很有节奏感的。村上春树在『翻訳夜話』(《翻译夜话》)一书中再三谈到他本人在从事翻译时,最为注重的是"リズム"[①](节奏),"……リズムということに関しては、僕は場合によってはテキストを僕なりにわりに自由に作りかえます。どういうことかと言うと、長い文章があれば三つに区切ったり、三つに区切られている文章があったら一つにしたりとか。ここの文章とここの文章を入れ換えたりとか。"[②](说到节奏,我在某些时候会按照自己的方式较为自由地改写文本。具体说来,是诸如把原文中的长句分成三小句、原文是三小句的又合成一句、或者调换原文句子的顺序等。)可以看出,村上春树所说的节奏应该跟译文句子的结构密不可分。刚才提到林译遵循了原文的总体结构,但他在细微处进行了调整。最为突出的是对"彼には瞬間的に状況を見きわめ、それに対応する能力があった。彼はまたたいして面白くもない相手の話の中から面白い部分をいくつも見つけていくという得がたい才能を持ちあわせていた。"这两句的翻译。日语学习者应该都知道与中文相比,日语存在定语趋长的倾向,体现在这两句中,就是"能力"与"才能"前存在很长的修饰成分,如果逐字译的话,就变成了"他具有一种看清瞬间状况,并与之对应的能力。他还具有一种从对方并不怎么有趣的谈话中发现几个有趣之处的难得的才能。"从中文读者对中文的节奏要求的角

---

① 村上春树、柴田元幸『翻訳夜話』,东京:文芸春秋 2000 年版,第 21 页。
② 村上春树、柴田元幸『翻訳夜話』,东京:文芸春秋 2000 年版,第 21 页。

度来看，这样翻译通则通，但略嫌拗口，可谓"达"而不"雅"。林少华运用拆句法，把中心句提前后再进行阐述，将这两句译为"他具有一种能力，可以准确无误地捕捉现场空气的变化，从而挥洒自如地因势利导。另外他还有一种颇为可贵的才能，可以从对方并不甚有趣的谈话中抓出有趣的部分来。"这样，译文就去除了"翻译腔"，变成地道的中文了。

其实不同的译者翻译同一篇译文，就宛如不同的演奏者演奏同一个曲谱。之所以会带来不同的听觉感受，取决于演奏者的演奏技巧的高下。这当中除了指法及感情投入等的区别外，关键的一点是演奏者的演奏是否会"呼吸"，即什么时候连贯，什么时候断开，什么时候"藕断丝连"，这方面的巧拙会影响最终的听觉效果。换言之，我们在翻译时，追求的也是有连断有法、收放自如、有节奏感、会"呼吸"的译文。

另外，之所以说林译出彩，还在于他的文采。这段译文里用了很多四字表达，笔者根据自己的语感，找出了"胜任愉快""喜欢冷笑""热情公道""一视同仁""默然不语""主动找话""准确无误""挥洒自如""因势利导""颇为可贵""不甚有趣""无限美妙"总计12组的四字表达。这些内含节奏感的四字词语的大量运用无疑能给译文读者带来一种文采飞扬的阅读享受。虽然曾有日本学者称林少华的翻译是"厚化粧"（浓妆艳抹）①，但笔者认为多数情况下，是否"译得对"是能进行客观评价的，是否"译得好"，则是见仁见智

---

① 东京大学的藤井省三教授在比较林少华、叶蕙、赖明珠三人的翻译时，曾这样说道："たしかに「お化粧せず、本来の姿を残す」と称している通り、頼訳は林訳と比べれば無論のこと、葉訳と比べてもほぼ完璧な直訳といえよう。頼訳や葉訳と比べると、林訳の「審美的忠実」さが却って厚化粧に見えてくるのは否めない。素顔の村上文学と厚化粧の村上作品のどちらを好むか、という点が頼訳支持派と林訳支持派の分岐点となっているのであろう。"（的确正如"不施粉黛、保留原貌"之所称，赖译跟林译比自不用说，即便跟叶译相比，也堪称完美的直译。相较赖译与叶译，林译的"审美忠实"反而显得浓妆艳抹，这点不可否认。是偏爱素颜的村上文学，还是青睐浓妆艳抹的村上作品，这是赖译支持派与林译支持派的分歧之所在。）参见藤井省三『村上春樹のなかの中国』，东京：朝日新闻社2007年版，第202页。

的。①如果从以原文为中心、以原作者为导向的立场来看的话，林译确实是比日本研究者们称为"淡い"②（清淡）的村上的原作增加了些"调料"③，但若从以译文为中心、以译文读者为导向的立场来看的话，添加了"调料"后的林译无疑更符合中国读者，尤其是内地读者的"胃口"。

村上春树在『翻訳夜話』中提倡"忠実でありながら、しかも官僚的にはならない自然な翻訳"④（忠实而又不刻板的自然的翻译），笔者认为用此总结这段林译的风格应是无可厚非的。

下面看一下篇末萤火虫飞走后的一段收尾的文字：

> 原文：螢が消えてしまったあとでも、その光の軌跡は僕の中に長く留まっていた。目を閉じた厚い闇の中を、そのささやかな光は、まるで行き場を失った魂のように、いつまでもさまよいつづけていた。
> 　　　僕は何度もそんな闇の中にそっと手を伸ばしてみた。指

---

① 笔者想就此补充一个案例。2014 年春，笔者参加早稻田大学文学研究科千野拓政教授的研究课时，千野老师让在场的中国学生与日本学生共同赏析施小炜与赖明珠对村上春树的『色彩を持たない多崎つくると、彼の巡礼の年』（《没有色彩的多崎作和他的巡礼之年》）的翻译。中国学生一致认为施小炜的译文是自然的中文，赖明珠的翻译则带着"翻译腔"；而日本学生则比较赞同赖明珠的翻译，认为她的译文更加忠实于日文原有的语法结构与表达方式。由此可见，译文接受者的身份、立场、审美取向等的不同会影响乃至决定他们对译文的最终评价。

② 松本健一「言葉の定型に潜む『国家』—三島由紀夫から村上春樹、島田雅彦まで—」，选自栗坪良树・柘植光彦編『村上春樹スタディーズ03』，东京：若草书房1999年版，第255-246页。

③ 林少华在他的随笔集《落花之美》中，针对记者"有一种说法是你的译笔'美化'了村上的文字，对其在内地的畅销推波助澜？"的提问，他这样回应："既美化了又没有美化。说美化了，是因为汉语本来就是世界上最富于装饰美的语种，而我原本又是搞中日古诗比较的，难免多用几个文言词儿。说没有美化，是因为日本文学如日本料理，以淡为主，以淡为美。问题是如果同样译得那么淡，中国人就未必觉得美了。这也好比上海菜和山东菜，上海人觉得咸淡正好的菜，山东人往往觉得淡，而要让山东人觉得正好，就要多放几克盐进去。而我为了缩短日本人和中国人的审美距离，有时就在允许范围内调整一下，即多放几克盐。在这个意义上，就不是美化，而是一种'信'，一种忠实，即审美忠实，这在文学翻译上不但是允许的，也是必需的。……"参见林少华《落花之美》，北京：中国工人出版社2006年版，第234页。

④ 村上春树、柴田元幸『翻訳夜話』，东京：文芸春秋2000年版，第63页。

> は何も触れなかった。その小さな光は、いつも僕の指の
> ほんの少し先にあった。

林译：萤火虫消失之后，那光的轨迹仍久久地印在我的脑际。那微弱浅淡的光点，仿佛迷失去向的灵魂，在漆黑厚重的夜幕中往来彷徨。

我几次朝夜幕中伸出手去，指尖毫无所触，那小小的光点总是同指尖保持着一点不可触及的距离。

李译：萤火虫飞走之后，那光线的轨迹在我的心中长期留存。闭上眼睛，厚密的黑暗之中，微微的光芒宛如无处可去的游魂，徘徊不已。

黑暗中，我几度尝试伸出手指，却什么也接触不到。一丝微弱的光芒，永远停在指尖的稍前端。

这一段文字是点题之文，可以说是整部短篇小说的画龙点睛之笔。萤火虫的意象在日本文学中很常见。远有紫式部的『源氏物语』（《源氏物话》），第25帖即以"萤"命名；近有1978年获得芥川奖的宫本辉的『萤川』（《萤川》）。尤其在『源氏物语』第41帖"幻"中，光源氏想起白居易《长恨歌》中的"夕殿萤飞思悄然"[①]，有感而发后吟唱了和歌"よるを知る螢をみてもかなしきは時ぞともなき思ひなりけり"，联系此处描述的是光源氏对逝去的紫上的追怀，结合本篇"彼女"的离去之于"僕"的怅惘，我们再度感知文学"润物细无声"般的承继性。『萤』中萤火虫的意象其实是具有双重隐喻含义的，既比喻不告而别的"彼女"，也是对稍纵即逝的青春与爱情的隐喻。

在读懂原文的前提下，我们再来看两位译者的翻译。从内容乃至

---

① 此处具体的原文为：「夕殿に螢とむで」と、例の、ふるごとも、かかる筋にのみ、口馴れ給へり。

参见『源氏物语 四』，日本古典文学大系17，东京：岩波书店1962年版，第15页。丰子恺对这段文字以及和歌的翻译如下："看见无数流萤到处乱飞，便想起古诗中'夕殿萤飞思悄然'之句，低声吟诵。此时他所吟的，无非是悼亡之诗。又赋诗曰：'流萤知昼夜，只在晚间明。我有愁如火，燃烧用不停。'"参见紫式部著、丰子恺译《源氏物语》，北京：人民文学出版社1983年版，第882页。

句法来看，似乎李译更忠实于原文。"目を閉じた"在李译中对应"闭上眼睛"，在林译中无迹可寻。"手を伸ばしてみた"中的"～てみた"句式，李译也用了"尝试"一词来替代，林译则略去不译。另外，上文所分析的林译的特征，如拆分原文句式结构、爱用四字表达等，在这段林译中仍可见端倪，此处不再赘述。

笔者想集中在"光"这一点上来深入探究两种译文。"光"在这段原文中出现了三次，指的是萤火虫之光，结合上文对萤火虫意象的分析，以及原文中"瓶の底で、蛍は微かに光っていた。しかしその光はあまりにも弱く、その色はあまりにも淡かった。"的描写，可知此处的"光"应是微弱的、虚幻的、转瞬即逝的"光点"，而不是"光线"，更不是"光芒"，"光芒"具有"向四面放射的强烈光线"①之意，因此李译没有林译到位。再来看两位译者对原文里带有修饰成分的"光"的翻译。对"そのささやかな光"，林译为"微弱浅淡的光点"，李译为"微微的光芒"；对"その小さな光"，林译为"那小小的光点"，李译为"一丝微弱的光芒"。原文的"ささやか"侧重光之"微弱"，"小さな"则侧重光之"微小"，相比之下，林译更加精准。最后看"その小さな光は、いつも僕の指のほんの少し先にあった。"的翻译，李译直译为"一丝微弱的光芒，永远停在指尖的稍前端。"林译则意译为"那小小的光点总是同指尖保持着一点不可触及的距离。"李译无疑是直译的、"译得对"的，但反复吟味的话，林译那一句"一点不可触及的距离"不仅是"萤"之于"僕"，也不仅是"彼女"之于"僕"，而能推及现代社会的人与人之间微妙的距离感，故能带来一种心灵的震颤，可谓"译得好"。

上文从各个角度分析了林译与李译。有以下几点是值得我们深思的：一是再好的翻译也难免误译与漏译。村上春树在『風の歌を聴け』的开篇，有这样一句"完璧な文章などといったものは存在しない。完璧な絶望が存在しないようにね"②（不存在完美的文章，一如不

---

① 《现代汉语词典》（第6版），北京：商务印书馆2012年版，第485页。
② 村上春树『風の歌を聴け』，引自『村上春樹全作品1979～1989①』，东京：讲谈社1990年版，第7页。

存在完全的绝望。）我们完全可以化用此句来说翻译，即"不存在完美的翻译，一如不存在完美的绝望。"笔者在上文指出了两篇译文的一些值得商榷之处，但目的仅限于提醒有志于从事翻译工作或翻译研究的读者在翻译或研究时应先有这点思想准备。其实只要这种错漏在适当程度之内，不影响对作品整体的理解，那大可不必吹毛求疵、抓住不放、甚至将译文"一棒子打死"。二是我们在进行文学翻译的赏析或研究时，虽然普遍采用的形式是从原文摘选个别段落、句子或词语后再进行分析，但在此之前首先要吃透原文，要充分了解原作者的创作手法、修辞方式、文体、文风等。如果对原文还仅是一知半解，就开始对译文"指手划脚"，最后得出的结论无异于空中楼阁。三是对文学翻译的"忠实"标准究竟该如何看待的问题。从上文的分析来看，我们会发现有的地方李译比林译更忠实原文，有的地方林译又比李译更忠实原文。选取的段落不一样，或许会得出完全相反的结论。除非是用计算机对全篇译文逐字逐句地统计分析，才可能给出一个较为公正的答案。但是这种机械的分析结论又真能与我们阅读译文时产生的主观感受相契合吗？未必如此。这就涉及第四个问题，即"译得对"与"译得好"的问题。"译得对"是基本要求，"译得好"却可遇不可求，正如林少华在《落花之美》中比喻的那般"大部分人弹对了琴谱，只有极少数人弹出了灵魂的震颤。"[1]文学翻译之最大目的是为了让不懂外语的读者也能阅读用这门外语创作的作品，他们完全仰仗译文，而不会跟翻译研究者一样能够将原文与译文对照阅读。比起是否"译得对"，译文读者更关注是否"译得好"。而"译得好"的译文是能打动读者内心、使他们产生情感共鸣，并收获审美之愉悦的译文。尽管近年来对林译的批评之声不绝于耳，但不可否认的是正因为林少华译出了村上文学的灵魂，其译文风格又契合了大部分读者的审美期待，使读者产生了情感的共鸣与"灵魂的震颤"，才成就了村上文学在中国的成功。

（宋丹）

---

[1] 林少华《落花之美》，北京：中国工人出版社2006年版，第222页。

七、翻译理论学习

文学文本的解读

　　传统上讲，我们一般把文学翻译的对象称为"文学作品"（literature works），但在现代文学理论，特别是形式主义文学理论看来，这个名称抹杀了"文学文本"（literature texts）作为意义载体存在的客观性，或者说，忽视了文学文本是一个由语言符号按一定的艺术规则组成的自足的、封闭的能指系统。文学作品一旦完成，便与作者分离，成为一种客观存在。作者的意图并不能决定文学文本的意义，文本的意义存在于文本自身的语言结构中。虽然文学意义的最终实现还依赖于读者的解读和阐释，但解读和阐释总是以既定的文学文本为基础的。以翻译为目的的文学文本解读尤其如此。如第一章所言，文学文本的客观存在是文学翻译的本质属性之一，故我们把对文学文本的解读视为文学翻译的起点和基础。

　　什么是文学文本的解读？我们从文学理论中借鉴一个简明的定义："文学文本的解读活动，也就是文学接受或文学鉴赏活动，是一个反映、实现、改变、丰富文本的过程，也是一个融会、了解读者的感受、体验、联想、想象、以及审美判断等多种心理活动机制的认识活动和心理活动过程。"[①]可见，文学文本的解读是一个读者（译者）的主观活动与文本的客观存在交流互动的过程。文学是语言的艺术，因此，文学文本的解读要求读者具备对语言艺术的感受力、理解力、推想力和审美力，以及必要的生活阅历和知识储备。

　　文学文本的解读过程一般分为三个阶段[②]：一是一般性阅读阶段，即"由通晓文字（词、句）到把握作者意图或文本'原意'的阅读过程"。这是最基本的解读方式。二是细读阶段，指"在一般性阅

[①] 王耀辉：《文学文本解读》，武汉：华中师范大学出版社1999年版，第2页。
[②] 王耀辉：《文学文本解读》，武汉：华中师范大学出版社1999年版，第4页。

读基础上，通过细致研究词的搭配、特殊句式、句群、意味、语气，以及特殊修辞手段的运用等来细致地体味每个词的本义、暗示义、联想义，在词句中的关系，也即由'上下文'构成的具体语境中，重新确定词义的过程。"细读是文学翻译中主要的解读方式。三是批评性阅读阶段，即"将文本与作者、时代联系起来，对文本作延伸性阅读的过程"，这主要是文学评论家或兼为翻译家和评论家的解读方式。

　　解读文学文本必须首先清楚文学文本包含哪些要素及其基本特点。文学文本作为一个语言符号构成的意义系统，我们首先关心的是其意义层面，或文学作品的"内容"。这些内容包括文学文本的题材、主题、情节、形象、意境、意象、意蕴等。其次，文学文本又是一个自足的、封闭的符号系统，我们必须重视其语言层面，或文学文本的"形式"，包括语音、韵律、节奏、格律、结构、修辞、风格、表现手法等等。文学文本的意义和语言形式是一个有机的整体，无法截然分开。文学文本的形式本身可能就是意义所在。文学翻译中的文本解读切忌割裂两者的关系。

文学意义的解读

　　阅读文学文本对一般读者来说或许是一件自然而然的事，但对文学翻译者而言，对文学文本意义的理解却是翻译工作的起点和基础。意义究竟是什么？如何理解文学作品的意义？怎样再现这些意义？这些都是文学翻译者要面对的问题。要回答这些问题，我们必须了解文学的性质和特点。毫无疑问，文学文本是用一种语言写作而成的文字材料；但更重要的是，它是一种不同于其他文字材料的艺术形式。文学文本的意义往往不在于其作为文字材料的指称意义，而在于语言运用的本身，及读者对作品的阐释。因此，要理解文学的意义，我们必须把文本的"文学性"作为解读文学作品的出发点。

文学形式的解读

　　文学文本的形式是指文学文本中各种要素的组织形态、结构和存在方式，包括语言形式、体裁、结构、风格、修辞、表现手法等。

为了陈述的条理性，本书把文学文本的意义和形式分别讨论，但这并不是说文学的意义和形式可以截然分开。实际上，对文学文本而言，形式即意义，二者融为一体，不分彼此。形式不仅本身就能表达意义（即形式意义），而且是其他意义的基本载体。文学翻译者如果不能准确地解读文学形式，其理解无疑是不完整的；此外，文学文本的最大艺术价值也正在于其形式的创造性和艺术性，翻译文学作品如果抛弃其形式要素，那么译作必将从一开始就失去了作为语言艺术品的价值。如何解读文本的形式？一种语言的文学文本形式是否可以翻译为另一种语言形式？如何翻译？这些问题是文学翻译者必须清楚的。

我们先来回答文学形式的可译性问题。文学形式是否可译？传统翻译理论的回答一般是：基本不可译。原因是翻译的基本目的就是把一种语言转化为另一种语言，把文学意义从其语言形式中剥离出来用译入语中新的语言形式重新"包装"。因此，原作的语言形式是文学翻译要抛弃的东西，故无所谓可译。其次，不同语言，不同的文学系统差异过于悬殊，绝大部分形式要素（尤其是语言本身）都无法获得对等的译法。可译的部分至多是文学作品的体裁、结构和表现手法等宏观的形式要素。经过两千多年的文学翻译实践验证，传统译论关于文学形式不可译的看法无疑有一定道理。离开原作的语言，原来的文学形式势必失去了载体，这是为什么大多数文学形式不可译的根本原因。

"形式不可译"的观点导致人们轻视译作的语言艺术价值，贬低文学翻译的价值。文学翻译在传统翻译理论中长期扮演"驿马""媒婆"等角色。然而，形式不可译论忽略了文学翻译在文学形式上的重要创新价值——两种语言、两种文学传统和两种文化在翻译家的头脑中激荡和交锋，促使翻译家创造性地理解、阐释，并用译入语创造出新的文学形式。文学翻译家在翻译过程中，常常遭遇译入语文学形式的"空白"，这种空白促使翻译家创造性地解决问题。他们可以在译入语中创造出新的文学形式来重现原作的形式。中国新诗的诞生和发展，小说体制和叙述手法的革新，汉语文学语言、表现手法的多样化等现象不正说明了形式的"可译"吗？因此，形式的可译性实际

上是语言创造力的表现。通过创造性的文学翻译，促使译入语自身更新，促进译入语文学形式的创新，这正是文学翻译的重要文化价值。

（参照胡显耀、李力主编：《高级文学翻译》，北京：外语教学与研究出版社，2009年）

第 12 课

一、原文

盗んだ書類

星新一

　静かな①夜ふけ。エフ博士の研究所のそばに、ひとりの男がひそんでいた。その男は泥棒だった。
　エフ博士はこれまでに、すばらしい薬をつぎつぎと発明してきた。まもなく、また新しい薬を完成するらしいとのうわさだった。男はその秘密を早いところ盗み出し、よそに②売りとばそうという計画をたてたのだ。
　男は窓からそっとのぞきこんだ。なかではエフ博士がひとり、むちゅうになって薬をまぜあわせている。熱中しすぎて、のぞかれていることに気がつかない。やがて、少量の薬ができあがった。みどり色をした液体だった。博士はそれを飲み、大きくうなずいた。
　「うむ、味は悪くない。においもこれでいいだろう……」
　そして、③のびをしながらつぶやいた。
　「やれやれ、やっとできた。いままでにわたしは、いろいろな薬を作った。しかし、この薬にまさる薬はあるまい。世界的な大発明だ。さて、忘れないうちに、製造法を書きとめておくとしよう」
　博士は紙に書き、それを室のすみの金庫のなかに、大事そうにしまいこんだ。それから、自分の家へと帰っていった。
　待ちかまえていた男は、仕事にとりかかった。注意して窓をこじあけ、なかにしのびこむ。さっき博士がやった通りに金庫の④ダイヤルの番号を合わせると、簡単に開くことができた。男は書類をポ

ケットに入れ、うれしそうな⑤足どりで逃げ出した。
　"しめしめ、これで⑥ひともうけできるぞ。博士が飲んだところをみると、人体に害のないことはたしかだ。それに、すごい薬とか言っていた。だが、どんなききめがあるのだろうか……」
　その点がなぞだった。飲んだあと博士がどうなったのか、調べるひまはなかった。電話をかけて聞くわけにもいかない。しかし、エフ博士の発明だから、いままでの例からみて、役に立つ薬であることはあきらかだ。
　かくれ家に⑦引きあげた男は、紙に書いてある製法に従って、薬を作ってみることにした。どんな作用があるのか知っていないと、ひとに売りつける時に困るのだ。原料を集め、フラスコやビーカーも買いととのえた。そして、何日かかかって、問題の薬ができあがった。スズランのような、いいにおいがする。男はそれを自分で飲んでみた。すがすがしい味がした。男はイスに腰をかけ、ききめがあらわれるのを待った。
　そのうち、男は立ちあがり、そとへ出た。急ぎ足で歩きつづけ、ついたところはエフ博士の研究所だった。
　"先生。申しわけないことをしました。このあいだ、ここの金庫から書類を盗んでいったのはわたしです。わたしをつかまえ、警察へつき出して下さい。」
　と男は言った。それを迎えた博士は念を押した。
　「本当にあなたなのですか」
　「そうです。書いてある通りにやって薬を作り、それを飲んでみました。そうすると、自分のしたことが悪かったのに気づき、ここへやってきたのです。お許し下さい。盗んだ書類はおかえしします」
　男は涙を流してあやまった。だが、エフ博士は怒ろうともせず、にっこり笑いながら言った。
　「それはそれは。やはり、わたしの発明はききめがあった。この薬は、良心をめざめさせる作用を持ったものです。ところが、作ってはみたものの、あとで困ったことに気がついた。実験のために、

進んで飲んでみようという悪人がいないのです。しかし、あなたのおかげで作用のたしかさが証明できたというわけです。どうも、ごくろうさまでした」

（选自星新一：《ボッコちゃん》，东京：新潮社,1971年）

二、作者与作品简介

星新一（1926—1997），本名星亲一，日本现代科幻小说作家，作品最大特点是构思巧妙，被誉为"日本微型小说鼻祖"。代表作有《恶魔天国》《人造美人》《声网》和《恶魔的标靶》。在日本与小松左京和筒井康隆并称"御三家"。

三、原文注释

①夜ふけ［よふけ］：深夜。
②売りとばそう：卖掉。
③のび：生长；伸展；发展，成长，增长。
④ダイヤル：刻度盘；号码盘；拨号盘。
⑤足どり：脚步，步伐；行踪，踪迹；行情的动向。
⑥ひともうけ：赚一笔钱，赚一次
⑦引きあげた：吊起，曳起拉上来，提到高处；打捞；提高（物价等）；撤回，返回；提拔，提升。

四、译文

译文1　　　　　　失盗的文件

于雷　译

静寂的深夜。埃夫博士的研究所旁隐藏着一名男子，他是个窃贼。

埃夫博士至今陆续发明了一些珍奇的药品。传说眼看又要完成新药的发明。窃贼有个计划：早些盗出秘方，卖到别处去。

他从窗户悄悄向里偷看。室内只博士一人，正聚精会神地和药，由于太精神集中，没有注意到正被偷看。少顷，和好了少许药品，是绿色的液体。博士喝下，重重地点头称是。

"嗯，味道不坏。香味还算可以吧……"

然后抻着懒腰，喃喃自语：

"唉，唉，总算完成了。以前我制做过许多药品，但没有一种胜过它。这是全世界的大发明！好吧，趁着没忘，将制作方法记录下来吧！"

博士在纸上书写，小心翼翼地放进墙角的金库里。然后，他打道回府。

等得焦急的窃贼开始"干活儿"了。他小心地撬开窗户，蹑手蹑脚地跳进屋里。按照刚才博士的做法将金库的标号盘对好数字，很简单就打开了。他将文件装进衣袋，以欢快的步伐逃走。

"太棒啦。这下子可以发个大财了。看博士喝了，说明确实对人体无害。而且，博士说这药很妙。不过，有什么样的效用呢……"

这一点是个谜。又没有时间调查一下博士喝了之后效果如何。也不能挂电话问问。但是，埃夫博士的发明嘛，从前例来看，定是具有灵效的药品，这是明明白白的。

窃贼躲进隐匿的房子，遵照文件所写的方法试着和药。如果不弄清有什么效用，出售时也难办。他收集材料，买全了烧瓶和烧杯。然后用几天时间，做成了所求的药品，洋溢着铃兰草的香气。他自己把药喝了。清凉凉的味道。他在椅子上落座，等待药效发挥。

那时，他站起身来，跨出门外，疾步飞行，到达之处正是埃夫博士的研究所。他说：

"先生，我做了对不起你的事。最近，打开这里的金库、盗出文件的就是我。把我抓住，送交警察吧！"

博士问：

"真的是你吗？"

"是的。照文件上写的制成了药，也试着喝了。于是，认识到自己做错了事，才跑到这儿来。原谅我吧！盗走的文件还给您。"

这位男子流着泪认错。但博士并不生气。他微笑着说：

"唉呀呀，到底我的发明有效果啦。这是促使良心发现的药。可虽然已经做成，后来发觉有难题。为了试验，找不到可以劝他喝点的恶人。但是，多亏你，才证明了确有实效。多谢，您辛苦了。"

（选自郭富光、于雷主编：《肩膀上的秘书》，沈阳：春风文艺出版社，1999年）

译文2　　　　　　　被偷的文件

李雀美　译

寂静的深夜，有个男人躲在F博士的研究所旁，那男人是个小偷。

F博士已经陆续发明许多好药，最近市面流传着有新药将完成的消息，这男人企图早一步偷出这项机密卖到别处。

男人从窗户悄悄偷看，里面只有F博士一人专心调药，因为太过专心，所以没发现被偷窥。

一会儿，完成了少许绿色液体药剂，博士喝了一口，然后深深地点头说：

"嗯！味道还不坏，香味也可以……"

然后伸了个懒腰，喃喃说：

"唉呀！总算成功了。我虽研发很多药，但没有比这更出色的了，是世界级的伟大发明。嗯！趁还没忘记快写下配方。"

博士写在纸上后，小心翼翼收进保险库里，然后回家。

接着，静待机会到来的男人开始工作，他小心撬开窗户，潜进研究室里，照刚才博士转过的号码，轻易地打开保险库，男人把文件放进口袋，轻松愉快地逃出来。

"成功了，这下可以大赚一笔啰！亲眼看见博士喝过，知道对人体确实无害，且他还说是很神奇的药。究竟有什么神奇效果呢……？"

有关效果实在是团迷,根本没空调查喝下药的博士,有没有发生什么变化,也不可能打电话去问博士。不过,既然是 F 博士的发明,照往例一定是很有用的药。

然而,不知药效推销时会很麻烦。于是男人回到隐身处,决定照纸上的制作配方,尝试制造药剂。

搜齐原料后,也买齐试管烧杯之类的东西。他花了好几天,终于制成飘散着铃兰香气的药剂。

男人自己喝了试试,味道十分清爽,他坐在椅子上等着看药效。

过了好一会,男人站起身出门去,竟加快脚步不停向前迈进,最后停在 F 博士的研究所。

"博士!我做了对不起您的事,前几天从保险库里偷走文件的人是我,请把我抓起来,送到警察局去吧!"男人说。

听完后,博士谨慎地说:

"真的是你吗?"

"真的是我,我照文件上的配方做出药,并喝了下去。喝后发觉自己所作所为是错的,所以才赶快来这里,请原谅我!偷走的文件还给你。"

男人流泪道歉。但是,F 博士却没生气,反而微笑地说:

"唉呀!也真是的。果然我的发明成功了,这药具有唤醒良知的作用。起初,虽然试着做来看看,却发现一个棘手的问题,就是没有坏人来喝药做实验。太好了,多亏有了你,才能验证这药的确有效。辛苦你了!"

(选自李雀美译:《最后的地球人》,台北:幼狮文化事业股份有限公司,2004 年)

五、译者简介

于雷,历任东北人民出版社及辽宁人民出版社文学编辑、第一编辑组组长、专职创作员,春风文艺出版社外国文学室主任、《春风译丛》副主编、编审。1945 年开始发表作品,1985 年加入中国作家协会。拥

有学术专著《日本文学翻译例话》，译著《我是猫》《不如归》《春琴抄》《风雪》等，共 400 余万字。

李雀美（不详）

六、译文赏析

词语的分析

例 1：静かな夜ふけ。エフ博士の研究所のそばに、ひとりの男がひそんでいた。その男は泥棒だった。

译文 1：静寂的深夜。埃夫博士的研究所旁隐藏着一名男子，他是个窃贼。

译文 2：寂静的深夜，有个男人躲在 F 博士的研究所旁，那男人是个小偷。

文章开头即交代了两个出场人物。一个是"エフ博士"，译文 1 将"エフ"音译为"埃夫"，译文 2 则译为字母"F"。考察一下星新一的作品，会发现他的小说常常不涉及具体的地点、环境、年代、事件和人名。主人公的名字多以 N 或 S 等字母取代。这是考虑到具体的名字有其特殊性，容易让读者根据姓名来判断人物的性格和年龄等，而忽视对故事情节的思考。因此，译文 2 的处理更符合原文作者星新一一贯的风格。

另一个出场人物是"男"，文章交代其身份为"その男は泥棒だった"，译文 1 将"泥棒"翻译为"窃贼"，而译文 2 则译为"小偷"。在词语的选择上，译文 1 更书面晦涩，译文 2 则偏口语化，更通俗易懂。这一点在文中其他句子中也可以看到，如下表所示。

由于，原文是一篇微型小说，用语洗练简洁。从尊重原文的写作风格来看，译文 2 的处理更好。同时，从译文自身角度来看，译文 1 全文基本上是通俗表达，这些过于书面化的词汇则显得有些突兀。

原文		译文1	译文2
エフ博士はこれまでに、すばらしい薬をつぎつぎと発明してきた	これまでに	至今	已经
	すばらしい	珍奇	好
男はその秘密を早いところ盗み出し、よそに売りとばそうという計画をたてたのだ	盗み出し	盗出	偷出
やがて、少量の薬ができあがった	やがて	少顷	一会儿
それから、自分の家へと帰っていった	自分の家へと帰っていった	打道回府	回家
男はイスに腰をかけ、ききめがあらわれるのを待った	腰をかけ	落座	坐在

例2：まもなく、また新しい薬を完成するらしいとのうわさだった。
译文1：传说眼看又要完成新药的发明。
译文2：最近市面流传着有新药将完成的消息。

关于博士研制新药的"うわさ"，原文是作名词。译文1将其译为动词的"传说"，而"传说"虽然体现了事件的不确定性，但"传说"通常是指"历史传说""神话传说"等，因此会影响到读者对文章的理解。这里相比于"传说"，用"传闻"更合适。《广辞苑》中对"うわさ"的释义为，"①ある人の身の上や物事についてかげで話すこと。また、その話。②世間で根拠もなく言いふらす話。風説。世評。"（①以某人的身边或事件等为话题，亦指其议论。②社会上散布的无根据的传闻，风言风语。） 因此，译文2的"流传着……的消息"，相比译文1的"传说"更合适，而"流传"常常与"传说"等词搭配使用，这与原文想表达的内容不和，可以译为"传着……的消息"。

例3：男はその秘密を早いところ盗み出し、よそに売りとばそうという計画をたてたのだ。

399

译文1：窃贼有个计划：早些盗出秘方，卖到别处去。
译文2：这男人企图早一步偷出这项机密卖到别处。

这里，译文1将"計画をたてた"译为"有个计划"。在冒号后对"计划"的具体内容做出解释说明。译文2则译为"企图"。"计划"在这里稍显平淡，而"企图"更能体现小偷的身份特征。

例4：やれやれ、やっとできた。
译文1：唉，唉，总算完成了。
译文2：唉呀！总算成功了。

这一句是博士在成功研制出新药后的自言自语。对于感叹词"やれやれ"，译文1译为"唉，唉，"给人唉声叹气的感觉，而译文2的"唉呀！"则更能表现出博士在新药研制成功时的欣喜之情。星新一的作品更多通过人物的语言和动作来表现人物形象，所以对此类描写的翻译要仔细斟酌原文。

例5：さて、忘れないうちに、製造法を書きとめておくとしよう。
译文1：好吧，趁着没忘，将制作方法记录下来吧！
译文2：嗯！趁还没忘记快写下配方。

首先是接续词"さて"的翻译，译文1译为"好吧"，给人无可奈何，不情不愿的感觉。译文2"嗯！"的翻译，更能体现出博士对这次新药研制的自我肯定。另外"製造法"的翻译，译文1基本直译为"制作方法"，稍显生硬。相对来说，译文2则意译为"配方"，更接近于日常生活用语。

例6：世界的な大発明だ。
译文1：这是全世界的大发明！

译文2：是世界级的伟大发明。

这是博士对自己发明的新药的评价。译文1的处理是"全世界的大发明"，给人感觉这个药是全世界人民的共同发明，从而造成误解。而译文2为"世界级的伟大发明"，相对来说，更能准确地表达出原文中博士对新药的高度评价。

例7：博士は<u>紙に書き</u>、それを<u>室のすみの金庫</u>のなかに、大事そうにしまいこんだ。
译文1：博士在纸上书写，小心翼翼地放进墙角的金库里。
译文2：博士写在纸上后，小心翼翼收进保险库里。

首先，"紙に書き"这一短语，译文1译为"在纸上书写"，译文2则译为"写在纸上后"。这两者的区别，一是译文1的"书写"略显书面化；二是译文2中有表达先后顺序的"……后"，行文更连贯。而动词连用形可以用于连接两个单句，表示连续的动作。因此译文1有一定程度的漏译。

其次，译文1照搬了"金库"一词，但这一处理，并没有考虑到中日同形异义词所产生的歧义。《广辞苑》对"金库"的解释为"①金銀財宝を入れておく倉庫。かねぐら。②金銭その他重要書類をおさめ、盗難や火難を防ぐための鉄製の箱。"中文的"金库"偏重释义①存放金银财宝的仓库。而原文想要表达的应该是释义②即用于防火防盗的存放财物的铁质箱子，译文2的"保险库"符合此意。但是如果这里译为"保险箱，保险柜"更符合日常实际表达。另外需要注意，译文2漏译了"室のすみの"，即金库所在的地方。

例8：<u>待ちかまえていた</u>男は、<u>仕事</u>にとりかかった。
译文1：等得焦急的窃贼开始"干活儿"了。
译文2：静待机会到来的男人开始工作。

401

关于"待ちかまえる"的意思，《广辞苑》的解释为"相手に備え、用意をととのえて待つ。待ちもうける。"（做好准备等待）由此可知，译文1"等得焦急"是错误的理解，译文2"静待"更符合原文表达。

其次，对于"仕事"的翻译，译文1为"干活儿"，译文2为"工作"，二者均属直译，但译文1在"干活儿"一词上加以引号，表明此处的"干活儿"有所特指，即"偷盗文件"，表达更生动。

例9：注意して窓をこじあけ、なかに<u>しのびこむ</u>。
译文1：他小心地撬开窗户，蹑手蹑脚地跳进屋里。
译文2：他小心撬开窗户，潜进研究室里。

"しのびこむ"在《国语大辞典》解释为"人目につかないようにひそかにはいりこむ。しのびいる。"（为了不让人发觉而悄悄进入。潜入。）由此可知"しのびこむ"一词并没有说明进入的方式，而更多地强调进入的状态，即为避人耳目而悄悄进入。因此译文1的"跳进"就不能表现小偷的小心翼翼，尽管译者加以"蹑手蹑脚地"来修饰这一动作，但相比译文2的"潜进"则稍显啰嗦，不够简洁。

例10：原料を集め、フラスコやビーカーも買いととのえた。
译文1：他收集材料，买全了烧瓶和烧杯。
译文2：搜齐原料后，也买齐试管烧杯之类的东西。

"フラスコ"在《广辞苑》的解释为"化学実験器具の一つ。硬質ガラス・耐熱性ガラスで作った首の長い下部がふくらんだ容器。"（化学实验器具之一，玻璃制，颈长，下部膨大的容器。）按照此释义可知，"フラスコ"指的是译文1的"烧瓶"。译文2的"试管"是误译。

例11：<u>そのうち</u>、男は立ちあがり、そとへ出た。
译文1：那时，他站起身来，跨出门外。
译文2：过了好一会，男人站起身出门去。

这一句是小偷按照偷来的配方制成新药并喝下后所产生的反应——起身出门。这里用到了接续词"そのうち"。译文1为"那时"。译文2为"过了好一会"。《广辞苑》关于"そのうち"的解释为"①間もなく。近日中。やがて。②そうしているうち"(①不见，近日内。②一会儿。) 不管是释义①还是②，表示的时间间隔都不长。而译文2"过了好一会"夸大了时间间隔，译文1的"那时"会让人误解在回忆过去。两者都存在着一定程度的误译。将"そのうち"译为"过了一会"或"这时"更合适。

例12：<u>先生</u>、申しわけないことをしました。
译文1：先生，我做了对不起你的事。
译文2：博士！我做了对不起您的事。

关于"先生"，译文1照搬原文，译为"先生"；译文2则译为"博士"。中文的"先生"一般是对男性的敬称。因此译文1的翻译容易被理解为男子的代称，不带有特定身份的含义。日语的"先生"意义更明确，用来称呼老师、医生、律师等，表达敬意。这里的"先生"由前文可知，是指博士。

例13：そうすると、自分のしたことが悪かったのに<u>気づき</u>、ここへやってきたのです。
译文1：于是，认识到自己做错了事，才跑到这儿来。
译文2：喝后发觉自己所作所为是错的，所以才赶快来这里。

"気づく"在《广辞苑》中的释义为"ふと、思いがそこにいたる。気がつく。感づく。"（猛然意识，发觉。）译文1的"认识"和译文2"发觉"都没有背离这一释义。但是译文2"发觉"并没能表现出小偷的自我反省。译文1的"认识"在这里更合适。

例 14：男は涙を流してあやまった。
译文 1：这位男子流着泪认错。
译文 2：男人流泪道歉。

"あやまる"在《广辞苑》的解释为"（「誤り」を自認する意から）過失や罪を認めて許しを求める。わびる。謝罪する。"（承认自己的不是，求对方宽恕。道歉、谢罪。）译文 1 的"认错"和译文 2 的"道歉"都符合这一解释。但是原文想要表现的是，小偷喝过药之后，认识到了自己的所作所为是不对的。这里如果意译为"坦白"，更能表现出此药唤醒良知的效果。

例 15：しかし、あなたのおかげで作用のたしかさが証明できたというわけです。
译文 1：但是，多亏你，才证明了确有实效。
译文 2：太好了，多亏有了你，才能验证这药的确有效。

接续词"しかし"一般用于表达转折，译文 1 的"但是"属于直译，而译文 2 的"太好了"可以说是意译。这一句是文章的结句——博士面对小偷的坦白认错，没有生气，反而微笑着感谢小偷验证了新药的效果。因此，"太好了"更能表现出博士确认小偷没有说谎后的欣喜之情。在这里，其实也可以看出，前文博士的行为是有意为之。而小偷却聪明反被聪明误。直接将"しかし"译为表示转折的"但是"，则稍显苍白，没能更好地塑造博士这一人物形象。

句子的分析

例 1：やがて、少量の薬ができあがった。みどり色をした液体だった。
译文 1：少顷，和好了少许药品，是绿色的液体。
译文 2：一会儿，完成了少许绿色液体药剂。

对这两句的翻译，两篇译文采取了不同的处理方式。译文1按照原文语序采取了直译。译文2则变动了原文的语序，用后句的"みどり色をした液体だった"修饰前句中的"少量の薬"。而这一处理并没有影响到对原文意思的传达，同时也让行文更简洁利落。

例2：さっき博士がやった通りに金庫のダイヤルの番号を合わせると、簡単に開くことができた。
译文1：按照刚才博士的做法将金库的标号盘对好数字，很简单就打开了。
译文2：照刚才博士转过的号码，轻易地打开保险库。

译文1基本遵照原文进行了翻译。而译文2则省略了"金庫のダイヤルの番号を合わせると"的翻译，咋一看会给人漏译的印象，仔细考虑一下，一定程度的漏译在没有背离原文意思的情况下，可以使译文更简洁流畅，同时给读者一定的想象空间，不能一味否定。

例3：しかし、エフ博士の発明だから、いままでの例からみて、役に立つ薬であることはあきらかだ。
译文1：但是，埃夫博士的发明嘛，从前例看来，定是具有灵效的药品，这是明明白白的。
译文2：不过，既然是F博士的发明，照往例一定是很有用的药。

这两句译文的差别主要是对句末的"あきらかだ"的翻译。译文1为"这是明明白白的"，译文2则没有予以翻译。实际上译文1的"定是具有灵效的药品"中的"定是"和译文2的"一定是很有用的药"中的"一定是"都暗含了对博士发明的新药的肯定，因此对"あきらかだ"不加以翻译无伤大雅。

例4：かくれ家に引きあげた男は、紙に書いてある製法に従って、薬を作ってみることにした。どんな作用があるのか

知っていないと、ひとに売りつける時に困るのだ。
译文1：窃贼躲进隐匿的房子，遵照文件所写的方法试着和药。如果不弄清有什么效用，出售时也难办。
译文2：然而，不知药效推销时会很麻烦。于是男人回到隐身处，决定照纸上的制作配方，尝试制造药剂。

对这两句话的翻译，译文1依照原文的语序进行了翻译。而译文2则颠倒了前后顺序。从整个行文来看，原文想要表达的是，小偷成功偷取了新药的配方，却不知药效时的所思所为——他需要知道药效，才能更好地靠这个药方发财。因此他只好自己配制出药品来试验药效。按照这个逻辑，译文2的处理更好，加译了一个表转折的"然而"，既能与上文"肯定博士的发明"衔接上，也很好地引出了小偷的"难题"，于是有了下文的小偷亲自配制药品的一系列行为。这样读者也更容易理解。而译文1的语序会给人错乱的感觉。

此外，由于原文中使用了表示依据的"のだ"，如果在译文1的后一句的句首加上"因为"一词，可使前后句的表达更紧密连贯，逻辑关系就明确了。

例5：そして、何日かかかって、問題の薬ができあがった。スズランのような、いいにおいがする。
译文1：然后用几天时间，做成了所求的药品，洋溢着铃兰草的香气。
译文2：他花了好几天，终于制成飘散着铃兰香气的药剂。

原文是两句话，两个译文都融合为一句话来翻译。译文1沿袭了原文的语序，译文2则将后句的"スズランのような、いいにおいがする"前置以修饰前句中的"問題の薬"。这两种方式很难说孰优孰劣，只是相对来说，译文2更简洁明了。另外关于"……においがする"的翻译。译文1的"洋溢"一词稍微夸大了香味，给人味道很浓的感觉，与原文的"いい"的表达有出入，这里译为"带有……的香气"即可。

例6：それを迎えた博士は念を押した。「本当にあなたなのですか」

译文1：博士问："真的是你吗？"

译文2：听完后，博士谨慎地说："真的是你吗？"

这里描写了博士在小偷坦白认错后的反应。而译文1忽视了"それを迎えた博士は念を押した"这一句的翻译，实际上这一句很关键。通读全文也可以发现，这一切都是博士设下的"圈套"，他预料到会有人来偷取新药的配方以谋财，而小偷正好可以用来试验新药的功效——唤醒良知。作为一个科研工作者，思维缜密的博士必然要确定小偷是否有说谎。译文2将这一句译为"听完后，博士谨慎地说"，表现出了博士的小心谨慎。

例7：実験のために、進んで飲んでみようという悪人がいないのです。

译文1：为了试验，找不到可以劝他喝点的恶人。

译文2：就是没有坏人来喝药做实验。

首先是关于"進んで"的翻译，译文1译为"劝"，而"進む"没有"劝说"的词义，这里可能是误译为同音异形的"勧む"。"進んで"可以是动词"進む"的中顿形"て形"，译文2可能选择了"進む"表示"前へ出る。進行する"（前进）的词义。但并非原封不动地使用该词义，词义上更接近"来る"，译为"来"。实际上"進んで"已作为副词被单独收录在字典中，如《广辞苑》中的解释为"自分から積極的に物事を行うさま"（主动地、积极地做事情）。译文2译为"来"，暗含有这种主动性。

其次在整句翻译上，译文1直接按照原文的句式进行了直译，而译文2则在不改变原文意思的情况下采取了意译。

纵观两篇译文，可以发现，译文1偏重于直译，但是有些直译影

响到了译文的逻辑性和简洁性。译文 2 总体上把握了星新一微型小说一贯的通俗易懂的特点，在不偏离原文的基础上，适当地省略、调换语序，进行意译，使得译文更流畅简洁。原文是一篇微型小说，在翻译时既需要保证译文的正确性，同时也应该考虑译文接受者即读者的心理，把通俗易懂、生动有趣的作品呈现给读者。

（何珊）

七、翻译理论学习

归化和异化

　　语言是文化的载体，文化与语言相互关联，密不可分，文学翻译中必然涉及源语和译入语的文化背景，故归化和异化的区分实际上是文学翻译中文化策略的选择问题。归化（domestication）指在文学翻译中恪守本族文化的语言文化传统，回归地道的本族语表达方式。相反，异化（foreignization）指在翻译策略上迁就原作中的语言文化特点，采用倾向于外来语的表达方式。与归化和异化问题直接相关的就是语言处理层面的直译与意译的问题。

　　最早提出归化、异化概念的是德国神学家和翻译学家施莱尔马赫。早在 1813 年的一篇论文中，他就提出：

　　译员要么尽量不去打扰作者，让读者向作者靠拢；要么尽量不去打扰读者，让作者尽量向读者靠拢。①

　　但施莱尔马赫并未展开论述二者在翻译实践中的应用。当代翻译学中明确提出归化、异化理论的是意大利裔美国学者韦努蒂（Lawrence Venuti），他于 1995 年在《译者的隐身》（*The Translator's Invisibility*）中写道：

　　施莱尔马赫使用了像"尽量"这样的限定词，说明他也认识到了

---

① Jeremy, Munday. *Introducing Translation Studies——Theories and Applications*. New York: Routledge, 2001, p.28.

译本不可能完全地再现原本的风貌，但是给译者提供了两种选择。一是归化法，用民族中心主义强行使外国文本符合译入语的文化价值，把原作者带入译语文化；一是异化法，用非种族主义将外国文本的语言文化特征强加于译入语的文化价值，将读者带入外国情境。①

选择归化或异化对广泛涉及文化内涵的文学翻译而言，一直是个重要议题。在西方，勒弗维尔（Andre Lefevere）主张归化的翻译策略，认为异化译法的译文对译入语读者来说怪异难懂。奈达提出将译文的表达模式纳入译文读者的文化范畴，也更倾向于归化译法。但韦努蒂从文学、文化和政治的高度建议采用异化翻译。他认为归化法是一种民族中心主义，种族主义，文化自恋和帝国主义的体现，是一种文化干预战略。②

我国翻译界对归化和异化的争论也由来已久。我国现代文学翻译初期基本以归化为主调，尤其是19世纪末至20世纪初的十年。这主要是由当时的国情造成的。当时的中国与外界交流极少，民族危机空前深重，文学成为改良社会、教育民众的工具。过多的异化会阻碍译本思想的传播。五四运动后的十几年里，以鲁迅和瞿秋白为代表的"忠实派"译者有意识地采取异化的译法，以期从外国文学中吸取营养，达到改造文学，改造社会的目的，但同时也导致了一定程度上的生硬翻译。因此，其后归化法又占据了主导地位，傅雷的"神似说"以及钱锺书的"化境论"都是后来归化法的代表理论。显然，归化和异化在中国的翻译史上是交替出现的。近几年来这场争论再次激烈起来，越来越多的翻译工作者认识到在国际合作和交流日益加强的情况下，异化策略有助于保持异国风味和情调，从而开阔译文读者的眼界、提高对异质文化的包容能力，进而丰富译入语的语言和文化。

与归化和异化之争相联系的是直译与意译之争。一般认为，译文的形式与内容都与原作贴近谓之直译；内容一致而形式不同谓之意

---

① Venuti, Lawrece. *The Translator's Invisibility~A History of Translation.* 1995. Shanghai: Shanghai Foreign Language Education Press, 2004, p.20.

② 同上。

译,即以原作意义为标准,译文表达形式上另辟蹊径。需要指出的是:归化和异化不同于直译与意译。王东风在《归化和异化:矛与盾的交锋》一文中对两者作了比较深入的探讨:

> 归化和异化可看成直译和意译概念的延伸,但并不完全等同于直译与意译。如果说直译和意译是语言层次的讨论,那么归化和异化则是将语言层次的讨论延续升格至文化、诗学和政治层面。也就是说,直译和意译之争的靶心是意义和形式的得失问题,而归化和异化之争的靶心则是处在意义和形式得失漩涡中的文化身份,文学性乃至话语权力的得失问题。①

可见,归化和异化是文学翻译中的文化策略问题,而直译与意译是语言策略问题。二者虽然都是关于文学翻译中的语言文化立场选择的问题,但前者是宏观的立场和策略,而后者是实现前者选择的微观手段。文学翻译家在翻译实践中必须根据实际情况,合理地选择归化和异化的立场,灵活地采用直译和意译的译法。在译本创造的实践中,译者很快就会发现:过度的异化或极端的归化都是不可取的。过度的异化会导致译文晦涩难懂,给文化的交流带来困难。而极端的归化则会使源语文化的异国色彩消失殆尽,最终难以达到两种不同文化的交流与融合。归化和异化翻译并不是两种矛盾的、互不相容的策略,各自的具体运用可根据作者的意图,文本的类型,翻译的目的和读者的要求这四个因素决定。②"不论是归化还是异化,也不论是直译还是意译,都可以看作是译者为了适应翻译生态环境所做出的一种翻译策略的选择"。③总而言之,最重要的是译者需在翻译中把握一个度,既要做到文化间相互转换与交流,同时又要尽可能地保持各民族间文化的多样性与独特性。

---

① 罗选民:《文学翻译与文学批评》,北京:人民文学出版社 2005 年版,第 52 页。
② 郭建中:《文学与翻译》,北京:中国对外翻译出版公司 2003 年版,第 275 页。
③ 胡庚申:《翻译适应选择论》,武汉:湖北教育出版社 2004 年版,第 125 页。

忠实与通顺

"忠实"(fidelity)和"通顺"(readability)历来是中西翻译理论中关于翻译标准争论的焦点之一。当代西方译论也将这个问题称为译作的"adequacy"(充分性)和"acceptability"(可接受性)。这个问题其实在原作与译作的立场选择中已经涉及,本书在此重提忠实与通顺主要是从翻译标准角度而言的。

在我国,从 19 世纪末严复提出的"信达雅",到鲁迅的"凡是翻译必须顾着两面,一当然力求其易解,一则保存着原作的风姿",到林语堂的"忠实、通顺、美",到施颖洲的"完全忠实于原作",到刘重德的"信达切",到许渊冲提出的"忠实于原作内容,通顺的译文形式,发挥译文的优势",至范存忠的"正确、通顺、易懂",再到辜正坤的"最佳近似度"和刘炳章提出的"信、顺的统一",[①]观点大体上一脉相承。所谓"信"或"忠实",都要求译文必须与原作一致,不得有任何篡改。所谓"达"和"通顺",指的是译文必须通顺流畅,符合语言规范。在张培基等编著的《英汉翻译教程》中也提到"所谓忠实,首先指忠实于原作的内容。""忠实还指保持原作的风格——即原作的民族风格、时代风格、语体风格、作者个人的语言风格。""所谓通顺,即指译文语言必须通顺易懂,符合规范。"[②]总之,中国译论中关于翻译标准的核心就是"忠实"与"通顺"的问题。

在文学翻译中,许渊冲于 1978 年首先发表了对文学翻译标准也是忠实与通顺的看法,并对此提出了详尽的要求。但产生更大意义的是他明确提出的文学翻译的最高目标:"文学翻译的最高目标在于成为翻译文学,翻译作品本身首先必须是文学作品。"[③]

但是,朱光潜先生在《谈翻译》中谈到:所谓"信"是对原作忠实,恰如其分地把它的意思用中文表达出来。有文学价值的作品必是

---

① 姜治文,文军:《翻译标准论》,成都:四川人民出版社 2000 年版,第 12-28 页。
② 张培基,等:《英汉翻译教程》,上海:上海外语教育出版社 1990 年版,第 7-9 页。
③ 马红军:《从文学翻译到翻译文学》,上海:上海译文出版社 2006 年版,第 39 页。

完整的有机体，情感思想和语文风格必融为一体，声音与意义也必欣合无间。所以对原作忠实，对情感、思想、风格、声音节奏等必须同时忠实。稍有翻译经验的人都知道这是极难的事……大部分文学作品虽可翻译，译文也只能得原作的近似。绝对的"信"只是一个理想，事实上很不易做到。①

可见，无论是"忠实"还是"通顺"，都只是译者应尽力接近的目标。好的译文，应该是既忠实于原作的意思和风格，同时读起来又通顺流畅，是"忠实"与"通顺"或"信"与"达"的统一体。因此，"忠实"与"通顺"的关系应当是辨证统一的：互相依存、互相联系而又互相制约。"忠实"是"通顺"的基础和前提，"通顺"是"忠实"得以实现的方法和条件。"忠实"而不"通顺"，读者看不懂，所谓"忠实"就失去了意义；"通顺"而不"忠实"，译文就成了胡译乱译，意义得不到传达，"通顺"也就失去了作用。

虽然既"忠实"又"通顺"的译文是文学译者难以企及的目标，但这是他们努力的方向。要做到这一点，译者必须刻苦钻研翻译理论和技法，努力提高自己的母语和外语水平，透彻把握各种文体的特征，使自己具备相当的表达和写作能力，同时还必须熟谙两种文化，并通过大量实践提高自己的业务能力。具体的翻译过程是一个由理解到表达的过程，理解是前提，表达是以理解为基础的。只有正确理解原作，才有可能产生正确的译文；错误的理解只能导致错误的翻译。理解应包括理解语言、逻辑和背景；表达应注意直译、意译、归化、异化等方面的问题，而这些都涉及到译者的立场问题。

（参照胡显耀、李力主编：《高级文学翻译》，北京：外语教学与研究出版社，2009 年）

---

① 奚永吉：《文学翻译比较文学》，武汉：湖北教育出版社 2001 年版，第 14 页。

第四单元

第 13 课

一、原文

短夜の頃

島崎藤村

　毎日よく降った。もはや梅雨明けの季節が来ている。町を呼んで通る①竿竹売の声がするのも、この季節にふさわしい。蚕豆売の来る頃は既に過ぎ去り、青梅を売りに来るにもやや遅く、すずしい朝顔の呼声を聞きつけるにはまだすこし早くて、今は青い唐辛の荷をかついだ男が来はじめる頃だ。住めば都とやら。山家生れの私なぞには、そうでもない。むしろ住めば田舎という気がして来る。実際、この②界隈に見つけるものは都会の中の田舎であるが、でもさすがに町の中らしく、朝晩に呼んで来る物売の声は絶えない。

　どれ、そろそろ蚊帳でも取り出そうか。これはまだ梅雨の明けない時分のこと、五月時分からもう蚊帳を吊っていると言ってよこした人への返事に、わざと書いて送ろうと思った私の戯れだ。せいぜい一月か一月半ぐらいしかその必要もないこの町では、蚊帳を吊るのはむしろ楽みなくらいである。蚊帳の内に蛍を放して遊ぶことを知っていた昔の俳人なぞは、たしかに蚊帳党の一人であったろう。それほどの物好きな心は持たないまでも、寝冷えする心配も割合にすくないところに足を延ばして、思うさま長くなった気持は何とも言われない。枕に近く、髪に届く蚊帳の感触も身にしみる心地がする。蚊帳は内から見たばかりでなく、外から見た感じも好い。内にまぎれ込んだ蚊を焼くと言ってあちこちと持ち廻る蝋燭の火を青い蚊帳越しに外から眺めるなぞも、夏の夜でなければ見られ

ない趣きだ。

　古くて好いものは③簾だ。よく保存された古い簾には新しいものにない味がある。簾は二重にかけて見てもおもしろい。一つの簾を通して、他の簾に映る物の象を④透かして見る時なぞ、殊に深い感じがする。

　団扇ばかりは新しいものにかぎる。この節の東京の団扇は粗製に流れて来たかして、一夏の間の使用にすら耐えないのがある。丸い竹の柄で、全部の骨が一つの竹から分れて行っているような丈夫なものはあまり見当たらなくなった。扇子にもまして、もっと一時的で、移り行く人の嗜好や世相の奥までも語って見せているものは団扇だろうか。形も好ましく、見た眼も涼しく、好い風の来るのを選び当てた時はうれしい。それを中元のしるしにと言って、訪ねて来る客などから貰い受けた時もうれしい。

　この節の素足のここちよさ、尤も、袷から単衣になり、シャツから⑤晒木綿の⑥襦袢になり、だんだんいろいろなものを脱いだ後で、私達はこの節の素足にまで辿り着く。私は人間のからだの中で一番足が眼につくと言った足袋屋のあることを知っている。それほど職業的な意味からでなく見ても、足の持つ性格の多種多様なのには驚かされる。素足の表情ほどまた夏の夜の生気をよく発揮するものはあるまい。

　蚊帳、簾、団扇、それから素足なぞと順序もなくここに書いて来た。自分の好きな飲料や食物のことなぞもすこしここに書き添えよう。

　茶にも季節はある。一番よくそれを感ずるのは新茶の頃である。ところが新茶ぐらい香気がよくて、またそれの早く失われ易いものもすくないかと思う。三度ばかりも湯をつぐうちに、急須の中のがすっかりその持味を失っていることは、茶好きなもののよく経験するところである。新茶の頃が来ると、私はそれに古茶をまぜて飲むのを楽しみにしている。六月を迎え、七月を迎えするうちに、新茶と古茶の区別がなくなって来るのもおもしろい。

新茶で思い出す。静岡の方に住む人で、毎年きまりで新茶を贈ってくれる未知の友がある。一年唯一回の消息があって、それが新茶と一緒に届く。あんなに昔を忘れない人もめずらしい。私の方でも新茶の季節になると、もうそろそろ静岡から便りのある頃かなぞと思い出して、それを心待ちにするようになった。
　簡単な食事でも満足している私達の家では、たまに手造りの⑦柳川なぞが食卓に上るのを馳走の時とする。泥鰌は夏のものだが、私はあれを好む。年をとるにつれて殊にそうなった。
　⑧蓴菜、青隠元、瓜、茄子、すべて野菜の類に嫌いなものはないが、この節さかりに出るものはその姿まで涼しくて好ましい。冬の頃から、私の家では到来物の酒の粕を壺に入れ、堅く目張りをして貯えているが、あれで新しい茄子を漬けることも、ことしの夏の楽しみの一つだ。
　この短夜の頃が私の心をひくのは、一つは黄昏時の長いにもよる。あの一年のうちの半分が昼で、半分はまた夜であるような北の国の果を想像しないまでも、黄昏と夜明けのかなり接近して、午後の七時半過ぎにならなければ暗くならない夜が、朝の三時半過ぎか四時近くには明け放れて行くと考えることは楽しい。まだ私達が眠りから醒めないで、半分夢を見ている間に、そこいらはもう明るくなっていると考えることも楽しい。
　夏の夜は篠の小竹のふししげみそよやほどなく明くるなりけり

　短夜の頃の深さ、空しさは、ここに尽すべくもない。そこにはまた私の好きな淡い夏の月も待っている。夏の月の好いことは、それがあまりに輝き過ぎないことだ。
　露に濡れた芭蕉の葉からすずしい朝の雫の滴り落ちるような時もやって来た。あの雫も、この頃の季節の感じを特別なものにする。あれを見ると、まことに眼の覚めるような心地がする。長い梅雨の続いた時分には、私はよく庭の芭蕉の見えるところへ行って、あの嫩い夢でも湛えたような、灰色がかった青い巻葉が開いて行くさま

なぞをじっと眺めながら、多くの時を送ったこともあった。

（选自山本健吉编：《日本の名随筆18 夏》，作品社，1984年）

二、作者与作品简介

岛崎藤村（1872—1943）诗人、小说家。原名春树，出生于长野县。1887年入东京明治学院学习，受过基督教洗礼。1891年毕业，先后任教于东京明治女校和仙台东北学院。1893年参与创刊《文学界》，是浪漫主义文学运动的代表诗人。《嫩菜集》（1897）、《一叶扁舟》（1898）、《夏草》（1898）和《落梅集》（1901）四部新诗集于1904年汇编成《藤村诗集》。1927年从中选出82首，冠以《藤村诗抄》出版。1899年回故乡，在小诸义塾任教。此时受自然主义文学思潮影响开始小说创作。早期作品有《旧东家》（1902）、《草鞋》（1902）、《水彩画家》（1904）等。1905年开始定居东京。1906年出版长篇小说《破戒》，深刻揭露和批判了日本社会中的贱民制度，引起很大反响，成为日本自然主义文学的代表作。而后，岛崎藤村还出版了《春》（1908）、《家》（1911）、《新生》（1919）等一系列自传性作品。此外，还创作了历史小说《黎明前》（1929）。散文代表作有《千曲川随笔》（1912）。是日本笔会首任会长。

从明治三十二年（1899）开始岛崎藤村在长野县小诸町任小诸义塾教师，他在那里度过了六年的时光。这一时期，他愈加面向现实，从诗歌转向散文创作。远避都会的尘嚣，寄身贫穷的山乡，苦心孤诣，终于练就了一双敏于观察的眼睛，精当凝练的文笔。他虽是写实大家，作品却充满抒情的韵味。《短夜时分》这篇小文正体现了岛崎藤村的散文特点，它被收录在昭和五年（1930）出版的文集《在市井间》（『市井にありて』）中。这篇小文主要写作者本人对夏夜的偏爱，他不仅将代表着季节特点的蚊帐、竹帘、蒲扇、新茶、新鲜的菜蔬水果等一一信手写来，还通过挂蚊帐、打赤脚、等待新茶的音讯、吃泥鳅火锅、观赏夏夜的夜空、陶醉于清晨的露珠等描写，将此时的风情写得妙趣横生，韵味无穷，透露着传统美的意蕴。

三、原文注释

①竿竹［さおだけ］：竹竿。
②界隈［かいわい］：附近。左近。
③簾［すだれ］：（细竹、苇等编制的）帘子；竹帘。
④透かす［すかす］：有四个意思。1、留出缝隙，留出空隙，留出间隔。2、使……稀疏，间伐，简拔。3、透过……（看）；迎着亮光（看）。放无声屁。本文是第三个意思。
⑤晒木綿［さらしもめん］：漂白布，漂布。
⑥襦袢［じゅばん］：（和服下贴身穿的）衬衫，汗衫。
⑦柳川［やながわ］：（柳川鍋の略）。（料理）泥鳅锅（将去骨的泥鳅和切成片的牛蒡用砂锅炖，再甩上鸡蛋做成的菜）。
⑧蓴菜［じゅんさい］：（植物）莼菜。

四、译文

译文 1　　　　　　短夜时分

周祥仑　译

　　雨，每天仍旧下个没完没了。出梅时节已经来临。那沿街叫卖竹竿声，和这个季节正相吻合。叫卖蚕豆的时节已经过去，来卖青梅的小贩也刚刚销声匿迹，而欲听卖盆栽喇叭花的清脆喊声则为时尚早。现在正是担着青椒担儿的男人们开始光顾这一带的时候了。人们都说随遇而安，对于像我这样出生在山乡的人来说却并非如此。我倒觉得居住农村更为心安神宁。虽说这一带能见到的不过是城市里的乡村景象，然而毕竟地处城中，商贩们朝朝暮暮前来叫卖之声不绝于耳。
　　啊，我也该把蚊帐挂起来啦！这是我拟给朋友的一封回信中故意写的一句戏言。那还是梅雨期中的事，一位朋友来信说他五月份就挂

起了蚊帐。其实在这个城市里，需要蚊帐的时间最多不过一个月或者一个半月左右，而且可以说挂蚊帐不过是一种乐趣。古时，有的俳句诗人已经懂得把捉来的萤火虫放进帐中赏玩，此人的确确算得上蚊帐帮中的一员了。我没有他那种好奇心，但是至少支起帐篷就无须担心睡觉着凉，因而可以随心所欲地将两条腿伸得直直的了，那种痛快心情实在是无法形容。靠近枕畔，接触到头发的纱帐，同样令我感到舒服惬意，永远难忘。那蚊帐不光从里边看，从外边瞧也给人以赏心悦目之感。为烧死混进帐中的蚊子，需要手举蜡烛到处探照搜寻，要想从外边透过蓝色帐幕欣赏到里边这种烛光的美妙情景，也非仲夏之夜不可啊！

虽已陈旧却仍然美好的用具要算竹帘了。保存完好的旧帘，具有新帘所没有的韵味。将两张竹帘重叠挂起来观看也蛮有意思。观赏那些透过第一层帘幕映照在另一层竹帘上的各种物体形状时，则会给人一种非比寻常的深刻感受。

唯独蒲扇却要用新的。近些时候，东京的蒲扇流于粗制滥造，很不耐用，有的竟使不到一个夏天便破损了。已经难得看到坚固耐用的蒲扇。那种扇子是圆形竹柄，全部细骨是由同一段整竹分割而成的。与折叠扇相比，恐怕蒲扇更具一时性特点，更能表现人们嗜好的改变以及世态人情的深刻变化。每当选购到一柄形状理想，给人以凉爽感，并能送来阵阵清风的蒲扇时，我打心眼里高兴。当收到来访客人作为中元节礼物而馈赠的蒲扇时，同样感到欣喜。

这个时期光脚板最舒服。先是脱去夹衣换上单衣，继而穿上漂布汗衫换下衬衣，渐渐将各种衣服都脱掉，最终进入打赤脚的时节。我记得有一个布袜店老板说过，人体最引人注目的是脚部。我想即便不像他那样从职业角度去观察，脚部所具有的多种特性功能也足以令人惊讶！恐怕没有什么能像光脚板那样充分表现夏夜的生机活力了。

我信笔写下蚊帐、竹帘、蒲扇以及打赤脚等情况。在此，我还想补充一点有关自己喜欢的饮料、食品之类。

茶味也有季节之分。新茶下来时节，这种感觉最为明显。而且我觉得像新茶那么馥郁芬芳、同时又会很快失去其香气的东西也不多见。

添过三次热水之后，茶壶中的嫩叶便会完全失去本来的香味，这是所有爱茶者常年的经验。每当新茶下来时，我总喜欢将新茶中掺入旧茶来品味。送走六月迎来七月，在这一过程中，新茗和旧茶逐渐消除差别，这种情形也蛮有趣的。

新茶上市引起我的回忆。一位不曾见面的朋友，每年都必定赠送新茶给我。他住在静冈那儿，一年只有一次书信来往，并且他的信件必同新茶一起寄到。他如此不忘过去实在是难能可贵。我这方面呢，每到新茶下来时，便会想到静冈该来信啦！于是一心企盼着那儿的消息。

我们家一向满足于简单的餐饮，偶尔亲手做一道泥鳅火锅端上饭桌，便是一餐丰盛的菜肴了。我喜欢吃泥鳅，它是夏日的美味。随着年龄增大，我愈加爱吃这道菜了。

莼菜、扁豆、西瓜、茄子等，凡是菜蔬水果类，我没有一样不喜欢的，而且我觉得这些时令菜果连形状都显得清爽宜人，令我快心。我家自冬天就将别人赠送的酒糟严密封入缸中储存起来。用它腌制新下来的茄子，也是我今夏的乐趣之一。

这天长夜短的时节，所以使我着迷，原因之一在于它的黄昏时间长。即便不去想象那北国的尽头，一年当中有半年白昼，另半年是沉沉黑夜等情景，单是考虑一下黄昏和黎明非常接近，不到晚间七点半夜幕不会降临，而早晨三点半多钟或近四点时，便会黑夜过去，白昼来临，这番情景实在令人欣喜快活。还有，当人们尚未从沉睡中清醒，正处于半似梦境时，周围却已明亮如昼，想到这一情形，也令人高兴不已。

　　庭中小竹茂，阵阵送清风。
　　夏夜何其短，未觉天已明。

当然这首小诗不可能把短夜时的深沉、空寂全部表现出来。短夜时分还有我喜欢的月儿，那淡淡的夏天的月儿。夏季的月儿所以美好，在于她的光辉不过于明亮。

清晨，露水打湿芭蕉叶，充满凉意的水珠不断滚落的时节也来临了。那晶莹的露珠也促使我对这个季节产生一种特殊感受。看到露珠，确有如梦初醒之感。在那漫长的梅雨期中，我常常来到院中的芭蕉树前，全神贯注地瞧着那略带灰青色、打着卷的绿色嫩叶，看那仿佛寄托着青春美梦的叶卷慢慢展开的情景，我在此度过了很多时光。

　　（选自高慧勤主编：《日本经典散文》，上海：上海文艺出版社，2004年）

译文2　　　　　　　　短　夜

陈德文　译

　　每天都下雨。梅雨放晴的季节已经到了。街上走过叫卖竹竿的声音，和这节令颇相宜。卖蚕豆的时节已经过去，卖青梅也迟了，那叫卖牵牛花的声音，令人觉得清凉，可现在有几分嫌早。如今，正是挑着青椒担子的汉子到来的时节啊！俗语说，要住居，选城市。可对于出生在山乡的我来说，却不是这样。我倒以为，要久居，还是挑乡下的好。实际上，我选的这块地方，是城市中的乡村，不过到底是城里，早晚的叫卖声不绝于耳。

　　对了，该拿出蚊帐来了。眼下，虽然是梅雨未晴时分，可我给友人的回信上却说，我从五月就开始吊上蚊帐了，这是我故意同他开的玩笑。在这座城市，这话至少要一个月或一个半月以后才谈得上。吊起蚊帐来确是一种风雅的乐事。往昔的俳句诗人，懂得如何在蚊帐内放了萤火虫赏玩，他们确实是深得使用蚊帐妙趣的人了。当你还不具有善于玩物的雅兴的时候，你就不配有这样的一番心境：不必担心寒气侵肤，伸长双腿，尽情放松地睡去。整个身心都陶醉在那低扫着枕畔、轻拂着鬓发的蚊帐的触摸之中。不光从里面，从外部也可以看到蚊帐的妙处，越过青色的绢纱，从外头窥伺那随处闪动的烛火，追杀潜入帐内的蚊子。这情趣只有夏夜才会有的。

　　竹帘旧的好。保存完好的古帘，具有新帘所没有的情味。两张帘

子重叠着挂，看起来煞是有趣。穿过一道竹帘，透视映在另一道帘子上的物像，那感兴尤为深厚。

只有团扇是新的好。这阵子，东京流行的团扇，多属粗制，经不住一个夏天的使用。浑圆的竹柄，扇骨全从一根竹子上分出去，这样的团扇最结实，可现在不太看得着了。团扇是胜过折扇的，或许只有它，才会在一个短时间里，显现出一个过路人的嗜好和处世心态。你在选到一把形状可意，见了眉眼生凉，能招来好风的团扇时，该有多么高兴！当有客来访，说是作为中元节的礼物脱手相赠的时候，那也是一件叫人快活的事儿。

这时节赤脚最舒心。夹袄换了单衣，衬衫为漂白的棉背心所取代，渐渐地，脱去一层又一层衣服，我们终于到了该打赤脚的时候了。我听有一位布袜店的老板说过，人身上最惹眼的莫过于双足了。即便不这样从职业观点来看，双足所具有的多种多样的性能，确实令人惊奇。再没有比裸足的表情更能发挥夏夜的生气的了。

我毫无顺序地写了蚊帐、竹帘、团扇，还有裸足。下面，再谈谈自己喜好的饮料和食物吧。

茶也有季节。最能感知季节变化的是新茶上市的时候。新茶的香味固然好，但也有不少茶过不多久就很快失掉了这种香味。爱茶的人都有这样的经验：斟过三遍开水，壶中的嫩叶全然失去了固有的味道。每逢买来新茶，我总喜欢和老茶掺着喝。迎来六月，接着又迎来七月，这时节，新茶老茶已不再有什么区别了。这又是一桩有趣的事儿。

提起新茶，我想起一件事情：家住静冈的一位素不相识的朋友，每年总要寄赠新茶给我。关于他的消息，一年就这么一回，连同新茶一起到达。这种不忘故情的人实在不多了。每到新茶季节，我便静待着他的音讯，心中念叨着，又该收到他从静冈的来信了。

我家日常满足于粗茶淡饭。偶尔也有自制的"柳川火锅"上桌，算是美食一顿。泥鳅夏天的好，我爱吃。随着年龄的增长，我越发喜欢这样的火锅了。

莼菜，青刀豆，瓜类，茄子，所有的蔬菜，没有我所厌食的。眼下是蔬菜大量上市的时候，看那样子，就感到凉爽，讨人欢心。从冬

天起,我家就把别人赠送的酒糟,装进磁壶里,小心照看着,这时拿出来腌制新鲜的茄子,倒是今年夏天的一件乐事儿。

这短夜,最引我心动的是漫长的黄昏。且不管那一年中半是白昼半是黑夜的北国极地的情形吧。黄昏和黎明靠在一起,下午不到七点半夜就黑不下来。早晨三点一过接近四点的时候,天就亮了。想想这些倒也挺有趣的。我们从睡眠中尚未清醒,在半分梦境里想到周围已经大亮。看,多有意思。

短夜细竹枝叶浓,顿觉天色已黎明。

短夜的深邃,空寂,这里是难以尽述的。在这短夜,我静待着我所喜欢的淡淡的夏月。夏月的好处在于它不那么过于辉煌。

又到了朝霞濡湿的芭蕉叶滴下清凉水珠的时候了。那水珠将眼下的季节感推向了极致,看到它,顿觉心明眼亮了。

漫长的梅雨季节持续不断的时候,我常常来到可以看见院内芭蕉的地方。那贮满轻梦的微带莲灰色的青绿的叶卷张开了。有时候,我为了眺望那渐次舒展开的绿叶,消磨过不少时辰。

(选自郑法清,谢大光主编:《岛崎藤村散文选》,天津:百花文艺出版社,2012年)

五、译者简介

周祥仑,原解放军外国语学院日语教授。译作有《鲜花盛开的渡口》《日本随笔选集》(主译)、《忘却之河》《阿部家族》《刺痛》《木乃伊的口红》等。

陈德文,1965年北京大学东语系日本语言文学专业毕业。现为日本爱知文教大学专任教授、大学院国际文化学科日中文化文学专攻博士生导师。同时兼任名古屋学院大学和岐阜东海女子大学客座教授。日本东方学会研究员。翻译出版日本文学名家名著多种,包括夏目漱石、岛崎藤村、川端康成、井上靖、三岛由纪夫和宫本辉等人的小说十余部以及松尾芭蕉、幸田露伴、德富芦花、岛崎藤村、永井荷风、薄田泣堇、谷崎润一郎和东山魁夷的散文专集和数百名日本作家的

大量散篇作品。出版个人学术著作《日本现代文学史》《岛崎藤村研究》《野间宏研究》和创作散文随笔集《我在樱花之国》《花吹雪》《樱花雪月》等。

六、译文赏析

　　文学作品的翻译主要讲究"信、达、雅",下面将从这三个方面举例对比一下两篇译文。
　　首先是"信"。

　　（1）原文：住めば都とやら。山家生れの私なぞには、そうでもない。むしろ住めば田舎という気がして来る。
　　译文 1：人们都说随遇而安,对于像我这样出生在山乡的人来说却并非如此。我倒觉得居住农村更为心安神宁。
　　译文 2：俗语说,要住居,选城市。可对于出生在山乡的我来说,却不是这样。我倒以为,要久居,还是挑乡下的好。

　　赏析："住めば都"是一句惯用语,《广辞苑》的解释为"住み慣れれば、どんなに貧しく不便な環境であってもそれなりにすみよく思われるものだ。"即地以久居为安,住惯的地方无论多么简陋不便都会产生好感。所以译文 1 的"随遇而安"是准确的,而"要住居,选城市"的译法显然对这句惯用语意思的理解有误,可以说是一种错译。所以在翻译的过程中,要整体把握文章意思也要仔细揣摩每一句话,当然还要有一定的语言知识储备。

　　（2）原文：これはまだ梅雨の明けない時分のこと、五月時分からもう蚊帳を吊っていると言ってよこした人への返事に、わざと書いて送ろうと思った私の戯れだ。
　　译文 1：这是我拟给朋友的一封回信中故意写的一句戏言。那还是梅雨期中的事,一位朋友来信说他五月份就挂起了蚊帐。

译文 2：眼下，虽然是梅雨未晴时分，可我给友人的回信上却说，我从五月就开始吊上蚊帐了，这是我故意同他开的玩笑。

赏析：译文 1 对原文语序进行了一些调整，把"戏言"调整到了前面；而译文 2 则是遵照原文语序进行了翻译。翻译过程中根据两国语言习惯的不同而调整翻译语序是十分常见的方法，它有时会使文章更加简明通顺。在本例中译文 1 更符合中文的表达习惯。对"五月时分からもう蚊帳を吊っていると言ってよこした人への返事に"这句的翻译中，译文 2 存在明显的错译现象。根据原文，说"五月份就挂起了蚊帐"的是"我的朋友"而不是"我"。译文 2 因为没有弄清定语结构而导致动作主体的错误从而造成了错译。所以在翻译过程中对动作主体的正确翻译是至关重要的，动作主体的误译在翻译错误中是最常见的误译现象之一。

（3）原文：せいぜい一月か一月半ぐらいしかその必要もないこの町では、蚊帳を吊るのはむしろ楽みなくらいである。
译文 1：其实在这个城市里，需要蚊帐的时间最多不过一个月或者一个半月左右，而且可以说挂蚊帐不过是一种乐趣。
译文 2：在这座城市，这话要至少一个月或一个半月以后才谈得上。吊起蚊帐来确是一种风雅的乐事。

赏析：两篇译文的区别主要在于对"せいぜい一月か一月半ぐらいしかその必要もないこの町では"这句翻译的不同。从原文以及前后文所表达的意思来看，译文 1 的译法，即"需要蚊帐的时间最多不过一个月或者一个半月左右"是正确的，而译文 2 的"这话要至少一个月或一个半月以后才谈得上"是对原文意思错误的理解。

（4）原文：一つの簾を通して、他の簾に映る物の象を透かして見る時なぞ、殊に深い感じがする。
译文 1：观赏那些透过第一层帘幕映照在另一层竹帘上的各种物

体形状时，则会给人一种非比寻常的深刻感受。

译文2：穿过一道竹帘，透视映在另一道帘子上的物像，那感兴尤为深厚。

赏析：对比译文1和译文2就会发现，二者对原文的理解是不尽相同的。译文1中"透过第一层帘幕映照在另一层竹帘上"的是物体形状，而根据译文2的翻译，"穿过一道竹帘"和"透视"形成连续的动作，动作主体虽然在文中没有明确表明，但很显然是人的动作，所以二者在对"一つの簾を通して"修饰的成分理解上存在差异。原文中的"通して"和"透かして"在语意上是重复的，所以"一つの簾を通して"修饰的成分只可能是"他の簾に映る"而不是"透かして見る"，译文1的翻译才是符合原文的。

（5）原文：この節の素足のここちよさ、尤も、袷から単衣になり、シャツから晒木綿の襦袢になり、だんだんいろいろなものを脱いだ後で、私達はこの節の素足にまで辿り着く。

译文1：先是脱去夹衣换上单衣，继而穿上漂布汗衫换下衬衣，渐渐将各种衣服都脱掉，最终进入打赤脚的时节。

译文2：夹袄换了单衣，衬衫为漂白的棉背心所取代，渐渐地，脱去一层又一层衣服，我们终于到了该打赤脚的时候了。

赏析：译文1与译文2的主要不同在于对"晒木綿の襦袢"的翻译。根据《广辞苑》的释义，"晒木綿"的意思是"さらして白くした綿布"（晒白了的棉布），"襦袢"的意思是"肌につけて着る短衣、はだぎ"（贴身穿的衣服），从原文中这个季节换衣服的顺序来看，译文1的翻译是准确的，而译文2"棉背心"的翻译不符合逻辑，有失妥当。

（6）原文：あの雫も、この頃の季節の感じを特別なものにする。あれを見ると、まことに眼の覚めるような心地がする。

译文1：那晶莹的露珠也促使我对这个季节产生一种特殊感受。

看到露珠，确有如梦初醒之感。
译文 2：那水珠将眼下的季节感推向了极致，看到它，顿觉心明眼亮了。

赏析：译文 1 与译文 2 对"あの雫も、この頃の季節の感じを特別なものにする"这句的翻译都存在一些偏差。译文 1 将这句话翻译成了"促使我对这个季节产生一种特殊感受"，但从原文语意来看，它只是在客观描写上使用了拟人手法，并没有说这是"我"的主观感受，可译为"晶莹的露珠使这个季节有了一种特殊之感。" 译文 2"那水珠将眼下的季节感推向了极致"，这样的描写是符合原文的，但是描写程度显然超过了原文的语意，翻译得不够准确，与原意存在偏差。此外对"まことに眼の覚めるような心地がする。"的理解两者也不尽相同。译文 1 的翻译为"确有如梦初醒之感""如梦初醒"是"比喻从糊涂、错误的认识中刚刚醒悟过来"，但是根据原文，这里的意思是晶莹的露珠让人感觉眼前一亮，所以译文 2"看到它，顿觉心明眼亮了"才是符合原文语意的正确翻译。

其次是"达"：

（1）原文：町を呼んで通る竿竹売の声がするのも、この季節にふさわしい。
译文 1：那沿街叫卖竹竿声，和这个季节正相吻合。
译文 2：街上走过叫卖竹竿的声音，和这节令颇相宜。

赏析：这句原本不难翻译，读完译文 1 和译文 2 读者应该明白作者想要表达的意思，但是两种翻译都有不通之处。译文 1 读起来不太通顺，如果译成"那沿街叫卖竹竿的声音"或去掉"那"译为"沿街叫卖竹竿声"会更加通顺。译文 2 的翻译容易产生歧义，如果被理解为"走过叫卖竹竿的声音"，显然语意不通，用词搭配不当。如果译成"街上回响着叫卖竹竿的声音"，语意就会更加明确也更加通顺。

（2）原文：丸い竹の柄で、全部の骨が一つの竹から分れて行っているような丈夫なものはあまり見当たらなくなった。扇子にもまして、もっと一時的で、移り行く人の嗜好や世相の奥までも語って見せているものは団扇だろうか。

译文 1：已经难得看到坚固耐用的蒲扇。那种扇子是圆形竹柄，全部细骨是由同一段整竹分割而成的。与折叠扇相比，恐怕蒲扇更具一时性特点，更能表现人们嗜好的改变以及世态人情的深刻变化。

译文 2：浑圆的竹柄，扇骨全从一根竹子上分出去，这样的团扇最结实，可现在不太看得着了。团扇是胜过折扇的，或许只有它，才会在一个短时间里，显现出一个过路人的嗜好和处世心态。

赏析：根据原文，译文 1 与译文 2 两者的主要区别在于对"全部的骨が一つの竹から分れて行っている"翻译的不同。根据原文意思以及现实生活中的实际情况考虑，扇骨是由同一段竹子剖开做成的。译文 2 "扇骨全从一根竹子上分出去" 的翻译，表意不够明确，不能使读者很好理解译文的意思，没有起到"达意"的效果。译文 1 的翻译"全部细骨是由同一段整竹分割而成的"与译文 2 相比，表意更加明确。

此外，译文 2 对"移り行く人の嗜好や世相"的理解有误，这里的"移り行く"是"变化中的、变化着的"的意思，作为定语修饰"人の嗜好や世相"，没有"过路"的含义。对"もっと一時的で"的翻译，译文 1 的"更具一时性特点"与译文 2 的"短时间里"相比显得有些生搬硬套，与后文的内容不能很好衔接，而译文 2 与后文的衔接比较顺畅。在翻译的过程中，不仅要做到翻译准确，还要兼顾前后文的衔接和通顺，做到灵活翻译。

（3）原文：素足の表情ほどまた夏の夜の生気をよく発揮するも

のはあるまい。

译文1：恐怕没有什么能像光脚板那样充分表现夏夜的生机活力了。

译文2：再没有比裸足的表情更能发挥夏夜的生气的了。

赏析：原文中"表情"一词的翻译值得注意。译文2显然是把表情一词原义照用，让人觉得有些费解。《广辞苑》对于"表情"的解释为："心中の感情、情緒を顔つきや身振りに出し表すこと。また、そのあらわれたもの"（表露在面部或姿态上的内心情感、心情）。在这里"表情"显然是"样子""情形"的意思，像译文1那样忽略这个词不译也不影响意思的正确表达。译文2由于照搬原义翻译成"表情"，还造成了"表情……发挥夏夜的生气"的搭配不当的错误，如果译成"再没有比光脚的样子更能体现夏夜的生气的了"，表意将会更明确更通顺。我们不能说译文2就是错译，但是从中文语言表达习惯的角度来讲，译文2是否达到了"达"的效果确实有待斟酌。

（4）原文：六月を迎え、七月を迎えするうちに、新茶と古茶の区別がなくなって来るのもおもしろい。

译文1：送走六月迎来七月，在这一过程中，新茗和旧茶逐渐消除差别，这种情形也蛮有趣的。

译文2：迎来六月，接着又迎来七月，这时节，新茶老茶已不再有什么区别了。这又是一桩有趣的事儿。

赏析：读完译文1和译文2就会发现两者在"达意"上有些不同。对"六月を迎え、七月を迎えする"的翻译，译文1读起来更加通顺更符合中文的表达方式；而对"新茶と古茶の区別がなくなって来る"的翻译译文1也更加精准。"逐渐消除"比"不再有什么区别"包含了更多的含义，体现了一个过程，与原文的"なって来る"的意思更加吻合，在"达意"方面做得更好。

（5）原文：あの一年のうちの半分が昼で、半分はまた夜である

> ような北の国の果を想像しないまでも、黄昏と夜明けのかなり接近して、午後の七時半過ぎにならなければ暗くならない夜が、朝の三時半過ぎか四時近くには明け放れて行くと考えることは楽しい。

译文 1：即便不去想象那北国的尽头，一年当中有半年白昼，另半年是沉沉黑夜等情景，单是考虑一下黄昏和黎明非常接近，不到晚间七点半夜幕不会降临，而早晨三点半多钟或近四点时，便会黑夜过去，白昼来临，这番情景实在令人欣喜快活。

译文 2：且不管那一年中半是白昼半是黑夜的北国极地的情形吧。黄昏和黎明靠在一起，下午不到七点半夜就黑不下来。早晨三点一过接近四点的时候，天就亮了。想想这些倒也挺有趣的。

赏析：根据原文，译文 1 和译文 2 的翻译是正确的，但是译文 2 对"黄昏と夜明けのかなり接近して、"的翻译令人费解。"黄昏和黎明靠在一起"的翻译不仅与原意有偏差，而且表意不够明确。译文 1 更符合原意，"达意"效果更好。此外，译文 2 对"朝の三時半過ぎか四時近くには"的翻译为"早晨三点一过接近四点的时候"，时间翻译不够准确，应为"三点半后接近四点的时候"，所以译文 1 更符合原文。对细节的精准翻译在某种程度上也是翻译质量的一种体现。

最后是"雅"：

（1）原文：毎日よく降った。
译文 1：雨，每天仍旧下个没完没了。
译文 2：每天都下雨。

赏析：这是非常简短的一句话，做到信和达不难，读者很容易就能明白作者想要表达的意思。但是，译文 2 与译文 1 相比表义略显单调，译文 1 表达的意思与感情都比较丰富，更容易引导读者进入作者

的情绪。

> （2）原文：蚊帳の内に蛍を放して遊ぶことを知っていた昔の俳
> 　　　　　人なぞは、たしかに蚊帳党の一人であったろう。

译文 1：古时，有的俳句诗人已经懂得把捉来的萤火虫放进帐中赏玩，此人的的确确算得上蚊帐帮中的一员了。

译文 2：往昔的俳句诗人，懂得如何在蚊帐内放了萤火虫来赏玩，他们确实是深得使用蚊帐妙趣的人了。

赏析：译文1与译文2相比主要的不同在于对"蚊帳党"的翻译。译文1直接翻译成了"蚊帐帮"，显得有些生硬，也少了些许情趣；而译文2则译为"深得使用蚊帐妙趣的人"，不仅传达了作者想要表达的意思，也使语言显得更加生动。

> （3）原文：形も好ましく、見た眼も涼しく、好い風の来るのを
> 　　　　　選び当てた時はうれしい。

译文 1：每当选购到一柄形状理想，给人以凉爽感，并能送来阵阵清风的蒲扇时，我打心眼里高兴。

译文 2：你在选到一把形状可意，见了眉眼生凉，能招来好风的团扇时，该有多么高兴！

赏析：品读译文1与译文2，会明显体会到两种情趣。译文1简单明了；而译文2的"形状可意、眉眼生凉、招来好风"等用词在语言表现上体现出更多的意趣。抛开作品的散文体裁不说，岛崎藤村有着深厚的文学底蕴，在译这篇小文的时候，或许翻译得意趣横生才更符合作者的用语特点。

> （4）原文：短夜の頃の深さ、空しさは、ここに尽すべくもない。

译文 1：当然这首小诗不可能把短夜时的深沉、空寂全部表现出来。

译文 2：短夜的深邃，空寂，这里是难以尽述的。

赏析：译文 1 与译文 2 相比，最大的不同是"难以尽述"这个词的使用。两种译法都准确地表达了这句话的意思，但相比之下，译文 2 的用词更加文雅，更符合散文的意境。

（5）原文：長い梅雨の続いた時分には、私はよく庭の芭蕉の見えるところへ行って、あの嫩い夢でも湛えたような、灰色がかった青い巻葉が開いて行くさまなぞをじっと眺めながら、多くの時を送ったこともあった。

译文 1：在那漫长的梅雨期中，我常常来到院中的芭蕉树前，全神贯注地瞧着那略带灰青色、打着卷的绿色嫩叶，看那仿佛寄托着青春美梦的叶卷慢慢展开的情景，我在此度过了很多时光。

译文 2：漫长的梅雨季节持续不断的时候，我常常来到可以看见院内芭蕉的地方。那贮满轻梦的微带莲灰色的青绿的叶卷张开了。有时候，我为了眺望那渐次舒展开的绿叶，消磨过不少时辰。

赏析：两段翻译各有各的风韵，都传达了作者想要表达的情绪。译文 1 以"我"为主体，描写了我的动作，是遵循原文的翻译。而译文 2 对原文进行了断句，并将"青绿的叶卷张开"的情景独立出来进行了客观描写，突出了眼前的美景。"贮满轻梦的微带莲灰色的青绿的叶卷"译得颇具诗意。

从整体来看，两篇译文风格有所不同，细节之处各有优劣。译文 1 更加通俗简明，而译文 2 意译更多，更加文雅，颇有中国白话文的味道。

翻译，尤其是翻译外国文学作品时，要想做到"信达雅"，就要做好充分的译前准备，更要有足够的知识储备和一定的文学素养。要关注译文所表现出来的风格是不是符合作品作者的语言风格，是不是符合作品创作的时代、社会背景，是不是符合翻译对象国的语言习惯。在翻译过程中，"信"是最起码的要求，它不仅是一个译者自身翻译水

平的体现,更是对作品以及作者的尊重;"达"也是翻译过程中必须做到的一个步骤,达即达意,它是语言习惯之间的转换,它是不同文化不同语言习惯的作者与读者之间产生共鸣的纽带;"雅"则是文学作品翻译中更高层次的追求,它因译者而异,因作品翻译格调的不同而"雅得不同","雅"产生美,让读者有一种享受感,但在追求"雅"的同时,不能忽略最基本的"信",不能偏离原意。

翻译是一门学问更是一门艺术,各家有各言,如果追究到细枝末节,细细品味每一句译文则更能体会到翻译的不同手法不同风格,所以评判标准是很难确定的。但是,无论怎样翻译,都不能脱离"信达雅"的准则。做到雅而有信,达且通雅是一件很难的事情,也是优秀的文学作品译者应该追求的境界。

(苏民育　顾思阳)

七、翻译理论学习

文学翻译的创造性叛逆(1)

人们尽可以对翻译下各种各样的定义,但我们不得不承认当埃斯卡皮(Robert Escarpit)说"翻译是一种创造性的叛逆"这句话时,他确实击中了翻译问题,尤其是文学翻译的要害,并且提出了一个极富建设性的课题。

然而,十分可惜的是,埃斯卡皮对"创造性叛逆"没有进行详细的阐述,仅仅指出:"说翻译是背叛,那是因为它把作品置于一个完全没有预料到的参照体系里(指语言);说翻译是创造性的,那是因为它赋予作品一个崭新的面貌,使之能与更广泛的读者进行一次崭新的交流;因为它不仅延长了作品的生命,而且又赋予它第二次生命。"[①]

这里所说的"参照体系",埃斯卡皮已经说明是指语言,而"崭新的面貌"主要也是指的语言。这样,在埃斯卡皮看来,所谓的"创

[①] 埃斯卡皮:《文学社会学》,合肥:安徽文艺出版社1987年版,第134页。

造性的背叛"实际上仅仅是语言环境与语言外壳的转换,这显然把文学翻译的创造性叛逆解释得过于简单了。

对于比较文学来说,文学翻译中的创造性叛逆具有特别的研究价值,因为在这种创造性叛逆中,不同文化的交流、碰撞、变形等现象表现得特别集中,也特别鲜明。

通常以为,文学翻译中的创造性叛逆的主体仅是译者。其实不然,除译者外,读者和接受环境同样是创造性叛逆的主体。因此,本文拟从译者——媒介者、读者——接受者和接受环境这三个方面对文学翻译中的创造性叛逆作一番考察。

一、媒介者的创造性叛逆

在文学翻译中媒介者是译者。译者的创造性叛逆有多重表现,但概括起来不外乎两种类型:有意识型和无意识型。具体的表现有以下四种:

(一)个性化翻译

译者,尤其是优秀的译者,在从事文学翻译时大多都有自己信奉的翻译原则,并且还有其独特的追求目标。譬如同样是拜伦的诗,马君武用七言古诗体译,苏曼珠用古五言古诗体,而胡适则用离骚体。不同的诗体不仅赋予拜伦的诗以不同的中文面貌,更重要的是,它们还塑造了彼此不同的诗人拜伦的形象。

再譬如,傅东华在翻译美国小说 Gone With the Wind(《飘》)时,觉得"翻这样的书,与译 Classics(文学名著)究竟两样"所以不必"字斟句确地译"。于是他在翻译时,碰到人名地名"都把它们中国化"了,"对话方面也力求译得像中国话,有许多幽默的、尖刻的、下流的成语,都用我们自己的成语代替进去", 还有"一些冗长的描写和心理的分析,觉得它跟情节的发展没有多大的关系,并且要使读者厌倦的", 就"老实不客气地将它整段删节了"[①]然而,当我们的读者随着思嘉、媚兰、瑞德、希礼们(均为十足地道的中国人名),从肇嘉州、钟氏坡一起漫游到曹氏屯(均为极地道的中国地名)时,他们是否会

[①] [美] 玛格丽特·米切尔:《飘》,傅东华译,杭州:浙江人民出版社1979年版,第3-4页。

意识到他们正在欣赏美国作家的作品呢？

比较多的个性化翻译，一个很主要特征就是"归化"。所谓"归化"，它的表面现象是用极其自然、流畅的译语去表达原著的内容，但是在深处却程度不等地都存在着一个译语文化"吞并"原著文化的问题。例如：严复译的《天演论》是有口皆碑的译界精品，其开卷第一段更是脍炙人口。然而，令人"倾倒至矣"的究竟是严译的内容呢还是严复的译笔呢？当我们读着"怒生之草，交加之藤，势如争长相雄，各据一抔壤土。夏与畏日争，冬与严霜争，四时之内，飘风怒吹，或西发西洋，或东起北海，傍午交扇，无时而息，上有鸟兽之蹂啄，下有蚁蝝之齿伤。憔悴孤虚，旋生旋灭。菀枯倾刻，莫可究详。"这样古典朴雅、气势恢宏的桐城派古文式的译文时，答案是不言而喻的。更有甚者，严译的《天演论》第一句"赫胥黎独处一室之中"把原著的第一人称径自改为第三人称，译语文化对原著文化"吞并"更显昭著——作者以第三人称出现在文中是中国古文的特征之一。又如，苏曼珠译苏格兰农民诗人彭斯的诗《一朵红红的玫瑰》，诗僧译成"颖颖赤墙靡，首夏初发苞，恻恻青商曲，眇音何远姚？……"俨然一首词丽律严的五言诗。然而在译诗里，原诗清新明快的风格、素朴爽直的农夫村姑形象不见了，读者看到的是一幅典型的中国文人侍女执袖掩面、依依惜别的画面。

个性化翻译的特征也并不全是"归化"，它还有"异化"——译语文化"屈从"原著文化的现象。美国诗人庞德在翻译中国古诗时，就有意识地不理会英语语法规则，显著的例子如他把李白的"荒城空大漠"的诗句译成"Desolate Castle, the sky ,the wide desere"，没有介词或代词进行串联，没有主谓结构，仅是两个名词词组与一个名词孤立地并列。熟谙中国古诗并了解庞德进行的新诗实验的人一眼课看出，这是译者有意仿效中国古诗的意象并置手法（尽管这一句其实并非典型的意象并置句）。这种译法理所当然地使英语读者感到陌生和吃惊："我们不明白，汉语是否真像庞德先生的语言那么奇怪？"但是它的效果也是显而易见的："从奇异但优美的原诗直译，能使我们的语言受到震动而获得新的美。"其实，这种译法产生的何止是"震动"，它还触

发了美国的一场新诗运动呢。

可与之相映成趣的是中国诗人穆旦（即查良铮）的翻译。穆旦在翻译艾略特的 *The Love Song of J. Alfred Prufrock*（《J.阿尔弗瑞德·普鲁弗洛克的情歌》）时，照搬英语原诗中"Should I ,after tea and cakes and ices /Have the strength toisforce the moment to its cris！"的句式，写出了像"是否我，在用过茶、糕点和冰食以后/有魄力把这一刻推到紧要的关头？"这样与中国文法格格不入的句子。严厉的语文学家肯定会对此大皱眉头，并斥之为"句式欧化"；但宽容的语文学家一定能发现，中文中不少句式，诸如"当……的时候""与其……不如……"等，正是通过这些"欧化"翻译传入的。

（二）误译与漏译

绝大多数的误译与漏译属于无意识型创造性叛逆。例如英译者在翻译陶诗《责子》中"阿舒已二八"一句时，把它译成了"阿舒十八岁"。他显然不知汉诗中的"二八"是十六岁的意思，而自作聪明地以为诗中的"二八"是"十八"之误。这样的误译造成了信息的误导。

误译当然不符合翻译的要求，任何一个严肃的翻译家总是尽量避免误译。但是误译又是不可避免地存在，尤其是在诗歌翻译和较长篇幅的文学作品翻译之中。

对于比较文学来说，误译有时候有着非同一般的研究价值，因为误译反映了译者对另一种文化的误解与误释，是文化或文学交流中的阻滞点。误译特别鲜明、突出地反映了不同文化之间的碰撞、扭曲与变形。譬如莎剧《罗密欧与朱丽叶》中朱丽叶在等待保姆带回罗密欧消息时有一段独白：

……
But old folks, many feign as they were dead;
Unwieldy,slow ,heavy and pale as lead.

这里，朱丽叶因等待情人的消息而无比焦灼的心情跃然纸上。但朱丽叶毕竟是一位有教养且温柔美丽的女性，因此即使在这种情况下，她脱口

而出也只是一句"old folks"———个感情色彩不十分明显的词，可是从上下文中则可以体会出其中的嗔怪意味。有一种中译本把这段话译成：

"……但是这些老东西。真的，还不如死了干净。又丑，又延迟，像铅块一样，又苍白又笨重。"

这样一来，女主人公的形象近乎于一个破口大骂的泼妇，原著的文学形象被扭曲了。

……

以上例子均属无意误译，造成误译的原因都是因为译者对原文的语言内涵或文化背景缺乏足够的了解。

与此同时，还存在着有意的误译。譬如苏联作家阿·托尔斯泰的名作三部曲《苦难的历程》的英译名是 *Road to Calvary*（译成中文为《通往卡尔瓦利之路》），这里英译者故意用一个含有具体象征意义的地名"Calvary"（出典自《圣经》，系耶稣被钉上十字架的地方）代替了俄文中那个泛指"苦难、痛苦"的普通名词"mykn"。当然，这样做的结果是阿·托尔斯泰的英译本被蒙上了厚厚的一层宗教色彩。

傅雷译的几部巴尔扎克长篇小说的书名也是有意误译的佳例。如巴尔扎克原著的书名是 *La Cousine Bette*，*Le Pere Goriot*，本来，前者应译为《表妹贝德》或《堂妹贝德》，后者译为《高里奥大伯》或《高里奥老爹》。但傅雷在仔细揣摩全书内容后，却把前者译为《贝姨》，后者译为《高老头》，这样不仅从形式上缩短了译语国读者与译作的距离，而且还细微地传达出了人物在作品中的特定处境堪称成功的创造性叛逆。

以上两例表明，译者为了迎合本民族读者的文化心态和接受习惯，故意不用正确手段进行翻译，从而造成有意误译。

为了强行引入或介绍外来文化的模式和语言方式，也是造成有意误译的一个原因。如前面已经提到的庞德翻译的汉诗和穆旦翻译的英诗，这种翻译恰如鲁迅所称，"不但在输入新的内容，也在输入新的表

现法"。

漏译也分无意与有意两种。无意的漏译多为一言半语,通常未产生什么文学影响。有意的漏译即节译,我们将在下面予以分析。

(选自谢天振著:《比较文学与翻译研究》,台北:业强出版社,1994年)

第 14 课

一、原文

木の根

和辻哲郎

一

　　松の木に囲まれた家の中に住んでいても、松の木の根が地中でどうなっているかは、あまり考えてみたことがなかった。美しい赤褐色の幹や、わりに色の浅い清らかな緑の葉が長いなじみである松の木の全体であるような気持ちがしていた。雨が降ると幹の色はしっとりとおちついた、潤いのあるあざやかさを見せる。緑の葉は涙にぬれたような①しおらしい色つやを増してくる。雨のあとで太陽が輝きだすと、早朝のようなさわやかな気分が、木の色や光の内に漂うて、いかにも朗らかな生の喜びがそこに踊っているように感ぜられる。②おりふしかわいい小鳥の群れが生き生きした声で③さえずりかわして、緑の葉の間を楽しそうに行き来する。――それが私の親しい松の木であった。
　　しかるにある時、私は松の木の生い育った小高い砂山をくずしている所にたたずんで、砂の中に食い込んだ複雑な根を見守ることができた。地上と地下の姿がなんとひどく相違していることだろう。一本の幹と簡素に並んだ枝と、楽しそうに葉先をそろえた針葉と――それに比べて、地下の根は、戦い、④もがき、苦しみ、精いっぱいの努力を尽くしたように、枝から枝と分かれて、乱れた女の髪のごとく、地上の枝幹の総量よりも多いと思われる太い根、細い根の

無数をもって、いっせいに大地に抱きついている。私はこのような根が地下にあることを知ってはいた。しかしそれを目の前にまざまざと見た時には、思わず驚異の情に打たれぬわけにはゆかなかった。私は長いなじみの間に、このような地下の苦しみが不断に彼らにあることを、一度も自分の心臓に感じたことがなかったのである。彼の苦しみの声を聞いたのは、時おりに吹く烈風の際であった。彼の苦しそうな顔を見たのは、湿りのない炎熱の日が一月以上も続いたあとであった。しかしその叫び声やしおれた顔も、その機会さえ過ぎれば、すぐにもとの快活に帰って、苦しみのあとをめったにあとへ残さない。しかも彼らは、われわれの目に秘められた地下の営みを、一日も怠ったことがないのであった。あの美しい幹も葉も、五月の風に吹かれて飛ぶ緑の花粉も、実はこのような苦労の上にのみ可能なのであった。

　この時以来、私は松の木ならず、あらゆる植物に心から親しみを感ずるようになった。

　彼らはわれわれとともに生きているのである。それはだれでも知っていることだが、私には新しい事実としか思えなかった。

二

　私は高野山へ登った。そして不動坂にさしかかった時、数知れず立ち並んでいるあの太いひのきから、なんともいえぬ荘厳な心持ちを押しつけられた。なるほどこれは霊山だと思わずにはいられなかった。

　それは外郭に連なる山々によって平野から切り離された、急峻な山の斜面である。幾世紀を経てきたかわからない老樹たちは、⑤金剛不壊という言葉に⑥似つかわしいほどのどっしりとした。迷いのない壮大な力強さをもって、天を目ざして直立している。そうして、木々の間に漂っている生生の気はひたひたと人間の膚にも迫ってくる。私は底力のある興奮を心の奥底に感じはじめた。

　私の目はすぐに老樹の根に向かった。地下の激しい営みはすで

に地上一尺の所に明らかに現われている。土の層の深くないらしいこの山に育って、あの亭亭たる巨幹をささえるために、太い強靭な根は力限り四方へ広がって、地下の岩にしっかりと抱きついているらしい。あの巨大な樹身にふさわしい根は、いったいどんなであろう。ことに相隣りあった木の根と入りまじって薄い地の層の間に複雑にからみあっているありさまは、想像するだけでわれわれに驚異の情を起こさせる。

　確かに山は激しい生の力の営みによって、残る所なく包まれているのである。われわれはそれを肉眼によって見ることはできなかったが、しかし一種の霊気として感ずることはできた。隠れたる努力の威圧が、神秘の影をさえ帯びて、われに敬虔の情を起こさせずにはいられなかったのである。

　私は老樹の前に根の浅い自分を恥じた。そうして地下の営みに没頭することを自分に誓った。今気づいてもまだおそくない。

三

　成長を欲するものはまず根を確かにおろさなくてはならぬ。上に伸びることをのみ欲するな。

　まず下に食い入ることに努めよ。

四

　早年にして成長のとまる人がある。根をおろそかにしたからである。四十に近づいて急に美しい花を開き、豊かな果実を結ぶ人がある。下に食い入ることに没頭していたからである。

　私の知人にも理解のいい頭と、感激の強い心臓と、よくたつ筆とを持ちながら、まるで労作を発表しようとしない人がある。彼は今生きることの苦しさに圧倒せられて、自分のようなものは生きる値打ちもないとさえ思っている。しかし、それは彼の根が一つの地殻に突き当たって、それを突破する努力に悩んでいるからである。やがてその突破が実現せられた時に、どのような飛躍が彼の上に起

こるか。——私は彼の前途を信じている。根の確かな人から貧弱な果実が生まれるはずはない。

五

　　古来の偉人には雄大な根の営みがあった。それゆえに彼らの仕事は味わえば味わうほど深い味を示してくる
　　現代には、たとい根に対する注意が欠けていないにしても、ともすればそれが小さい植木鉢のなかの仕事に堕していはしないか。いかにすれば珍しい変種ができるだろうかとか、いかにすれば予定の時日の間に注文通りの果実を結ぶだろうかとか、すべてがあまりに人工的である。
　　天を突こうとするような大きな願望は、⑦いじけた根からは生まれるはずがない。
　　偉大なものに対する崇敬は、また偉大なる根に対する崇敬であることを考えてみなければならぬ。

六

　　根のためには、できるならば、地の質を選ばなくてはならぬ。
　　果実のためには、できるならば、根をつちかう肥料を選ばなくてはならぬ。
　　根に対する情熱を鼓吹し、その根の本能的に好むところの土壌の⑧ありかを教え、そうして、幾千年来堆積している滋養分をその根に供給してやるのが教育の任務である。

七

　　教養は培養である。それが有効であるためには、まず生活の大地に食い入ろうとする根がなくてはならぬ。
　　人々はあまりに根の本能を忘れていはしないか。いかに尊い肥料が加えられても、それを吸収する力のない所では何の役にも立たない。私は教養の機会と材料とがわれわれの前に乏しいとは思わな

い。ただそれに相当する根が小さいのを恐れる。

⑨なんじの根に注意を集めよ。

（选自林荣一编：《日本近现代文学选》，台北：鸿儒堂出版社，1995 年）

二、作者和作品简介

和辻哲郎（1889—1960）日本近代唯心主义哲学家、伦理学家、散文家。生于兵库县神崎郡一个农村医生的家庭。1912 年毕业于东京帝国大学哲学科。1920—1949 年先后任东洋大学、京都帝国大学和东京帝国大学的教授。他曾经是日本学士院院士、日本伦理学会会长。他是力图把东方道德精神同西方伦理思想结合起来的现代日本思想家。

1955 年荣获日本文化勋章。在他诞辰百年的时候，姬路市设立了和辻哲郎文化奖。

和辻的主要著作有《日本精神史研究》(1926)、《作为人学的伦理学》(1934)、《风土（人学的考察）》(1935)、《伦理学》(3 卷, 1937～1949)、《日本伦理思想史》(2 卷，1952)《和辻哲郎随笔集》等。

这篇文章收录在 1918 年出版的《偶像再兴》随笔集中，那时，辻哲郎仅有 29 岁。

三、原文注释

①しおらしい：1、（おとなしくてかわいい）温顺，温驯，可爱。2、（ひかえめな）客气，谨慎。3、（もっともらしい）正经。本文是第一个意思。

②おりふし（折節）：1、（そのおり）那个季节，那个时候，随时。2、（ちょうどそのとき）正当那时，恰好。3、（ときどき）有时，时常，偶尔。本文是第三个用法。

③さえずりかわす（囀り交わす）：さえずり，1、（小鳥の）鸣啭，婉转的鸟叫声，叽叽喳喳声，歌声。2、（おしゃべり）喋喋不休，多

嘴饶舌，叽叽喳喳声。本文是第一个用法。而"かわす"有相互的意思。如：顔と顔を見かわす。是你看我，我看你，面面相觑的意思。

④もがく（踠く）：1、（ころげまわる）翻滚，挣扎。2、（あせる）着急。本文是第一个意思。

⑤金刚不壊［こんごうふえ］：金刚不坏，坚硬无比。

⑥似つかわしい：合适，相称。

⑦いじける：1、（ちぢこまる）畏缩，气馁，无精打采，2、（ひねくれる）不开朗，乖僻，没有干劲，消极，怯懦。3、（勢いがない）发育不良，不挺拔。本文是第三个意思。

⑧ありか：1、所在。2、下落。本文是第一个意思。

⑨なんじ（汝）：你。

四、译文

译文1　　　　　　　　树根礼赞

高慧勤　译

一

家的四周，虽说苍松环绕，倒也从未想过，松树如何植根地下。优美的赭红树干，清爽的浅绿叶丛，从感觉上来说，似乎就是长年相熟的松树整体。每逢下雨，树干的颜色便透着沉稳，显得润泽而鲜亮，绿叶仿佛珠泪盈盈，益发的娇艳妩媚。雨后初霁，阳光明丽，空气似清晨一般爽快，散逸在树色间，散逸在光影中。确实令人感到，那里跃动着一种明媚的生之喜悦。这时一群可爱的小鸟，清声嘤嘤，婉转娇啼，欢快地穿梭于绿叶之间。那就是我所稔熟所相亲的松树。

然而有一次，我站在一片挖平的小丘上——那原是栽松树的地方，定睛凝视深植沙中、盘缠虬结的树根。那姿态，地上与地下，相差何等之远。孤直的树干，横空舒展的枝丫，以及欣欣然尖利齐整的针叶

——相较之下,地下的根仿佛在争斗,在挣扎,在痛苦,迸出全部力量,枝杈分了又分,像懒妇的乱发,数不清的根,粗的粗,细的细,看上去比地上的枝干还多,一起紧抓着大地。我当然知道,根是长在地下的。但是,当这一切历历展现在眼前时,我却不由得给惊住了。在长年的交往里,根株在地下不断地经受着苦痛,而我却未能以心去感知。偶尔遇到狂风吹打,或可听到松树痛苦的呼号;燥热天气持续到一月有余,便可看到松树痛苦的状貌。可是,一旦度过困厄,那痛苦的呼声,委顿的容颜,随即复现原先的欢快,难得留下痛苦的痕迹。而且,看来显得颇为神秘的地下营求,未曾有一日的怠惰。那美丽的树干和针叶,以及五月春风吹得满天飞舞的绿色花粉,其实都是历经艰辛的结果。

从此以后,不仅对松树,凡一切植物,我都由衷地感到亲切。树木与我们生存在一起。这虽是人尽皆知的事,我却当作新的发现加以思索。

二

我曾登上高野山,来到不动坡,看到粗大的丝柏林立一片,心中不禁涌起一股莫名的庄严感。不由得赞叹道,这确是一座灵山。弘法大师选择这样一处圣地,对他的眼力与识见,愈发敬佩。

由于四面环山,与平野相隔,形成一面陡峭的斜坡。老树不知经历了多少世纪,庄严挺拔,以其雄劲强健之力,直指苍穹,用"金刚不坏"一词来形容,真是再恰当不过了。树木之间流溢着一股勃勃生气,袭人肌肤。我由心底感到敬畏。

我的目光,立即落到树根上。地下营求之激烈,离地一尺,都能见出端倪。山里土层似乎不深,为了支撑那高挺的巨干,粗大强劲的树根,竭力向四周延伸,紧紧抱住土里的岩石。与魁伟的树身相称的根脚,会是怎样的呢?尤其是薄薄的地层,与邻树的根相互攀缠,其虬结盘曲的情景,仅仅想象一下,便使人不胜惊异。

不错,正是那强韧的生命力,把山整个儿给包笼了起来。肉眼固然看不见,但凭灵性,自能感觉得出。那隐在的奋发之势,甚至带些

神秘，令人陡起虔诚之心。

面对老树，根底浅薄的自己，不免陡生羞愧之感。于是自誓：要埋头地下的奋斗。现在省悟，尚不为迟。

三

欲求成长，必先扎根。

切莫只贪向上发展，务求深植根基。

四

有人早年便不再有长进，只为荒疏了根基的缘故。

有人行将到四十不惑之年，忽然开出美丽的花朵，结下丰硕的果实，因为曾埋头于深打根基。

我的一位熟人，虽然头脑聪明，有敏感的心，兼勤奋的笔，却从来不打算发表他的劳作。他为眼前生存的烦劳所压倒，甚至以为，像他这样的人根本没有生存的价值。那是因为，他的根碰到了硬壳，正在努力突破之中，所以为之苦恼不已。然而，一旦能够突破，必有卓绝的飞跃！——对他的前途，我怀有信心。一个根基厚实的人，是不会结出贫乏之果的。

五

古来的伟人，都曾营建雄厚的根基。因此，他们的劳绩，愈揣摩，愈觉意味深长。

而现代，即或对根基未尝不重视，可是，其工作往往流于盆花式的经营。如何改良品种啦，如何在预定期内按时结果啦，等等，一切都过于人工化。

伟大的凌云壮举，不可能产自发育不良的树根。

对伟大事物的崇敬，还必须顾及到对伟大根基的崇敬。

六

为了根，就应该选好土。

为了果实，首先应选好育根的肥料。

倡导对根的热诚，自当教人培壅根所喜爱的土壤，将千百年来积储的滋养供给根部，这是教育的天职。特别是大学教育的本分。

七

教养即培养。为求成材，必先扎根于生活的厚土。

根的本性，岂不是被人遗忘了吗？不论施上怎样珍贵之肥，倘无吸收之力，也属枉然。我以为，我们并不缺少教育的机会和滋养，只是忘了应与之相应的根不应太瘦太小罢了。

珍视你的根基吧！

（选自高慧勒译：《快跑，梅洛斯》，青岛：青岛出版社，2013年）

译文2　　　　　树　根

林荣一　译

一

虽然是住在被松树所包围着的房子里，松树的根在地下是什么样子？我也没有试想过。我觉得美好的红褐色的树干及颜色比较淡的洁净的绿叶，好像就是我多年来熟识的松树的整体。一下雨，树干的颜色就显示出沉着稳重，使人看到了润泽清新的样子。绿色的叶子则如同泪水浸湿了一般。更增添了可爱的色泽。雨后，太阳一出来，就像清晨一般爽朗的气氛，飘溢在树色和阳光里。的确使人感觉到在这里有一种畅快的，生命的欢乐在跳跃着。时常有一群可爱的小鸟用那美好的声音相互鸣叫，在绿叶间愉快地飞来飞去——这就是我亲近的松树。

不过有一次，我伫立于松树长大而被挖开了的小砂丘上，能够仔细观察深入砂里纵横交错的树根。地上和地下的姿态是多么的不同啊！一根树干和简单排列的树枝，以及快乐地齐聚在叶尖的针叶——与此

相比，地下的树根，好像在战斗、挣扎、痛苦、在尽着一切努力似的，从枝条分出另一个枝条，有如蓬乱的女人头发，用它那比地上的枝干总数还多的无数的粗根和细根一齐紧紧地抱住大地。我知道地下有这样的树根。可是当我清清楚楚地看到它在眼前的时候，不由自主的感到惊讶！我在长期相识的时间里，在自己的心里一次也没有感觉到它们会不断地经历着这样的地下的痛苦。我听到它的痛苦的声音是在偶尔刮起强烈大风的时候，看到它痛苦的神情是在没有湿气炎热的日子延续了一个多月之后。可是，那叫声、憔悴的脸孔，只要过了那段时间，就立刻恢复了原来的快活。很少留下痛苦的痕迹。况且，它们一天也没有放松过我们所看不见的地下的生长活动。那美丽的树干、树叶，以及被五月的风吹得纷飞的绿色花粉，实际上，只有在这种辛劳下才可能有的。

从这时起，我不仅对于松树，对于所有的植物由衷地感到亲切了。

它们和我们共同生存着，那是谁都知道的，可是对我来说却认为是新的事实。

二

我登上高野山，而来到不动坡的时候，无数并排着的粗大的桧树，迫使我产生一种无法形容的庄严感。不由得想起，真不愧是座灵山呀。

那是由外围连绵的群山，隔绝了平原陡峭的山坡。不知经历了几个世纪的这些老树，正如金刚不坏这个语词所形容的那样，以庄重、威严，没有眩迷的强大的力量，伸向天空巍然屹立着。飘荡在林木之间的蓬勃之气，咄咄逼到人的体肤，我内心深处开始感到强烈的兴奋。

我的眼睛立刻转向了老树的根。地下的激烈的生命活动，已经明显地表露在地面一尺之地方。生长在土层似乎不深远的这座山上，为了支撑那巍然耸立的巨干，看来那些粗壮、强韧的树根是尽力地向四周延伸，好像是牢牢地抱住地下的岩石的样子。与那巨大树身相称的根，究竟是什么样呢？特别是和相邻的树根纠缠在一起，在薄薄的土层间纵横交错的样子，只要想象一下就使我们产生惊异之感。

的确，山被激烈的生命活动完全包围着。我们虽然无法用肉眼看

到,但是,感到有一种灵气了。这种隐藏着的努力的威严,甚至带着神秘的影子,使我们不能不产生崇敬的心情。

我在老树的前面,对于根底浅薄的自己感到羞愧。而,自己发誓,要埋头于地下的生命活动,如今自觉,还不算晚。

三

要想成长,非先确实地扎根不可。不要只顾往上长,首先要努力于往下扎根。

四

有的人在早年就不长进了,这是因为他忽视了根。有的人将近四十岁,忽然开了美丽的花,结了丰硕的果实。这是因为他埋头于往下扎根。

我的熟人,有人具有理解力强的头脑,容易感动的心灵和才华洋溢的文笔,但是完全不想发表作品。他被目前生活的困苦所压倒,甚至认为,像他自己那样的人没有生存的价值,可是,这是因为他的根碰到了一层地壳,为了要努力突破它而苦恼。不久,当他实现了这个突破时,对他将会产生什么样的飞黄腾达呢?——我相信他的前途。没有从根基确实的人,产生瘦小果实的道理。

五

自古以来的伟人,都有雄伟的扎根活动,所以,他们的事业,有越玩味越深远的滋味。

现代,即使不乏对于根的注意,然而不是也往往陷于花盆里的事业。怎么做才能有珍奇的变种?怎么做才能在预定的时间里,结出预期的果实,一切,太过于人为了。

耸入云霄的愿望,不会从发育不良的根产生的。

对于伟大的东西的崇敬,也就是对于伟大的根的崇敬之事,是应该想一想的。

六

为了扎根，要是可能的话，必须要选择地质。

为了果实，要是可能的话，必须要选择培养根的肥料。

教育的任务是要鼓吹对于根的热情，教以根在本能上所喜欢的土壤的所在。而对于根供给以几千年来堆积的滋养分。

七

教育就是培养。为了要使教育有效。首先必须要有扎入生活大地的根。

人们是不是太过于忘掉根的本能？无论怎样加进贵重的肥料，在没有吸收能力的地方，也是不起任何作用的。我不认为在我们面前缺乏教养的机会和材料。只害怕与此相对应的根太小了。

把注意力集中在你的根上吧！

（选自林荣一编：《日本近现代文学选》，台北：鸿儒堂出版社，1995年）

五、译者简介

高慧勤（1934—2008）：笔名艾莲、戴霞，生于辽宁，1957年毕业于北京大学东方语文学系日语专业。曾任中国日本文学研究会秘书长、副会长、会长，1984年加入中国作家协会。数十年来，在日本文学研究、翻译等领域取得卓越成就。曾主持翻译了《川端康成十卷集》《芥川龙之介全集》和《日本短篇小说选》等。重要译著有《舞姬》《蜘蛛之丝》《雪国·千鹤·古都》《川端康成作品精粹》《地狱变》等。文洁若赞誉她的译文"文体贴近原文，遣词造句精益求精，堪称范文，饮誉国内外"。

林荣一，台湾文化大学东语系日文组毕业，日本东洋大学文学硕士。曾任辅仁大学东语系讲师、副教授，东吴大学日文系讲师、副教授。出版《杜子春》（中日对照）、《日本近代文学选》（中日对照）等。

六、译文赏析

一、作品的创作背景

从内容读来，本文好似一位年事已高的长者语重心长地向年轻人谆谆教诲。其实不然，这篇文章收录在1918年出版的《偶像再兴》随笔集中，而那年，作者和辻哲郎的年龄还是未到而立之年的29岁。作为翻译者，要想翻译好一篇名家的文章，理应尽量详细了解该作品的写作背景。笔者经过翻阅史料，对其背景稍作整理如下：

1889年出生在日本兵库县神崎郡砥堀村仁丰野（现姬路市仁丰野）一个农村医生家庭的和辻哲郎，17岁时考入东京第一高等学校（东京大学的前身），1911年，22岁时准备撰写毕业论文，但发愁在简陋的宿舍无法安心写作，同宿舍的学弟高濑弥一便慷慨地说："我家鹄沼的房子安静，你就去那里写吧。"于是，从11月到转年3月期间，和辻哲郎便从东京本乡的宿舍搬到高濑弥一在神奈川县藤泽市鹄沼中藤谷的家中借宿。高濑弥一堪称优秀的"富二代"，其父亲高濑三郎是横滨的巨商，在1902年以儿子高濑弥一的名义买下了鹄沼中藤谷的百两山砂丘一带山林的大片土地。兴建了人称"鹄沼御殿"的豪宅，其中至少有4处别馆，家中雇有日餐、西餐、中餐的不同厨师。和辻哲郎在借宿期间，与高濑的家人一起吃饭，而自己房间的收拾打扫工作则由高濑弥一的大妹高濑照等5个妹妹悉心负责。1912年3月，毕业论文终于大功告成，就在要告别鹄沼的那天早上，他把高濑照约来并向她诚恳求婚，高濑照欣然同意。当年6月在京都举办婚礼，婚后曾在东京大森区（现大田区）马达的新居生活，1915年又搬回鹄沼的高濑娘家生活了三年，直至1918年6月又回迁至东京。

《树根》一文想必就是在鹄沼高濑家生活期间，在散步之时有感而发，落笔写成的。其中描述的情景就是鹄沼海岸沙丘上葱茏的黑松林。风华正茂的和辻哲郎漫步在依山临海的松林中，浪涛松风传到耳际，又想起曾去过的和歌山县真言宗总道场的高野山，映入眼帘的尽

是那些坚韧挺拔的松柏和盘根错节的树根，由此感悟到了人生的哲理。

如何将原作者的心境恰如其分地翻译成高雅流畅的中文，就是对每一位翻译者的实力考量。以下是针对本文两篇译文的翻译技巧做出的评析。

二、译文评析

"信达雅"历来被奉为翻译准则，那么我们也从这三点，即译得对、译得顺、译得妙评析两位翻译者的译作。这两位翻译者，一位是出生于 20 世纪 30 年代的中国大陆的著名女翻译家，另一位是现执教于台湾某大学的副教授。两位译者出生在海峡两岸的不同环境和不同年代，可谓亲子两辈人的差别。这些差别势必带来理解深度、语言习惯、文法修辞等方面的不同。日语原文 2582 字，译文 1 为 1657 字，译文 2 为 1866 字，相差 209 字。为何出现如此的字数差别，在译文中的中文修辞方面也可窥见一斑。以下摘选一些具体事例加以对比，并深入探究能否有更为恰当的译法。

（一）译得对不对？

（1）原文：松の木に囲まれた家の中に住んでいても、松の木の根が地中でどうなっているかは、あまり考えてみたことがなかった。

译文 1：家的四周，虽说苍松环绕，倒也从未想过，松树如何植根地下。

译文 2：虽然是住在被松树所包围着的房子里，松树的根在地下是什么样子？

评析：文章开头第一句话中，原文"家"的翻译便出现不同译法，译文 1 为"家"，译文 2 为"房子"。的确在日文中"家"有两种读音，分别相当于中文的"家"和"房子"。那么哪个更准确呢？这似乎是"鸡蛋里挑骨头"的设问，可以说是读者的理解不同而已，哪个都不能算错。但深究一下原作者的生活背景，不难找出判断基准。正如本文创

作背景段落中的考察内容，作者在写作原文时就是住在松林环绕的鹄沼家中，而不是临时渡假疗养的别墅。因此随心所欲地翻译成"房子"，显然是一个错译。可见要翻译准确，需要译者付出大量的幕后调研工作。

（2）原文：われわれはそれを肉眼によって見ることはできなかったが、しかし一種の<u>霊気</u>として感ずることはできた。

译文1：肉眼固然看不见，但凭<u>灵性</u>，自能感觉得出。

译文2：我们虽然无法用肉眼看到，但是，感到有一种<u>灵气</u>了。

评析：原文中的"霊気"的理解上两者出现了歧义。译文1为"灵性"，译文2为"灵气"。细细领会原文中的前后文脉，"山は激しい<u>生の力の営み</u>によって、残る所なく包まれているのである。われわれはそれを肉眼によって見ることはできなかったが、しかし一種の<u>霊気</u>として感ずることはできた。"这里所说的"霊気"理应指前一句中所说的"激しい生の力の営み"，这种"営み"宛如一种"神灵之气"而不是指人的"灵性"。译文1是错误地将"霊気"与"肉眼"相对而理解的，可以说是译文中的白璧之瑕。

（3）原文：それは彼の根が一つの<u>地殻</u>に突き当たって、それを突破する努力に悩んでいるからである。

译文1：那是因为，他的根碰到了<u>硬壳</u>，正在努力突破之中，所以为之苦恼不已。

译文2：这是因为他的根碰到了一层<u>地壳</u>，为了要努力突破它而苦恼。

评析："根が一つの地殻に突き当たって"中的"地殻"，从字面直译的话完全可以像译文2那样，译成"地壳"，但仔细想来，在中文中"地壳"是指地理专业词汇，是指地球表层厚达60公里的表层，而原文作者在文章中显然不是说的这个含义，因为树根就是生长在地壳

中，在地壳中碰到地壳就说不通了，所以译文1的"硬壳"就容易理解了。这个例子也说明了译者如果生硬地照搬原文，反而会造成错译。

(4) 原文：やがてその突破が実現せられた時に、どのような<u>飛躍</u>が彼の上に起こるか。

译文1：然而，一旦能够突破，必有<u>卓绝的飞跃</u>！

译文2：不久，当他实现了这个突破时，对他将会产生什么样的<u>飞黄腾达</u>呢？

评析："飛躍"一词，译文1为"卓绝的飞跃"，译文2为"飞黄腾达"，虽然都有出人头地的意思，但褒贬含义显而易见，在中国大陆的语言环境中"飞黄腾达"明显欠妥。

(二) 译得顺不顺？

(1) 原文：雨が降ると幹の色はしっとりとおちついた、潤いのあるあざやかさを見せる。

译文1：每逢下雨，树干的颜色便透着沉稳，显得润泽而鲜亮。

译文2：一下雨，树干的颜色就显示出沉着稳重，使人看到了润泽清新的样子。

评析：两者对比，译文1简洁明了，译文2略显直译啰唆。

(2) 原文：枝から枝と分かれて、乱れた女の髪のごとく、地上の枝幹の総量よりも多いと思われる太い根、細い根の無数をもって、いっせいに大地に抱きついている。

译文1：枝杈分了又分，像懒妇的乱发，数不清的根，粗的粗，细的细，看上去比地上的枝干还多，一起紧抓着大地。

译文2：从枝条分出另一个枝条，有如蓬乱的女人头发，用它那比地上的枝干总数还多的无数的粗根和细根一齐紧紧地抱住大地。

评析：译文2最后这句译文太长，有令读者喘不上气的感觉，而译文1将每句话分割成较短的句子，读起来很轻松。

（3）原文：私は教養の機会と材料とがわれわれの前に乏しいとは思わない。
译文1：我以为，我们并不缺少教育的机会和滋养。
译文2：我不认为在我们面前缺乏教养的机会和材料。

评析：若按忠实原文的标准，那么译文2的"我不认为……"完全正确，但中国人似乎很少这么说，而更习惯的说法应该是译文1的"我以为……不……"。由此可见，若盲目追求忠实原文，往往导致译成的中国话"变味儿"。

（三）**译得妙不妙？**

（1）原文：木の根
译文1：树根礼赞
译文2：树根

评析：此文章的题目两种译法的异同一目了然，忠实原文的译文2本无可非议，但译文1的"树根礼赞"，定会令许多中国人立即联想到茅盾的《白杨礼赞》。可见译者是有意将原作者对树根的深切情感溢于言表。这种处理方法，想必有助于读者对文章主旨的理解。
再对比以下几处的译文，

（2）原文：緑の葉は涙にぬれたようなしおらしい色つやを増してくる。
译文1：绿叶仿佛珠泪盈盈，益发的娇艳妩媚。
译文2：绿色的叶子则如同泪水浸湿了一般。更增添了可爱的色泽。
（3）原文：おりふしかわいい小鳥の群れが生き生きした声でさえ

　　　　　　ずりかわして、緑の葉の間を楽しそうに行き来する。
译文 1：这时一群可爱的小鸟，清声嘤嘤，婉转娇啼，欢快地穿梭于绿叶之间。
译文 2：时常有一群可爱的小鸟用那美好的声音相互鸣叫，在绿叶间愉快地飞来飞去。

（4）原文：しかしその叫び声やしおれた顔も、その機会さえ過ぎれば、すぐにもとの快活に帰って、苦しみのあとをめったにあとへ残さない。
译文 1：可是，一旦度过困厄，那痛苦的呼声，委顿的容颜，随即复现原先的欢快，难得留下痛苦的痕迹。
译文 2：可是，那叫声、憔悴的脸孔，只要过了那段时间，就立刻恢复了原来的快活。

（5）原文：成長を欲するものはまず根を確かにおろさなくてはならぬ
译文 1：欲求成长，必先扎根。切莫只贪向上发展，务求深植根基。
译文 2：要想成长，非先确实地扎根不可。不要只顾往上长，首先要努力于往下扎根。

评析：从两种译文风格来看，译文 1 者明显在译文中灵活运用了中文喜闻乐见的排比或对仗等修辞方法，而译文 2 则是循规蹈矩、一字不漏地翻译。两中文底蕴相差甚远。

（四）**能否译得更好？**

（1）原文：根のためには、できるならば、<u>地の質</u>を選ばなくてはならぬ
译文 1：为了根，就应该选好<u>土</u>。
译文 2：为了扎根，要是可能的话，必须要选择<u>地质</u>。

评析：原文中的"地の質"，译文 1 为"土"，译文 2 为"地质"。似乎都不太恰当，如果译成"土质"的话，也许更能恰当地表现吧。

（2）原文：数知れず立ち並んでいるあの太いひのきから、
　　　　　　なんともいえぬ荘厳な心持ちを押しつけられた
　　译文 1：看到粗大的丝柏林立一片，心中不禁涌起一股莫名的庄严感。
　　译文 2：无数并排着的粗大的桧树，迫使我产生一种无法形容的庄严感。

　　评析：还有其他人译为"从那无数整齐排列的扁柏，感受到无法形容的庄严感"。其中"ひのき"的中文竟有"丝柏、桧树、扁柏"三种译法，如果还有其他热心译者，或许还会译出第四、第五种译法。但我们冷静想一想，普通中国人中究竟能有多少人能够清楚地理解三种类似植物学专业词汇中的任何一个译词吗？说实话，一般中国人对身边自然界的植物尤其是树木名称并不熟悉。那么在译文中真的有必要译成让普通人费解的专业词吗？中文译者本人是否知道自己译文中的那种树木的样子？是否只是从字典上查来的对译词汇而已？如果真正替读者设身处地的着想，我觉得不如简单地译成通俗易懂的"柏树"便可。

（3）原文：なんじの根に注意を集めよ。
　　译文1：珍视你的根基吧！
　　译文2：把注意力集中在你的根上吧！

　　评析：两者优劣之差且不评说。我们是否应该从原文作者的写作年龄仔细考察一下。在本文开头段落中介绍的原文创作背景时提到，当时作者的年龄大致在29岁。未到而立之年的他，是否会以一位人生长者的姿态，用居高临下的口吻说出这种教训式的话呢？我想即使是作为当时堪称时代骄子的、象牙塔尖上的名牌大学生，也不会如此事不关己地教训大众吧。作为风华正茂的年轻人，他在写下"なんじの根に注意を集めよ"这句话时，我想他也是在心中自勉。这样理解应该是在情理之中。那么再回过头来考虑一下中文的译文，是否可以在

译文中加上"自己"的含义,译成"珍重你自己的根基吧!"。这可以留给各位读者作为一个深入讨论的话题。

本文描写了树根的坚韧,寓示了人生的哲理。也提示了我们从事翻译工作应该打好根基,追求甚解,以期将译文打造得枝繁叶茂,经得住时代的考验。

(李振溪)

七、翻译理论学习

文学翻译的创造性叛逆(2)

(三)节译与编译

节译与编译都属有意识型创造性叛逆。造成节译与编译的原因有多重:为与接受国的习惯、风俗相一致,为迎合接受国读者的趣味,为便于传播或出于道德、政治等因素的考虑等等。

例如我国早期翻译家伍光建在翻译法国大仲马的《侠隐记》(现通译《三个火枪手》)时,压缩或节略景物描写与心理描写,凡与结构及人物个性没有多大关系的语句、段落、议论、典故等统统删去,把原作差不多删掉三分之一。其原因,一方面如茅盾所分析的,"他是根据了他所见当时的读者程度而定下来的……因为他料想读者看不懂太累赘的欧化句法。"另一方面则是因为中国历来的小说没有景物描写与心理描写,照原著译出的话,怕读者不易接受。这样做的结果,读者阅读、接受固然就容易多了,但与此同时,由于大量节译,作品的存在(林纾译《茶花女》,马君武译《复活》、曾朴译《九三年》,均有不同程度的删节),原作的丰富性、复杂性没有了,原作的民族文学特性(景物描写与心理刻画)也没有了,于是给读者造成一种"西洋小说太单调"的错觉。

接受国的道德伦理观念对文学翻译的影响最明显地反映在蟠溪子翻译的《迦因小传》上,译者为了不与中国传统的道德观念相悖,故意把原著中女主人公与男主人公两情缱绻、未婚先孕等情节统统删

去。类似的情形在当今中国依然存在，譬如薄伽丘的名作《十日谈》和劳伦斯的名作《查特莱夫人的情人》，由于道德方面的原因，只有它们的节译本才能公开出版发行，它们的全译本要么只能极少量地在内部发行，要么被禁止出版。

在某种程度上而言，编译也是一种节译，编译者与节译者一样，旨在理清原著的情节线索，删除与主要情节线索关系不大的语句、段落甚至篇章，以简洁、明快的编译本或节译本的形式介绍原著。因此，在大多数情况下，编译与节译在文学交流中所起的作用与产生的影响是差不多的。编译与节译最大的差别在于：节译本中所有的句子都是依据原本直接翻译的，而编译本中的句子，既有根据原文直接翻译的，也有根据原文编写、改写的，甚至还有编译者出于某种需要添写的。由于这后两种情况，编译本对原著造成的变形有时就要超过节译本。

但是，在不少场合，编译与节译实际上是混杂在一起的，根本无法区分。据说日本学者岛田建次在其《外国文学在日本》一书中曾把日本著名作家森鸥外译的《即兴诗人》与安徒生原文详加对照，发现森鸥外有时把原文整段删掉，有时又加上自己的描述来启发日本读者的想象力。我国早期翻译家如林纾、包天笑等的翻译，实际上都属于编译范畴。事实上，他们自己也意识到这点，所以称自己的译品为"译述"或"达旨"（严复语）。

节译与编译在传播外国文学上的积极作用是显而易见的。时至今日，我们仍有好多家出版社在组织译者从事节译外国文学名作的工作，这些书的发行量还相当大，可见读者对它们也仍是非常欢迎的。

（四）转译与改编

文学翻译中的转译与改编都属于特殊型创造性叛逆，它们的共同特点是都使原作经受了"两度变形"。

转译，又称重译，指的是借助一种外语（我们称之为媒介语）去翻译另一外语国的文学作品。这种形式的翻译，无论中外古今，都很普遍。譬如，我国最早的汉译佛经所用的术语就多半不是直接由梵文翻译过来的，而是间接经过一个媒介——有学者认为可能是天竺文字或西域文字；英国译者诺思根据阿米奥的法译本翻译普鲁塔克的希腊

语作品；在匈牙利和卢森堡，莎士比亚的作品长时期内是通过德译本转译的；在日本，自明治至大正初年，也大多通过英文转译法国和俄国的文学作品，有一段时期（明治二十年代，即1887—1897年）甚至还盛行转译的风气，如森鸥外，即使懂得原作语言，也一律从德文转译。

在大多数情况下，转译是不得已而为之的，尤其是在翻译小语种国家的文学作品时，因为任何国家也不可能拥有一批通晓各种小语种的译者。然而文学翻译又是如此复杂，译者们在从事具有再创造性质的文学翻译时，不可避免地要融入译者本人对原作的理解和阐述，甚至融入译者的语言风格、人生经验及至个人气质，因此，通过媒介语转译其他国家的文学作品之所以会产生"二度变形"也就不难理解了。更何况媒介语译作中存在一些不负责任的滥译本，以及存在一些有独特追求的译本，例如十八世纪的法译本就追求"优美的不忠"，而十八世纪时法语曾是英语与意大利语、西班牙语、葡萄牙语，有时还是波兰语与俄语之间的媒介语，通过这些"优美的不忠"的译本转译的作品将会是什么结果，当是不难想见的了。

在我国，叶君健先生提供了好几个因转译而变形的例子，他把安徒生童话的丹麦文原作与英译本进行了对照，把但丁《神曲》片断的意大利原文与英、中译文进行对照，指出其中的巨大差异。

除了变形问题外，转译中媒介语的变化也是一个值得研究的问题。如从"五四"时期前后直至二十世纪三四十年代，日语曾经是我国文学翻译中的极主要的媒介语：鲁迅、周作人兄弟早在二十世纪初编译出版的《城外小说集》中，就通过日语（还有德语）转译了波兰等国的文学作品以及俄国契诃夫、安德烈耶夫等人的短篇小说。之后，包括不少大作家、大诗人的许多小说、诗歌、剧本，仍有不少是通过日译本转译的，如高尔基的剧本《仇敌》《夜店》，雷马克的长篇小说《战后》，裴多菲的诗歌等。但是自二十世纪五十年代起，日语的这种媒介作用就明显地让位于英语与俄语了。这里面，政权的更迭当然是一个原因，但更重要的原因恐怕跟各个时代文化界人士中的留学生由来有关（从"五四"时期至二十世纪四十年代，从日本留学回来的人

士在中国大陆文化界占有相当的比例）。

最后，转译还具体地展示了译语国对外国文学的主观选择与接受倾向。一些掌握了英语、日语的译者、作家，不去翻译英语文学或日语文学作品，却不惜转弯抹角借助英语、日语翻译其他语种的文学，这个现象很值得研究。譬如巴金，在二十世纪三四十年代的翻译活动中，除了偶尔翻译过一些英语作品外，几乎一直致力于通过英语转译俄罗斯文学作品。巴金晚年回忆自己五十年代文学生涯时这样说："……我后来翻译过屠格涅夫的长篇小说《父与子》和《处女地》，翻译过高尔基的早期的短篇，我正在翻译赫尔岑的回忆录。"从这里不难窥见中国作家以及以他为代表的广大中国读者对俄国文学的积极追求。

文学翻译中的改编，不单单指作品文学样式、体裁的改变，同时还包括语言、文字的转换、改编经常出现在诗歌、剧本的翻译之中。如林纾把易卜生的剧本《群鬼》改编成文言文小说《梅孽》，方重用散文体翻译乔叟用诗体写成的《坎特伯雷故事集》，朱生豪用散文体翻译莎士比亚作品中的人物对白（原作为无韵诗体），等等。

改编在国外也是普遍存在的。例如在法国，纪德与巴罗合作，把德国作家卡夫卡的小说《城堡》搬上了法国舞台，纪德也同样用散文体翻译了莎士比亚的无韵诗体剧《安东尼与克莉奥佩特拉》。

通常，改编的"叛逆"仅在于文学作品的样式、体裁的变化上。例如，由于莎剧中的译本大多是散文体翻译的，于是中译本的读者就得到一个错觉，以为莎剧的原作也是用散文体写作的。但是改编对原作内容的传达倒是比较忠实的，尤其是严谨的翻译，例如上述方重译的《坎特伯雷故事集》和朱生豪的莎剧，因为摆脱了诗体的束缚，译作对原作的内容反倒易于表达得比较透彻和全面。当然，由于文学翻译中普遍存在的创造性叛逆，即使是严谨的改编翻译，在作品内容的传达上照样有变形现象。

值得注意的还有另一种改编，这种改编多是在已有译本的基础上进行的，所以这种改编严格地说不属于文学翻译的范畴，只能视为文学翻译的外延，但她对原作进行"两度变形"的性质与上述改编是一

样的。

如我国著名剧作家田汉与夏衍曾分别在1936年和1943年把托尔斯泰的长篇小说《复活》改编成剧本,并搬上我国话剧舞台,产生很大影响。但由于改编者对托尔斯泰的原作的独特理解和改编意图,更由于两位改编者本人又是极优秀的剧作家,因此他们的改编作尽管在总的情节内容上忠实于原作,但正如研究者所指出的:"两个改编本都抹去了原作的宗教色彩""作品的基调、风格等显然与小说《复活》有很大的差异,它们都已中国化了"。尤其是田汉的改编本,针对当时中国正在遭受日本军国主义侵略的背景,有意突出原作中并不起眼的几个波兰革命者的形象,还让他们唱出"莫提起1795的事,那会使铁人泪下;我们的国家变成了一切三的瓜,我们2700万同胞变成了牛马;我们被禁止说自己的话,我们被赶出了自己的家。"这样的歌,其对原作的创造性叛逆赫然可见。

(选自谢天振著:《比较文学与翻译研究》,台北:业强出版社,1994年)

第15课

一、原文

美しい日本の私

川端康成

　春は花夏ほととぎす秋は月冬雪さえて冷しかりけり
　①道元禅師（1200—1253）の「本来ノ面目」と題するこの歌と、雲を出でて我にともなふ冬の月風や身にしむ雪や冷めたき
　②明恵上人（1173—1232）のこの歌とを、私は揮毫をもとめられた折りに書くことがあります。
　明恵のこの歌には、歌物語と言へるほどの、長く詳しい詞書きがあって、歌のこころを明らかにしています。
　元仁元年（1224）十二月十二日の夜、天くもり月くらきに花宮殿に入りて坐禅す。やうやく中夜にいたりて、出観の後、峰の房を出でて下房へ歸る時、月雲間より出でて、光り雪にかがやく。狼の谷に吼ゆるも、月を友として、いと恐ろしからず。下房に入りて後、また立ち出でたれば、月また曇りにけり。かくしつつ後夜の鐘の音聞ゆれば、また峰の房へのぼるに、月もまた雲より出でて道を送る。峰にいたりて禅堂に入らんとする時、月また雲を追ひ来て、向ふの峰にかくれなんとするよそほひ、人しれず月の我にともなふかと見ゆれば、
　　この歌。それにつづけて
　　山の端に傾ぶくを見おきて峰の禅堂にいたる時、
　　山の端にわれも入りなむ月も入れ夜な夜なごとにまた友とせむ
　　明恵は禅堂に夜通しこもっていたか、あるひは夜明け前にまた禅

堂に入ったかして、

　禪觀のひまに眼を開けば、有明けの月の光り、窓の前にさしたり。我身は暗きところにて見やりたれば、澄める心、月の光りに紛るる心地すれば、

　隈もなく澄める心の輝けば我が光りとや月思ふらむ

　③西行を櫻の詩人といふことがあるのに對して、明惠を「月の歌人」と呼ぶ人もあるほどで、

　あかあかやあかあかあかやあかあかやあかやあかあかあかあかや月

と、ただ感動の聲をそのまま連ねた歌があったりしますが、夜半から曉までの「冬の月」の三首にしても、「歌を詠むとも實に歌とも思はず」（西行の言）の趣きで、素直、純真、月に話しかける言葉そのままの三十一文字で、いはゆる「月を友とする」よりも月に親しく、月を見る我が月になり、我に見られる月が我になり、自然に沒入、自然と合一しています。曉前の暗い禪堂に坐って思索する僧の「澄める心」の光りを、有明けの月は月自身の光りと思ふだらうといふ風であります。

　「我にともなふ冬の月」の歌も、長い詞書きに明らかのやうに、明惠が山の禪堂に入って、宗教、哲学の思索をする心と、月が微妙に相應じ相交はるのを歌っているのですが、私がこれを借りて揮毫しますのは、まことに心やさしい、思ひやりの歌とも受け取れるからであります。雲に入ったり雲を出たりして、禪堂に行き歸りする我の足もとを明るくしてくれ、狼の吼え聲もこはいと感じさせないでくれる「冬の月」よ、風が身にしみないか、雪が冷たくないか。私はこれを自然、そして人間にたいする、あたたかく、深い、こまやかな思ひやりの歌として、しみじみとやさしい日本人の心の歌として、人に書いてあげています。

　その④ボッティチェリの研究が世界に知られ、古今東西の美術に博識の⑤矢代幸雄博士も「日本美術の特質」の一つを「雪月花の時、最も友を思ふ。」といふ詩語に約められるとしています。雪の美しい

のを見るにつけ、月の美しいのを見るにつけ、つまり四季折り折りの美に、自分が觸れ目覚める時、美にめぐりあふ幸ひを得た時には、親しい友が切に思はれ、このよろこびを共にしたいと願ふ、つまり、美の感動が人なつかしい思ひやりを強く誘ひ出すのです。この「友」は、廣く「人間」ともとれませう。また「雪、月、花」という四季の移りの折り折りの美を現はす言葉は、日本においては山川草木、森羅萬象、自然のすべて、そして人間感情をも含めての、美を現はす言葉とするのが傳統なのであります。そして日本の茶道も、「雪月花の時、最も友を思ふ」のがその根本の心で、茶會はその「感會」、よい時によい友どちが集ふよい會なのであります。―――ちなみに、私の小説「千羽鶴」は、日本の茶の心と形の美しさを書いたと読まれるのは誤りで、今の世間に俗悪となった茶、それに疑ひと警めを向けた、むしろ否定の作品なのです。

　春は花夏ほととぎす秋は月冬雪さえて冷しかりけり

　この道元の歌も四季の美の歌で、古来の日本人が春、夏、秋、冬に、第一に愛でる自然の景物の代表を、ただ四つ無造作にならべただけの、月並み、常套、平凡、この上ないと思へば思へ、歌になっていない歌と言へば言へます。しかし別の古人の似た歌の一つ、僧 ⑥良寛（1758―1831）の辞世、

　形見とて何か殘さん春は花山ほととぎす秋はもみぢ葉

　これも道元の歌と同じやうに、ありきたりの事柄とありふれた言葉を、ためらひもなく、と言ふよりも、ことさらもとめて、連ねて重ねるうちに、日本の真髄を傳へたのであります。まして、良寛の歌は辞世です。

　霞立つ永き春日を子供らと手毬つきつつこの日暮らしつ
　風は清し月はさやけしいざ共に踊り明かさむ老いの名殘りに
　世の中にまじらぬとにはあらねどもひとり遊びぞ我はまされる

　これらの歌のやうな心と暮らし、草の庵に住み、粗衣をまとひ、野道をさまよひ歩いては、子供と遊び、農夫と語り、信教と文学との深さを、むづかしい話にはしないで、「和顔愛語」の無垢な言行と

し、しかも、詩歌と書風と共に、江戸後期、十八世紀の終りから十九世紀の始め、日本の近世の俗習を超脱、古代の高雅に通達して、現代の日本でもその書と詩歌をはなはだ貴ばれている良寛、その人の辞世が、自分は形見に残すものはなにも持たぬし、なにも残せるとは思はぬが、自分の死後も自然はなほ美しい、これがただ自分のこの世に残す形見になってくれるだらう、といふ歌であったのです。日本古来の心情がこもっているとともに、良寛の宗教の心も聞える歌です。

　いついつと待ちにし人は来りけり今は相見てなにか思はん

　このような愛の歌も良寛にはあって、私の好きな歌ですが、老衰の加はった六十八歳の良寛は、二十九歳の若い尼、貞心とめぐりあって、うるはしい愛にめぐまれます。永遠の女性にめぐりあへたよろこびの歌とも、待ちわびた愛人が来てくれたよろこびの歌とも取れます。「今は相見てなにか思はん」が素直に満ちています。

　良寛は七十四歳で死にました。私の小説「雪國」と同じ雪國の越後、つまり、シベリアから日本海を渡って来る寒風に真向ひの、裏日本の北國、今の新潟縣に生れて、生涯をその雪國に過ごしたのでしたが、老い衰へて、死の近いのを知った、そして心がさとりに澄み渡っていた、この詩僧の「末期の眼」には、辞世にある、雪國の自然がなほ美しく映ったであらうと思ひます。私に「末期の眼」といふ随筆がありますが、ここでの「末期の眼」といふ言葉は、芥川龍之介（1892―1927）の自殺の遺書から拾ったものでした。その遺書のなかで、殊に私の心を惹いた言葉です。

　「所謂生活力と云ふ」、「動物力」を「次第に失っているであらう」、

　僕の今住んでいるのは氷のやうに澄み渡った、病的な神経の世界である。（中略）僕のいつ敢然と自殺出来るかは疑問である。唯自然はかう云ふ僕にはいつもよりも一層美しい。君は自然の美しいのを愛し、しかも自殺しようとする僕の矛盾を笑ふであらう。けれども自然の美しいのは、僕の末期の目に映るからである。

　一九二七年、芥川は三十五歳で自殺しました。私は「末期の眼」

のなかにも「いかに現世を厭離するとも、自殺はさとりの姿ではない。いかに徳行高くとも、自殺者は大聖の域に遠い。」と書いていまして、芥川やまた戰後の太宰治（1909—1948）などの自殺を讃美するものでも、共感するものでもありません。しかし、これも若く死んだ友人、日本での前衞畫家の一人は、やはり年久しく自殺を思ひ「死にまさる藝術はないとか、死ぬることは生きることだとかは、口癖のやうだったさう」（「末期の眼」）ですが、佛教の寺院に生まれ、佛教の学校を出たこの人の死の見方は、西洋の死の考へ方とはちがっていただらうと、私は推察したものでした。「もの思ふ人、誰か自殺を思はざる。」でせうが、そのことで私の胸にある一つは、あの⑦一休禅師（1394—1481）が、二度も自殺を企てたと知ったことであります。

　ここで一休を「あの」と言ひましたのは、童話の頓智和尚として子供たちにも知られ、⑧無礙奔放な奇行の逸話が廣く伝はっているからです。「童児が膝にのぼって、ひげを撫で、野鳥も一休の手から餌を啄む。」といふ風で、これは⑨無心の極みのさま、そして親しみやすくやさしい僧のやうですが、實はまことに峻厳深念な禅の僧であったのです。天皇の御子であるとも言はれる一休は、六歳で寺に入り、天才少年詩人のひらめきも見せながら、宗教と人生の根本の疑惑に悩み「神あらば我を救へ。神なくんば我を湖底に沈めて、魚の腹を肥せ。」と、湖に身を投げようとして引きとめられたことがあります。また後に、一休の大徳寺の一人の僧が自殺したために、数人の僧が獄につながれた時、一休は責任を感じて「肩の上重く」、山に入って、食を絶ち、死を決したこともあります。

　一休はその「詩集」を自分で「狂雲集」と名づけ、狂雲とも號しました。そして「狂雲集」とその續集には、日本の中世の漢詩、殊に禅僧の詩としては、類ひを絶し、おどろきに膽をつぶすほどの戀愛詩、閨房の秘事までをあらはにした艶詩が見えます。一休は魚を食ひ、酒を飲み、女色を近づけ、禅の戒律、禁制を超越し、それらから自分を解放することによって、そのころの宗教の形骸に反逆し、

そのころ戦乱で崩壊の世道人心のなかに、人間の實存、生命の本然の復活、確立を志したのでせう。
　一休のいた京都紫野の大徳寺は、今日も茶道の本山のさまですし、一休の墨蹟も茶室の掛け物として貴ばれています。私も一休の書を二幅所蔵しています。その一幅は、「佛界入り易く、魔界入り難し。」と一行書きです。私はこの言葉に惹かれますから、自分でもよくこの言葉を揮毫します。意味はいろいろに讀まれ、またむづかしく考へれば限りがないでせうが、「佛界入り易し」に続けて「魔界入り難し」と言ひ加へた、その禅の一休が私の胸に来ます。究極は真・善・美を目ざす藝術家にも「魔界入り難し」の願ひ、恐れの、祈りに通ふ思ひが、表にあらはれ、あるひは裏にひそむのは、運命の必然でありませう。「魔界」なくして「佛界」はありません。そして「魔界」に入る方がむづかしいのです。心弱くてできることではありません。
　逢佛殺佛逢祖殺祖（仏ニ逢ヘバ仏ヲ殺セ祖ニ逢ヘバ祖ヲ殺セ）
　これはよく知られた禅語ですが、他力本願と自力本願とに佛教の宗派を分けると、勿論自力の禅宗にはこのやうに激しくきびしい言葉もあるわけです。他力本願の真宗の⑩親鸞（1173—1262）の「善人往生す。いはんや悪人をや。」も、一休の「佛界」「魔界」と通ふ心もありますが、行きちがふ心もあります。その親鸞も「弟子一人持たず候」と言っています。「祖に逢へば祖を殺し」、「弟子一人持たず」は、また藝術の厳烈な運命でありませう。
　禅宗に偶像崇拝はありません。禅寺にも佛像はありますけれども、修行の場、坐禅して思索する堂には佛像、佛畫はなく、経文の備へもなく、瞑目して、長い時間、無言、不動で坐っているのです。そして、無念無想の境に入るのです。「我」をなくして「無」になるのです。この「無」は西洋風の虚無ではなく、むしろその逆で、萬有が自在に通ふ空、無涯無邊、無盡藏の心の宇宙なのです。禅でも師に指導され、師と問答して啓發され、禅の古典を習学するのは勿論ですが、思索の主はあくまで自己、さとりは自分ひとりの力でひ

らかねばならないのです。そして、論理よりも直観です。他からの教へよりも、内に目ざめるさとりです。真理は「不立文字」であり、「言外」にあります。⑪維摩居士の「黙如雷」まで極まりもしませう。中國の禅宗の始祖、⑫達磨大師は「面壁九年」と言ひまして、洞窟の岩壁に向って九年間坐りつづけながら、沈思黙考の果てに、さとりに達したと傳へられています。禅の座禅はこの達磨の座禅から来ています。

問へば言ふ問はねば言はぬ達磨どの心の内になにかあるべき（一休）

また、同じ一休の道歌

心とはいかなるものを言ふならん墨繪に書きし松風の音

これは東洋畫の精神でもあります。東洋畫の空間、餘白、省筆もこの墨繪の心でありませう。「能ク一枝ヲ画キテ風声アリ」（⑬金冬心）です。

「能畫一枝風有聲」

道元禅師にも「見ずや、竹の聲に道を悟り、桃の花に心を明るむ。」との言葉があります。日本の花道、生け花の名家の⑭池坊專応（1482─1543）も、その「口傳」に「ただ小水尺樹をもって、江山数程の勝機（おもむき）を現はし、暫時傾刻のあひだに千變萬化の佳興をもよほす。あたかも仙家の妙術と言ひつべし」と言っています。日本の庭園もまた大きい自然を象徴するものです。西洋の庭園が多くは均整に造られるのにくらべて、日本の庭園はたいてい不均整に造られますが、不均整は均整よりも、多くのもの、廣いものを象徴出来るからでありませう。勿論その不均整は、日本人の繊細微妙な感性によって釣り合ひが保たれての上であります。日本の造園ほど複雑、多趣、綿密、したがってむずかしい造園法はありません。「枯山水」といふ、岩や石を組み合わせるだけの法は、その「石組み」によって、そこにない山や川、また大海の波の打ち寄せるさままでを現はします。その凝縮を極めると、日本の盆栽となり、盆石となります。「山水」という言葉には、山と水、つまり自然の景色、山水畫つまり

風景畫、庭園などの意味から、「ものさびたさま」とか、「さびしく、みすぼらしいこと」とかの意味まであります。しかし「和敬清寂」の茶道が尊ぶ「わび・さび」は、勿論むしろ心の豊かさを藏してのことですし、極めて狹小、簡素の茶室は、かへつて無邊の廣さと無限の優麗とを宿してをります。

　一輪の花は百輪の花よりも花やかさを思はせるのです。開き切つた花を活けてはならぬと、⑮利休も教へていますが、今日の日本の茶でも、茶室の床にはただ一輪の花、しかもつぼみを生けることが多いのであります。冬ですと、冬の季節の花、たとへば「白玉」とか「侘助」とか名づけられた椿、椿の種類のうちでも花の小さい椿、その白をえらび、ただ一つのつぼみを生けます。色のない白は最も清らかであるとともに、最も多くの色を持つています。そして、そのつぼみには必ず露をふくませます。幾滴かの水で花を濡らしておくのです。五月、牡丹の花を青磁の花瓶に生けるのは茶の花として最も豪華ですが、その牡丹はやはり白のつぼみ一つ、そしてやはり露をふくませます。花に水のしづくを添へるばかりではなく、花生けもあらかじめ水に濡らしておく燒きものが少くありません。

　日本の燒きものの花生けのなかで、最も位が高いとし、また價ひも高い、古⑯伊賀（およそ十五六世紀）は水に濡らして、はじめて目ざめるやうに、美しい生色を放ちます。伊賀は強い火度で燒きますが、その焚きもの（燃料）の藁灰や煙が降りかかつて花瓶の體に着いたり流れたりで、火度のさがるにしたがつて、それが釉藥のやうになるのです。陶工による人工ではなく、窯のなかの自然のわざですから、窯變と言つてもいいやうな、さまざまな色模様が生まれます。その伊賀燒きの澁くて、粗くて、強い肌が、水氣を含むと、艶な照りを見せます。花の露とも呼吸を交はします。茶碗もまた使ふ前から水にしめしておいて、潤ひを帶びさせるのが、茶のたしなみとされています。池坊專應は「野山水邊をおのづからなる姿」（口傳）を、自分の流派の新しい花の心として、破れた花器、枯れた枝にも「花」があり、そこに花によるさとりがあるとしました。「古人、

皆、花を生けて、悟道したるなり。」禅の影響による、日本の美の心のめざめでもあります。日本の長い内乱の荒廃のなかに生きた人の心でもありませう。

　日本の最も古い歌物語集、短篇小説とも見られる話を多く含む⑰「伊勢物語」（十世紀に成立）のなかに、

　なさけある人にて、かめに花をさせり。その花のなかにあやしき藤の花ありけり。花のしなひ、三尺六寸ばかりなむありける。

　といふ、⑱在原行平が客を招くのに花を生けた話があります。花房が三尺六寸も垂れた藤とは、いかにもあやしく、ほんたうかと疑ふほどですが、私はこの藤の花に平安文化の象徴を感じることがあります。藤の花は日本風にそして女性的に優雅、垂れて咲いて、そよ風にもゆらぐ風情は、なよやか、つつましやか、やはらかで、初夏のみどりのなかに見えかくれで、もののあはれに通ふやうですが、その花房が三尺六寸となると、異様な華麗でありませう。唐の文化の吸収がよく日本風に消化されて、およそ千年前に、華麗な平安文化を生み、日本の美を確立しましたのは「あやしき藤の花」が咲いたのに似た、異様な奇蹟とも思はれます。歌では初めての勅撰和歌集の⑲「古今集」（905）、小説では「伊勢物語」、⑳紫式部の「源氏物語」、㉑清少納言の「枕草子」など、日本の古典文学の至上の名作が現れまして、日本の美の伝統をつくり、八百年間ほどの後代の文学に影響をおよぼすといふよりも、支配したのでありました。殊に「源氏物語」は古今を通じて、日本の最高の小説で、現代にもこれに及ぶ小説はまだなく、十世紀に、このやうに近代的でもある長編小説が書かれたのは、世界の奇蹟として、海外にも広く知られています。少年の私が古語をよく分からぬながら読みましたのも、この平安文学の古典が多く、なかでも「源氏物語」が心におのづからしみこんでいると思ひます。「源氏物語」の後、日本の小説はこの名作へのあこがれ、そして真似や作り変へが、幾百年も続いたのでありました。和歌は勿論、美術工藝から造園にまで「源氏物語」は深

く廣く、美の糧となり續けたのであります。

　紫式部や清少納言、また㉒和泉式部や㉓赤染衛門などの名歌人もみな宮仕への女性でした。平安文化一般が宮廷のそれであり、女性的であるわけです。「源氏物語」や「枕草子」の時は、この文化の最盛期、つまり爛熟の絶頂から退廢に傾きかける時で、すでに榮華極まった果ての哀愁がただよっていますが、日本の王朝文化の滿開がここに見られます。

　やがて王朝は弱まって政權も公卿から武士に移って、鎌倉時代（1192—1333）となり、㉔武家の政治が明治元年（1868）まで、おほよそ七百年つづきます。しかし、天皇制も王朝文化も滅び去ったわけではなく、鎌倉初期の勅撰和歌集「㉕新古今集」（1205）は、平安の「古今集」の技巧的な歌法をさらに進めて、言葉遊びの弊もありますが、妖艶・幽玄・餘情を重んじ、感覚の幻想を加へ、近代的な象徴詩に通ふのであります。西行法師（1118—1190）は、この二つの時代、平安と鎌倉とをつなぐ代表的歌人でした。

　　思ひつつ寝ればや人の見えつらむ夢と知りせば覚めざらましを
　　夢路には足を休めず通へども現に一目見しごとはあらず

　など「古今集」の㉖小野小町の歌は、夢の歌でもまだ率直に現實的ですが、それから「新古今集」を経たのち、さらに微妙となった寫生、

　　群雀聲する竹にうつる日の影こそ秋の色になりぬれ
　　真萩散る庭の秋風身にしみて夕日の影ぞ壁に消えゆく

　など、鎌倉末の㉗永福門院（1271—1342）のお歌は、日本の繊細な哀愁の象徴で、私により多く近いと感じられます。

　「冬雪さえて冷しかりけり」の歌の道元禅師や「われにともなふ冬の月」の歌の明惠上人は、ほぼ「新古今集」の時代の人でした。明惠は西行と歌の贈答をし、歌物語もしています。

　西行法師常に来りて物語りして言はく、我が歌を讀むは遥かに尋常に異なり。花、ほととぎす、月、雪、すべて萬物の興に向ひても、

およそあらゆる相これ虚妄なること、眼に遮り、耳に満てり。また讀み出すところの言句は皆これ真言にあらずや。花を讀めども實に花と思ふことなく、月を詠ずれども實に月と思はず。ただこの如くして、縁に隨ひ、興に隨ひ、讀みおくところなり。紅虹たなびけば虚空色どれるに似たり。白日かがやけば虚空明らかなるに似たり。しかれども、虚空は本明らかなるものにもあらず。また色どれる物にもあらず。我またこの虚空の如くなる心の上において、種々の風情を色どるといへども更に蹤跡なし。この歌即ち是れ如来の真の形體なり。

（弟子喜海の「明恵傳」より）

日本、あるひは東洋の「虚空」、無はここにも言ひあてられています。私の作品を虚無と言ふ評家がありますが、西洋流のニヒリズムといふ言葉はあてはまりません。心の根本がちがふと思っています。道元の四季の歌も「本来ノ面目」と題されてをりますが、四季の美を歌ひながら、實は強く禅に通じたものでせう。

（选自川端康成：《川端康成全集28》，东京：新潮社，1982年）

二、作者与作品简介

川端康成（1899—1972），小说家。出生于大阪府。幼年父母双亡，被祖父收养。1920年入东京帝国大学英文系，后转入国文专业。1921年参与复刊《新思潮》（第6次）杂志，后成为《文艺春秋》杂志同人。1924年大学毕业同年与横光利一等创刊《文艺时代》。川端康成早期作品中传统私小说式的作品居多。这些作品情调比较低沉、忧郁。从《文艺时代》创刊开始，参加了新感觉派运动。1926年因发表《伊豆的舞女》和短篇小说集《感情装饰》而闻名。1929年与横光利一、犬养健等创刊《文学》，并发表长篇小说《浅草红团》。1948年任日本笔会会长。1957年任国际笔会副会长，并当选为艺术院会员。1961年获文化勋章。川端康成的作品表现了"日本传统的哀愁和美"，深入自我世界，1968年10月川端康成获诺贝尔奖，成为日本第一个

获诺贝尔文学奖的作家。1972年自杀。主要作品有长篇小说《禽兽》（1933）、《雪国》（1935—1947）、《千羽鹤》（1949—1951）、《山之音》（1949—1954）、《古都》（1961—1962）、《睡美人》（1961）和随笔集《落花流水》（1966）等。

《我在美丽的日本》是川端康成在诺贝尔文学奖获奖时的讲演。文章全面系统地论述了日本文学的传统美，成为川端康成的日本美论、日本艺术论，构成了他独特的美学理论体系，在川端文学中独放异彩。

三、原文注释

①道元禅師：希玄道元，镰仓（1192—1333）初期的禅师，日本曹洞宗的始祖，曾到中国学习佛法，著有和歌集《伞松道咏》等。
②明惠上人：镰仓初期的禅师，擅长和歌。
③西行（1118—1190）：平安末镰仓初期的歌僧，著有《山家集》等。
④ボッティチェリ：波提切利（Sandro Botticeli 1444 或 1445—1510），意大利文艺复兴时期的画家。
⑤矢代幸雄（1890—1975）：日本美术史学家。毕业于东京大学。著有《日本美术的特质》等。
⑥良寛（1758—1831）：江户（1603—1867）后期的禅师、诗人，擅长汉诗、和歌和书法。
⑦一休禅師：一休宗纯（1394—1481），室町中期的名僧、诗人、画家。著有《狂云集》。
⑧無礙：佛语，通达自在之意。
⑨無心：佛语，不起贪心之意。
⑩親鸞（1173—1262）：镰仓初期宗教思想家。日本净土真宗的始祖。著有《教行信证》《唯信钞文意》《愚秃钞》等。
⑪維摩居士：大乘佛教经典《维摩经》中居士之名，或谓菩萨的化身。
⑫達磨大師：南北朝的高僧，谥号圆觉大师。

⑬金冬心（1687—1763）：中国清代书画家和诗人。他打破宋画的画风，独创新的风格，擅长画竹、风、水、佛像。

⑭池坊專应（1482—1543）：池坊派插花始祖。

⑮利休：千利休（1522—1591），安土桃山时代的茶人，日本茶道的集大成者。

⑯伊賀：地名，现在三重县西部，盛产陶瓷。

⑰「伊勢物語」：日本平安朝的诗歌故事集，由以和歌为中心的125个短篇汇集而成，有相当一部分是取自地方的恋爱故事等民间传说。

⑱在原行平（818—893）：日本平安朝前期的诗人。

⑲「古今集」：《古今和歌集》的简称，共二十卷，收集和歌千余首。

⑳紫式部：生卒年不详。平安中期的女作家，著有《源氏物语》《紫式部日记》《紫式部集》等。

㉑清少纳言：生卒年不详。日本平安时代女作家。主要作品是随笔集《枕草子》。此外尚有《清少纳言集》，皆为研究其生平之重要史料。

㉒和泉式部：生卒年不详。日本平安朝中期的女诗人，著有《和泉式部日记》《和泉式部集》等。

㉓赤染衛門：生卒年不详。日本平安朝中期的女诗人，著有《赤染卫门集》。

㉔武家の政治：即由武士阶级掌握政权实行统治。一般指镰仓、室町、江户三幕府的政治，自镰仓幕府创立至江户幕府崩溃共约七百年（1180—1867）。

㉕新古今集：《新古今和歌集》的简称，由藤原定家等五人选编，共二十卷，收集和歌一千九百八十余首。

㉖小野小町：生卒年不详。日本平安朝初期的女诗人。

㉗永福门院（1271—1342）：镰仓晚期的女诗人，伏见天皇的中宫皇后。

四、译文

译文1　　　我在美丽的日本

唐月梅　译

春花秋月杜鹃夏
冬雪皑皑寒意加

这是道元禅师（1200—1253）的一首"和歌"，题名《本来面目》。

冬月拨云相伴随
更怜风雪浸月身

这是明惠上人（1173—1232）作的一首"和歌"。当别人索书时，我曾书录这两首诗相赠。

明惠在这首和歌前面还详细地写了一段可说是叙述这首和歌的故事的长序，以阐明诗的意境。

元仁元年（1124）12月12日晚，天阴月暗，我进花宫殿坐禅，及至夜半，禅毕，我自峰房回至下房，月亮从云缝间露出，月光洒满雪地。山谷里传来阵阵狼嗥，但因有月亮陪伴，我丝毫不觉害怕。我进下房，后复出，月亮又躲进云中。等到听见夜半钟声，重登峰房时，月亮又拨云而出，送我上路。当我来到峰顶，步入禅堂时，月亮又躲入云中，似要隐藏到对面山峰后，莫非月亮有意暗中与我做伴？

在这首诗的后面，他继续写道：

步入峰顶禅堂时,但见月儿斜隐山头。

山头月落我随前
夜夜愿陪尔共眠

明惠当时是在禅堂过夜,还是黎明前又折回禅堂,已经弄不清了,但他又接着写道:

禅毕偶尔睁眼,但见残月余辉映入窗前。我在暗处观赏,心境清澈,仿佛与月光浑然相融。

心境无边光灿灿
明月疑我是蟾光

既然有人将西行称为"樱花诗人",那么自然也有人把明惠叫做"月亮诗人"了。

明明皎皎明明皎
皎皎明明月儿明

这首仅以感叹声堆砌起来的"和歌",连同那三首从夜半到拂晓吟咏的"冬月",其特色就是:"虽咏歌,实际不以为是歌"(西行的话),这首诗是坦率、纯真、忠实地向月亮倾吐衷肠的三十一个字韵,与其说他是所谓"以月为伴",莫如说他是"与月相亲",亲密到把看月的我变为月,被我看的月变为我,而没入大自然之中,同大自然融为一体。所以残月才会把黎明前坐在昏暗的禅堂里思索参禅的我那种"清澈心境"的光,误认为是月亮本身的光了。

正如长序中所述的那样,"冬月相伴随"这首和歌也是明惠进入山上的禅堂,思索着宗教、哲学的心和月亮之间,微妙地相互呼应,交织一起而吟咏出来的。我之所以借它来题词,的确是因为我理解到

这首和歌具有心灵的美和同情体贴。在云端忽隐忽现、照映着我往返禅堂的脚步，使我连狼嗥都不觉害怕的"冬月"啊，风吹向你，你不觉冷吗？雪侵着你，你不受冻吗？我以为这是对大自然，也是对人间的一种温暖、深邃、体贴入微的歌颂，是对日本人亲切慈祥的内心的赞美，因此我才书赠给人的。

以研究波提切利而闻名于世、对古今东西美术博学多识的矢代幸雄博士，曾把"日本美术的特色"之一，用"雪月花时最怀友"的诗句简洁地表达出来。当自己看到雪的美，看到月的美，也就是四季时节的美而有所省悟时，当自己由于那种美而获得幸福时，就会热切地想念自己的知心朋友，但愿他们共同分享这份快乐。这就是说，由于美的感动，强烈地诱发出对人的怀念的感情。这个"朋友"，也可以把它看做广泛的"人"。另外，以"雪、月、花"几个字来表现四季时令变化的美，在日本这是包含着山川草木，宇宙万物，大自然的一切，以至人的感情的美，是有其传统的。日本的茶道也是以"雪月花时最怀友"为它的基本精神的，茶会也就是"欢会"，是在美好的时辰，邀集最要好的朋友的一个良好的聚会。——顺便说一下，我的小说《千只鹤》，如果人们以为是描写日本茶道的"心灵"与"形式"的美，那就错了，毋宁说这部作品是对当今社会低级趣味的茶道发出怀疑和警惕，并予以否定的。

　　春花秋月杜鹃夏
　　冬雪皑皑寒意加

道元的这首和歌也是讴歌四季的美的。自古以来，日本人在春、夏、秋、冬的季节，将平常四种最心爱的自然景物的代表随便排列在一起，兴许再没有比这更普遍、更一般、更平凡，也可以说是不成其为诗的诗了。不过，我还想举出另一位古僧良宽所写的一首绝命诗，它也有类似的意境。

　　秋叶春花野杜鹃

安留他物在人间

　　这首诗同道元的诗一样，都是把寻常的事物和普通的语言，与其说不加思索，不如说特意堆砌在一起，以表达日本的精髓，何况这又是良宽的绝命诗呢。

　　浮云霞彩春光久
　　终日与子戏拍球

　　习习清风明月夜
　　通宵共舞惜残年

　　并非逃遁厌此世
　　只因独爱自逍遥

　　良宽的心境与生活，就像在这些诗里所反映的，住的是草庵，穿的是粗衣，漫步在田野道上，同孩童戏耍，同农夫闲聊，尽管谈的是深奥的宗教和文学，却不使用难懂的语言。那种"和颜蔼语"的无垢言行，同他的诗歌和书法风格，都摆脱了自江户后期，十八世纪末到十九世纪初起的日本近代的习俗，达到古代的高雅境界，直到现代的日本，他的书法和诗歌仍然深受人们的敬重。他的绝命诗，反映了自己这种心情：自己没有什么可留作纪念，也不想留下什么，然而，自己死后大自然仍是美的，也许这种美的大自然，就成了自己留在人世间的唯一的纪念吧。这首诗，不仅充满了日本自古以来的传统精神，同时仿佛也可以听到良宽的宗教的心声。

　　望断伊人来远处
　　如今相见无他思

　　良宽还写了这样一首爱情诗，也是我所喜欢的。衰老交加的六十

八岁的良宽,偶遇二十九岁的年轻尼姑纯贞的心,获得了崇高的爱情。这首诗,既流露了他偶遇终身伴侣的喜悦,也表现了他望眼欲穿的情人终于来到时的欢欣。"如今相见无他思",的确是充满了纯真的朴素感情。

良宽七十四岁逝世。他出生在雪乡越后,同我的小说《雪乡》所描写的是同一个地方。就是说,那里是面对内日本的北国,即现在的新潟县,寒风从西伯利亚越过日本海刮来。他的一生就是在这个雪乡里度过的。他日益衰老,自知死期将至,而心境却清澈得像一面镜子。这位诗僧"临死的眼",似乎仍然映现出他那首绝命诗里所描述的雪乡大自然的美。我曾写过一篇随笔《临死的眼》,但在这里所用的"临死的眼"这句话,是从芥川龙之介(1892—1927)自杀遗书中摘录下来的。在那封遗书里,这句话特别拨动了我的心弦。"所谓生活能力""动物本能",大概"会逐渐消失的吧"。

> 现今我生活的世界,是一个像冰一般透明的、又像病态一般神经质的世界。……我什么时候能够毅然自杀呢?这是个疑问。唯有大自然比持这种看法的我更美,也许你会笑我,既然热爱自然的美而又想要自杀,这样自相矛盾。然而,所谓自然的美,是在我"临死的眼"里映现出来的。

1927年,芥川三十五岁就自杀了。我在随笔《临死的眼》中曾写道:"无论怎样厌世,自杀不是开悟的办法,不管德行多高,自杀的人想要达到圣境也是遥远的。"我既不赞赏也不同情芥川,还有战后太宰治(1909—1948)等人的自杀行为。但是,还有另一位年纪轻轻就死去的朋友,日本前卫派画家之一,也是长期以来就想自杀的。"他说再没有比死更高的艺术,还说死就是生,这些话像是他的口头禅。"(《临死的眼》)我觉得这位生于佛教寺院、由佛教学校培养出来的人,他对死的看法,同西方人对死的想法是不同的。"有牵挂的人,恐怕谁也不会想自杀吧。"由此引起我想到另一桩事,就是那位一休禅师曾两次企图自杀的事。

在这里，我之所以在"一休"上面贯以"那位"二字，是由于他作为童话里的机智和尚，为孩子们所熟悉。他那无碍奔放的古怪行为，早已成为佳话广为流传。他那种"让孩童爬到膝上，抚摸胡子，连野鸟也从一休手中啄食"的样子，真是达到了"无心"的最高境界了。看上去他像一个亲切、平易近人的和尚，然而，实际上确实是一位严肃、深谋远虑的禅宗僧侣。还被称为天皇御子的一休，六岁入寺院，一方面表现出天才少年诗人的才华，另一方面也为宗教和人生的根本问题所困惑，而陷入苦恼。他曾疾呼"倘有神明，就来救我。倘若无神，即沉我湖底，以葬鱼腹！"当他正要投湖时，被人拦住了。后来有一次，由于一休所在的大德寺的一个和尚自杀，几个和尚竟被株连入狱，这时一休深感有责，于是"肩负重荷"，入山绝食，又一次决心寻死。

一休自己把那本诗集，取名《狂云集》，并以"狂云"为号。在《狂云集》及其续集里，可以读到日本中世的汉诗，特别是禅师的诗，其中有无与伦比的、令人胆颤心惊的爱情诗，甚至有露骨地描写闺房秘事的艳诗。一休既吃鱼又喝酒，还接近女色，超越了禅宗的清规戒律，把自己从禁锢中解放出来，以叛逆当时宗教的束缚，立志要在那因战乱而崩溃了的世道人心中恢复和确立人的本能和生命的本性。

一休所在的京都紫野的大德寺，至今仍是茶道的中心。他的书法也作为茶室的字幅而被人敬重。我也珍藏了两幅一休的手迹。一幅题了一行"入佛界易，进魔界难"。我颇为这句话所感动，自己也常挥笔题写这句话。它的意思可作各种解释，如要进一步往深处探讨，那恐怕就无止境了。继"入佛界易"之后又添上一句"进魔界难"，这位禅宗的一休打动了我的心。归根到底追求真、善、美的艺术家，对"进魔界难"的心情是：既想进入而又害怕，只好求助于神灵的保佑。这种心境有时表露出来，有时深藏在内心底里，这兴许是命运的必然吧。没有"魔界"，就没有"佛界"。然而要进入"魔界"就更加困难。意志薄弱的人是进不去的。

　　逢佛杀佛，逢祖杀祖

这是众所周知的禅宗的一句口头禅,若将佛教按"他力本愿"和"自力本愿"来划分宗派,那么主张自力的禅宗,当然会有这种激烈而又严厉的语言了。主张"他力本愿"的真宗亲鸾(1173—1262)也有一句话:"善人尚向往生,况恶人乎",这同一休的"佛界""魔界",在心灵上有相通之处,也有差异之点。那位亲鸾也说,他"没有一个弟子"。"逢祖杀祖""没有一个弟子",这大概又是艺术的严酷命运吧。

禅宗不崇拜偶像。禅寺里虽也供佛像,但在修行场、参禅的禅堂,没有佛像、佛画,也没有备经文,只是瞑目,长时间静默。纹丝不动地坐着。然后,进入无思无念的境界。灭我为无。这种"无",不是西方的虚无,相反,是万有自在的空,是无边无涯无尽藏的心灵宇宙。当然,禅也要由师指导,和师问答,以得启发,并学习禅的经典。但是,参禅本人始终必须是自己,开悟也必须是靠自己独自的力量。而且,直观要比论理重要。内在的开悟,要比外界的教更重要。真理"不立文字"而在"言外"。达到维摩居士的"默如雷"的境地,大概就是开悟的最高境界了吧。中国禅宗的始祖达摩大师,据说他曾"面壁九年",即面对洞窟的岩壁,连续坐禅九年,沉思默想的结果,终于达到了开悟的境界。禅宗的坐禅就是从达摩的坐禅而来的。

　　问则答言不则休
　　达摩心中万般有(一休)

一休还吟咏了另一首道歌:

　　若问心灵为何物
　　恰如墨画松涛声

这首诗,也可以说是洋溢着东洋画的精神。东洋画的空间、空白、省笔也许就是一休所说的墨画的心境吧。这正是"能画一枝风有声"(金冬心)。

道元禅师也曾有过"虽未见，闻竹声而悟道，赏桃花以明心"这样的话。日本花道的插花名家池坊专应也曾"口传"："仅以点滴之水，咫尺之树，表现江山万里景象，瞬息呈现千变万化之佳兴。正所谓仙家妙术也。"日本的庭园也是象征大自然的。比起西方庭园多半是造成匀整，日本庭园大体上是造成不匀整。或许正是因为不匀整要比匀整更能象征丰富、宽广的境界吧。当然，这种不匀整是由日本人纤细而又微妙的感情来保持均衡的。再没有像日本庭园那种复杂、多趣、细致，而又繁难的造园法了。所谓"枯山水"的造园法，就是仅仅用岩石砌叠的方法，通过"砌叠岩石"，来表现现场没有的山河的美景以及大海的激浪。这种造园法达到登峰造极时就演变成日本的盆景、盆石了。所谓山水这个词，指的是山和水，即自然的景色，山水画，也就是风景画，从庭园等的意义，又引伸出"古雅幽静"或"闲寂简朴"的情趣。但是崇尚"和敬清寂"的茶道所敬重的"古雅、闲寂"，当然是指潜在内心底里的丰富情趣，极其狭窄、简朴的茶室反而寓意无边的开阔和无限的雅致。

要使人觉得一朵花比一百朵花更美。利休也曾说过：盛开的花不能用作插花。所以，现今的日本茶道，在茶室的壁龛里，仍然只插一朵花，而且多半是含苞待放的。到了冬季，就要插冬季的花，比如插取名"白玉"或"侘助"的山茶花，就要在许多山茶花的种类中，挑选花小色洁、只有一个蓓蕾的。没有杂色的洁白，最清高也最富有色彩。然后，必须让这朵蓓蕾披上露水。用几滴水珠润湿它。五月间，在青磁花瓶里插上一株牡丹花，这是茶道中最富丽的花。这株牡丹仍只有一朵白蓓蕾，而且也是让它带上露水。很多时候，不仅在蓓蕾上点上水珠，还预先用水濡湿插花用的陶磁花瓶。

在日本陶磁花瓶中，格调最高、价值最贵的古伊贺陶磁（大约十五六世纪），用水濡湿后，就像刚苏醒似的，放出美丽的光彩。伊贺陶磁是用高温烧成的，燃料为稻草，稻草灰和烟灰降在花瓶体上，或飘流过去，随着火候下降，它就变成像釉彩一般的东西。这种工艺不是陶匠人工做成，而是在窑内自然变化烧成的。也可以称之为"窑变"，生产出各式各样的色调花纹。伊贺陶磁那种雅素、粗犷、坚固的表面，

一点上水，就会发出鲜艳的光泽，同花上的露水相互辉映。茶碗在使用之前，也先用水湿过，使它带着润泽，这成了茶道的规矩。池坊专应曾把"山野水畔自成姿"（口传）作为自己这一流派的新的插花要领。在破了的花瓶、枯萎的枝叶上都有"花"，在那里由花可以悟道。"古人均由插花而悟道"，就是受禅宗的影响，由此也唤醒了日本人的美的心灵。大概也是这种心灵使在长期内战的荒芜中的人们得以继续生活下来的吧。

在日本最古老的诗歌故事集，包括许多被认为是短篇小说的《伊势物语》里（十世纪成立），有过这样一段记载：

有心人养奇藤于瓶中。花蔓弯垂竟长三尺六寸。

这是在原行平接待客人时的插花故事。这种所谓花蔓弯垂三尺六寸的藤确实珍奇，甚至令人怀疑它是不是真的。不过，我觉得这种珍奇的藤花象征了平安朝的文化。藤花富有日本情调，且具有女性的优雅，试想在低垂的藤蔓上开着的花儿在微风中摇曳的姿态，是多么纤细娇弱、彬彬有礼、脉脉多情，又若隐若现地藏在初夏的郁绿丛中，仿佛懂得多情善感似的。这花蔓长达三尺六寸，恐怕是异样的华丽吧。日本吸收了中国唐代的文化，尔后很好地融汇成日本的风采，大约在一千年前，就产生了灿烂的平安朝文化，形成了日本的美，正像盛开的"珍奇藤花"给人格外奇异的感觉。那个时代，产生了日本古典文学的最高名著，在诗歌方面有最早的敕撰和歌集《古今集》（905），小说方面有《伊势物语》、紫式部的《源氏物语》、清少纳言的《枕草子》等，这些作品创造了日本美的传统，影响乃至支配后来八百年间的日本文学。特别是《源氏物语》，可以说自古至今，这是日本最优秀的一部小说，就是到了现代，日本也还没有一部作品能和它媲美，在十世纪就能写出这样一部近代化的长篇小说，这的确是世界的奇迹，在国际上也是众所周知的。少年时期的我，虽不大懂古文，但我觉得我所读的许多平安朝的古典文学中，《源氏物语》是深深地渗透到我的内心底里的。在《源氏物语》之后延续几百年，日本的小说都是

憧憬或悉心模仿这部名著的。和歌自不消说，甚至从工艺美术到造园艺术，无不都是深受《源氏物语》的影响，不断从它那里吸取美的精神食粮。

紫式部和清少纳言，还有和泉式部和赤染卫门等著名诗人，都是侍候宫廷的女官。难怪人们一般提到平安朝文化，都认为那是宫廷文化或是女性文化了。产生《源氏物语》和《枕草子》的时期，是平安朝文化最兴盛时期，也是从发展的顶峰开始转向颓废的时期，尽管在极端繁荣之后已经露出了哀愁的迹象，然而这个时期确实让人看到日本王朝文化的鼎盛。

不久，王朝衰落，政权也由公卿转到武士手里，从而进入镰仓时代（1192—1333），武家政治一直延续到明治元年（1868），约达七百年之久。但是，天皇制或王朝文化也都没有灭亡，镰仓初期的敕撰和歌集《新古今集》（1205）在歌法技巧上，比起平安朝的《古今集》又前进了，虽有玩弄辞藻的缺陷，但尚注重妖艳、幽玄和风韵，增加了幻觉，同近代的象征诗有相同之处。西行法师（1118—1190）是跨平安和镰仓这两个朝代的具有代表性的诗人。

　　梦里相逢人不见
　　若知是梦何须醒

　　纵然梦里常幽会
　　怎比真如见一回

《古今集》中的小野小町的这些和歌，虽是梦之歌，但却直率且具有它的现实性。此后经过《新古今集》阶段，就变得更微妙而写实了。

　　竹子枝头群雀语
　　满园秋色映斜阳

萧瑟秋风萩叶凋
夕阳投影壁间消

镰仓晚期的永福门院的这些和歌，是日本纤细的哀愁的象征，我觉得同我非常相近。

讴歌"冬雪皑皑寒意加"的道元禅师或是歌颂"冬月拨云相伴随"的明惠上人差不多都是《新古今集》时代的人。明惠和西行也曾以诗歌相赠，并谈论过诗歌。

> 西行法师常来晤谈，说我咏的歌完全异乎寻常。虽是寄兴于花、杜鹃、月、雪，以及一切万物，但是我大多把这些耳闻目睹的东西看成是虚妄的。而且所咏的诗句都不是真挚的。虽然歌颂的是花，但实际上并不觉得它是花；尽管咏月，实际上也不认为它是月。只是当席尽兴去吟颂罢了。像一道彩虹悬挂在虚空，五色缤纷，又似日光当空辉照，万丈光芒。然而，虚空本来是无光，又是无色的。我就是在类似虚空的心，着上种种风趣的色彩，然而却没有留下一丝痕迹。这种诗歌就是如来的真正的形体。
>
> （摘自弟子喜海的《明惠传》）

西行在这段话里，把日本或东方的"虚空"或"无"，都说得恰到好处。有的评论家说我的作品是虚无的，不过这不等于西方所说的虚无主义。我觉得这在"心灵"上，根本是不相同的，道元的四季歌命题为《本来面目》，一方面歌颂四季的美，另一方面强烈地反映了禅宗的哲理。

（选自陈德文选编：《日本散文选》，南京：江苏人民出版社，1985年）

译文 2

日本的美与我

高慧勤 译

——诺贝尔文学奖授奖仪式上的演说辞

春花秋月夏杜鹃
冬雪寂寂溢清寒

这首和歌,题为《本来面目》,为道元禅师(1200—1253)所作。

冬月出云暂相伴
北风劲厉雪亦寒

而这一首,则是明惠上人(1173—1232)的手笔。逢到别人索我题字,我曾书赠这两首和歌。

明惠的和歌前,冠有一段既长且详的序,像篇叙事诗,用以说明这首诗的意境。

元仁元年(1224年)十二月十二日夜,天阴月晦,入花殿坐禅。中宵禅毕,自峰顶禅堂返山下万丈。月出云间,清辉映雪。虽狼嗥谷中,有月为伴,亦何足惧哉。入方丈顷,起身出房,见月复阴,隐入云端。比及闻夜半钟声,方重登峰顶禅堂,月亦再度破云而出,一路相送。至峰顶。步入禅堂之际,月追云及,几欲隐于对山峰后,一似暗中相伴余矣。

这篇序后,便是上面所引的和歌。和歌之后,作者接下去写道:

抵峰顶禅堂,已见月斜山头。
登山入禅房,

明月亦相随。

愿此多情月,
伴我夜不寐。

明惠是在禅堂守夜,抑或是黎明前才重返禅堂,他未加说明,只是写道:

坐禅之时,得闲启目,见晓月残光,照入窗前。我身处暗隅,心境澄明,似与月光融为一片,浑然不辨。

心光澄明照无际
月疑飞镜临霜地

西行有"樱花诗人"之称,故也有人相应称明惠为"咏月歌者"。

月儿明明月儿明
明明月儿明明月

明惠此诗,全由一组感叹的音节连缀而成。至于那三首描写夜半至清晓的《冬月》,其意境,照西行的的说法,"虽是咏歌,实非以为歌也。"诗风朴直、纯真,是对月倾谈的三十一音节。与其说他"以月为友",勿宁说"与月相亲";我看月而化为月,月看我而化为我,月我交融,同参造化,契合为一。所以,僧人坐在黎明前幽暗的禅堂里凝思静观,"心光澄明",晓月见了,简直要误认是自身泻溢的清辉了。

"冬月出云暂相伴"这首和歌,正如长序所说,是明惠在山上禅堂参禅,一心专修,其心境与明月契合相通的诗。我之所以书录此诗,是因为据我体会,这首和歌写出了心灵的优美和通达。冬月啊!你在云端里时隐时现,照耀我往返禅堂的脚步,所以狼嗥也不足畏;难道你不觉得风寒刺骨,不感到雪光沁人吗?我认为这首诗,是对大自然,

以及对人间的温暖、深情和慰藉的赞颂，也是表现日本人慈怜温爱的心灵之歌，所以，我才题字赠人的。

矢代幸雄博士以研究鲍蒂切里而闻名于世，对古今东西方美学，学识尤为渊博。他把"日本美术的特质"之一，概括成"雪月花时最怀友"这样一句诗。无论是雪之洁，月之明，也即四季各时之美，由于触景生情，中心感悟，或因审美会意而欣然自得，这时便会思友怀人，愿与朋侣分享此乐。也就是说，美者，动人至深，更能推己及人，诱发为对人的依恋。此外的"友"，广而言之是指"人"。而"雪""月""花"这三个字，则表现了四季推移，各时之美，在日文里是包含了山川草木，森罗万象，大自然的一切，兼及人的感情在内。这三个表现美的字眼，是有其传统的。即以日本的茶道而言，也是以"雪月花时最为友"为其基本精神的。所谓"茶会"，也即"感会"，是良辰美景、好友相聚的集会。——附带说一下，我的小说《千鹤》，倘若读后认为是写日本茶道的精神与形式之美，那便错了；这是一篇持否定态度的作品，针砭时下庸俗堕落的茶道，表示我的疑虑，并寓戏戒之意。

　　春花秋月夏杜鹃
　　冬雪寂寂溢清寒

道元的诗句，也是对四季之美的讴歌。诗人只是将自古以来日本人民所钟爱的春夏秋冬四时景色随意排列起来，你可以认为，没有比这更普通，更平淡，更一般的了，简直可说是不成其为诗的诗。但是，我再举出另一位古人的诗，与这首诗颇相似，是僧人良宽（1758—1831）的辞世诗。

　　试问何物堪留尘世间
　　唯此春花秋叶山杜鹃

这首诗与道元那首一样，也是普普通通的事，平平常常的字，与其说良宽是不假思索，毋宁说是有意为之的，在重叠之中表达出日本

文明的真髓。更何况这是良宽的辞世诗呢。

  漠漠烟霞春日永
  嬉戏玩球陪稚童

  暂伴清风和明月
  为惜残年竟夕舞

  非关超然避尘寰
  平生只爱逍遥游

  良宽的心情和生活，如同这些诗作所描述的，住草庵，穿粗衣，闲步野外，与孩童嬉游，和农夫谈天，不故作艰深语，奢谈深奥的宗教和文学，完全是一派"和颜温语"，高洁脱俗的言行。他的诗风和书法，均已超越江户后期，十八十九世纪之交，以及日本近代前期的习尚，臻于古典高雅的境界。直到现代，日本仍极其珍重其墨迹和诗歌。良宽的这首诗，表现的是一种辞世之情，自己没有什么值得流传下去的，也不想留下什么。死的死去，大自然只会更美，这才是自己留存世间唯一可资纪念的。这首诗凝聚了自古以来日本人的情愫，也可从中听到良宽那虔敬的心声。

  久盼玉人翩然来
  今朝相会复何求

  良宽的诗作里，居然还有这样的情诗，而且也是我喜欢的一首。良宽到了六十八岁垂暮之年，得遇一位二十九岁的年轻女尼，深获芳心，不失为一段良缘。这首诗既表达他结识一位永恒女性的喜悦，也写出他望穿秋水，久候不至的情人姗姗而来时的欢欣。"今朝相会复何求"，这句诗质朴真切，感情纯正。
  良宽七十四岁圆寂。生在多雪之乡的越后，同我的小说《雪国》

写的是一个地方，现在叫新潟县，地处内日本的北部，正好承受从西伯利亚横越日本海吹来的寒风。良宽的一生，便是在这样一个雪乡度过的。人渐渐老去，自知死之将近，内心已趋澈悟之境。这位诗僧"临终的眼"里，想必也像他绝命辞中所写的那样，雪乡的大自然会是更加瑰丽。我有一篇随笔，题为《临终的眼》。但此处"临终的眼"一语，是取自芥川龙之介（1892—1927）自杀时的遗书。芥川遗书中这句话于我铭感尤深："大概逐渐失去了""所谓生活的力量"和"动物的本能"云云。

> 如今，我生活的世界，是像冰也似透明的，神经质的，病态世界。……我究竟要等到何时才敢自杀呢？这是个疑问。唯有大自然，在我看来，比任何时候都美。你或许要笑我，既然深深喜爱这大自然之美，却又想入非非要去自杀，岂不自相矛盾！殊不知，大自然之所以美，正是因为映在我这双临终的眼里的缘故。

1927年，芥川龙之介以三十五岁的英年自杀身死。我在《临终的眼》一文中曾说："不论怎样厌世，自杀总归不是悟道的表现。不论德行如何高洁，自杀者距大圣之境，终究是遥远的。"我对芥川以及太宰治（1909—1948）辈的自杀，既不赞美，也不同情。但是，有位友人，日本先锋画家之一，也是年纪轻轻便死去了，他也是很久以来就想要自杀的。"他常说，没有比死更高的艺术，死即是生，几乎成了他的口头禅"（见《临终的眼》）。依我看来，他生于佛教寺院，又毕业于佛教学校，对死的看法，与西方人的观点，自是有所不同。"有牵挂的人，大概是不会想到自杀的。"我因此联想起那位一休禅师（1394—1481），他曾经两次企图自杀。

这里，我之所以要在一休之前加上"那位"两字，是因为在童话中，他作为一位聪明机智的和尚，已为孩童所熟悉。他那奔放无羁的古怪行径，已成轶闻广为流传。传说"稚童爬到他膝上摸弄胡子，野鸟停在他手上觅食啄粒"，是为无心的终极境界。看上去他似乎是位和蔼可亲的长者，其实，也是位极其严肃、禅法精深的僧人。据说一休

是天皇之子，六岁入寺，一方面表现出一位少年诗人的天才，同时也为宗教和人生的根本问题苦恼不已。他曾说："如有神明，即请救我；倘若无神，沉我入湖底，葬身鱼腹！"就在他纵身投湖之顷，给人拦住了。后来还有一次，一休主持的大德寺里，有个僧徒自杀，致使僧众几人牵连入狱，这时，一休自感有责，便"肩负重荷"，入山绝食，决心一死。

一休把自己那本诗集，取名为《狂云集》，甚至以狂云为号。《狂云集》及其续集，以日本中世的汉诗而论，尤其作为一位禅僧的诗作而论，是无与伦比的，其中有令人瞠目结舌的情诗，渲染闺房秘事的艳诗。他饮酒茹荤，接近女色，完全逸出禅宗的戒律；戒律之类，他视若桎梏，自求解脱，大概是想以此来反抗当时的宗教形式，要在因战乱而崩溃的世道人心中，恢复和树立人的存在和生命的本义。

一休当年寄迹的京都紫野大德寺，如今仍是茶道的胜地，他的墨迹供在茶室里，成了挂轴，极为珍贵。一休的字画我也收藏了两幅。其中一幅写的是"佛界易入，魔界难进"。这句话，我颇有感触，也时常用以挥毫题笔。其涵义可作种种理解，若加深究，怕会永无止境。一休虽在"佛界易入"之后，加了"魔界难进"一句，但这位禅僧的话却深深打动了我的心。一个追求真善美的艺术家，对于"魔界难进"，既有所憧憬，又感到恐惧，只好求神保佑。他这种意愿，或者表现出来，或者深藏心底，归根结底，还得顺乎命运的安排。没有"魔界"，便没有"佛界"。要入"魔界"，更为困难。意志薄弱的人是入不了的。

逢佛杀佛，逢祖杀祖

这是一句广为人知的禅语。倘似"他力成佛"和"自力成佛"来区分佛教宗派，那么，主张自力的禅宗，当然会持这样激切的言辞。提倡他力成佛的真宗亲鸾也曾说过："善人往生净土。何况于恶人耶。"这同一休"佛界""魔界"之说，意思上不无相通之处，但也有不同之点。他还说过，"无有一名弟子"。"逢祖杀祖"，而又"无有一名弟子"，——这恐怕又是艺术的严酷命运吧。

禅宗不以崇拜偶像为务。禅寺里虽然也供佛像，可是，在修习道行的场所和坐禅静虑的禅堂里，却既无佛像佛画，也无经卷释典，只是闭目打坐，无思无念，灭"我"为"无"。这里的"无"，不是西方的虚无，而是天下万有得大自在的空，是无际涯无尽藏的心宇。当然，修习禅法，须法师传授，相与谈禅，以求开悟，并研读禅宗经典，但终须自己思索，靠自力开悟。同时，比起理论，更强调直观。与其求他人教诲，毋宁靠自己悟道。其宗旨是"不立文字"，而在"教外别传"。能做到维摩居士所说的"默如雷"，大概便是禅宗最上乘的境界了。相传中国禅宗始祖达磨大师"面壁九年"，即面对石墙，静坐默想达九年之久，结果终于彻悟。禅宗所主张的禅定，即从这位达磨坐禅而来。

　　有问即答否便罢
　　达磨心中有万法（一休）

另外，一休还有一首道歌：

　　且问心灵为何物
　　恰似画中松涛声

　　这首诗同时也体现了东洋画的精神。东洋画中的空间意识、空白表现、省略笔法，大概正是这类水墨画的灵魂所在。"能画一枝风有声"（金冬心），诚如斯言。
　　道远禅师也有类似的说法："君不见，竹声中悟道，桃花中明心"。日本花道名家池坊专应（1482—1543）曾"口授"说："以涓滴之水，尺寸之树，呈江山数程之景象，俱瞬息万变之佳兴，正可谓仙家之妙术也"。日本的庭院也是用以象征大自然的。西洋庭院多半营造匀整，相比之下，日本的大抵不够匀整。然而，恐怕正因为其不匀整，象征的涵义才更加丰富而深广。当然，这种不匀整，赖有日本人纤细微妙的感觉得以保持均衡。试问哪种园林营造法，能像日本园林布局那么复杂、多趣、细致而难能？所谓"枯山水"，是以岩石造象，这种"石

砌法"能凭空白地表现出山川秀丽之景和波涛汹涌之状。这一方法的极致，见于日本的盆景、盆石。"山水"一词，包含山与水，即自然景色；山水画，即以风景、庭院等为题材，并由此推衍为"古雅清寂""幽闲素朴"的意趣。然而，信守"和敬清寂"的茶道，尊崇的是"幽闲""古雅"，则更加蕴含心灵的丰富。茶室本极其狭小，简朴，而寄寓意思却无边深广，无上清丽。

一朵花，有时给人感觉比一百朵更美。利休也说过，插花不宜插盛开的花。所以，日本茶道至今在茶室里大抵只插一枝，而且是含苞待放一枝。倘若是冬天。便插冬令的花，譬如取名"白玉"和"佗助"的山茶花，是花朵很小的一个品种，选其色白者，单插花蕾待放的一枝。纯白色，不仅是为清丽，也是富色彩。再者，花蕾带上露水更佳。水珠几滴，顿使花枝鲜媚。五月里，以青磁花瓶插牡丹，这是茶道的插花中，最雍容华贵的一式。所插的牡丹，仍须是带露水的白花蕾。不仅花朵上宜洒几滴水珠，而且，插花用的瓷器，有不少也要事先淋上水。

日本的陶瓷花瓶中，古伊贺瓷（大约十五六世纪）要算最上乘而又最昂贵，林上水后，才栩栩如生，色泽鲜妍光洁。伊贺瓷是用高温烧制的。劈材一烧，烟灰散落下来，粘在花瓶胎上，或是浮在上面，随着温度下降，便凝结在釉面上。这不是制陶工人人工所为，而是烧窑时自然成就的，所以，又称作"窑变"，结果便烧出千姿百态的色彩花纹来。伊贺瓷这种素净、粗糙、而又遒劲的釉面上，一经洒上水，就显得鲜莹明洁，与花上的露珠交相辉映。茶碗在使用前，也先用水浸过，使之润泽，这已成茶道的惯例。池坊专应把"野山水边自多姿"（口传），作为他那一派插花之道的新精神。破损的花瓶，枯萎的枝头，无不见"花"，这些东西上，都可由花来解悟。"古人皆由花而悟道"，于此可以见出禅宗的影响，就日本的范围而论，更促使美的心灵的觉醒。恐怕也是日本人经过长期内乱，生活在一片荒芜之中的心境写照吧。

日本最古老的《伊势物语》（成于十世纪），是部叙事诗集，包含许多也可视为短篇小说的故事，其中有一则写道：

多情人于瓶中插珍奇紫藤花一株。花萼低垂，长达三尺六寸。

说的是，在原行平招待宾客时插话的故事。花萼垂下达三尺六寸的紫藤，确是珍卉奇草，甚至令人怀疑是否真有此花。不过，我觉得，这种紫藤象征了平安朝文化。紫藤具有日本式的优雅，和女性的妩媚。低垂盛开，随着微风轻摇款摆，那一派风情，真是婀娜多姿，谦恭平和，不胜柔媚。在初夏一片翠绿之中，时隐时现，仿佛也知多情善感似。那朵紫藤花萼，竟有三尺六寸长，想必会格外的艳丽呢。日本吸收中国唐代文化，加以融会贯通而铸就日本风格。大约在一千年前，便创造出光华灿烂的平安文化，形成日本的美，正像"珍奇的紫藤花"盛开一样，宛然是不同寻常的奇迹。当时已产生日本古典文学中最上乘的作品，诗歌方面有最早的敕选和歌集《古今集》（905），小说方面有《伊势物语》、紫式部的《源氏物语》、清少纳言的《枕草子》等，这些作品构成了日本的美学传统，影响乃至支配后来八百年间的日本文学。尤其是《源氏物语》，从古至今，始终是日本小说的顶峰，即便到了现代，还没有一部作品能及得上它。早在十世纪时，便已写出这部颇有现代风格的长篇小说，堪称世界奇迹，所以也为国际人士所周知。我在少年时代，古文还不大懂的时候，即已开始阅读古典小说，大抵都是平安朝文学作品。其中，尤其是《源氏物语》深深铭刻在我心上。《源氏物语》以降几百年来，日本小说无不在憧憬、悉心模仿或改编这部名作。《源氏物语》的影响既深且广，和歌自不必说，就是美术工艺，直至园林建筑，莫不从中寻取美的滋养。

紫式部和清少纳言，以及和泉式部、赤染卫门等著名诗人，都是入宫侍奉的女官。所以，平安文化，一般便认为是宫廷文化，女性文化，而产生《源氏物语》和《枕草子》的时期，是这一文化的鼎盛时期，或者说，从极盛转向衰颓的时期。此时已流露出盛极而衰的惆怅情绪。不过，这些作品仍可看作日本王朝文化的极致。

不久，王朝衰落，政权由公卿入于武士之手，是为镰仓时代（1192—1333）的开始；武家政治一直延续到明治元年（1868），将近七百年光景。然而，天皇制也罢，王朝文化也罢，并没有灭绝，镰仓初期的敕选和歌集《新古今集》（1205），对平安朝的《古今集》而言，技巧上

和诗法上均有进一步的发展，虽不无文字游戏之嫌，却重视妖艳、幽玄的格调，讲究余韵，增进幻觉，与近代象征诗自有一脉相通之处。而西行法师（1118—1190），上承平安下接镰仓，是这两个时代的代表诗人。

　　夜夜长把君相忆　　却喜梦里偶相会
　　怎禁醒后各分散　　但愿好梦留人睡
　　却道梦里寻君难　　上天入地都行遍
　　何如缘情见君颜　　怎得一面也心甘

以上是《古今集》里小野小町的诗，虽然写的是梦境，却又直接表现现实。到《新古今集》以后，又变成很微妙的写生：

　　群雀枝头闹　　日影横竹梢
　　添得秋色浓　　触目魂黯销
　　萩叶洒满园　　秋风侵身寒
　　夕阳影在壁　　倏忽已消散

这是镰仓末期永福门院（1271—1342）的诗，象征了日本纤细的哀愁。我觉得跟我的心境颇为相近。

无论写"冬雪寂寂溢清寒"的道远禅师，抑或是吟咏"冬月穿云暂相伴"的明惠上人，大约都是《新古今集》时代的人。明惠同西行曾有过唱和，也写过叙事诗。

　　西行法师常来晤谈，展读我诗，非同寻常。遣兴虽及于鲜花、杜鹃、明月、白雪，以及宇宙万物，然一切色相，充耳盈目，皆为虚妄。所吟咏之句，均非真言。咏花实非以为花，咏月亦非以为月，皆随缘遣兴而已。恰似雨后彩虹，虚空有色；亦如白日映照，虚空明净。然虚空本无光，虚空亦无色。我心似此虚空，纵然风情万种，却是了无痕迹。此种诗乃如来

之真形体。

（摘自弟子喜海所著《明惠传》）

这里恰好道及日本以至东方的"虚空"和"无"。有的评论家说，我的作品是虚无的。但西方的"虚无主义"一词，并不适宜。我认为，其根本精神是不同的。道远的四季诗也曾题为《本来面目》，虽然讴歌四季之美，其实富有深刻的禅宗哲理。

（1968 年 12 月）

（选自高慧勤译：《雪国·千鹤·古都》，桂林：漓江出版社，1985 年）

五、译者简介

唐月梅，女，1931 年生，1956 年毕业于北京大学东方语言文学系日本文学专业。历任国家对外文化联络委员会二司干部，中国社会科学院外国文学研究所《世界文学》编辑部编委，日本早稻田大学、立命馆大学客座研究员，横滨市立大学客座教授，中国社会科学院外国文学研究所研究员，日本《库里奥》杂志编委。1978 年开始发表作品，1982 年加入中国作家协会。丈夫叶渭渠也是一名日语翻译家。

主要著作有《怪异鬼才三岛由纪夫传》《日本现代文学思潮史》《日本文明》（合作）、《二十世纪日本文学史》（合作）、《日本人的美意识》（合作），译著有《潮骚》《金阁寺》《春雪》《假面自白》《爱的饥渴》（以上均为［日］三岛由纪夫著），《沙门良宽》（［日］山崎丰子著，合译）、《日本文学史》（［日］山崎丰子著，合译，近代、现代 2 卷），《古都》《湖》《舞姬》《我在美丽的日本》（以上均为［日］川端康成著），《暗潮·射程》《井上靖小说选》（以上均为［日］井上靖著），《暗潮》（［日］有吉佐和子著），《美的情愫》（［日］东山魁夷著），主编《日本芥川奖作家作品选》等。

高慧勤（1934—2008），笔名艾莲、戴霞，生于辽宁，1957 年毕业于北京大学东方语文学系日语专业。曾任中国日本文学研究会秘书长、副会长、会长，1984 年加入中国作家协会。数十年来，在日本文学研

究、翻译等领域取得卓越成就。曾主持翻译了《川端康成十卷集》《芥川龙之介全集》和《日本短篇小说选》等。重要译著有《舞姬》《蜘蛛之丝》《雪国·千鹤·古都》《川端康成作品精粹》《地狱变》等。文洁若赞誉她的译文"文体贴近原文，遣词造句精益求精，堪称范文，饮誉国内外"。

六、译文赏析

"美しい日本の私"是日本首位诺贝尔文学奖获得者川端康成于1968年在瑞典斯德哥尔摩接受奖项时所做的演讲。颁奖者安德斯·奥斯特林简述川端康成的作品时，对其向"处于全盘美国化的新日本"的人们发出的"应当保存某些古代日本的美与民族的个性"的呼吁予以较高评价[1]。川端康成随后的获奖辞也用了 2 万余字的日语，从禅、茶道、插花、文学等多方面向世界展现了古典而"美しい日本"（美丽的日本[2]），其所使用的日语表达之美更是不在话下。但由于日语与汉语表达习惯的不同，灵动的日语美文经过翻译后如何成为汉语美文，是对译者提出的一大挑战。

译文 1 译者唐月梅，同先生叶渭渠一道翻译了川端康成的多部作品，开创了我国翻译川端康成作品的先河，而叶渭渠先生更是中国研究川端康成的先驱。译文 2 译者高慧勤亦为研究、翻译日本文学作品的大家，曾翻译、编选了多部日本文学译作集。对比两译文，从整体上来看，译文 1 更接近原文的句式和表述顺序，基本上采取了"直译"的策略，长句子、多定语句较多，略带"翻译腔"；译文 2 虽在表述顺序上多有不符原文之处，但作为汉语读来却更为通顺、流畅、自然，采取了"意译"的策略。本文在对两译文进行对比时，都会分别从形式和内容两方面入手，从"译得对"与"译得好"两个角度进行赏析。

---

[1] 参考：安德斯·奥斯特林的授奖辞。载于：［日］川端康成：《雪国·千鹤·古都》，高慧勤译，桂林：漓江出版社 1985 年版，第 411 页。

[2] 括号内汉语为笔者所译，后文皆同。

在进入正文的翻译对比之前，笔者想先对获奖辞的标题"美しい日本の私"的译法进行探讨。大江健三郎认为其中的助词"の"具有两种含义，"首先意味着'我'从属于'美丽的日本'，同时也在提示。'我'与'美丽的日本'同格"[①]，体现了川端康成的"暧昧"，同时强调了该标题的难译性。

例（1）
原文：「美しい日本の私」
译文1：《我在美丽的日本》
译文2：《日本的美与我》

标题直译当作"美丽的日本的我"，短短 7 字便连用 2 个"的"显然不符合汉语的审美要求。译文 1 作《我在美丽的日本》，"在"字虽不具备表示同格的功能，但用"在"字便将"我"置入"美丽的日本"之中，符合大江健三郎对于"の"表从属含义的解释；同时汉语的习惯是将重点话题置于后方，日语则相反，往往将欲强调的内容置于前方，则可发现译文 1 的重点在"美丽的日本"，恰对应日语原题中位于前方的"美しい日本"。译文 2 作《日本的美与我》，将原本的修饰词"美しい"与被修饰词"日本"调换了位置；还将"日本的美"与"我"并列。川端康成在瑞典演讲时，该标题被英译作 Japan, the Beautiful, and Myself（《日本——美丽的国家，和我自己》），亦把"myself"与"Japan"，即演讲者自身与日本这一国家并列。可以猜测译文 2 将两者并列的译法是由于受到了英译的启发。但纵观全文，川端康成在演讲时更侧重于日本"美しい"，提及自己的仅寥寥数语，因此笔者认为对于在翻译时能否将两者处理为并列关系仍需深思。

两译文对标题的处理都跳出了原文本身语法结构的束缚，是添加了译者理解的"意译"，相较之下，笔者认为译文 1 更适合作为整篇获

[①] 参考：大江健三郎《我在暧昧的日本》，译者许金龙。载于：李芒、黎继德：《日本散文精品咏事卷》，昆明：云南人民出版社 1999 年版，第 380-381 页。

奖辞译文的标题。

除题目外，川端康成的获奖辞中多次引用的日本古典，包括和歌（16首）、散文（5段），亦增加了其难译性，在此试举3例对比分析两译文对于原文所引古典的翻译效果。

例（2）
原文：佛界入り易く、魔界入り難し。
译文1：入佛界易，进魔界难。
译文2：佛界易入，魔界难进。

例（2）实非纯粹的日语，而是可列为日本古典文学之一的汉诗文"训读"。"训读"法是古代日本人在阅读中国古典时通常采用的方法，即汉字按日语来发音，并按照日语的语序来调整汉字顺序，可称为日本人对中国古典的翻译法。既然"训读"文源于汉语，那么将日语"训读"文翻译成汉语的最恰当形式，莫过于将其还原为纯汉字表达的汉诗文。

川端康成在获奖辞中提到的京都紫野大德寺的茶室里悬挂的一休墨宝，也就是他练习书法时常写的这句"佛界入り易く、魔界入り難し"，在还原成汉文时到底应与译文1相同，还是与译文2相同呢？单从上面的"训读"文来看，"易く"和"難し"乃为连用修饰语，即用以修饰前方动词"入り"的副词，所以再还原为汉文时还应在一起，只需按汉语副词在前动词在后的顺序略加调整即可。若原文真为"入佛界易"，则日语应训作"仏教に入ることは易く……"。至于在后半句，两译者不约而同地将"入"字换成了"进"字，这应是出于避免重复的考虑，以同义字替代。但既是还原，直接按原字还原即可，换字反而会导致与汉文原句的偏差。所以将例（2）译作"佛界易入，魔界难入"才是最为妥当的。

下面来看和歌的翻译对比例。在进入正题之前，笔者想先对"诗歌"这一概念稍做阐述。作为现代人，我们总是习惯将"诗"与"歌"放在一起探讨，不经意间似乎已将二者混为一谈。在日语中，"歌"必

指"和歌",而"詩"则指"汉诗",从创作的规则到使用的词汇都截然不同。相应地,"歌法"指和歌吟咏技法,与"诗法"不同;"歌人"指吟咏和歌的"歌人",亦与"诗人"不同。比较两译文可以发现,译文 2 恰将"歌"译为"诗""歌法"译为"诗法",而译文 1、2 又同将"歌人"译为了"诗人",均乃误译。"诗"与"歌"两译词的混用实为概念的混淆,特别是对于不甚熟悉日本文学的读者而言,看到格式排列整齐,甚至通常押韵的和歌译文,难免会误以为和歌与汉诗别无二致。故笔者认为,翻译"歌""歌法""歌人"时最好直接使用"和歌""歌法""歌人",当作为面向大众的普及读物时,添加注释说明和歌的形式也不失为一个不错的方法。

  日本文学翻译界、研究界的前辈关于和歌的翻译形式早已进行过许多探讨[①],各种尝试都往往有其美中不足之处。现在所说的和歌,通常是指由五・七・五・七・七音的 5 句 31 个假名组成的"短歌"[②]。由于一个日语单词通常由多个音组成,并非像中文汉字是一字一音一意的,所以 31 个假名所表达的含义比 31 个汉字要少得多。对于原文引用的 16 首和歌,译文 1 均以七言两句 14 字对译,译文 2 则采用七言两句 14 字(10 首)、九言两句 18 字(1 首)、五言四句 20 字(3 首)、七言四句 28 字(2 首)4 种方法来对译。如果之前没有对和歌本身形式进行注释,译文 2 的处理可能会导致一个新问题,这便是使读者误认为原文所引和歌有长有短。

  例(3)
  原文:群雀聲する竹にうつる日の影こそ秋の色になりぬれ

---

  ① 早自明朝末年,我国便开始了对和歌的翻译尝试,《日本风土记》中记载了我国最初的和歌汉译尝试。1979 年李芒在《日语学习与研究》杂志创刊号上发表了《和歌汉译问题小译》一文,掀起了中日学者讨论的热潮。具体翻译的形式可分为 3 大类:以五言四句、四言四句、七言两句、七言四句等为代表的传统诗句型式,五七五七七、三五三五五、三四三四五、三四三四四、七七八、五七五、三四三四三等新式定型式,以及根据具体内容酌情译为长短句的非定型式。(参考:金中:《日本诗歌翻译论》,北京:北京大学出版社 2014 年版,第 16-24 页。)
  ② 和歌的概念范围有广义和狭义两种。广义上包括短歌、长歌、旋头歌、佛石足歌,狭义上指短歌。今言和歌,多采用狭义的概念。

译文1：竹子枝头群雀语，满园秋色映斜阳。

译文2：群雀枝头闹，日影横竹梢。添得秋色浓，触目魂黯销。

对于例（3）的翻译，如上所述译文1依旧采用七言两句的形式，译文2在此采用的是五言四句的形式。两译文在大意上都再现了原和歌所描绘的群雀聚竹林的日暮秋景。聚焦细节，我们会发现两译文处理的许多相异之处。首先，如对于"群雀聲する"的翻译，译文1的"群雀语"不若译文2的"群雀枝头闹"那般富有生机。"语"多指低语、小声对话。"雀"是一种常见的鸟，叽叽喳喳叫个不停的习性加强了它在我们生活中的存在感，汉语中以"鸦雀无声"来比喻出奇的安静，日语中更有以"雀"代指多嘴的人的用法。既是"群雀"，与"闹"相比，"语"就有点过于安静了。其次，对于"うつる日の影"的翻译，译文2的"日影横竹梢"与原文的字面更为接近，通过"日影"渐渐拉长，侧面反映出夕阳西沉的景象。译文1将这种间接的说法直接用"斜阳"二字代替，缺少了原文中"うつる"所表现的夕阳渐渐西沉的动态感。

最值得注意的是，原和歌自始至终都在写景，译文1亦如此，而译文2的第4句加译了一句"触目魂黯销"。这完全是一种汉诗式的抒情，用以对前面的写景进行总结，如此加译是否为符合原意呢？日本镰仓时代的《新古今和歌集》中有三首著名的以"秋の夕暮"结句的和歌，合称"三夕の歌[①]"，且三首同时入选《小仓百人一首》，为和歌学习者所熟知。"三夕の歌"奠定了吟咏夕阳余晖中秋景时需带有的伤感基调，笔者认为译文2的"触目魂黯销"也应是出于这种理解，且译文2没有采用节奏轻快的七言句，而是选用了更为庄重的五言句来翻译这首描写日暮秋景的和歌，并以"群雀枝头闹"的热闹场面起笔，更反衬出秋日夕景的寂寥，由此可判断译文2的加译仅为对原和

---

① 该三首和歌具体如下：
(1) さびしさは其の色としもなかりけりまき立つ山の秋の夕暮（寂蓮法師）
(2) 心なき身にもあはれはしられけり鴫立つ澤の秋の夕暮れ（西行法師）
(3) み渡せば花ももみぢもなかりけり浦の苫屋の秋の夕ぐれ（藤原定家朝臣）
（引自：『日本古典文学大系28 新古今和歌集』，东京：岩波书店1958年版，第100-101页）

歌的补足，并未对原文有所曲解，且起到了让读者更能领会歌人情感的作用。

例（4）

原文：西行法師常に来りて物語りして言はく、我が歌を讀むは遥かに尋常に異なり。花、ほととぎす、月、雪、すべて万物の興に向ひても、およそあらゆる相これ虚妄なること、眼に遮り、耳に満てり。また讀み出すところの言句は皆これ真言にあらずや。花を讀めども実に花と思ふことなく、月を詠ずれども實に月と思はず。ただこの如くして、縁に隨ひ、興に隨ひ、讀みおくところなり。<u>紅虹たなびけば虚空色どれるに似たり。白日かがやけば虚空明らかなるに似たり。</u>しかれども、虚空は本明らかなるものにもあらず。また色どれる物にもあらず。我またこの虚空の如くなる心の上において、種々の風情を色どるといへども更に蹤跡なし。この歌即ち是れ如来の真の形體なり。

译文1：西行法师常来晤谈，说我咏的歌完全异乎寻常。虽是寄兴于花、杜鹃、月、雪，以及一切万物，但是我大多把这些耳闻目睹的东西看成是虚妄的。而且所咏的诗句都不是真挚的。虽然歌颂的是花，但实际上并不觉得它是花；尽管咏月，实际上也不认为它是月。只是当席尽兴去吟颂罢了。像一道彩虹悬挂在虚空，五彩缤纷，又似日光当空辉照，万丈光芒。然而，虚空本来是无光，又是无色的。我就是在类似虚空的心，着上种种风趣的色彩，然而却没有留下一丝痕迹。这种诗歌就是如来的真正的形体。

译文2：西行法师常来晤谈，展读我诗，非同寻常。遣兴虽及于鲜花、杜鹃、明月、白雪，以及宇宙万物，然一切色相，充耳盈目，皆为虚妄。所吟咏之句，均非真言。咏花实

非以为花,咏月亦非以为月,皆随缘遣兴而已。恰似雨后彩虹,虚空有色;亦如白日映照,虚空明净。然虚空本无光,虚空亦无色。我心似此虚空,纵然风情万种,却是了无痕迹。此种诗乃如来之真形体。

例(4)是一段日本古典散文,译文 1 尝试用现代口语对译古代日语书面语,译文 2 则保持了古雅的文风。

古文的简练在此例中得到了充分的体现。在统计主语、代词之后发现,原文仅使用"我が/我"2 次、"この"2 次,译文 1 使用了"我"3 次、"它"2 次和"这种"1 次,译文 2 仅使用"我"2 次、"此"1 次。在统计总字数后更可以发现,古文风格的译文 2 较现代口语的译文 1 少 59 字,短近 1/3。[①]当然,主语、代词的添省与字数的多少都只是表象,不及译文 1 正确、出彩,即"译得对"比"译得好"重要。

译文 1 充分地满足了"译得对"这一标准,如实地反映了日语原文的文意,有的地方也直接保留了日语的表达顺序。译文 2 则有一些不太符合"译得对"要求的地方,即将原文开始和结尾处出现的"歌"都译作了"诗",前文也已言及。但译文 2 中没有长句,将大部分内容拆解,精炼为 4 字短句,如"展读我诗,非同寻常""一切色相,充耳盈目,皆为虚妄",使译文具有了比原文更强的节奏感,增加了朗读的享受。

接着来看划线部分。若仅从"译得对"角度考虑,译文 1 与译文 2 相差无几。但在形式上,原文呈现了近乎完美的对仗:"紅虹"对"白日","たなびけば"对"かがやけば","色どれる"对"明らかなる","虚空"与"に似たり"在上下句中均有出现。译文 1 只是单纯传达了原文的意思,对措辞的斟酌略显不足,破坏了原文所呈现的对仗的格式,古文所具备的韵律之美也被抹杀掉了。而译文 2 不仅译出了原文的内容,更整齐地再现了对仗的形式:"恰似"对"亦如","有色"对

---

① 译文 1 共 196 字,译文 2 共 137 字,不计标点。

"明净"，"虚空"在上下句中均有出现。虽然细微之处还是不够完美，如"雨后彩虹"与"白日映照"不够工整，但已可算作一次较为成功的尝试。此外还将原文并不十分工整的"花を讀めども実に花と思ふことなく、月を詠ずれども實に月と思はず""虚空は本明らかなるものにもあらず。また色どれる物にもあらず"，也分别译作"咏花实非以为花，咏月亦非以为月"和"虚空本无光，虚空亦无色"，使之形成字数相等、内容相关的上下句。

　　无论是从形式上还是内容上，译文 2 均比译文 1 更胜一筹，令读者读来有酣畅淋漓之感。脱离了原文表达顺序桎梏的译文 2，反能倒更让读者理解川端康成所要借此段表达的日本之美。

　　经过前文的分析，我们已对译文 1 与译文 2 对标题、古典引文的翻译有了大致了解。最后，笔者想就文章普通叙述部分的翻译对两译文进行比较，这些均是真正出自川端康成笔下的美文。川端康成通篇都致力于用美的语言、美的例子向世界传达日本之美，而如何将这种美传达给读者，对译者又是个难题。由于篇幅所限，在此仅试对两例加以解读。

　　例（5）

　　　　原文：そのボツテイチエリの研究が世界に知られ、古今東西の美術に博識の矢代幸雄博士も「日本美術の特質」の一つを「雪月花の時、最も友を思ふ。」といふ詩語に約められるとしています。雪の美しいのを見るにつけ、月の美しいのを見るにつけ、つまり四季折り折りの美に、自分が觸れ目覚める時、美にめぐりあふ幸ひを得た時には、親しい友が切に思はれ、このよろこびを共にしたいと願ふ、つまり、美の感動が人なつかしい思ひやりを強く誘ひ出すのです。

　　　　译文 1：以研究波提切利而闻名于世、对古今东西美术博学多识的矢代幸雄博士，曾把"日本美术的特色"之一，用"雪月花时最怀友"的诗句简洁地表达出来。当自己看到雪

的美，看到月的美，也就是四季时节的美而有所省悟时，当自己由于那种美而获得幸福时，就会热切地想念自己的知心朋友，但望他们共同分享这份快乐。这就是说，由于美的感动，强烈地诱发出对人的怀念的感情。

译文 2：矢代幸雄博士以研究鲍蒂切里而闻名于世，对古今东西方美术，学识尤为渊博。他把"日本美术的特质"之一，概括成"雪月花时最怀友"这样一句诗。无论是雪之洁，月之明，也即四季各时之美，由于触景生情，中心感悟，或因审美会意而欣然自得，这时便会思友怀人，愿与朋侣分享此乐。也就是说，美者，动人至深，更能推己及人，诱发为对人的依恋。

在例（5）中，川端康成引用了矢代幸雄在论述"日本美术的特質"时的评价，即"雪月花の時、最も友を思ふ"。该句用例（2）一样，是汉诗文的日语"训读"。译文 1、2 都将此句还原为了七言句，且均稍作改动，将"思"改为了"怀"，译作"雪月花时最怀友"。同时，这一句会令人联想到与之极为相似的白居易诗句"雪月花时最忆君"①。但承接例（2）关于"训读"的探讨，无论是将"思"改作"怀"，还是照搬白诗，将"思友"改作"忆君"，在还原"训读"文时依然是不当的，作"雪月花时最思友"才是正解。

后续部分的"雪の美しいのを見るにつけ、月の美しいのを見るにつけ、つまり四季折り折りの美に、自分が觸れ目覚める時、美にめぐりあふ幸ひを得た時"，将"雪月花の時"具体化。译文 1 进行了

---

① 隽雪艳便曾指出"被川端康成郑重引用的诗句'雪月花时最思友'来自于白居易诗《寄殷协律》。日本平安朝文人藤原公任（966—1041）编纂的《和汉朗咏集》卷下'交友'部收录了其中的一联'琴诗酒友皆抛我，雪月花时最忆君'"。（引自：隽雪艳："日本文化中的白居易"，载《文史知识》2012 年 02 期，P92。）矢代幸雄在《日本美术的特質》一书中写道"日本文学に最も刺戟を与えたる白楽天が『雪月花時最思友』と詠つて"（引自矢代幸雄『日本美術の特質』，东京：岩波书店 1943 年版，第 237 页），即"对日本文学刺激最多的白乐天吟诵到：'雪月花时最思友'"，由此可知矢代幸雄误认为"最思友"就是白诗的原句，其对白诗内容的记忆是有出入的。关于川端本人是否熟悉该诗句笔者尚未考证，单作为引文而言"将错就错"确属必然之举。

直译，对原文的语序和句子结构未有任何调整，措辞也基本与原文诸词一一对应。相较而言，译文 2 进行了意译，作"无论是雪之洁，月之明，也即四季各时之美，由于触景生情，中心感悟，或因审美会意而欣然自得"，将原文置于"雪の"与"月の"之后的"美しいの"进行了具体化，分别以"洁""明"来细化雪与月之美，可以避免如译文 1 中连用两次"美"的乏味之感。另外，译文 2 将原文搭配两个宾语"美しいの"的动词"見る"略去未译，但笔者并不认为这是对"見る"一词的漏译。原因在于后面的"自分が觸れ"，译文 2 译作"触景生情"，此"景"即"四季折り折りの美"，也就是译文 2 所说的"四季各时之美"，其代表就是"雪之洁"和"月之明"。并且"触景生情"还是中国读者熟知的成语，用于此表达了触"四季各时之美"景生"思友怀人"之感情之意，起到了承上启下的作用，可使读者省去很多理解原作情感的过程。因此，译文 2 只是将同义的部分进行了合并，使行文更为简洁明。至于"自分が觸れ"后面的"目覚める"一词，译文 1 作"醒悟"，译文 2 作"感悟"。若从单词本身词义角度出发，貌似"醒悟"更佳。但在汉语中，"醒悟"往往用于表达经过反思后从"消极"的事物中走出来的意思，用来搭配观赏四季美景并不甚贴切。

  例（5）末尾的"つまり、美の感動が人なつかしい思ひやりを強く誘ひ出すのです"是对例（5）整体的总结，与段首的"雪月花の時、最も友を思ふ"相呼应。首先，此分句中包含一个和语词"思ひやり"，该词具备非母语者不足以理解的暧昧含义。《日本国语大辞典》中总结了"思ひやり"的两类含义，一是"推察。想像。思慮。分別"，二是"人の身の上や心情についての察し。同情すること。また、その気持。"（设身处地为他人考虑。同情、体谅。）。[①]而日汉词典中的解释往往都离不开"同情"，用在此处必然不当，也许正因此译文 1 直接模糊为"感情"。更适合此处的解释应是第一类中的"推察""思慮"。译文 2 采用"推己及人"对译，就为"親しい友が切に思はれ、

---

① 释义引自：日本国语大辞典刊行会编集：『日本国語大辞典第四卷』，东京：小学馆 1973 年版、第 73 页。

このよろこびを共にしたいと願ふ"做出了简明的解释，与"最も友を思ふ"形成呼应。其次在句子结构上，原文主语为"美の感動"，谓语的"誘ひ出す"以"強く"一词进行了修饰，宾语为"人なつかしい思ひやり"。译文1对顺序未做调整，几乎进行了诸词直译。相较之下，译文2完全打破了原文的结构顺序和逻辑关系。译文2首先将主语由"美の感動"调整为"美"，辅以虚词"者"，强化语气，更突出了"美"，引导读者追阅后面对"美"之功能的理解和判断。再将"感动"译作动词并与本非用于修饰它的"強く"合并译作"动人至深"。这番调整，更凸显了川端康成此篇演讲是以"美"为主题，因此是对原文的正确理解，不能算作失误。又将对译"思ひやり"的"推己及人"放置在"人なつかしい""誘ひ出す"的译文"诱发为对人的依恋"前，还用"更能"为译文添加了一层递进关系。如此，原文一整个分句被拆解为4个小分句，分别由2、4、6、8字组成，依次递增，结构整齐，节奏上由缓至急，多了一分朗读的享受，必能令读者对译文2更多一分偏爱。

例（6）

原文：一休はその「詩集」を自分で「狂雲集」と名づけ、狂雲とも號しました。そして「狂雲集」とその續集には、日本の中世の漢詩、殊に禪僧の詩としては、類ひを絶し、おどろきに膽をつぶすほどの戀愛詩、閨房の秘事までをあらはにした艷詩が見えます。一休は魚を食ひ、酒を飲み、女色を近づけ、禪の戒律、禁制を超越し、それらから自分を解放することによって、そのころの宗教の形骸に反逆し、そのころ戰亂で崩壊の世道人心のなかに、人間の實存、生命の本然の復活、確立を志したのでせう。

译文1：一休自己把那本诗集，取名《狂云集》，并以"狂云"为号。在《狂云集》及其续集里，可以读到日本中世的汉诗，特别是禅师的诗，其中有无与伦比的、令人胆颤心惊的爱情诗，甚至有露骨地描写闺房秘事的艳诗。一休

既吃鱼又喝酒，还接近女色，超越了禅宗的清规戒律，把自己从禁锢中解放出来，以叛逆当时宗教的束缚，立志要在那因战乱而崩溃了的世道人心中恢复和确立人的本能和生命的本性。

译文2：一休把自己那本诗集，取名为《狂云集》，甚至以狂云为号。《狂云集》及其续集，以日本中世的汉诗而论，尤其作为一位禅僧的诗作而论，是无与伦比的，其中有令人瞠目结舌的情诗，渲染闺房秘事的艳诗。他饮酒茹荤，接近女色，完全逸出禅宗的戒律；戒律之类，他视若桎梏，自求解脱，大概是想以此来反抗当时的宗教形式，要在因战乱而崩溃的世道人心中，恢复和树立人的存在和生命的本义。

例（6）的两译文第2句同以"《狂云集》及其续集"开头，而后续文意截然不同。在译文1的《狂云集》及其续集里"可以读到日本中世的汉诗，特别是禅师的诗"，若如译文1所述，则《狂云集》为一本集合了众多中世诗人诗作的汉诗集，并且其中还有诗僧的作品。虽然译文1在之前对"一休禅师"所做的注释里已经标明《狂云集》乃一休所"著"，但经过此番解释，《狂云集》俨然变成了一休所"编"选的中世汉诗选集，精选后的内容里还包括无与伦比的爱情诗和艳诗……读至此处，读者会产生多少误解实在不可想象。译文1误导读者的源头，大概在于对"として"的误译，即将"作为"译成了"可以读到""其中有"。而正确的理解，应如译文2所译，《狂云集》及其续集所收录的仅是一休这"一位禅僧"个人的诗作，并且其作如其人，奔放不羁，"是无与伦比的"，更不乏同时代大多诗僧不会去创作的"令人瞠目结舌的情诗，渲染闺房秘事的艳诗"。

一休的奔放不羁从川端康成随后讲到的"魚を食ひ、酒を飲み、女色を近づけ"中也可窥得一二。对此，译文1与译文2文意并无太大差别。译文1的"既吃鱼又喝酒，还接近女色"用"既""又""还"3个连词将"吃鱼""喝酒""接近女色"3件事连接到了一起，逻辑性

强,但相比译文 2 采用的两个 4 字短语"饮酒茹荤,接近女色",在文采上稍显逊色。译文 2 用"荤"代替了"鱼",鱼只是"荤"的一种,"荤"的范围远比"鱼"大得多。而此句更多地是为突出一休不守戒律束缚的不羁性格,在翻译时扩大了一休不守斋戒的范围也无伤大雅。

接下来的"それらから自分を解放する"的翻译,译文 1 作"把自己从禁锢中解放出来",译文 2 作"戒律之类,他视若桎梏,自求解脱"。原文的"それら"上承"禪の戒律、禁制を超越し"一句,指代的自然是禅宗的戒律、禁制,故译文 2 以"戒律之类"替换,而译文 1 只作"禁锢",未言明是何种禁锢。从表达形式上来看,原文为一个整体,仅有"自分を解放する"这一单一动作。译文 1 亦用"把自己……解放出来"的单一动作直接翻译,与原文形式完全相同。然而译文 2 却将一个整体拆成了"戒律之类""他视若桎梏""自求解脱"3 个分句,而且我们并不能为"视若桎梏"在原文中找到相对应的表达。意欲"禪の戒律、禁制""から自分を解放する"的僧人自是对清规戒律不满,译文 2 补译的"视若桎梏"是译者加入的理解。并且,从表达技巧上,1 个长句总不及 3 个短句短小有力,字字铿锵。

此段译文,无论是从"译得对"的角度,还是"译得好"的角度来评判,译文 2 均优于译文 1。

(钟薇芳)

七、翻译理论学习

文学翻译的创造性叛逆(3)

二、接受者的创造性叛逆

文学翻译中的创造性叛逆还来自接受者——读者。

人们较少注意到读者在文学翻译中的作用。然而,如果我们承认文学翻译的最终目的是文学交流,那么我们不难认识到,脱离了读者接受的文学翻译就是一堆废纸,毫无价值可言,因为只有在读者的接受中文学翻译才能实现其文学交流的目的。

文学翻译是一种再创造，这是大家都承认的事实。然而我们还应该看到，当译者把完成了的译作奉献给读者后，读者以他自己的方式，并调动他自己的人生体验，也加入到了这个再创造之中。由于读者的加入，文学翻译中的创造性叛逆变得更加丰富，更加多姿多彩了。

顺便提一下，近年来翻译研究者们已经认识到，读者的阅读和理解实际上也是一种翻译。

英国文学理论家乔治·斯坦纳指出："每当我们读或听一段过去的话，无论是《圣经》里的《利未记》，还是去年出版的畅销书，我们都是在进行翻译。"

由于读者的翻译是在译者翻译的基础上进行的，因此他的翻译与原作相比的话，必然比译者的翻译更富创造性、更富叛逆精神。如美国著名哲学家弗洛姆在《被遗忘的语言》里从卡夫卡的小说《审判》的英译本里引了这样一句话："Someone must have been telling lies about Joseph K, for without having done anything wrong he was arrested one fine morning"（一定有人在诬陷约瑟夫·K，因为他什么错都没犯，却在一个明媚的早晨被逮捕了。）然后从语言的角度分析说，"to be arrested"有两种意思，一是被警方拘捕，一是一个人的成长发展受到阻碍。一个被指控触犯了刑律的人被警察逮捕；一个有机体的正常发展受到阻碍，二者都可以用"to be arrested"。小说从表面看用的是这字的第一义，但在象征的意义上，也可以从它的第二义去理解：K意识到自己被捕了，同时，自己的成长也受到阻碍。对此，英国比较文学家柏拉威尔指出，弗洛姆的解释完全是从译成英文的"arrest"一词出发的，实际上，卡夫卡的德文原著中使用的是"verhaffet"，这个词在德语中只有"arrest"的第一义，而没有它的第二义。

读者本人对某些社会现象或道德问题的强烈见解和思考，也影响读者对文学作品的"翻译"。俄国作家屠格涅夫曾经成功地塑造了罗婷这样一个典型的"多余人"形象。也许是屠格涅夫对"多余人"形象的了解太深了，所以当他阅读莎士比亚的《哈姆雷特》时，竟不自主地把哈姆雷特与俄国社会中的"多余人"形象相比较，从而得出了"哈姆雷特是自我中心的利己主义者，是对群众无用之人，并不爱奥菲利

亚而是个好色之徒,他同靡菲斯特一样代表'否定精神'"等这样的结论。这里,屠格涅夫显然塑造了一个作者、译者都始料未及的新的哈姆雷特形象。

与此相仿的是列夫·托尔斯泰对莎士比亚作品的猛烈抨击与否定,托尔斯泰坚决宣称:"莎士比亚不是艺术家,他的作品不是艺术品。"这位注重道德自我完善的作家无法理解,为什么莎士比亚笔下的人物都热衷于追求个人的幸福与利益,没有谁想到拯救自己的灵魂和使人类从罪恶中得救的问题,他更不能接受那些充满复仇、残杀、好人坏人无区别地大量死亡的舞台场面。这样,尽管他读了不少莎士比亚剧作的俄译本、德译本、甚至英文原作,但他得到的印象"始终如一"。

(选自谢天振:《比较文学与翻译研究》,台北:业强出版社,1994年)

第 16 课

一、原文

一枚の葉

东山魁夷

　京都を主にした連作を描いたころのことである。①円山の夜桜として知られている、あの、しだれ桜の満開の姿と、春の宵の満月が呼応する情景を見たいと思った。
　四月十日ごろだったか、その夜が十五夜であることを確かめて京都へ向かった。昼間、円山公園へ行ってみると、幸いに桜は満開であった。春の陽差しが今宵の月夜を約束するかのように明るかった。夕方までの時間を寂光院や三千院を訪ねて過し、ころあいを見て京都の町へ帰って来た。
　下鴨辺りだったか、ふと車の窓からのぞくと、東の空にぽっかりと円い大きな月が浮かんでいるではないか。私は驚いた。円山の桜を前にして②東山からかおを出したばかりの月が見たかったのであって、空高く月が上ったのでは意味がなくなってしまう。大原で時間を取りすぎたことが悔やまれた。
　円山へ急いでたどり着くと、私はほっと一息ついた。ここでは山が間近であるため、幸いに月はまだ姿を見せていなかった。紺青に暮れた東山を背景に、この一株のしだれ桜は、淡紅色の華麗な粧いを枝いっぱいに付けて、京の春を一身に集め尽くしたかに見える。しかも、地上には一片の落花もなかった。
　山の頂が明るみ、月がわずかにのぞき出て、紫がかった宵空を静かに昇り始めた。花は今、月を見上げる。月も花を見る。この瞬間、

③ぼんぼりの灯も人々の雑踏も跡形もなく消え去って、ただ、月と花だけの清麗な天地となった。

　これが巡り合わせと言うものであろうか。花の盛りは短く、月の盛りと出会うのは、なかなか難しいことである。また、月の盛りは、この場合ただ一夜である。もし曇りか雨になれば、見ることができない。その上、私がその場に居合わせなければならない。花が永遠に地上に存在しているなら、両者の巡り合いに何の感動も起こらないであろう。花は散ることによって生命の輝きを示すものである。花を美しいと思う心の底には、お互いの生命を慈しみ、地上での短い存在の間に巡り合った喜びが、無意識のうちにも感じられているに違いない。それならば、花に限らず名も知らぬ路傍の一本の草でも同じことではないだろうか。

　風景によって心の目が開けた体験を、私は戦争の最中に得た。自己の生命の火がまもなく確実に消えるであろうと自覚せざるをえない状況の中で、初めて自然の風景が、充実した命あるものとして目に映った。強い感動を受けた。それまでの私だったら、見向きもしない平凡な風景ではあったが――。

　また、戦争直後、すべてが貧しい時代に、私自身もどん底に居たのだが、冬枯れの寂寞とした山の上で、自然と自己とのつながり、緊密な充実感に目覚めた。切実で純粋な祈りが心に在った。風景画家として私が出発したのは、このような地点からであった。

　私が好んで描くのは、人跡満未踏といった景観ではなく、人間の息吹がどこかに感じられる風景が多い。しかし、私の風景の中に人物が出て来ることは、まずないと言ってよい。その理由の一つは、私の描くのは人間の心の象徴としての風景であり、風景自体が人間の心を語っているからである。

　私が常に作品のモティーフにしたり、随筆に描いているのは、清澄な自然と素朴な人間性に触れての感動が主である。戦後の時代の激しく急な進みの中で、私自身、時代離れのした道を歩んでいると思うときが多かった。しかし、今では、それで良かったと思って

515

いるし、また、それをこれからも貫き通したいと念じている。

　人はもっと謙虚に自然を、風景を見つめるべきである。それには、旅に出て大自然に接することも必要であり、異なった風土での人々の生活を興味深くながめるのもよいが、私たちの住んでいる近くに、例えば、庭の一本の草、一枚の葉でも心をこめてながめれば、根源的な生の意義を感じ取る場合があると思われる。

　私は庭の木をながめている。いや、枝に付いた一枚の葉を見ている。今は、その葉は美しい緑に、夏の陽を受けて輝いている。私は、その葉が、まだ小さな芽として始めて私の目に触れたころを思い出す。それは、昨年の冬の初めであった。今の葉のある場所に乾いた茶色の葉が付いていたのが、枝を離れて散り落ちていったときである。そこに、まだ小さな固い芽であったお前が、みずみずしい生命を宿して誕生していた。

　寒い風が吹き、雪の降る日があったが、おまえは黙々として春を待ち、徐々に充実して力を内に蓄えていく。ある朝、小雨がやむと、点々と真珠の玉が枝に並んで光って入るのが見える。それはいは芽生えの一つ一つに雨水がたまっていたのである。芽の膨らみが進んできたのを感じた。春はもう間近である。

　ようやく春が来る。芽の開くときの喜び。しかし、あの、地上に散っていった葉は、今は朽ち果てて土に還っていく。

　おまえは、すくすくと伸びて初夏の陽を明るく透かす若葉となる。生命の充実を感じるとともに、この柔らかい葉が虫におかされやすいのも、この季節である。幸いにおまえは無事に夏を迎え、今、仲間とともに青々と繁り合っている。

　私はおまえの未来をも知っている。夏の盛りになると、葉陰ではアブラゼミが騒がしく鳴き立てるだろう。しかし、台風が過ぎるころになると、④ヒグラシや⑤ツクツクボウシの、どこか寂しげな歌声に変わる。涼しくなる。蝉の声が聞こえなくなって、今度は根本の方から虫の合唱が、⑥しめやかに秋の夜の興を添える。

　おまえの緑は、なんとなく疲れた色合いになってくる。やがて黄

ばみ茶色になって、寒い雨の中にうなだれている。一夜、風が雨戸を鳴らすと、翌朝、おまえの姿は、もう、枝には見られない。ただ、その跡に小さな芽が付いているのを私は見いだすだろう。その芽が開くころ、地上に横たわっているおまえは土に還っていくのである。これが自然であり、おまえだけではなく、地上に存在するすべての生あるものの宿命である。一枚の葉が落ちることはけっして無意味ではなく、その木全体の生に深くかかわっていることが分かる。一枚の葉に誕生と衰滅があってこそ、四季を通じての生々流転が行われる。

　一人の人間の死も、人類全体の生にかかわっている。死はだれしも好ましくないに違いないが、自分に与えられた生を大切にして、同時に人の生をも大切にして、その生の終わりの時、大地へ還っていくことは幸いと思わねばならぬ。それは、私が庭の木の一枚の葉を観察して得た⑦諦観と言うよりは、一枚の葉が生と死の輪廻の⑧要諦を私に向かって静かに語ってくれた言葉なのである。

　（选自东山魁夷，《日本の美を求めて》，东京：讲谈社，1976年）

二、作者与作品简介

　　东山魁夷（1908—1999），日本当代风景画家、散文家。1908年7月生于横滨，原名新吉，画号魁夷。东京艺术大学毕业。1934年留学德国，在柏林大学哲学系攻读美术史。他的画气势恢宏，设色清丽、秀雅，力图再现大自然本来的神韵。具有独特的风格。其早年绘画作品《冬日三乐章》《光昏》分别获得1939年第一回日本画院展一等奖和1956年日本艺术院奖。他为奈良唐招提寺鉴真和尚的"御影堂"所做的障壁画，历时十年，堪称画中精品。东山魁夷不仅是一位丹青妙手，同时又是卓有成就的散文家，主要作品有散文集《听泉》《和风景的对话》《探求日本的美》等。著有《东山魁夷》11卷、《一片树叶》等。1969年获文化勋章和每日艺术大奖。东山魁夷曾任日中文化交流协会理事。

《一片树叶》是东山魁夷的代表作之一。作者表面上是在写景，而实际上是通过一片树叶阐释自己对生命的理解。

三、原文注释

①円山：即円山公园，位于京都市东山西麓的公园。和八坂神社、知恩院境内相接。

②東山：京都市与鸭川东部相连的丘陵。也是京都东部之山的意思。北起比叡山，南至稻荷山。自古以来有东山三十六峰之称，风景优美并有很多名胜古迹。

③ぼんぼり：纸罩烛灯。

④ヒグラシ：（动）蝉的一种，茅蜩。

⑤ツクツクボウシ：（动）寒蝉。

⑥しめやか：1（様子が）［厳粛］肃静；（ひっそり）寂静。2（気持ちが）冷清，阴郁。

⑦諦観：1（本質をみきわめること）冷静观察，仔细观察，看清本质，注视。2（達観）看破，达观，想开。

⑧要諦：要点，要诀，诀窍，妙谛。

四、译文

译文1　　　　　　　　一片树叶

陈德文　译

当我把京都作为主要题材来创作我的组画的时候，想起了圆山闻名的夜樱。我多想观赏一下那坠满枝头的繁盛的花朵，同那春宵的满月交相辉映的情景啊！

那是 4 月 10 日前后吧，我弄清楚当夜确实是阴历十五之后，就向京都进发。白天，到圆山公园一看，却也幸运，樱花开得正旺，春

天的太阳似乎同月夜良宵相约似的,朗朗地照着。时至向晚,我已经参观了寂光院和三千院,看看时间已到,就折向京都城里。

来到下鸭这地方,蓦然从车窗向外一望,东面天上不正漂浮着一轮又圆又大的月亮吗?我吃了一惊。本来我是想站在圆山的樱树林前,观赏那刚刚从东山露出笑脸的圆月。它一旦升上高空,就会失掉特有的风韵。我后悔不该在大原消磨那么多时光。

我急匆匆赶到圆山公园,稍稍松了口气。所幸,这靠近山峦,一时还望不见月亮的姿影。东山浸在碧青色的暮霭里,山前面一株枝条垂挂的樱树,披着绯红色华美的春装,仿佛将京都的春色完全凝聚于一身似的。地面上,不见一朵落花。

山头一片净明,月亮微微探出头来,静静地升上绛紫色的天空。这时,樱花仰望着月亮,月亮俯视着樱花。刹那之间,消尽了游春的灯火和杂沓的人影。四周阒无人声,只给月和花留下了清丽的好天气。

这也许就是常说的奇缘巧遇吧。花期短暂,难得碰上朗照的满月;再说,月华的胜景,也只限于今宵,要是碰上阴雨天气,就什么也看不到。此外,还必须有我这个欣赏者在场才成。

如果花儿常开不败,我们能永远活在地球上,那么花月相逢便不会引人如此动情。花开花落,方显出生命的灿烂光华;爱花赏花,更说明人对花木的无限珍惜。地球上瞬息即逝的事物,一旦有缘相遇,定会在人们的心里激起无限的喜悦。这不只限于樱花,即使路旁一棵无名小草,不是同样如此吗?

自然景物令人赏心悦目,这个体验是我在战争中获得的。那时想到自己的生命之火就要熄灭了,处在这样的境况里,才发觉自然景物却充满了旺盛的活力。于是,我受到了强烈的震动。过去在我的眼里,这些景物都是平淡无奇,不堪一顾的呢。

战争结束以后,在贫困的年代里,我也陷入苦难的深渊。冬天,我伫立在凄清寂寞的山峦上,大自然和我紧密相连,这才使我的心境感到充实而满足。我心中产生了对生活的切实而纯真的向往。打那时候起,我便开始了一个风景画家的生涯。

我所喜欢描绘的不是人迹罕至的景致,而是富有生活情趣的自然

风物。然而，在我所描绘的风景里，可以说，几乎没有人物出现。其中一个理由是，我所描绘的风景是人们心灵的象征。我是通过自然景色本身，抒写人们的内心世界的。

我常常揣摩画面的内容，创作散文，这是我接触了清新的自然和朴素的形象之后引起的感动所致。在战后时代的激流勇进中，我有很多时候，是走着同时代相游离的道路的。现在看来，这条路算是对了。而且，我决心继续走下去。

人应当谦虚地看待自然和风景。为此，固然有必要出门旅行，同大自然直接接触，或深入异乡，领略一下当地人们的生活情趣。然而，就是我们住地周围，哪怕是庭院的一木一叶，只要用心观察，有时也能深刻地领略到生命的涵义。

我注视着院子里的树木，更准确地说，是在凝望枝头上的一片树叶。而今它泛着美丽的绿色，在夏日的阳光里闪耀着光辉。我想起当它还是幼芽的时候，我所看到的情景。那是去年初冬，就在这片新叶尚未吐露的地方。吊着一片干枯的黄叶，不久就脱离了枝条飘落到地上。就在原来的枝丫上，你这幼小的坚强的嫩芽，生机勃勃地诞生了。

任凭寒风猛吹，任凭大雪纷纷，你默默等待着春天，慢慢地在体内积攒着力量。一日清晨，微雨乍晴，我看到树枝上缀满粒粒珍珠，这是一枚枚新生的幼芽凝聚着雨水闪闪发光。于是我感到百草都在催芽，春天已经临近了。

春天终于来了，万木高高兴兴地吐翠了。然而，散落在地面上的陈叶，早已腐烂化作泥土了。

你迅速长成一片嫩叶，在初夏的太阳下浮绿泛金。对于柔弱的绿叶来说，初夏，既是生机旺盛的季节，也是最易遭受害虫侵蚀的季节。幸好，你平安地迎来了夏天，而今正同伙伴们织成浓密的清荫，遮蔽着枝头。

我预测着你的未来。到了仲夏，鸣蝉将在你的浓荫下长啸，等一场台风袭过，那嘈嘈的蝉鸣变成凄切的哀吟，天气也随之凉爽起来。蝉声一断，代之而来的是树根深处秋虫的合唱，这唧唧虫声，确也能为静寂的秋夜增添不少雅趣。

你的绿意,不知不觉黯然失色了,终于变成了一片黄叶,在冷雨里垂挂着。夜来秋风敲窗,第二天早晨起来,树枝上已经消失了你的踪影。只看到你所在的那个枝丫上又冒出了一个嫩芽。等到这个幼芽绽放绿意的时候,你早已零落地下,埋在泥土之中了。

这就是自然,不光是一片树叶,生活在世界上的万物,都有一个相同的归宿。一叶坠地,绝不是毫无意义的。正是这片片黄叶,换来了整个大树的盎然生机。这一片树叶的诞生和消亡,正标志着生命在四季里的不停转化。

同样,一个人的死关系着人类的生。死,固然是人人所不欢迎的。但是,只要你珍爱自己的生命,同时也珍爱他人的生命,那么,当你生命渐尽,行将回归大地的时候,你应当感到庆幸。这就是我观察庭院里的一片树叶所得的启示。不,这是那片树叶向我娓娓讲述的生死轮回的要谛。

(选自陈德文选编:《日本散文选》,南京:江苏人民出版社,1985年)

译文 2　　　　　一片叶子

唐月梅　译

这是我画以京都为主的系列作品时的事。圆山的夜樱闻名遐迩。我很想去观赏那里的垂樱盛开时的姿影,观赏春宵时的满月与樱花呼应的情景。

大概是 4 月 10 日吧,我确认当晚是阴历十五月夜以后,就赶到京都去。白天,到了圆山,非常幸运,樱花盛开了。春光明媚,仿佛决定了今宵月夜的命运。我历访寂光院和三千院,傍晚以前的时光都是在那里度过的。我掐准时间,又回到了京都市内。

可能是在下鸭一带吧,我从车窗口蓦然一望,那不是团圆的明月正漂浮在东边的苍穹吗?我不禁愕然。因为我很想在圆山的花前观赏一番从东山刚刚露脸的月亮,如今月亮已高悬天际,也就变得全无意义了。我后悔在大原待的时间过长了。

我急匆匆地来到圆山公园，才松了一口气。幸亏这里依山，还没有看见月亮的身影。正是日暮时分，以暗蓝色的东山为背景，一株垂樱满枝披上淡红色的华丽装扮，恍如集京城之春于一身。地面上连一瓣落花也没有。

山峰明亮，月儿只露出半边脸，从发紫的夜空冉冉上升。此刻花儿也在仰望着月亮，月亮也在俯视着花儿。这瞬间，六角纸灯、杂沓的人群都已寥无踪影，变成只有月亮和花儿的清澈而美丽的天地。

也许这就叫做运气吧。花儿盛时短暂，难得与皓月邂逅。再说，在这种场合，皓月只有一夜，如果赶上阴雨就看不见了，何况要有我恰好在场呢。

倘使花儿永不凋谢，我们也永存于地球上，那么两者的邂逅就不会引起什么感动了吧。花儿行将凋谢时才显出其生命的光辉。在体会到花儿很美的内心深处，爱惜着彼此的生命，感受着在地球上的短暂期间得以邂逅的这份喜悦。既然如此，那就不仅限于花儿，连那些不知名的路边草不也是如此吗？

战争正在激烈进行的时候，我获得了风景打开我心灵的眼睛的体验。在不得不悟到生命之火不久即逝的状态下，大自然的风景以其充实的生命力，映现在我的眼帘里。我深受感动。这是平凡的风景。要是昔日，我连看也不会看它一眼……

战争结束后，一切都十分贫乏，我自己也处在最底层。冬日，站在草木枯萎的寂寞的山上，感受着大自然与自己的密切联系，我领悟到一种充实感。心中生出一个切实而纯粹的祈愿。

作为一个风景画家，我就是从这样的地方起步的。

我爱画的，不是人迹罕至的风景，而大多是让人感受到充满人类气息的风景。在我的风景画中没有出现人物，但我画的是作为人类心灵象征的风景，因为风景本身就阐明人的心灵。

我主要是将平常接触到的清澄的大自然和朴素的人性所获得的感动，或者作为画的主题，或者写成随笔。在战后年代急剧变化的进程中，我觉得很多时候自己所走的道路是远离时代的。现在看来，这样做是对的，而且今后我还要这样坚持下去。

人应该更谦虚地凝视大自然。由此，固然有必要外出旅行接触大自然，或饶有兴味地观察在风土迥异的环境中的人们的生活。不过，我觉得只要满怀真情地去观察我们所居住的附近，例如有时哪怕是庭院里的一棵树、一片叶，也会使人体悟到生的根源和意义。

　　我凝望着庭院的树木，不，是观赏着生长在枝丫上的一片叶。此刻这片美丽的绿叶承受着夏日的阳光，闪烁着晶莹的光。我忆起这片叶子还是小小的嫩芽第一次跳入我眼帘时的情景。那是在去年的初冬时分，现在生长着叶子的地方，那时上面附着一片枯萎的茶色叶子，后来它离开枝丫飘落了下来。就在这个地方，当时还是幼小而坚实的嫩芽，带着娇嫩的生命诞生了。

　　尽管经历了寒风呼啸、雪花纷扬的日子，可它还是默默地等待着春天的到来，逐渐在体内积蓄起一种充实的力量。一天早晨，细雨停息，我看见星星点点的珍珠落满了枝头，发出晶莹的光。原来却是一株株幼芽上聚满了雨点。我感到嫩芽丰满起来，春天已经临近了。

　　春天终于来到了，呈现一派萌芽时的喜悦。但是，飘落在地上的那片叶，如今已经腐朽，还原于故土。

　　沐浴着初夏的阳光，它长成了一片明亮剔透的嫩叶。这季节令人感到生命的充实，同时嫩叶也容易被虫子侵害。幸好平安地迎来了夏天，如今正与伙伴们竞相争茂，绿油油的一片。

　　我也知晓它的未来。进入盛夏，叶荫下梨蜩骚然，不停地鸣叫。但台风过后，又会变成茅蜩、寒蝉的略带凄凉的歌声。气候转凉，就听不见蝉鸣了。这回，从根部响起了虫儿的合唱，悄然平添了秋夜的兴致。

　　它的绿色不知不觉间竟变成了疲惫的色调。不久呈黄色，又变成茶色，耷拉在冷雨之中。一天夜里，风将挡雨板刮得嘎嘎作响。翌日早晨，枝头上再也看不见它的身影。只是，我将会发现在其原来的位置上又冒出了小小的嫩芽。当新芽萌生的时候，躺在地上的它就回归故土了。

　　这就是大自然。不仅是它，而且是地球上一切有生命的东西的命运。一片叶的凋零，绝不是无意义的，它与整株树的生是密切相关的。

一片叶有其诞生和衰亡,它使人看到四季不断流转,万物生生不息。

一个人的死,也与整个人类的生相关。毫无疑问,谁也不喜欢死,但因此应想到的是,要珍惜自然给予自己的生,同时也要珍重他人的生。生命终结之时,回归大地,这就是幸福。与其说这是我观察庭园树木的一片叶子所悟到的真谛,莫如说是一片叶子对我静静地述说生死轮回的要诀吧。

(选自唐月梅译:《美的情愫》,上海:复旦大学出版社,2008年)

译文3　　　　　一片树叶

佚名　译

春夜,一轮晕月映着灿烂的垂樱,这就是闻名于世的圆山(原文为"园山",编者修改为"圆山")夜樱花。还是画京都组画的时候,我就神往于这般美景了。

大约是四月十日,那天想必是望日,于是我就直奔京都了。

来到圆山公园一看,在明媚的春光下,樱花正盛开,也许昼夜有约,那春光仿佛正与日色争辉。傍晚前,我走访了寂光院和三千院,到了月光初启的时辰就返回了京都。

大约是在下鸭附近,我偶然从车窗向外一望,啊!?那不是一轮丰满的银月飘悬东方的天际吗?我愕然了,本想透过圆山的樱花去观赏刚刚从东山露出姿容的月亮,可现在皓月当空,这不就索然无味了吗?我真后悔在大原耽搁得太长了。

当我急忙赶到圆山公园的时候,不由地松了一口气,因为这里紧靠圆山,还见不到月亮。远景是暮色苍茫的东山,近景是一株身着淡红色盛装的垂樱树,地上竟然没有一瓣落花。

山顶上渐渐发亮,月亮稍许探出头来,悄悄地升上淡紫色的夜空。花仰望着月,月俯视着花。瞬间,一切都陡然静止下来,连一丝痕迹也没有,公园的路灯像是灭了,喧嚣的人声也像是静息了,在这清丽的天地间只有月和花。

观赏这般美景真可谓不期而遇。花开得短促,再和圆月相会,真是不易啊!适逢其时的圆月仅此一夕,若是遭到阴和雨,那就无从赏月了。我正好赶在月花相会的时刻。

如果樱花常开,我们的生命常在,那么两相邂逅就不会动人情怀了。花用自己的凋落闪现出生的光辉,花是美的。人类在心灵的深处珍惜自己的生命,也热爱自然的生命。人和花的生存,在世界上都是短暂的,可他们萍水相逢了,不知不觉中我们会感到一种欣喜。花是这样,路畔的一根无名草不也一样吗?

自然风景会敲开心灵的门扉,这是我在战争中的体验。当生命之火渐熄将尽的时候,我才觉得映入眼帘的景色,是那么充实的生命!我受到了强烈的感染。可是在这以前,那对我只不过是不屑一顾而已……

战争刚结束,在那普遍贫困的时代,我也生活在社会的最底层。可是我有一种强烈的感觉,一种在残冬荒漠的山上,与大自然相互依偎的充实感。在心灵深处,我作了真诚的祈祷。作为风景画家,我正是由此起步。

我爱画生意盎然的风景,从不喜欢人迹未踏的景观。然而,在我的风景画中,却极少有人物,因为,我画的风景是心灵的象征,永远诉说着人类的心语。

澄清的自然、朴素的人性,总在感召着我,成为我的作品的主题。战后,在激变的时代中,我常觉得自己正在走着脱离时代的道路。现在想来,那样也是对的,今后我还要坚持到底。

人倾心于自然时,应该是非常谦恭的。外出旅行,领略大自然的风光;怀着浓厚的兴趣,审视不同风土的生活,这些都是必要的。但我总想,就在我们居住的附近,如果用全身心去观察,哪怕是庭前的一棵树,一片叶子,人们也会从中领悟出生命的根本意义。

现在,我正看着院里的树。不!正在看着挂在树枝上的一片叶子,这片叶子浸透了美丽的绿色,正沐浴着夏日的阳光,闪闪发亮。我回想起去年的初冬,刚看到这片叶子的时候,它还是个小芽儿。那里,曾有过一片茶褐色的枯叶,从树枝上飘落下来。然而,就在这同时,

你，一个幼小而坚强的芽儿，孕育着新鲜的生命，顽强地诞生了。

虽然经受了寒风凛冽、大雪纷飞的时刻，可你还是无声地期待着春天，在内心里积蓄起充实的力量。一天清晨，小雨刚停，雨水积聚在一个个幼芽上，像珍珠粒，星星点点，排挂在枝头，闪耀着亮彩。小芽儿就要鼓起来了，春天就要来临了。

春天终于到来，芽儿初绽，令人多么喜悦！可是，那片飘落在地上的枯叶，已经腐烂，回到土地中去了。

你，很快就长大了。在初夏的阳光下，变成一片透明的嫩叶。这个季节，嫩叶的生命是充实的，但也容易遭受虫害。幸好你平安地迎来夏天，如今正与伙伴们一起郁郁葱葱地繁茂起来。

我也知道你的未来。一到盛夏，叶荫深处就会响起不休的蝉鸣。可台风一来，就变成茅蜩、寒蝉之类略带孤寂的歌声了。天凉了，蝉鸣消失了。树根下昆虫又合唱起来，唧唧切切，为秋夜增添情趣。

不知不觉中，你的碧绿开始暗淡了，不久又发黄，成了褐色，在寒雨中垂下了头。一天夜里，风吹打了隔雨的木板窗。第二天早上，枝头上再也见不到你的身影了。只不过，在那里，我将再找到一个新生的小芽儿，就在这个小芽儿绽开的时候，你匍匐在地上，回归到土地里去了。

这就是大自然。不仅是你，这是生存于世界上的所有生物的命运。可以看出，一片叶子的凋落，意义是深远的，是与一棵树的整个生命休戚相关的。正因为一片叶子有生有灭，四季中的万物才能永远地生长变化。

一个人的死，也和整个人类生存休戚相关。当然，谁也不喜欢死，我们应该珍惜赋予自己的生命，同时，也珍惜别人的生命。这样，在结束生命、返回大地时，一定会感到幸福。

与其说，我通过观察庭前树上的一片叶子，领悟出生命的真谛；还不如说，一片树叶在聆听着我所说的生死轮回的道理。

(选自《现代语文：高中版》，2004年第3期)

五、译者简介

陈德文，1965年北京大学东语系日本语言文学专业毕业。现为日本爱知文教大学专任教授、大学院国际文化学科日中文化文学专业博士生导师。同时兼任名古屋学院大学和岐阜东海女子大学客座教授。日本东方学会研究员。翻译出版日本文学名家名著多种，包括夏目漱石、岛崎藤村、川端康成、井上靖、三岛由纪夫和宫本辉等人的小说十余部以及松尾芭蕉、幸田露伴、德富芦花、岛崎藤村、永井荷风、薄田泣堇、谷崎润一郎和东山魁夷的散文专集和数百名日本作家的大量散篇作品。出版个人学术著作《日本现代文学史》《岛崎藤村研究》《野间宏研究》和创作散文随笔集《我在樱花之国》《花吹雪》《樱花雪月》等。

唐月梅，女，1931年生，1956年毕业于北京大学东方语言文学系日本文学专业。历任国家对外文化联络委员会二司干部，中国社会科学院外国文学研究所《世界文学》编辑部编委，日本早稻田大学、立命馆大学客座研究员，横滨市立大学客座教授，中国社会科学院外国文学研究所研究员。翻译家、日本文学研究专家。主要著作有《日本文学思潮史》《日本人美的意识》等，译作有《春雪》《古都》等。

六、译文赏析

这是东山魁夷先生笔下的一篇著名散文，融写景与抒情于一体，借观察庭院中的一片叶子的生死荣枯抒发了对生死轮回、生命不息的过程的深刻理解，蕴含了丰富的人生哲理。不少名家都翻译过这篇文章，本书中所列的三个译本在风格上可以说各有千秋。下面我们通过分析一些重点、难点的词语和句子来对比一下三个译本各自的特色。

1. 重点词的翻译

"巡り合わせ"

作者在描写圆山的月下樱花的美景时,为感叹月圆之日与花开之时正好凑在一起,使用了"巡り合わせ"这个词。《广辞苑》中对"巡り合わせ"的解释为"自然にまわってくる運命",自然而然地邂逅的命运。在本文中这种巧遇既包含了"偶然"的因素,又包含了作者对于见证花月相逢时刻的"幸运"之感。世间万物的邂逅是那么巧妙、难得、又是那么的不可思议,这个词在本段中多次出现,是表达作者思想的关键字。

译文 1 将其译为"奇缘巧遇",译文 2 译为"运气",译文 3 则译为"不期而遇"。译文 1 同时包含了"偶然"与"幸运"这两重意思,并且用一个"缘"字来形容邂逅之难得与可贵,较为贴近作者的本意。译文 2 的"运气"虽也兼有偶然与幸运之意,但用词过于简单直白,使意思流于表面,难以衬起作者在后文中抒发的对机缘难得的慨叹。译文 3 与译文 1 类似,但"不期而遇"指的是没有约定而偶然地碰见,更偏重于偶然性,不像"奇缘巧遇"那样能够体现出既惊喜又感动的情怀,逊于译文 1。

比喻、拟人等修辞方法的使用也是翻译中的一个难点,要译出不同语境下的含义,需要下一番功夫。下面来看两处使用了修辞的短语的翻译方式。

"心の目が開けた"

作者在讲述自然风景对人类心灵的震撼作用时使用了这一短语,直译为"心灵的眼睛打开了。"使用了比喻的手法,但直译的表现方式用在中文中不够通顺,译者们大多采用了变译的手法。

译文 1 译为成语"赏心悦目",意为美好的情景使人心情欢畅。虽表现出了风景之美,却没有体现出其对人类心灵的震撼。作者结合自己在战争中九死一生的经历,才顿悟到了自然的美丽与生命的可贵,由此对生命有了完全不同的认识,因此才说风景打开了自己"心灵的眼睛"。而用"赏心悦目"难以表达出这种心灵上的感动与震撼。译文

2 依照原文直译为"打开我心灵的眼睛",然而何谓"心灵的眼睛"?中文中并没有这种表达方式。一味地追求重视原文,又脱离了目标语的语境,背离了"达"的准则。译文 3 则译为"敲开心灵的门扉",既保留了原文的比喻,又把喻体"眼睛"换为了"门扉",相应地将"打开"改为"敲开",更符合中文的语言习惯。笔者认为此处变译是比较成功的。

"疲れた色合い"

作者在描写叶子秋天变黄时用了这一短语,直译为"疲倦的色调"。这是拟人的修辞方法,不直接说叶子变黄,而是将叶子比拟为人,说它"疲倦"了。并且用"疲倦"来形容色彩,以触觉写视觉,又是一种通感的手法。因此要译出原作的神韵很不容易。

译文 1 译为"黯然失色"。译文 3 也同样译为"开始暗淡了",而译文 2 则忠实原文地译为"变成了疲惫的色调"。1 与 3 将"疲惫"直接译为"黯然"或"暗淡",虽然基本意思到位,但不如原文那般传神。译文 2 则保留了原汁原味的拟人和通感的手法,而且译为中文也并不难理解。鲁迅在评价《语丝》时说过:《语丝》虽总想有反抗精神,而时时有疲劳的颜色。(《两地书·八》)可见这种表达方式并不影响读者的理解,反而给译文也增添了生趣。因此笔者认为此处译文 2 比另两个译文更胜一筹。

2. 长句的翻译

下面让我们来对比一下文中几处长句的翻译。

> A. 京都を主にした連作を描いたころのことである。円山の夜桜として知られている、あの、しだれ桜の満開の姿と、春の宵の満月が呼応する情景を見たいと思った。

这是文章的第一段,交代了写作的背景和原因。此段共两句,第一句的大意是"绘制组画",第二句是"欣赏景色"。然而第二句中有一个很长的定语,即"円山の夜桜として知られている、あの、しだれ桜の

満開の姿と、春の宵の満月が呼応する"，正是这个长定语的出现给翻译带来了难度。这个定语句是用来修饰"景色"的具体内容的，其中包含了两层意思：（1）圆山的夜樱很有名，（2）盛开的夜樱与春宵满月交相辉映。如何将其译得通顺又避免啰嗦呢。我们来看一下三个译本。

> 译文 1：当我把京都作为主要题材来创作我的组画的时候，想起了圆山闻名的夜樱。我多想观赏一下那坠满枝头的繁盛的花朵，同那春宵的满月交相辉映的情景啊！
>
> 译文 2：这是我画以京都为主的系列作品时的事。圆山的夜樱闻名遐迩。我很想去观赏那里的垂樱盛开时的姿影，观赏春宵时的满月与樱花呼应的情景。
>
> 译文 3：春夜，一轮晕月映着灿烂的垂樱，这就是闻名于世的圆山夜樱花。还是画京都组画的时候，我就神往于这般美景了。

译文 1 与 2 比较接近，都是将长定语拆为两句，将（1）抽出来自成一句，而以（2）作为后一句的定语。译文 1 还将（1）与"创作组画"合为一句。译文 2 则更忠实于原文，将"创作组画""夜樱有名"与"观花赏月"译为了三句话。最有特色的是译文 3，整个采取了倒译的方式，先描述月下樱花盛开的美景，然后再说创作组画时就向往此番美景了。

三个版本的译文都做到了准确与通顺，若从文章的美感方面来看，私以为译文 3 更胜一筹。开头便推出一句纯粹的景色描写，有一种引人入胜的感觉，吸引着读者继续往下读。

> B. 花を美しいと思う心の底には、お互いの生命を慈しみ、地上での短い存在の間に巡り合った喜びが、無意識のうちにも感じられているに違いない。

这个长句的难点在于它兼有定语从句和宾语从句。句子的主干是"心底感觉到……"。"心底"的定语是"花を美しいと思う"，即（1）

认为花是美的，而"感觉到"的宾语是"お互いの生命を慈しみ、地上での短い存在の間に巡り合った喜び"，即（2）珍惜彼此的生命（3）为短暂的相逢而欣喜。如果直译，既冗长又不通顺，三个版本都采用了分译的方法，但具体译法存在差异。

译文 1：爱花赏花，更说明人对花木的无限珍惜。地球上瞬息即逝的事物，一旦有缘相遇，定会在人们的心里激起无限的喜悦。

译文 2：在体会到花儿很美的内心深处，爱惜着彼此的生命，感受着在地球上的短暂期间得以邂逅的这份喜悦。

译文 3：花是美的，人类在心灵的深处珍惜自己的生命，也热爱自然的生命。人和花的生存，在世界上都是短暂的，可他们萍水相逢了，不知不觉中我们会感到一种欣喜。

译文 1 将（1）与（2）合为一句。而将"感觉到"的宾语译为了（3）。与原文有出入，原文中"感觉到"的宾语是（2）和（3）。并且"お互いの生命を慈しみ"，是"珍惜彼此的生命"的意思，所谓的"彼此"包含了人与花（自然物）两者，此处仅译出了人对花木的珍惜，没有体现出"彼此的"的含义。

译文 2 则完全按照原文的语序翻译。将（1）直接译为了"心底"的定语，就变成了"在体会到花儿很美的内心深处"，读来很不通顺。并且将（2）与（3）分为两句，"感觉到"的宾语只是（3），与原文意思不符。加之整句话都没有主语，让人有些不知所云。

译文 3 则为了追求通顺，大幅度地进行了分译与加译。把（1）（2）（3）都分别译成单句。并且为了体现"お互い"加译为"珍惜自己的生命，也热爱自然的生命"。"短暂的相逢而欣喜"也译为了四个短句。虽然条理清晰，易于理解，但缺点是太过口语化，少了原文那种美丽的文采，并且（1）与（2）（3）之间的关系没有翻译出来。

笔者试着在尽量尊重原文的基础上翻译了一下，私以为可以这样译：

在爱花赏花的心灵深处，必定潜藏着一种无意识的感觉——珍惜彼此的生命，为在地球上生存的短暂的时间里得以邂逅感到欣喜。

C. 私が常に作品のモティーフにしたり、随筆に描いているのは、清澄な自然と素朴な人間性に触れての感動が主である。

原句的大意为"由于产生某种感动而创作作品"，却先说创作作品，后说产生感动。按照中文的语言习惯自然是倒过来更加通顺，译文 2 和 3 也不约而同地采用了倒译的手法，而译文 1 则是忠实于原文的语序。

译文 1：我常常揣摩画面的内容，创作散文，这是我接触了清新的自然和朴素的形象之后引起的感动所致。
译文 2：我主要是将平常接触到的清澄的大自然和朴素的人性所获得的感动，或者作为画的主题，或者写成随笔。
译文 3：澄清的自然、朴素的人性，总在感召着我，成为我的作品的主题。

译文 1 按照原文的语序，用"这是……所致"来表现创作作品的原因，虽然也能明白意思，总觉得有些拗口。而且"揣摩画面的内容"翻译得不准确，应译为"作为作品的主题"。译文 2 采用了倒译的手法，语句通顺，意思明确。不足之处是"接触到的"的这个"的"应该去掉。译文 3 依旧作了较大改动，将主语由"我"改为了"自然和人性"，将自然与人性拟人化。虽使文章看起来生动，但似乎在强调自然本身的作用，而弱化了"我"的功能，偏离了作者的原意，属于过度意译，不可取。

3. 三个译本的特色

从上述的例子中，我们可以简单地归纳出三个译本各自的特色。译文 2 和译文 3 的风格是截然相反的。译文 2 充分体现了翻译中

的"异化"理论,即忠实于原文,让读者向作者靠拢。它的优点是有助于读者更好地理解作者的原意,保留译文的异国情调。文中不仅有"疲惫的颜色""切实而纯粹的祈愿""清澄的大自然和朴素的人性"这样保留原汁原味的译词,而且对于专有名词的解释也力求精确,如"ぼんぼり"译为"六角纸灯","アブラゼミ""ヒグラシ""ツクツクボウシ"三种鸣虫分别译为梨蜩、茅蜩和寒蝉,十分考究。

但异化翻译的缺点在于过于死板,有些语句不符合汉语的表达方式,造成了语句不通甚至病句的现象。如"白天,到了圆山,非常幸运,樱花盛开了"这样的句子。日语有省略主语的习惯,但在中文中这种没有主语的句子就令人费解。再如"我获得了风景打开我心灵的眼睛的体验""在不得不悟到生命之火不久即逝的状态下"这种保留冗长的定语或双重否定的译法,都显得有失通顺。

并且,在一个关键的人称代词的翻译上,译文2却并没有做到忠实原文。那就是作者称呼叶子为"你"(おまえ),译文1与3都依照原文译为"你",而译文2却使用了第三人称的"它"。使用第二人称仿佛作者在直接与叶子对话,与自然在交谈,而译为第三人称则只是平铺直叙,缺乏了生动的气息。

与此相对地,译文3则是一篇典型的"归化"译文。归化即最大限度地贴近目标语读者的语言表达方式和审美需求,译作必须变成地道的本国语言。为了追求文章的通顺,迁就中国人的语言习惯,通篇多处采用了意译的方式,尤其是倒译和分译。如将"私が好んで描くのは、人跡満未踏といった景観ではなく、人間の息吹がどこかに感じられる風景が多い。"倒译为"我爱画生意盎然的风景,从不喜欢人迹未踏的景观"。将"小雨がやむと、点々と真珠の玉が枝に並んで光って入るのが見える。それはいは芽生えの一つ一つに雨水がたまっていたのである。"倒译为"雨水积聚在一个个幼芽上,像珍珠粒,星星点点,排挂在枝头,闪耀着光彩。"这样做的好处是使艰涩繁琐的长句变得简明平实,易于理解,缺点是使句子太过琐碎,语言过于直白,失去了原文的文采。还有诸如花月的相逢"真是不易啊""花是美的",这种平淡无味的句子更使得原文的美感大打折扣。

且就通篇来看还有不少漏译、错译之处。如"京の春を一身に集め尽くしたかに見える"没有翻译。"ぼんぼりの灯"译为了"公园的路灯",将最后一句"一枚の葉が生と死の輪廻の要諦を私に向かって静かに語ってくれた言葉なのである"错译为"一片树叶在聆听着我所说的生死轮回的道理"等等。

而译文1则将异化与归化的方法结合起来,体现了信达雅并重的原则,既不过分忠实原文,也没有过分意译的痕迹。在保持意思通顺的前提下,尽量地尊重原文。但也做了一些自己的改动,如对于专有名词的翻译,"ぼんぼり"译为"灯火","アブラゼミ"等三种鸣虫都译为"蝉"。对不了解日本风物的中国读者来说,这种虚化的译法也无伤大雅。

由此可见,文学翻译中的归化和异化应该是对立统一、相辅相成的。我们应坚持在语言本身采取归化策略的基础上,对文中包含的文化因素进行异化处理,这样,译文才可兼具两者之长而避其短,达到信达雅的境界。

(韩雯)

七、翻译理论学习

文学翻译的创造性叛逆(4)

三、接受环境的创造性叛逆

读者的创造性叛逆一方面来自他的主观因素——他的世界观、文学观念、个人阅历,等等;另一方面,也来自他所属的客观环境——不同的历史环境往往会影响读者接受文学作品的方式。这样,在后一种情况下,尽管创造性叛逆具体体现在读者的接受上,但其根源在于环境,因此有必要把这种创造性叛逆与读者的创造性叛逆分开考察。

一般而言,作者在从事其文学创作时,心目中总是有其特定的对象的,并且自信其作品能被他的特定对象所理解。但是由于文学翻译,他的作品被披上了另一种语言的外衣,被介绍给非他预料之中的对象

阅读，而且这对象既不是与他处在同一文化环境，有时候还不处于同一历史时代，于是作品的变形便在这样的接受中发生了。

斯威夫特的《格列佛游记》是一部字字隐藏讥讽的政治讽刺小说，诸如书中拥护"甲党"和"乙党"的穿高跟鞋派和穿低跟鞋派，吃鸡蛋先敲大端的"大端派"和先敲小端的"小端派"，在斯威夫特所处的英国社会里，都有明确的影射对象。但是，当这部小说被译介到其他国家以后，人们不再注意小说的政治锋芒了，人们感兴趣的仅是作者以其丰富的想象力所描绘出来的充满怪诞异趣的大人国、小人国的故事。譬如在中国，斯威夫特的这部小说自1914年林纾开始翻译起，就不断地被译介。但大多数译本仅译出其第一、第二部，即《小人国》《大人国》两部，有的干脆以《小人国》《大人国》名之，而且明确列入《少年文学故事丛书》或《世界少年文库》。一部严肃的政治讽刺小说，就这样因环境的作用，竟演变成了一本轻松有趣的儿童读物。

更为明显的事实也许要推寒山诗在美国的流传了。寒山诗在中国本土上几乎无人知晓，文学史上更没有他的地位。但是他的诗于1954年被译成英文在美国发表后，却不胫而走。尤其在20世纪50年代末、60年代初，在美国的青年大学生中几乎形成了一股不大不小的"寒山热"：继1954年翻译的27首寒山诗后，1958年又翻译发表了54首寒山诗，1962年又出版了寒山诗的英译诗集，内收寒山诗百首之多。更有甚者，在这时期美国大学里的嬉皮士学生，几乎人人都称读过寒山诗（当然是译诗），而且喜欢，甚至崇拜寒山这个人。著名的"垮掉一代"的作家杰克·克洛厄（Jack Kerouac）还把他的自传体小说题献给寒山。寒山诗在美国的影响之大，由此可见一斑。

寒山诗为何能在美国产生如此之大的影响呢？有关学者经过研究发现了几个原因：（一）在寒山诗译介到美国之前，学禅之风正在美国社会流行；（二）20世纪60年代的美国校园盛行嬉皮士运动；（三）寒山本人的形象。

答案就是这么简单。原来，充满禅机、崇尚自然的寒山诗迎合了当时美国社会的学禅热和嬉皮士运动。而更为有趣的是，诗人寒山的形象——一个衣袍破烂、长发飞扬，站在高山上迎风大笑的狂士形象，

使得嬉皮士们把他视作他们心目中的理想英雄。这一切都促成了寒山诗在美国的流传。后来，在20世纪70年代以后，嬉皮士运动已成过去，寒山热也成历史，但寒山诗却从此在美国的翻译文学史上生了根，许多中国文学的英译集不收孟浩然，不收杜牧，却收录寒山的诗。有学者因此指出："寒山在美国赢取了他在中国一千年也没有沾上的文学地位。"

　　英国长篇小说《牛虻》在新中国的命运也很说明问题。小说《牛虻》在其本土也是一本并不出名的作品，但是在20世纪50年代末、60年代初的中国却广受欢迎。之所以如此，小说本身的艺术魅力固然是一个原因，但另一个原因也不容忽视，即在当时的中国青年中正在开展一个向苏联革命作家奥斯特洛夫斯基学习的热潮。而《牛虻》恰恰是这位作家极其喜爱的作品，于是《牛虻》便与奥斯特洛夫斯基的自传体小说《钢铁是怎样炼成的》一起成为当时中国广大青年案头必备的读物。可是到了20世纪60年代下半期，中国发生了"文化大革命"，政治环境大变，当在这种政治气候熏陶下的青年学生又一次接触到《牛虻》时，情况就大不一样了，他们中的不少人不仅感受不到书中昂扬的革命精神，相反觉得这本书充满了资产阶级的人性论，甚至把它看做是一部"黄色小说"。这是绝妙的环境创造性叛逆了。

（选自谢天振：《比较文学与翻译研究》，台北：业强出版社，1994年）

参考文献

白嗣宏主编．舞姬．合肥：安徽文艺出版社，1992．
陈炳昆编．日本现代文学评析．台北：尚昂文化事业国际有限公司，2003．
陈德文编．日本散文选．南京：江苏人民出版社，1985．
川端康成．川端康成全集 28．东京：新潮社，1982．
村上春树．螢・納屋を焼く・その他の短編．东京：新潮社，1987．
大江健三郎．人間の羊．东京：新潮社，1959．
邓九平编．外国短篇小说．北京：同心出版社，2001．
东山魁夷．日本の美を求めて．东京：讲谈社，1976．
高慧勤，魏大海主编．芥川龙之介全集 第一卷．济南：山东文艺出版社，2005．
高慧勤．快跑，梅洛斯．青岛：青岛出版社，2013．
高慧勤编选．日本短篇小说选．青岛：青岛出版社，1983．
高慧勤译．雪国、千鹤、古都．桂林：漓江出版社，1985．
高慧勤主编．日本经典散文．上海：上海文艺出版社，2004．
郭富光、于雷主编．肩膀上的秘书．沈阳：春风文艺出版社，1999．
国木田独步．国木田独步集 现代日本文学全集57．东京：筑摩书房，1956．
胡显耀、李力主编．高级文学翻译．北京：外语教学与研究出版社，2009．
芥川龙之介．芥川龙之介全集 2．东京：筑摩书房，1986．
李雀美译．最后的地球人．台北：幼狮文化事业股份有限公司，2004．
李友中译．村上春树短篇小说精选——萤火虫．台北：时报出版社，1999．
林荣一编．日本近现代文学选．台北：鸿儒堂出版社，1995．
林少华译．萤．上海：上海译文出版社出版，2009．
林永福，陈谕霖译．饲育．台北：联合文学出版社，2011．
三岛由纪夫．决定版 三岛由纪夫全集 第20卷・短篇6．东京：新潮社，2002．
森欧外．现代日本文学大系 7，东京：筑摩书房，1985．
山本健吉编．日本の名随筆18 夏．东京：作品社，1984．

隋玉林译．日本文学流派代表作丛书·舞姬．杭州：浙江文艺出版社，1988．
太宰治．太宰治全集 3．东京：筑摩书房，1988．
唐月梅．美的情愫．上海：复旦大学出版社，2008．
吴树文译．疑惑 芥川龙之介编 别裁集．上海：上海文艺出版社，2011．
夏目漱石．夏目漱石全集 第 9 卷．东京：筑摩书房，1981．
谢天振．比较文学与翻译研究．台北：业强出版社，1994．
星新一．ボッコちゃん．东京：新潮社，1971．
叶渭渠编．人羊——大江健三郎作品集．杭州：浙江文艺出版社，2000．
叶渭渠译．川端康成小说经典（三）．北京：人民文学出版社，1999．
烨伊译．人间失格．武汉：武汉出版社，2014．
有岛武郎．小さき者へ——他三篇．东京：角川书店，1956．
余阿勋、黄玉燕译．三岛由纪夫短篇杰作集．台北：志文出版社，1985．
张达聪．翻译之原理与技巧．台北：东亚书业公司，2003．
张秋明译．梦十夜．台北：一方出版有限公司，2002．
张秀华主编．流行日语趣文读译．天津：南开大学出版社，2001．
郑法清、谢大光主编．岛崎藤村散文选．天津：百花文艺出版社，2012．
志贺直哉．志贺直哉集 日本现代文学全集 49．东京：讲谈社，1978．
周作人，鲁迅译．现代日本小说集．北京：新星出版社，2006．